城乡差别的中国政治

URBAN-RURAL DISPARITY IN CHINA

徐 勇 著

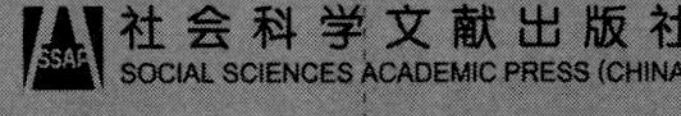

自古以来就有两个中国：一是农村中为数极多从事农业的农民社会，那里每个树林掩映的村落和农庄，始终占据原有土地，没有什么变化；另一方面是城市和市镇的比较流动的上层，那里住着地主、文人、商人和官吏——有产者和有权势者的家庭。至今，中国仍然是个农民国家，有4/5的人生活在他们所耕种的土地上。所以社会的主要划分是城市和乡村，是固定在土地上的80%以上的人口，和10%到15%的流动上层阶级人口之间的划分。这种分野仍旧是今天中国政治舞台的基础。

——费正清（1948）

作者简介

徐　勇　华中师范大学中国农村研究院/政治科学高等研究院教授、博士生导师。国务院学位委员会第七届政治学学科评议组召集人，教育部首批文科“长江学者”特聘教授，国家社会科学基金学科评审组专家，教育部社会科学委员会政治学、社会学和民族学学部委员，中国政治学会副会长，湖北省政治学会原会长。获得国家有突出贡献中青年专家、全国师德先进个人、国务院政府特殊津贴专家、湖北省优秀教师、荆楚社科名家等荣誉称号。曾担任中国共产党第十六届中央政治局集体学习的讲解。

修订说明

本书于 1992 年出版。本次修订再版，一是因为当时出版发行面很小，详情会在本书后记中谈到。二是经历了数十年后，还有读者求购。自己重新阅读，也觉得还有一定的学术价值。三是，也是更为重要的是，作者对于本书的写作有了认识论上的反思和自觉。

本书原书名是《非均衡的中国政治：城市与乡村比较》。非均衡是一种状态，与差别、差异一样，是一种中性的状态。现在看来仅仅用这样一种状态，还难以深刻反映中国的城乡差异特性。修订本书时，在认识论上有两个突破。

一是着力于中国事实的理论表达。人类发展有共同性。但不同国家的发展路径又有自己的特性。只有从中国看中国，从世界比较看中国，才能发现中国的特性。原书写作注意了中西比较，但是还没有形成自觉意识，也就是没有充分进入中国事实本身去对中国事实加以理论表达，以深入发现和概括中国事实本来的特性。

二是以具体的人群为研究的重点。城市与乡村是地域空间的概念。但政治学不是一般地研究城乡空间，而是要研究城乡空间里的人；不是研究一般的城乡关系，而是要研究城乡关系下人的状况和命运。政治学本质是研究具体的人及其政治关系的学科。城市与乡村构成了国家的两个地域部分，居住着不同的人群，他们在国家整体中处于不同的地位。原书注意到这一点，但理论自觉还不够。

基于以上认识，本书修订后的书名为“城乡差别的中国政治”。在这里，差别具有相当程度的“差等”性，它可以更为准确地把握中国政治框架下城市与乡村的地位与关系。从事实看，中国的城乡关系不是平行的不同的经济体之间的关系，更重要的是在不同地域空间的人群的政治关系。这种关系表示城乡在政治共同体内处于不同地位，享受不同待遇，形成不同状况并有制度支撑的差等性。差等体现差别，同时又不限差别，它要表达的是差别不仅仅是一种自然的经济社会过程，同时也是人为的干预和设定的结果。

在古代，城市是统治的堡垒，居住的人口主要是上层。近代，新兴的经济城市崛起，但在计划经济体制下，城乡处于二元结构，农村居民未能平等享有国民待遇。改革开放以后，长期历史造成的城乡差等状况有了很大改变，但并未很快消除，如城市里存在一个庞大的农民工群体。他们进入城市空间，但并没有享有与城市原居民一样的待遇。

理论愈接近事实，愈显得残酷。但只有最为接近事实的理论，才能深刻地揭示事实本体。“差等”是对城市与乡村在中国政治格局中的地位的概括。这一概括只是基于事实。揭示这一事实不是肯定这一事实，恰恰相反，是为了更好地改变这一事实。马克思说：“哲学家们只是用不同的方式解释世界，而问题在于改变世界。”对于学术研究来说，首要目的是科学解释世界，将世界本来面目和特性呈现出来。在相当长的时间里，城乡差等是中国政治的一个基本事实。差等是对事物性质的概括，是对在历史上存在也将会并应该在历史上消除的事物的描述。我们可以从本书看出，这种差等性正在迅速改变。只是这种长期历史形成的差等性也只能在历史过程中完全改变。

政治的终极目的是让人们过上美好生活。克服了城乡差等性的中国政治，则是更美好的政治形态！

徐　勇

2019 年 2 月 18 日

目　录

中篇　近代城市与乡村政治社会（1840～1949）

下篇　当代城市与乡村政治社会（1949～1992）

导　论

一

中国是一个历史悠久的大国，数千年绵延不断的文明史是那样的炫目和令人神往。然而，100 多年前，西方国家挟带着工业文明的旋风席卷而来，使这一文明古国陷入深深的失落之中。近代以来，无数仁人志士为中国文明的新生作出了艰苦卓绝的努力，古老的中国正在勃发出前所未有的生命活力，但其进程却充满一波三折，乃至步履蹒跚。漫长而特殊的中国文明进程以其巨大的魅力吸引着中外众多睿人智者的反复思考和上下求索，以深入认识和把握中国社会的历史和现实特点。作为社会利益关系和矛盾冲突集中表现并对社会发展有着重要影响力的政治社会领域理所当然成为不可缺少的研究对象。

古希腊文明时期有一句著名的格言：认识你自己吧！它既表明了认识的重要性，又告诫认识的艰难不易。对中国政治社会的认识尤是如此。

通观中国政治和社会的发展进程，人们很容易为这样一个历史之谜所困惑：在中国，围绕上层国家政权所进行的斗争惊心动魄，反复无常。不仅古代中国的王朝更替、宫廷政变令人目不暇接，眼花缭乱，一幕幕反抗王朝的农民起义更是壮观无比，叫人惊叹万分，就是近代中国历史也是以不断地夺取国家政权的血与火铸就的。然而，中国社会的发展却步履艰难，其变化与上层国家权力的更迭无法对应，形成正比，国家上层的变动并不都意味着社会的进步和更新，有时反倒造成了停滞或倒退。

也许中国历史上国家上层的变化和更迭太丰富、太复杂、太神秘，不仅仅许多于国家上层遥不可及，在机械停滞状态中生活的寻常百姓，常以津津乐道上层秘史、内幕和奇闻来打发贫乏的闲暇时光；就是古今中外无数智者也无不将观察和透视中国政治的视野投向国家上层的变化与更迭，在其间皓首穷经，记录那动荡无常的政治风云，寻求国家权力更替消长之秘密。一部古代中国史，也就是王朝如何不断更替，帝王将相怎样安邦治国、争权夺利的历史，具有浓厚的“宫廷政治学”的色彩。即便是近现代历史，基本上也是围绕着夺取和巩固国家权力而展开的。

这种专注于国家上层的政治学视野既难以对中国政治社会发展之谜予以令人信服的解析，也大大限制了对异常丰富、复杂和多样性的中国政治社会状况的透视和把握。这就需要我们寻求和开拓新的政治理论视野。而马克思对东方社会历史的独到见解则为我们提供了十分有益的启示。

当由于海路的开通，世界文明从孤立封闭向联系开放的状态转变，西方人进入遥远而又神秘的东方世界，为与西方文明史迥然不同的东方文明所惊异，并为东方社会国家上层多变、社会变化甚微的政治史所迷惑时，马克思以其创立的历史唯物主义的深邃思维和宽阔视野揭示了这一问题的奥秘所在。

与容易为纷纭杂乱的社会表象所迷惑的常规性思维和视野不同，马克思没有为东方社会国家上层不断更替的历史表象所纠缠，而是透过表象将视野投向国家之下的深层社会，注意到东方专制社会结构的这一基本特点：“从远古的时候起，这个国家的居民就在这种简单的自治制的管理形式下生活。村社的边界很少变动。虽然村社本身有时候受到战争、饥荒或疫病的严重损害，甚至变得一片荒凉，可是同一个村名、同一条村界、同一种利益，甚至同一个家族却一个世纪又一个世纪地保持下来。居民对各个王国的崩溃和分裂毫不关心；只要他们的村社完整无损，他们并不在乎村社转归哪一个政权管辖，或者改由哪一个君主统治，反正他们内部的经济生活始终没有改变。"① 马克思正是通过对东方国家基本的社会结构特点的考察，揭示了东方国家上层不断变动而社会却停滞不前的历史之谜，认为："这种公社的简单的生产有机体，为揭示下面这个秘密提供了一把钥匙：亚洲各国不断瓦解、不断重建和经常改朝换代，与此截然相反，亚洲的社会却没有变化。这种社会的基本经济要素的结构，不为政治领域中的风暴所触动。"②

马克思的分析和结论虽然是针对古代东方社会而言的，但其独到见解对我们考察中国政治社会发展具有深刻的方法论意义。首先，对社会历史发展奥秘的揭示，不能为一般的历史表象所迷惑，而需深入社会深层，解剖社会内在的结构，揭示隐藏在现象背后的深刻原因。特别是在对政治社会发展的考察中，不能为极具诱惑力的国家上层权力更迭现象所纠缠，而应深入分析国家上层所立足的那个社会基础。其次，需以广阔的多层次视野透视和剖析政治社会。自从国家产生以来，政治体系就一分为二：一是来自社会，又凌驾于社会之上，以其强制性的权力控制全社会的国家权力体系；二是在国家权力的统辖之下，与社会紧密联系在一起并深深渗透在日常社会生活之中的基础性政治社会。毫无疑问，上层的国家权力是政治体系的本质和核心部分。但任何国家权力的存在及作用都是以基础性政治社会为前提的。如在东方社会，没有由一个个处于政治孤立封闭状态的村社构成的基础性政治社会，高度集权的君主专制主义政体就无从立足并凌驾于社会之上进行自我更迭循环。而且，往往正是基础性政治社会的状况和特点

① 《马克思恩格斯选集》第1卷，人民出版社，2012，第852~853页。

② 《马克思恩格斯文集》第5卷，人民出版社，2009，第415页。

才是影响社会发展的深层原因。在马克思看来，居民生活在简单的地方自治形式，即政治自我孤立封闭状态下的村社组织，构成了东方国家上层不断变动，社会却停滞不变的重要原因。他曾为之感慨："很难想象亚洲的专制制度和停滞状态有比这更坚实的基础。"① 所以，只有在注意国家上层变化的同时，对其立足的政治社会的状况、特点和变迁给予特别的重视，才能全面准确地认识和把握中国政治发展的进程、规律和特点。

以往人们经常以所谓"大一统"之类的字眼来概括中国政治社会的一致性特点。如果就国家的整体性，国家权力结构的一元性而言，这是不错的。但是，如果我们将视野投向国家整体之下的基础性政治社会之时，就会发现，中国的政治远非仅以"大一统"的字眼就能概括和涵盖。在中国这样一个地域辽阔、人口众多、历史悠久的国度里，政治社会状况异常丰富和复杂。在国家内的不同地方、不同社会组织单位、不同人群里的政治状况既有许多相似和共同之处，更有着不少的具体差别，表现出非等同性、非一致性的非均衡性特点。可以说，世界上没有哪一个国家内部的政治非均衡性像中国这样突出。国家整体层次的一元性、一致性与国家统辖下的政治社会的非等同性、非一致性的结合，"大一统"与非均衡的结合，才是中国政治社会的完整状况和典型特点。

而中国政治的非均衡性特点又突出地表现为城市和乡村这两个具有鲜明特色的地域社会之间的差别。当我们全景式地扫描和追踪中国政治社会发展轨迹时，就会发现：在古代中国，虽然皇权至上的专制主义一统天下，但专制主义政治在城市和乡村这两个社会空间中的作用和表现远非一样。以皇帝为首的权贵在各个层次的城市自上而下对四方发号施令，行天子之威。与统治堡垒的城市遥遥相对的广阔乡村却与国家政治生活几乎处于隔绝状态，"天高皇帝远"，成为皇权鞭长莫及之地。而在近代，当城里人津津乐道于海外传来的"民主自由"，

① 《马克思恩格斯文集》第10卷，人民出版社，2009，第118页。

并为之奔走呼号时，乡下人却十二分诧异：民主自由能当饭吃吗？城市和乡村在政治方面的差异更是显而易见。即使在当代，虽然辽阔的中国大地普照着社会主义民主之光，但在城市和乡村却会折射出不同的色彩。

为什么在同一国家会出现不同的政治现象，存在城市和乡村的差别和非均衡状态呢？

这是因为，任何一个政治地理意义上的国家，其基本特征就是按地区划分居民。正如恩格斯所说："不管他们属于哪一氏族或哪一部落。这种按照居住地组织国民的办法是一切国家共同的。"① 城市和乡村则是人们共同生活且有紧密联系的两个基本的居住地单位。人们要么生活于城市，要么生活于乡村。如果将国家视为一个地域整体，那么，城市和乡村便是两个与人们日常生活有紧密联系的地域单元。那些版图较大的国家更是如此。

根据历史唯物主义原理，任何政治现象都是在有着一定的自然—社会—历史条件的地域空间里生成的。由于不同的自然—社会—历史条件，不同的国家会生成不同的政治现象。与此相应，在一个国家内，由于城市和乡村依托着不同的自然—社会—历史条件，也会生成不同的政治现象，形成两个有差别、发展不均衡的政治共同体。

同时，城市和乡村既是一定文明时代的产物，又伴随着文明时代的进步而变迁。农业文明是以乡村和乡村化的城市为依托生成和延续的。伴随农业文明的专制政治无不深深渗透和集中表现于乡村和乡村化的城市社会之中，并影响着整个社会文明进程。工业文明则是以城市和城市化的乡村为依托生成和延续的。伴随工业文明的民主政治无不集中反映和投射在城市和城市化的乡村社会之中，并制约着整个社会文明进程。但任何一个国家的文明形态总是在不断更替中演进的。农业文明与工业文明以及相伴随的专制政治和民主政治往往同时寓于一个社会和一定时代。城市和乡村也因为不同文明因素的影响，形成

---

① 《马克思恩格斯选集》第 4 卷，人民出版社，2012，第 187 页。

一个国家的二元政治结构，呈现出政治发展状态的极不均衡的特点。① 这种不均衡性也是一个国家政治发展的重要特点，并制约着整个社会发展进程。

二

我们正置身一个伟大的历史变革时代。而历史上任何一次真正的变革，首先需要准确认识和把握所要变革的那个社会的基本状况和特点。有时，认识往往比行动更困难、更重要。作为中国民主革命先驱的孙中山在推动近代中国历史变革屡进屡挫的曲折经历中，曾深刻地体验到“知难行易”的无穷意味。所以，要变革中国，首先必须认识中国。而将城市和乡村作为两个基本的社会地域体，具体考察其不同的政治社会状况、特点和变迁，对于认识中国，特别是中国政治社会的进程与规律具有特殊的意义。

中国既是一个历史悠久的古国，又是一个领土辽阔的大国。中国文明史一直是伴随着城市与乡村的分离、对立过程行进的，而且具有鲜明的独特性，政治社会状况的城乡差别和不平衡尤为突出。对中国社会历史有过深入考察的美国著名汉学家费正清在分析 1949 年前的中国社会结构的特点时指出：“自古以来就有两个中国：一是农村为数极多的从事农业的农民社会，那里每个树林掩映的村落和农庄始终占据原有的土地，没有什么变化；另一方面是城市和市镇的比较流动的上层，那里住着地主、文人、商人和官吏——有产者和有权势者的家庭。……社会的主要划分是城市和乡村，是固定在土地上的百分之八十以上的人口和百分之十到十五的流动上层阶级人口之间的划分。这种分野仍旧是今天中国政治舞台的基础。”② 只有深入作为中国政治舞台基础的城市和乡村社会内部及其相互间的二元结构，才能科学地解

① 徐勇：《城市和乡村二元政治结构分析》《华中师范大学学报》1990 年第 1 期。

② 〔美〕费正清：《美国与中国》（第四版），张理京译，马清槐校，商务印书馆，1987，第 16 页。

析发生在中国政治舞台上的扑朔迷离的景观。在这方面，善于将解剖刀伸向社会深层结构的科学大师马克思为我们留下了宝贵的方法论遗产。马克思在讨论东方社会为什么长期停滞不前时，便注意到独特的城乡社会结构的制约作用。他指出：“亚洲这一地区的停滞性质（尽管有政治表面上的各种无效果的运动），完全可以用下面两种相互促进的情况来解释：（1）公共工程是中央政府的事情；（2）除了这个政府之外，整个国家（几个较大的城市不算在内）分为许多村庄，它们有完全独立的组织，自成一个小天地。”[①] 这种由少数较大城市和众多封闭性乡村村落而形成的独特的二元社会结构，为专制主义政治提供了深厚的社会土壤，使专制主义政治得以通过掌握公共设施和利用各级城市传递到全社会，深深扎根于广阔的社会生活中。而具有深厚基础的专制政治形态正是造成中国古代社会长期延续的重要原因。

近代以来，挟带着工业文明的西方国家的入侵，使古老的中国中断了缓慢和周期性发展的常规进程，整个社会开始发生历史性的变化。特别是沿海城市出现了工业文明和资本主义的一线曙光。伴随民族危机的加深和社会内部的变化，专制主义封建社会的腐朽性迅速凸显。以孙中山为代表的仁人志士向先进的西方学习，试图在中国建立西方式的资产阶级民主共和国，并通过辛亥革命推翻了延续几千年之久的封建王朝。但辛亥革命后的中国仍然是半殖民地半封建社会，国家政治依然是专制主义的独裁政治。其中的一个重要原因就是，辛亥革命仅兴起和波及于近代文明和资本主义较发达的少数城市，作为专制主义基础的广阔乡村社会没有卷入这一政治风暴，推翻专制主义政治的最强大力量——广大农民没有得以广泛发动和参与。毛泽东为此分析道：“国民革命需要一个大的农村变动。辛亥革命没有这个变动，所以失败了。”[②]

随之而起的中国共产党领导的新民主主义革命之所以能够获得成

① 《马克思恩格斯文集》第10卷，人民出版社，2009，第117页。

② 《毛泽东选集》第1卷，人民出版社，1991，第16页。

功，其重要原因便在于准确把握了中国政治社会的复杂性和多层次性的规律与特点，走出了一条以农村包围城市的道路。在革命初期，由于最初的中共领导人大都为生活于都市的知识分子，对中国政治社会状况缺乏深刻的了解，照搬俄国革命的模式，将党的工作重点放在城市，试图以城市武装暴动的方式夺取革命胜利，结果屡遭挫折和失败。正是在不断的挫折和失败中，来自中国社会底层乡村的毛泽东总结了中国革命的经验教训，调整了对中国革命道路的认识视角。他认为中国是一个政治经济发展很不平衡的半殖民地半封建大国。中心城市是统治力量最集中、最强大，对革命防范最严密的地方。将革命的重心放在城市，无异于自杀。但是，统治者的力量不可能在全国，特别是广阔的乡村地区普遍建立强有力的控制。同时，近代以来，中国仍然是一个农业国家，农民人口占绝大多数，中国革命的本质是农民革命。为此，中国共产党必须把革命的重心转向农村，依托农村的革命根据地反对依靠城市统治农村的敌人，进而以农村包围城市，最后夺取国家政权。正是以毛泽东为代表的中国共产党人准确把握了中国城市和乡村政治发展不平衡的特点，才探索出以农村包围城市的独特道路，取得了革命的胜利。著名农民政治学者米格代尔就农民与政治的关联性做过概括，认为："正如社会中心能决定国家的影响范围和能力一样，社会边远角落发生的斗争和事件同样决定着国家的影响力和能量。"[①] 中国的革命正是以社会边远角落的农村为根据地而不断扩展的。

民主革命胜利以后，中国进入了社会主义社会。建设社会主义民主政治，成为当代中国政治发展的宏伟目标。而在一个地域辽阔、人口众多、历史悠久的大国建设历史上从未有过的新型民主政治，以此促进社会的更新，避免重蹈历史上国家上层多动、社会变化甚微的覆辙，尤需深刻认识和具体把握中国政治社会的基本状况和特点。

而中国政治社会的一个重要特点就是城市与乡村的差别和发展不

① 〔美〕J. 米格代尔：《农民、政治与革命——第三世界政治与社会变革的压力》，李玉琪、袁宁译，中央编译出版社，1996，第2页。

平衡。中国的革命是在生产力十分落后，生产关系已相当腐朽的条件下发生的。通过政治革命，实现了国家政权的更替，建立了社会主义制度。但社会主义尚处于初级阶段，长期历史遗留下来的经济落后状况和城乡二元结构没有得到根本性变革。直到20世纪90年代，占全国人口20%左右的城市和占人口80%左右的乡村并存仍然是中国最基本的国情。整个中国的政治都是在这一基本的社会舞台上展开的。1949年革命胜利以后，以工农联盟为基础的人民民主政权使历史上的城乡政治对立关系不复存在，但由于自然—社会—历史条件的不同，城市和乡村的差别仍然存在，其具体政治状况有着明显的不同，发展很不平衡。特别是当代中国正在经历由传统农业文明向现代工业文明转变的巨大历史变革。与先进的工业文明联系较紧的少数城市和与传统农业文明联系较紧的广大乡村的并存，无疑会使中国的政治社会展现出历史从未有过的复杂和不平衡的状况。中国的政治社会发展，中国的现代化和民主化进程，都必须从这一基本状况出发，并受其制约。例如，没有占中国人口多数的广大乡村的政治发展，中国的现代化和民主化就不可能迅速实现。而在曾负载着几千年传统文明，至今仍主要沿袭传统手工劳动方式的乡村，要实现政治形态的转型又是何等困难！其难度是长期生活于现代都市文明氛围的人难以想象的。所以，在当代中国的政治社会发展过程中，任何时候都不可忽视城市和乡村之间的差别和不平衡这一基本的历史和现实特点。

正是基于以上考虑，本书力图将透视中国政治社会的视野投向长期为人所忽视的基础性政治社会，从城市和乡村这两个有着明显差异的社会地域体入手，对中国政治社会表现于城市和乡村的具体状况、特点、变迁及它们对中国社会发展的影响进行较为系统的比较分析。

三

城市和乡村作为两个具有鲜明特色的社会共同体，是伴随经济社会发展和国家建立而形成的。在不同的社会和不同的国家，城市和乡村分离为两个有差别的共同体，并由于它们在社会和国家中的具体状况、功能而构成相互之间的关系。因此，研究政治社会表现于城市和乡村的状况、特点及变迁，则需要从城市和乡村在一定社会的分离、差别及相互关系入手。

一方面，正是由于城市和乡村分离为两个有差别的共同体，其有着不同的自然—社会—历史条件，才有可能生成不同的政治社会现象。

另一方面，城市和乡村作为共同存在于一个国家的两个有差别的共同体，又会由于它们各自的状况、功能特点及相互关系而受到国家政治的制约，国家权力的作用和影响将不尽一致。例如，在古代中国，统治者主要居住于城市，作为被统治者的广大农民居住在乡村。城乡形成尖锐的政治对立关系。王朝统治者利用各地各级城市对广大的乡村行使统治权，城市成为政治统治堡垒，并形成与乡村不同的政治形态。

因此，与一般的国家政治理论研究方法不同，本书特别注重政治社会学的方法，即从政治与社会两个层面及它们之间的互动关系进行研究。一方面将城市和乡村的政治社会状况、特点及变迁置于其赖以存在的社会环境中考察；另一方面注意从国家政治对社会的不同影响的角度，分析城市和乡村的政治社会状况、特点及变迁。这样有助于我们更准确地认识和比较政治社会在城市和乡村这两个地域体中的具体表现和差异。

尽管随着社会的发展，政治所涉及的领域愈来愈广泛，但它仍然有其特定的领域，这就是以国家权力为中心及国家与社会之间的关系。为此，本书将以以下五个方面为主要参数，考察和比较中国城市和乡村政治社会的状况、特点和变迁。

（1）社会分层与政治关系。自进入文明时代以来，人们就生活在以国家为中心的政治社会中，即政治学奠基人亚里士多德所说，为马克思所肯定的“人是最名副其实的政治动物”[①]。但人并不是无差别的政治动物，由于对生产资料等资源的占有存在差异，人们被划分为不

① 《马克思恩格斯选集》第2卷，人民出版社，2012，第684页。

同的层次和群体，并在国家政治生活中居于不同地位，形成特定的政治关系。如果从人是政治社会主体的角度考察，那么，社会分层和政治关系就构成了一定政治社会的基础。

（2）社会结构与权力体系。人们在共同体内生活，必然产生公共事务及对公共事务的管理。在孙中山看来，“管理众人的事便是政治。”[①] 要管理众人之事必然需要相应的由各种权力要素构成的权力体系。这种权力体系既超越社会又来自社会，受一定社会结构制约。社会组织结构简单，权力体系也较为简单，反之则较为复杂。

（3）社会秩序与政治控制。任何社会都必须根据一定规范存在和发展，从而形成一定的社会秩序，使社会保持相对稳定的状态。在原始社会，社会秩序主要靠习俗维持，“在大多数情况下，历来的习俗就把一切调整好了。”[②] 进入文明社会以后，随着社会的分化和利益的冲突，则需要建立在一定政治权威基础上的权力体系加以维系，以“把冲突保持在‘秩序’的范围以内”[③]。这就必须对社会进行政治控制，形成与统治权威相一致的社会秩序。

（4）社会意识与政治文化。人是有意识的动物。人们生活在一定社会环境里，必然会产生相应的社会意识。这种社会意识延伸到国家与社会相互关系的政治生活领域，就会形成人们有关政治社会的情感、认识、态度、价值等，即一定的政治文化。政治文化往往特别明显和持久地体现和反映政治共同体的特征。因为它最敏感地放射着政治时代的变化趋向之光，同时又是长期历史积淀的产物。

（5）社会矛盾与政治活动。由于人们在社会中的利益、要求及满足的状况不同，必然会产生一定社会矛盾和冲突。由此人们就会通过不同形式的政治活动去争取和实现其利益和要求，使社会矛盾和冲突得到一定解决。在阶级对立社会，社会矛盾集中表现为阶级与阶级之间的对立和矛盾，解决矛盾的主要形式是阶级斗争。因此，在阶级社

---

① 《孙中山选集》下卷，人民出版社，2011，第719页。

② 《马克思恩格斯选集》第4卷，人民出版社，2012，第109页。

③ 《马克思恩格斯选集》第4卷，人民出版社，2012，第187页。

会里，“政治就是各阶级之间的斗争”①，阶级斗争成为人们最主要的政治活动。而在消灭了阶级对立的社会里，政治活动的内容和形式都会发生重要变化。正是人们的政治活动，引起一定政治形态的转变。

政治关系、权力体系、政治控制、政治文化和政治活动构成了一定政治社会的基本内容。本书将围绕以上五个方面展开。与此同时，任何一种政治形态一旦形成，必然具有相对的稳定性，是社会历史的产物，又会对社会历史进程发生影响和作用。本书除了考察和比较城市和乡村的政治社会状况和特点外，还要分析它们对中国社会发展的影响。

人类文明从起源到演变，总的趋向是一致的，但具体的进程和道路有所不同，甚至大相径庭。列宁认为：“世界历史发展的一般规律，不仅丝毫不排斥个别发展阶段在发展的形式或顺序上表现出特殊性，反而是以此为前提的。”② 东方中国是人类文明的发源地之一，并一直沿着一条较为独特的道路行进，形成了鲜明的特色。这一文明的独特性体现于社会的各个领域和各个层面，其中自然也包括中国政治社会及在城市和乡村间的差异。而任何事物的特点只有通过比较才能发现和鉴别。因此，本书除了考察比较中国政治社会的城乡差别和特点外，还将与东方中国文明有着鲜明差别的西欧社会作为参照系进行中西比较，以求更准确地把握中国政治社会的具体进程和特点。

正如人类文明总是在不断的进化中行进一样，城市和乡村政治社会也必然会随着社会文明的演进而发生历史性的变迁。虽然作为当代人，我们的视野和研究重点应定位于现实状况，但要准确把握现状及特点，还需考察它们是怎样形成的，其历史形态如何。正如列宁在研究国家问题时所说的，“对于用科学眼光分析这个问题来说是最重要的，那就是不要忘记基本的历史联系，考察每个问题都要看某种现象在历史上怎样产生、在发展中经过了哪些主要阶段，并根据它的这种

① 《列宁选集》第4卷，人民出版社，2012，第308页。

② 《列宁选集》第4卷，人民出版社，2012，第776页。

发展去考察这一事物现在是怎样的。”① 为此，本书将从古代、近代到当代的历史演进的角度，考察比较城市和乡村政治社会在不同历史时代的状况、特点及变迁。由于传统文明在中国的延续时间特别长，至今仍有较大影响，本书以较多的篇幅考察分析了与传统农业文明联系较紧的古代城市和乡村政治社会状况和特点，这也是为了准确地认识和把握当代中国政治社会。

进行任何真正的科学研究都是十分艰难的，特别是对于过去人们涉及较少且无较多相关成果可借鉴的领域更是如此。本书从城市和乡村这两个基本共同体入手来剖析中国政治社会，只能算是一个初步的尝试和探索，自然尚有许多不尽如人意之处。例如，限于篇幅和研究主题，本书对介于城乡之间，具有城乡二者特征的小城镇的政治状况就未能加以展开论述。

真理总是裹在重重面纱之中。只有从不同角度、不同层次去撩开面纱，才能显露其真面目。希望本书在透视经常被神秘化、神圣化的中国政治方面有所作为，并引起更多人的关注和兴趣。

① 《列宁选集》第4卷，人民出版社，2012，第26页。

上　篇

古代城市与乡村政治社会

（1840 年以前）

第一章
古代社会的城乡分离与城乡关系

第一节　古代城市的形成及城乡分离

城市与乡村的基本界说

人类社会最初并无城市与乡村之分，自然也无所谓城市政治和乡村政治。只是随着城市的出现，有了严格意义的城市与乡村之分，才在此基础上生成了相应的政治现象。

那么，在中国历史上，城市是何时在茫茫的原野上巍然耸立，并以显示出权威的高高的城墙，反过来俯瞰它周围的乡村原野，并由此产生城乡分离的呢？

对此众说纷纭。有的学者根据马克思恩格斯有关论点和考古发现，认为早在原始社会就有了城市。有的则认为城市与国家、阶级社会是同时出现的，是人类进入文明时代的标志之一。中国第一个朝代——夏代便是古代城市的产生时期。有的则认为，直到春秋战国时代，才出现了真正的城市。上述说法各有道理和依据，这主要在于对“城市”概念运用有相当程度的灵活性和随意性。

然而，从严格意义上看，原始社会的所谓城市与春秋战国时期的城市是不能相提并论的，甚至有质的区别。那么，要考察中国城市的形成及由此出现的城乡分离，则有必要首先对城市和乡村的概念作一基本界说。

在逻辑上，城市和乡村是相对应的概念，它们应是有着不同质的规定性的有机体。马克思认为：“城市本身的单纯存在与仅仅是众多的独立家庭不同。在这里，整体并不是由它的各个部分组成。它是一种独立的有机体。”[①] 由此观之，城市和乡村作为人类的生存空间，各有其特定的生存条件和表现形式，它们是互相对应且相对独立的社会有机体。

任何一种社会有机体，都是历史的产物。我们也只有从城乡分离和对立的历史进程中才能准确把握城市和乡村的基本特征。

社会分工所带来的生产力发展是人类跨越漫长的史前期进入文明时代，并推动文明进步的基本动力，也是导致城市与乡村的出现以及彼此分离为两个独立有机体的基本原因。

在远古洪荒时期，人类祖先多为穴居或巢居。只是随着狩猎经济向农业经济的转变，出现了人类第一次大分工——畜牧业和农业的分工，人类才以氏族部落的形式在固定的地点聚居，形成以农业生产为生存基础的聚落。这种聚落便是乡村的雏形。随着农业的发展，出现了工商业，并发生了工商业和农业的分工。从农业中分离出来的主要从事工商业的人口相对集中聚居在一定地方，形成了以人口、财产、需求相对集中和以非农业活动为其存在基础的聚落。这便是城市的雏形。这种聚落作为社会分工的产物，为城市和乡村的出现以及相互分离和对立，构成两个独立有机体，提供了历史前提。所以，马克思、恩格斯将社会分工作为城乡分离和对立的基本原因。他们在《德意志意识形态》中指出：“一个民族内部的分工，首先引起工商业劳动同农业劳动的分离，从而也引起城乡的分离和城乡利益的对立。”[②] 马克思

---

① 《马克思恩格斯选集》第2卷，人民出版社，2012，第733页。

② 《马克思恩格斯选集》第1卷，人民出版社，2012，第147~148页。

在《资本论》中又进一步阐述了城乡分离和社会分工的关系，认为“一切发达的、以商品交换为中介的分工的基础，都是城乡的分离”[①]。

而导致城乡分离、对立，形成两个独立有机体的直接原因则是私有制、阶级和国家的产生。

在原始氏族社会，由于生产力水平低下，氏族成员共同劳动和共同生活，聚居在一定地方，社会处于混沌状态，并无城乡之分。随着生产力发展，开始出现剩余财产和私有制。私有制不仅使部落成员间产生分化和矛盾，而且“邻人的财富刺激了各民族的贪欲，在这些民族那里，获取财富已成为最重要的生活目的之一”。“纯粹是为了掠夺”的“战争成了经常性的行当”[②]。“战争就是每一个这种自然形成的共同体的最原始的工作之一，既用以保卫财产，又用以获得财产。”[③] 为了适应这一需要，氏族部落开始有意识地修筑设防城堡和邑落，将人口和财富集中到这种原始形态的城市。恩格斯因此指出：“用石墙、城楼、雉堞围绕着石造或砖造房屋的城市，已经成为部落或部落联盟的中心；这是建筑艺术上的巨大进步，同时也是危险增加和防卫需要增加的标志。”[④]

部落之间的战争、对财富的掠夺和将战争俘虏变为奴隶，一方面促成血缘关系向地缘关系转变，另一方面导致阶级进一步分化和氏族内部冲突加剧。那些在氏族战争中加强了权力的首领逐步将权力转变为世袭制，并利用世袭制的权力压迫氏族成员的反抗，以按地区划分居民和公共权力机关产生为特征的国家由此出观。

而在氏族制度解体和向国家转变中，城市得以出现，并成为以上转变的中介。开始向国家统治者转变的部落首领为保护私有财产、镇压奴隶的反抗和防御外敌的进攻，进一步扩建城市并强化其政治、军事功能，将人口和财富集中于城市，使之成为统治中心。“随着城市的

---

① 《马克思恩格斯选集》第 2 卷，人民出版社，2012，第 215 页。
② 《马克思恩格斯选集》第 4 卷，人民出版社，2012，第 180 ~ 181 页。
③ 《马克思恩格斯选集》第 2 卷，人民出版社，2012，第 743 页。
④ 《马克思恩格斯选集》第 4 卷，人民出版社，2012，第 179 页。

出现，必然要有行政机关、警察、赋税等等，一句话，必然要有公共机构，从而也就必然要有一般政治。在这里，居民第一次划分为两大阶级，这种划分直接以分工和生产工具为基础。城市已经表明了人口、生产工具、资本、享受和需求的集中这个事实；而在乡村则是完全相反的情况：隔绝和分散。”① 由此便意味着：

第一，城市适应国家产生和政治统治的需要而出现。统治者利用人口、财富和公共权力集中的城市对全社会行使统治权。

第二，国家的出现以社会分工和社会分化为基础，并促使城市与乡村的进一步分离和对立。那些与物质生产脱离，处于社会统治地位的阶级一般居住在作为政治中心的城市。而从事物质生产劳动（最初主要为农业劳动），并处于被统治地位的阶级一般居住在政治统治中心之外的乡村地方。由此引起和促使城乡的分离和对立。马克思为此指出：“物质劳动和精神劳动的最大的一次分工，就是城市和乡村的分离。城乡之间的对立是随着野蛮向文明的过渡、部落制度向国家的过渡、地域局限性向民族的过渡而开始的，它贯穿着文明的全部历史直至现在（反谷物法同盟）。”②

从城乡分离的历史进程中可以看出，城市和乡村是两个具有不同质的规定性的共同体。

就人类生存条件而言，城乡差别主要为：城市具有集中性，乡村具有分散性。正是由于人口、财富、需求集中到某一地点而形成了与乡村不同的城市，所以，迄今世界各国大都以人口集中程度作为确立和划分城市和乡村的标准和界限。

就人类生存活动而言，城乡差别主要在于，城市人口一般从事非农业活动，乡村人口一般从事农业活动。由于社会分工和阶级分化，从事工商业活动的人口从农业分离出来，一部分从事政治统治活动的人脱离物质生产劳动（最初主要为农业劳动），并相对集中于城市。城

① 《马克思恩格斯选集》第1卷，人民出版社，2012，第184页。

② 《马克思恩格斯选集》第1卷，人民出版社，2012，第184页。

市因此成为与乡村不同的有机体。在古代中国，城市便由作为政治统治中心的“城”和商业活动中心的“市”两部分构成，它们都以非农业活动为特征。乡村由于人口主要从事农业活动，又被称为农村，表明为农业人口居住的地方。

城市和乡村是一定历史的产物。在不同国家，特别是不同文明发源地，城市的出现以及由此形成的城乡分离过程有着明显的差异。在中国，城市形成及城乡分离经历了一个漫长的过程，具有鲜明的特色，并对城市和乡村所生成的政治现象有着深远的影响和规定。

城堡崛起及城乡分离的发萌

城市出现及城乡分离是人类跨入文明时代过程中产生的现象。在中国，从原始社会到传说中的夏代崛起的城堡是古代城市的起源形态，城乡分离也由此发萌。

马克思曾将大自然比为人类的母亲。任何文明都起源于特定的自然环境。特别是人类征服自然能力较低下的远古时期，自然环境对人类文明的起源就更具制约性。恩格斯曾在《家庭、私有制和国家的起源》一书中说：“随着野蛮时代的到来，我们达到了这样一个阶段，这时两大陆的自然条件上的差异，就有了意义。”① 中国的自然地理条件为与高原相对、大江大河流经其中的内陆平原地带，比较适宜文明的发育生长，为此成为文明的发源地之一。特别是平原地带和温暖的气候条件，十分适宜于农耕，农耕文明萌生较早且较发达。“农业在事实上本来就是一种流浪生活的终止。”② 随着农业的发展，人类逐渐从漂泊不定的游牧生活转向在某一较为固定的地方聚居，出现了以农业为生存基础的氏族聚落。

远古时代的中国居住着许多不同祖先的氏族和部落，并逐渐形成氏族部落之间的地缘关系。《国语·晋语》说：“黄帝以姬水成，炎帝

---

① 《马克思恩格斯选集》第4卷，人民出版社，2012，第31~32页。

② 〔德〕黑格尔：《历史哲学》，王造时译，三联书店，1956，第146页。

以姜水成。”黄、炎两个氏族部落以作为农业命脉的水为界，并形成部落之间的关系。而氏族部落之间的战争活动和作为农业命脉的水利事业在中国由氏族部落向国家转变以及相应的城乡分离过程中具有特别重要的意义。

中国古代传说中的黄帝被视为华族始祖。相传，黄帝曾居住在涿鹿地方的山湾里，过着往来不定、迁徙无常的游牧生活。后来打败九黎族和炎帝族，便在适宜农耕的中原地区定居下来。历史上的尧、舜及夏、商、周三代相传都是黄帝的后裔。由于农业的发展，人类有了较为固定的财富和生活来源，不仅会引起部落之间为争得适宜生存和农耕的土地条件而进行战争，而且使适宜农耕的中原地带成为西北高原地带游牧民族所经常掠夺和企求占有之地。黑格尔曾分析过这一现象，认为“处于迁徙无定的状态下的山地和高原种族，始终是把安居在那些肥沃的流域上当作一个努力的目的”①。传说中的黄帝就是原来居住在北方，后通过战争打败了其他氏族而定居中原的。

战争则使部落有了防守的需要。为了部落安全，人们开始有意识地选择一些有利地形建立居所，并修建一些防御性设施，即城市最原始的萌芽形式——设防邑落。中国古籍中有许多关于黄帝到尧、舜、禹三代期间筑城的记载。如“黄帝筑城，造五邑”（《中州杂俎·郡邑》）。“黄帝始立城邑以居”（《淮南子·原道训》）。“帝既杀蚩尤，因之筑城阙。”（《黄帝内传》）这里的“城”虽然只是一些原始的设防邑落，但反映了由于战争防卫的需要而筑城的原始动因。

战争必然带来部落间的兴衰，也扩大了地缘交往。而传说中的黄帝及其后裔——尧、舜、禹之所以能在部落战争中生存下来并传至后代，重要原因就是通过治理水土，使农业在条件较为优越的中原地带发展起来，大大增强了生存和战争的实力。中国古籍中有大量大禹治水的记载。禹由于治理水利，部落农业有了突出发展，并在对苗族的战争中获得大胜，成为私有财产较多、势力较大的部落，即所谓“禹、

① 〔德〕黑格尔：《历史哲学》，王造时译，三联书店，1956，第146页。

稷躬稼而有天下”（《论语·宪问》）。禹的儿子启由此破坏了由氏族部落成员共同推举首领的“禅让制”，成为世袭首领，建立了中国第一个王朝——夏朝。最初形态的国家得以出现。

国家的初步出现又为大规模大范围修筑防卫性城堡提供了可能。启建立世袭制夏王朝后，不仅其他部落不服起而反抗，而且夏启的子孙之间也冲突不断，战争更为频繁和激烈，用于保护财产和人口的城堡因此崛起。即《礼记·礼运篇》所说：“今大道既隐，天下为家，各亲其亲，各子其子，货力为己，大人世及以为礼，城郭沟池以为固。”现已发现的河南平粮台古城遗址、山东寿光边线王城堡遗址、山东城子崖古城遗址都是较过去设防邑落的规模大得多的城堡遗址。这些城堡很可能是早期的城堡国家，起码是城堡国家的萌芽。文化史学家钱穆认为：“诸夏是以农耕生活为基础的城市国家之通称。”①

如果说原始部落之间的战争直接加速了私有制、阶级分化和国家的发育，并导致了具有政治、军事意义的城堡崛起的话，那么，部落战争又大大扩大了人们的地域间交往，促进了商业交换的兴起。传说中的黄帝时代已有关于商品交换的场所和时间的记载，如“日中为市”。工商业开始从农业分离，出现了从事非农业生产活动的成员。伴随着阶级分化和国家产生，工商业主要服务于开始脱离生产劳动的统治者，从事工商业活动的成员也一般居住在作为国家中心的城堡。城堡因此具有一定的非农业经济意义。城堡具有非农业性质的政治、军事、经济功能，为古代城市的形成及城乡分离提供了起源形态。首先，具有防御功能的城堡使较多的人口、财富集中在一起，其集中程度显然比过去的农村聚落要高。其次，城堡居住的人口不仅有直接生产者，而且有开始脱离劳动的统治者；不仅有农业人口，而且有工商业人口，显示与农村聚落所不同的异质性。由此可见，城堡已是城市的萌芽形式，它的崛起意味着城市与乡村分离的发萌。

当然，事物的起源形态并非事物本身。城堡只是城市的萌芽形式，

① 钱穆：《中国文化史导论》，上海三联书店，1988，第35页。

并非严格意义的城市。因为当时的城堡是部落战争的直接产物，大都是在农村聚落基础上修建一些防御性设施而形成，人口集中程度尚不高。这时的国家也尚在发育中，生产和非生产人口的界限不严格。如禹亲自治水和躬耕。工商业有了一定程度的发展，但尚未与农业严格分离开，并紧紧依附于农业，“城”与“市”并未形成有机的统一体，农业活动和非农业活动人口的界限不严格。当时的绝大多数人口尚须从事农业活动，城堡的人口主要是平时务农战时打仗的农业人口。因此，从严格意义上看，原始社会到夏代崛起的城堡只能算作有围墙和壕沟等防御性设施的农村聚落，与原始意义的农村聚落的差别尚不突出。

都邑兴起及城乡分离的起步

夏之后的商、周时期，是所见最早有文字记载的时期，也是都邑兴起及城乡分离的起步时期。

经过数百年的夏代到商王朝时，一方面活动领域扩大，另一方面阶级矛盾更为复杂，更需要将社会冲突控制在一定秩序内，国家逐渐发育成型。

国家的成型必然伴随将国家组织机构和相应的人员集中到一定地点，以便于国家管理，因此有了建立国都的需要。这种作为国家政治—军事—祭祀中心的国都，通常称为都邑。“国城曰都。都者，国君所居，人所都会也……四井为邑。邑犹俋也，邑人聚会之称也。”（《释名》）“凡邑，有宗庙先君之主曰都。”（《左传》）殷商时期的国都安阳是早期都邑的典型代表。安阳作为商中后期的国都，长达近 300 年之久。它与夏代前的城堡有明显差别。一是范围大，有规模宏大的建筑群。考古发现的安阳殷墟面积约 24 平方公里。中心区是殷王宫殿区，绵延达 5 公里。由此说明都城居住着大量脱离生产劳动的统治阶级，并相对集中聚居于宫殿区。二是有大规模的手工业作坊和固定、不固定的集市。殷墟冶铜遗址达 1 万平方米以上。古籍也有“若挞于市”（《尚书·商书·说命下》）的有关记载。

当然，商代都邑尚处于夏代城堡向商周时期都邑过渡的阶段，都邑的城市色彩还不鲜明。首先，商代的城不多，主要是以国都形式出现。现已发现的商城遗址仅有六七处。其次，商代都邑的军事功能相对其他功能更为重要。殷墟发现有大型防御性壕沟。作为商代文字的甲骨文将“国”写成“口戈”，意为以武力保卫人口。更重要的是人口集中和分居程度尚不高。据《史记》记载，商晚期的“纣时稍大其邑，南距朝歌（今河南淇县），北距邯郸及沙丘，皆离宫别馆”。此范围长达一百多公里。如果将此视为城市，显然不合逻辑。它只能视为人口相对集中的宫殿城区与散布四周、人口分散的乡村聚落的混合体。商代都邑经济除了直接为统治阶级服务的手工业外，仍以农业生产活动为主，手工业与农业的分离不明显。从郑州商城出土文物看，都邑“居民大多是农业人口，同一般村落遗址似乎没有太大区别”①。

商代之后的周代都邑则大大前进了一步，城市与乡村的分离也进入了新的历史时期。

周原是渭水中游黄土高原上的一个古老部落，其始祖弃被尊为农神，以农业发达著名。凭借农业发展的实力和一系列战争，取代商王朝而建立周。周王朝的地域范围因此大得多。为便于统治，周实行分封制，分封了许多周姓和异姓诸侯王国。

地域范围扩大和大量封国出现，促使都邑的大范围大规模兴起。由于周旧都镐京（今陕西西安一带）距东方遥远，周于是营建“处天地之中”“山河拱戴、形势甲于天下”的洛邑（今河南洛阳）为东都，作为控制东方的政治、军事重地。各个封国也要修建象征国的城郭宗庙，大量都邑拔地而起。这些都邑及附近地方构成封国领地，封国因此又称都邑国。这是因为，“（古代）当时无论是社会或国家都比现在小得多，交通极不发达，没有现代的交通工具。当时山河海洋所造成的障碍比现在大得多，所以国家是在比现在狭小得多的地理范围内形成起来的。技术薄弱的国家机构只能为一个版图较小、活动范围较小

---

① 邹衡：《夏商周考古论文集》，文物出版社，1980，第180页。

的国家服务。"[①] 所以，汉文字中，城与国紧密相连。日本京都大学教授上田正昭曾解剖过汉语的"國"字。认为"'國'字就是以'戈'，亦即武器，守卫一定的土地'口'，它围绕以城墙'口'，总之，是表示都城的意思"[②]。

周代都邑不仅比商代多，而且城市色彩浓一些。首先，周代都邑的政治功能突出，是王朝和封国对领地进行政治统治的中心。其次，人口性质有了较明显的变化。一则非生产人口增多。为了威慑四方，监视商代"顽民"，东方洛邑驻有大量军事人员。二则周代的工商业有了相当程度发展，大批商代遗民被直接用于手工业，有了专门管理市场的官员，都邑的非农业活动的人口增多。

都邑的兴起又与城乡的进一步分离相伴随。由于地域范围扩大，周代都邑很难像商代都邑一样将都邑以外的地方包含为一个统一的聚落。为此，周王朝实行乡遂制度。周王室的领地划分为"国"和"野"，其间以"郊"为界。"郊"以内设"六乡"，即"四郊"，又称为"国"。"郊"以外叫"野"，设"六遂"。封国领地的都城则称为"都"，城外（郊外）称为"鄙"。

过去的都邑混合体由此划分为"国"和"野"、"城"和"鄙"两块相对独立的地方。而且两地居住的人口及社会地位也不同。"国"的居民被称为"国人"，主要是贵族统治者和不事农业生产的人口。"野"的居民被称为"野人"，主要为从事农业生产，并处于下层的人口。"国"和"野"不仅生存条件不同，并具有阶级利益的对立性。中国著名史学家侯外庐因此认为："古封、邦一字，国、城一义，野、鄙则为农村。"[③] "国"和"野"之分可视为"城市和农村的第一次分裂"[④]。

但严格说来，周王朝时期的城市与乡村分离尚处于起步阶段，城

---

① 《列宁选集》第4卷，人民出版社，2012，第31~32页。

② 转引自叶骁军《中国都城发展史》，陕西人民出版社，1988，第4页。

③ 侯外庐等：《中国思想通史》第1卷（古代思想），人民出版社，1957，第12页。

④ 侯外庐：《中国古代社会史论》，人民出版社，1963，第100页。

乡作为不同质的规定性的有机体远没有定型。

首先，周代虽然兴起大量都邑，但除了王室都邑外，具有城市特征的都邑尚不多。大量封国都邑只是适应政治统治和军事防御的需要设立的，不具有非农业经济的意义，不过是具有一定政治军事功能的乡村聚落。

更重要的是，周代有关“国”“野”、“都”“鄙”之分，主要反映的是阶级关系在地域上的表现，便于统治者的管理，二者分离的社会经济意义不明显。周王朝实行土地贵族所有制。王室是全国土地的名义所有者。王室和贵族按等级各有其领地。这些领地一般在王室和封国都邑附近，因阡陌之分，呈大小不一的方块状，即“井”字形。依附于贵族的农民在这些土地上集体耕作，并相对集中地居住在郊野，同时加以严格的组织管理。作为农业人口聚居地的郊野，尚不具有与集中性的城市相对应的乡村分散性、孤立性特征。

但是，由“国”“野”、“都”“鄙”的分别，可以看出它们之间的差别等级，这种差别等级主要是为了保持统治地位的差异性而区分的。

城市形成及城乡分离格局的定型

承接周代的春秋战国是中国古代历史的大变革时期。在这一时期，中国宗法社会经历了一个短暂的鼎盛时期后迅速走向衰落，象征天下统一的周王室日渐衰微，传统的宗法姻亲关系维持的王室和封国的等级臣服关系逐步解体，社会陷于分裂。一些较大的封国通过一系列变法改革措施，其实力和独立性大为增强，力求通过兼并战争一统天下，最后秦国成就霸业，建立了以地域关系为基础的中央集权制国家，中国因此进入了长达两千多年的封建专制社会。中国古代城市的形成及城乡分离格局的定型正是在这一历史大背景下进行的。

春秋战国之前，只有王室都邑与城市较为接近，其他封国都邑大都不具城市特征。而在东周后期，随着周王室的政治影响力减弱和封国实力增强，许多封国都邑突破了旧有的等级限制，规模大为扩大。特别是进入战国时代，各国为了在“争地以战，杀人盈野，争城以战，杀人盈城”的残酷兼并战争中保护自己或成就霸业，掀起了一场大规模的筑城运动，城的规模和人口集中程度发生了空前的变化。《左传》等古籍关于城某地、城某邑、筑某城的记载不胜枚举。从有关战国期间因大兴土木筑城，民众不堪重负而群起反抗的记载，可以看出当时都城规模迅速扩大。如鲁国都城曲阜，东西长约 4 公里，南北宽约 3 公里，周长约 12 公里。与此同时，大量人口、财富集中于城。如齐国都城“临淄之中七万户……甚富而实”（《史记·苏秦列传》）。

更为重要的是，春秋战国时代的工商业有了长足发展，开始摆脱过去“工商食官”的羁绊，有了具有独立性、固定性的“市”和非农业人口的“市民”。“城”和“市”开始寓为一个统一体，为城市成为有别于乡村的独立有机体奠定了基础。战国时代文献中也出现了“城市”这一名词。如《战国策·赵策一》说：“今有城市之邑七十，愿拜内之于王，惟王才之。”

春秋战国时代工商业和农业的分离和相对独立的市民阶层的出现，为城乡分离提供了一方面基础。农业生产的发展和生产关系变革引起的农业生产方式变化，使乡村成为有别并相对城市的有机体，则是城乡分离的另一方面基础。

远古时期，农业人口以氏族聚居形式生存。随着城堡—都邑—城市的形成，出现了新的聚居形式。在这一过程中，新的聚居形式不可能将所有人纳入其范围，因而还保留有许多原始形态的氏族村社聚落。这些自给自足、封闭的村落犹如颗颗小星散布在广袤的原野大地，“表现为土地的单纯附属物”①。如商周时期的“国”和“野”之分，“野”，特别是“野”以外的地方就是“国”难以包容的地方。这些土地共有、共同耕作的村落始终以农业和畜牧业为生存基础，与文明社会几乎处于隔绝状态。马克思曾指出：“建立在土地公有制基础的农村公社的形式，这种农村公社在中国也是原始的形式。”② 而到了春秋战

① 《马克思恩格斯选集》第 2 卷，人民出版社，2012，第 728 页。

② 《马克思恩格斯文集》第 7 卷，人民出版社，2009，第 372 页。

国时代，随着不断扩大的战争活动打破了隔绝状态，铁器得以推广和使用，一家一户的农民跟一小块土地形成了长期的使用关系，许多村社成员变成以一家一户为单位的个体农民，他们聚居或散居在一定地点从事农业生产，构成了与集中的城市相对应的分散性、孤立性的乡村社会。

春秋战国时期生产关系和社会关系的变革迅速促使这种乡村有机体成为普遍现象。一方面，伴随宗法封建制的衰落，大批依附农民从贵族管制的城邑逃到乡野，开荒种地，成为小自耕农。另一方面，在兼并战争过程中，一些国家的地域范围迅速扩大，并实行变法，按军功授予土地，形成新兴地主阶级。土地的地主占有和个体农民使用土地是一致的。以一家一户为单位的个体农民经济成为社会占主导地位的生产方式。个体农民有两个鲜明特征，一是劳动者紧紧依附土地；二是以耕织结合的个体家庭为生产单位，通常称作“户”。他们“散处于全国各地，通过农业和制造业的家庭结合而聚居在各个很小的中心地点”[①]，形成孤立、分散的乡村有机体。

为适应上述变革和战争动员需要，各国先后实行郡县制。秦国尤为突出。在商鞅变法推动下，秦先后将各小都、乡、邑、聚（村落）归并为 41 个县，设县令；一些边远地方归并为郡，设郡守，均从属国君。郡县作为行政机构所在地，人口集中，形成郡城市。即所谓“人以群居为郡”“悬而不离之谓县”。侯外庐因此指出：“战国时代的郡县制，是向地域性转化的城市制。”[②] 郡县城以外的地方则为乡。由此便将广阔的原野乡村和分散的小农归为一个统一集中的国家组织系统内，国家内的城乡分离也因而形成。

当然，只是到了秦王朝统一中国，建立了统一的中央集权王朝时，这种城乡分离的格局才得以定型。

这首先在于秦统一前的许多城市主要是适应战争的需要兴建的，

① 《马克思恩格斯选集》第 1 卷，人民出版社，2012，第 852 页。

② 侯外庐等：《中国思想通史》第 1 卷（古代思想），人民出版社，1957，第 13 页。

在经济与地域上都未能与乡村分离开。有不少城市不仅“居民大多是农民，而且是城郭之内，也因人口稀少，土地空旷，还有不少农田，甚至在天子王都和诸侯首邑之内，也往往是黍离麦秀，呈现出一片田园景象”[①]，即“耕地表现为城市的领土”[②]。这也是许多城邑被围数年而不得破的经济基础所在。这些城邑的城市色彩自然尚不突出。

其次，秦统一前的个体经济和郡县制都在形成和推行之中，城乡作为两个不同地域单位的界限尚不严格，也未能将人口固定在城或乡的范围。

秦统一后则使以上情况得以改变。一方面，秦王朝将原来各个诸侯国的领域联为一个整体，诸侯国成为中央统一国家的郡县地方，诸侯国都城大多成为郡县治所，由此形成从中央都城到地方郡县城市的城市网络，城市的行政功能大为突出。与此同时，秦始皇还下令“堕三城”，拆毁过去许多城邑用于军事防御的城墙，使原来包括田野在内的城邑在范围上大为缩小，乡村从城邑中分离出来。以农业生产为特征的乡村和以行政治理为主要特征的城市成为两个具有严格界限之分的地域单位。另一方面，为加强中央集权统治，秦统一后进一步采用并严格推行户籍制度。全国的人口通过严格的核定、登记成册，不得随意迁徙居住地。“户”不仅是经济上的基本单位，而且成为行政管理的基本单位，具有政治意义。户籍制度犹如一道牢不可破的屏障，人为地将人口严格限制在城市和乡村这两块地方，“居民在政治上已变为地区的简单的附属物了”[③]。城市主要居住着非农业人口，乡村居住着农业人口。城市作为国家或地方的政治中心，作为统治者集中居住的地方，对乡村居统治地位。这样，城市与乡村不仅在地域上相分离，而且阶级利益相对立，古代社会城市与乡村分离并对立的格局由此定型。

① 傅筑夫：《中国经济史论丛》，三联书店，1980，第346页。
② 《马克思恩格斯选集》第2卷，人民出版社，2012，第728页。
③ 《马克思恩格斯选集》第4卷，人民出版社，2012，第131页。

城乡分离进程的特点与原因：中西比较

当人类由野蛮跨向文明社会之时，就开始了城市与乡村的分离进程。但在不同文明社会，这一进程具有各自的特点。如果与西方古希腊文明相比，东方中国古代城乡分离进程便会显示出格外鲜明的特色。

（一）中国的城乡分离经过了一个十分漫长的过程

古代中国的城乡分离进程，如果从夏王朝时发萌算起，到秦统一时格局的定型，中间经历了三个主要阶段、长达数千年的漫长过程。而在古希腊文明的雅典，城乡分离的格局几乎是和文明时代同时形成的。当然，从绝对时间看，中国城乡分离格局的定型在公元前8世纪到公元前6世纪。但中国的文明起源时间相当早，城乡分离进程在进入文明时代以后又经过了一个漫长的历史时期才基本定型。这是因为中国的城乡分离是在与雅典完全不同的地理环境和社会经济条件下发生和发展的。

黑格尔在分析人类文明发源时，认为世界文明在三种环境条件下发萌。一是包括蒙古高原在内的高原地区，适宜于游牧生活，有时会大群集合起来袭击平原地区，掠夺财富；二是与高原相对的大江大河流经其中并灌溉的平原地区，包括中国在内的四大文明发源地，适宜于农业耕作；三是与大海相连的海岸地区，如地中海地区，特别适宜手工业和商业贸易的发展。①

古希腊时的雅典位于地中海地区，属于海岸区域。“大海邀请人类从事征服，从事掠夺，但同时也鼓励人类追求利润，从事商业。”② 特殊的地理环境为雅典发展工商业提供了有利条件，属于商业文明。马克思认为：“最初的独立的、获得巨大发展的商业城市和商业民族的商业，是作为纯粹的转运贸易建立在生产民族的野蛮状态的基础上的，这些商业城市和商业民族对这些生产民族起着中介人的作用。”③ 而雅

① 〔德〕黑格尔：《历史哲学》，王造时译，三联书店，1956，第132页。

② 〔德〕黑格尔：《历史哲学》，王造时译，三联书店，1956，第136页。

③ 《马克思恩格斯文集》第7卷，人民出版社，2009，第368页。

典便是一种商业城市和商业民族。

早在文明时代之前，雅典就已出现比较发达的商品生产和与之相应的商品贸易。与此同时，“土地已被分割而成了私有财产”[①]，氏族集体经济解体，出现了地产买卖关系，加剧着商业和农业的分离。“由于地产的买卖，由于农业和手工业、商业和航海业之间的分工的进一步发展，氏族、胞族和部落的成员，很快就都杂居起来”[②]，地缘关系取代了血缘关系，社会分工又促进着阶级分化和对立，国家随之出现。恩格斯因此指出，在雅典，“国家是直接地和主要地从氏族社会本身内部发展起来的阶级对立中产生的”。[③] 而社会分工的过程同时又是城市与乡村的分离过程。从事商业的人口集中于城市。特别是海外贸易促使城市拥有大量财富和独立的生存基础，形成有别于乡村并与乡村利益对立，从经济上统治乡村的有机体。因此，雅典国家是以扩大了的雅典城邦形式出现的。一进入国家产生的文明时代，城市就具有鲜明的非农业和人口集中特征，乡村则相反，具有孤立和分散性，城乡分离格局便已定型。当然，由于雅典民族主要是商业民族，从事农业活动的乡村范围十分有限并紧紧依附于乡村，文明主要是以城市作为空间载体的。所以，马克思认为，“古典古代的历史是城市的历史”[④]。雅典国家称之为城邦国家。

与属于海岸地区的雅典相比，中国文明起源地——中原地区属于平原内陆地区，比较适宜于农耕。中国因此很早就显露出文明曙光，成为文明发源地之一。但与高地相对的内陆平原形成的隔绝机制使中国缺乏向外扩展和交往的有利条件，加上农耕产品的单一性，使商业贸易不发达，工商业始终难以从农业中分离出来。正如黑格尔所说：“平凡的土地、平凡的平原流域把人类束缚在土壤上，把他卷入无穷的

① 《马克思恩格斯选集》第4卷，人民出版社，2012，第123页。

② 《马克思恩格斯选集》第4卷，人民出版社，2012，第124页。

③ 《马克思恩格斯选集》第4卷，人民出版社，2012，第186页。

④ 《马克思恩格斯选集》第2卷，人民出版社，2012，第733页。

依赖性里边。”① 对土地的依赖造成的社会分工的不发达，使中国文明从起源开始就一直以农耕文明为显著特征，并以乡村为文明的主要空间载体，很难形成雅典那样以工商业为基础的独立有机体。因此，古代中国城市主要是由于战争和政治控制的需要将人口和财富集中到一定地方而形成的。就促使城乡分离的两方面原因看，如果说古希腊雅典的城乡分离主要是社会经济分工造成的话，那么古代中国的城乡分离则主要是适应政治统治的需要造成的。当代著名史学家胡如雷先生认为：“在我国封建城市形成的过程中，社会分工的发展和商品经济的繁荣并没有起决定性作用，真正起关键作用的因素是剥削阶级的政治、军事需要。”② 主要由政治军事需要而出现的城市又很容易为政治军事活动所破坏，使城市形成过程不断中断。同时，中国古代的土地长期为氏族公有和氏族血缘色彩较浓的王室贵族所有，乡村很难从王室贵族居住的城邑分离出来。只是由于长时期的社会分工和商品交换的发育积累，以及个体农民经济的缓慢形成，城乡作为两个独立有机体的分离对立格局才定型。所以，古代中国的城乡分离经历了一个十分漫长的过程。

（二）古代中国城乡分离不彻底，经济利益的对立性不突出

在马克思、恩格斯看来，城乡分离进程同时也是城乡在经济利益上日益对立的过程。城乡在经济利益上愈对立，分离便愈彻底，分离过程就愈短。这是因为城乡作为两个不同的有机体，其重要区别就在于经济基础不同，一是非农业经济，二是农业经济。

在雅典，由于商业贸易发达，它有可能通过对外贸易与生产民族交换自己所需要的几乎所有东西，成为与以农业为基础的乡村不同，但有独立生存能力的经济有机体。商业性城市与农业性乡村由于商品交换关系而产生经济利益上的对立。由于雅典城邦是由雅典城及附近小范围的乡村领地组成的，巨大的商业经济实力使雅典城对乡村居统

---

① 参见〔德〕黑格尔《历史哲学》，王造时译，三联书店，1956，第132～136页。

② 胡如雷：《中国封建社会形态研究》，三联书店，1979，第246页。

治地位，即恩格斯所说的，“城市在经济上统治乡村”①。城市和乡村作为两个不同的经济有机体所产生的经济利益对立，使城乡分离得较彻底，二者的界限和特征都相当鲜明。

与古希腊雅典相比，古代中国城乡分离过程漫长和不彻底，主要是城市缺乏与乡村不同的经济基础，城乡经济利益的对立不明显。

马克思对东西方历史及城乡关系有过十分透彻的比较分析。他根据古希腊罗马的历史得出“古典古代的历史是城市的历史”结论的同时，指出“亚细亚的历史是城市和乡村的一种无差别的统一（真正的大城市在这里只能看做王公的营垒，看做真正的经济结构上的赘疣）”②。这一特点在中国古代城乡分离进程中尤为突出。首先，中国文明在内陆平原地区发萌，农耕文明较发达。其次，与高原相对的地理隔绝机制不仅使中国缺乏商品贸易的有利条件，而且经常受到来自高原和周边地区游牧民族的袭击。最后，发达的农耕和内陆平原使文明得以不断从核心地区向边缘地区扩散，古代中国的地域是雅典城邦无法比拟的。上述因素决定了中国城市的形成主要是政治统治和军事防御的需要，而非社会经济发展的产物。城市缺乏独立的经济基础，其生存条件不能不依赖乡村，同属于农业文明。正因为如此，古代中国的城堡、都邑和城市都不能不将广阔的农田和大量的农业人口包括在其中。即使春秋战国时期的城市已出现“士农工商”的阶级分化，但农业人口始终居多数，城市的非农业经济意义仍不明显。因此，从经济形态方面看，城市和乡村处于“无差别的统一”状态。只是出于政治军事需要，人口和财富大量集中到统治者居住的地方，才形成与乡村聚落所不同的城市。就城市的集中和非农业经济特征而言，古代中国的城市主要表现为集中性。所以，马克思将亚细亚的城市视为“王公的营垒”和“经济结构上的赘疣”。黑格尔则将古代中国城市直接称为“政治建筑”。③ 很显然，这种城市很难作为经济有机体通过交换与

① 《马克思恩格斯选集》第4卷，人民出版社，2012，第182页。

② 《马克思恩格斯选集》第2卷，人民出版社，2012，第733页。

③ 〔德〕黑格尔：《历史哲学》，王造时译，三联书店，1956，第135页。

乡村产生经济利益上的对立，城乡也难以彻底分离开。

（三）古代中国的城乡分离进程具有强烈的人为强制性

城乡分离的原因主要有二，一是社会经济分工，二是国家统治需要。前者是一个自然的历史过程，后者具有强大的人为因素。

在古希腊雅典，由于商品交换，特别是海外贸易的发展，一部分人从农业或其他生存活动方式脱离出来，以独立的手工业和商业贸易活动为生，并相对集中到适宜于进行这类活动的地方，由此而形成与乡村完全不同的社会有机体。这一城乡分离进程基本是自然而然的。只是“文明时代巩固并加强了所有这些已经发生的各次分工，特别是通过加剧城市和乡村的对立”①，使城乡分离的格局更加明显和强化。

如果说古希腊雅典的城乡分离主要是由社会经济分工引起的自然过程，那么，古代中国的城乡分离则主要是适应政治统治的需要而进行的人为强制活动的产物。从诸夏城堡、商周都邑到春秋战国时代的城市都是出于军事防御和政治统治的需要而形成建立的。只是随着人口特别是统治阶级集中到城市，需求扩大，才出现了依附统治阶级的工商业人口，城市具有一定的非农业经济意义。即使如此，城市的农业经济特征仍然十分突出。只是在秦统一前后，为适应集权政治统治需要，强化城市的行政统治职能，以严格的户籍制将城市和乡村、非农业人口和农业人口隔绝开，古代城乡分离的格局才最终趋于定型。

当然，从生产力水平看，无论是西方古希腊，还是东方中国，即使地理条件有差异，但都属于农业文明时代。由此便规定了各自城乡分离进程的历史趋向。雅典城邦的主要经济基础是工商业和对外贸易。但当时的工业尚处于简单的手工业阶段，难以扩大再生产。要满足商业贸易刺激的日益扩大的需求，只能求助于对外贸易。而这又是相当不稳定的。所以，随着雅典城邦在海上战争的失利无法保证对外贸易的正常进行和扩大，雅典文明即迅速衰落。雅典城在战争掠夺中被夷为废墟和荒野。古希腊雅典时代的城乡格局也不复存在。

---

① 《马克思恩格斯选集》第4卷，人民出版社，2012，第182页。

而在以中国内陆和农耕文明为主的环境条件下，作为政治统治中心的城市始终能从广大以农业为基础的乡村地方获得经济来源。即使城市一时遭到破坏，也能很快得到重建。而作为农耕文明负载体的乡村更具有强大的生命延续力，是农业文明时代任何一种外来因素都难以摧毁的。所以，中国古代城乡分离格局一直延续了2000多年，直到西方国家挟带高于农业文明的工业文明入侵后才趋于崩溃。正是在这一格局的基础上，形成了独有特色的古代中国城市和乡村非均衡的政治状态。

第二节　古代社会的城乡关系

一体性：古代社会结构的特点

从地缘政治学的角度看，当城市和乡村分离为两个不同的地域单位后，它们之间必然会产生相应的关系，在国家整体中居于不同地位，并直接影响其政治状态的形成。

中国古代社会的城乡关系是在古代社会历史大背景下生成的，受古代社会结构的制约。而中国古代社会结构的重要特点就是一体性。

经过数百年的兼并战争，秦以武力统一了中国，建立了中央集权的专制主义王朝，开始了2000多年中央专制集权的封建社会史。

秦始皇统一中国后，实行“海内为郡县，法令由一统”，将过去处于孤立割据状态的诸侯国和领地由点到线联成整体，形成一个幅员辽阔、人口众多的大一统社会。

然而，构成大一统社会的细胞组织形式却是一家一户的个体农民经济。秦始皇统一期间，实行“令黔首（民）自实田”，将土地个人占有制以法律形式加以肯定。耕织结合、以一家一户为单位进行的个体农民经济成为2000多年封建专制社会基本的细胞组织形式。“几千年来都是个体经济，一家一户就是一个生产单位”①。个体经济则具有

① 《毛泽东选集》第3卷，人民出版社，1991，第931页。

天然的封闭性、孤立性和分散性。马克思曾对此有过精辟的分析，认为："小农人数众多，他们的生活条件相同，但是彼此间并没有发生多种多样的关系。他们的生产方式不是使他们互相交往，而是使他们互相隔离。""每一个农户差不多都是自给自足的，都是直接生产自己的大部分消费品，因而他们取得生活资料多半是靠与自然交换，而不是靠与社会交往。一小块土地，一个农民和一个家庭；旁边是另一小块土地，另一个农民和另一个家庭。一批这样的单位就形成一个村子；一批这样的村子就形成一个省。"马克思还对分散的小农进行了生动形象的比喻，说他们"是由一些同名数简单相加而形成的，就像一袋马铃薯是由袋中的一个个马铃薯汇集而成的那样"①②。因此，伴随小农自然经济出现的必然是一盘散沙式的分散割据状态。幅员辽阔的大一统地域社会与一盘散沙般的个体经济细胞组织便产生了尖锐的矛盾。

这一社会整体和社会细胞组织的矛盾是怎样得到解决的呢？

这就是伴随国家统一和个体经济形成而同步建立起来的专制集权王朝。早在战国时期的兼并战争中，秦国由于变法彻底，建立了耕战结合、高度集权、富有效率的体制，得以在争霸战争中获胜。秦统一中国后，这一体制得以进一步强化，形成了由君主执掌绝对权力的中央专制集权王朝体制。这一体制以延伸到各个细胞组织社会、蛛网般的行政权力网络将一个个分散孤立的农民家庭和地方严密组织在大一统社会这个盛满"马铃薯的袋子里"。

所以，中央专制权力体系犹如混凝土将一盘散沙状态的个体组织凝聚为一个整体社会，使中国社会结构具有一体性的特征。所谓一体性，从社会组织方式看，是指通过超越个体的力量的整合，将各个个体要素组织为一个整体。古代中国之所以能将汪洋大海般的个体农民细胞组织为一个大一统社会，主要是依靠以强有力和"不受限制的政府"③为特征的中央专制集权体制所具有的强大整合功

① 《马克思恩格斯选集》第1卷，人民出版社，2012，第762页。
② 《马克思恩格斯选集》第1卷，人民出版社，2012，第762页。
③ 《列宁全集》第2卷，人民出版社，2013，第92页。

能。正是这一凌驾于社会之上的权力体系，保证了在一盘散沙似的个体农民经济基础上的社会统一。不像西欧国家直到封建社会晚期，“工商业的高涨促使各种利益在全国范围内联结在一起，因而促成政治上的中央集权”①，才结束了分散孤立的农业经济造成的长期封建割据状态。

一体性社会的特征是社会各个要素的聚合趋于一致性。在古代中国，中央专制集权王朝的强大整合功能，促使社会要素严格趋于一致，定于一尊——象征社会统一的专制君主。君王具有不可分割、一元性的绝对权力，是国家整体的人格化体现。社会各个要素都渗透着君主的绝对意志，各个方面的终极权力都归于君主。

从经济体系看，古代中国个体农民经济在生产关系方面的表现为：作为生产者的农民不占有或占有较少土地，不事生产或很少从事生产的地主占有较多土地，农民租种地主的土地并缴纳地租和劳役。因此，权力的主客体为地主和农民。但在古代中国，土地的所有权和占有权往往是分离的。君主作为国家的象征，成为土地的终极性主人。即所谓“溥天之下，莫非王土；率土之滨，莫非王臣”。秦始皇统一中国，建立中央专制王朝后，曾刻石自颂：“六合之内，皇帝之土”，“人迹所至，无不臣者”。地主对土地的占有并非“硬化了的私有财产”②，没有终极意义的所有权。当代中国史学家翦伯赞认为，古代中国“最大的地主是皇帝，中国的皇帝是全国土地名义上的所有者，又是荒地和无主地的主要霸占者”③。君主可以赏赐授予某人土地，使之成为地主；也可剥夺其土地，使之成为农民。与此同时，包括地主在内的所有人都是国家的臣民，都受专制权力的控制。古代中国经济权力的运行轨迹表现为农民—地主—君主。

从政治体系看，古代中国的统治阶级是地主阶级，而主要代表这一阶级利益直接执掌政治权力是无所不在、无所不能的官僚阶层。“小

① 《马克思恩格斯文集》第2卷，人民出版社，2009，第222页。
② 《马克思恩格斯全集》第1卷，人民出版社，1956，第369页。
③ 翦伯赞：《论中国古代的封建社会》，《学习》1950年第4期。

块土地所有制按其本性说来是无数全能的官僚立足的基础。"[①] 与执掌政治权力的官僚相对立的是没有任何政治权利、处于被统治地位的广大百姓，即“民”，官民构成政治权力的主客体。但在君主专制集权体制下，所有政治权力资源最终垄断于君主之手，君主具有不可分割、不能转让的绝对权力。官僚只不过是君主耳目和手足的延伸，在各个地方和部门代行君权。君主既可以授权予人，使之为官；又可剥夺其权，使之为民。即所谓“君要臣死，臣不得不死”。马克思曾精辟地概括了东方专制君主有绝对权力的特征，认为“像亚洲的专制制度那样，政治国家只是单个人一己之任意”[②]。古代中国社会的政治权力运行轨迹因此表现为民—官—君主。

从意识形态体系看，古代中国占统治地位的意识形态是深深扎根于传统的家族宗法社会土壤中，以“三纲五常”为核心的儒家文化。它是维系大一统社会的精神纽带。儒家文化渗透到国家最基本的组织单位——各个家庭中，其受体是所有社会成员，特别是居于下层，少有知识的所谓“愚民”。负责解释、传递儒家文化的则是知识分子儒生。儒生和愚民构成意识形态权力的主客体。但儒家文化是为君主专制统治服务的。儒生传递儒家文化并不是像西欧中世纪通过教会体系传递基督教神学那样行使意识形态权力，而是通过成为依附和隶属于王朝权力体系的官僚发挥其功能的。这种儒生官僚由君主和国家专门机构进行统一选拔，通常称士大夫。因而，儒生只是君主专制统治国家精神的服务者。君主作为国家精神的最高体现，具有意识形态的终极权力。古代中国社会意识形态权力运行轨迹表现为愚民—儒生—君主。

这种各要素的终极权力都归之于君主的一体性社会结构，见图 1 - 1 所示。

由图 1 - 1 可以看出，古代中国的经济、政治和意识形态虽然是三

---

① 《马克思恩格斯选集》第 1 卷，人民出版社，2012，第 766 页。

② 《马克思恩格斯全集》第 1 卷，人民出版社，2002，第 43 页。

经济权力：农民—地主
政治权力：民—官　——→君主（大一统社会的最高人格体现）
意识形态权力：愚民—儒生

图 1-1　中国古代社会的一体性社会结构

个相对独立的要素，但又具有相当程度上的一致性。人们在这三个领域扮演的角色往往是重叠同一的。对于社会的底层角色来说，在经济上是受剥削的农民，在政治上是被统治的臣民，在意识形态方面是被教化的愚民。对于社会中间环节来说，经济领域的地主、政治领域的官僚和意识形态领域的儒生，往往是三位一体的。对于社会顶端的角色来说，终极意义的经济、政治和意识形态权力集于君主一人。君主专制统治因此具有强大的整合能量。

所以，尽管从经济基础上看，一家一户的个体农民经济具有天然的分散性、孤立性，但以君主专制统治为核心的政治权力和意识形态权力却可以通过无所不能的官僚行政机构将众多的人口组织在一个统一体内，可以通过无所不在的儒生传递儒家文化的精神纽带将众多人口维系在统一体内，使整个社会趋于一体性。这种一体性社会既有政治权力强制的机械组合特点，又具有同一儒家文化根基的有机组合特征。因此，古代中国尽管屡次陷于分裂割据，但总是能以巨大的再生力重组为大一统社会，并使这个统一体能长期延续。

如果比照一下西欧封建社会结构，便可以更清晰地显现古代中国社会结构的一体性特征。

由于缺乏稳定的经济支撑，显赫一时的古希腊罗马文明在战争和日益扩大的消费中迅速衰落，最后在蛮族的致命一击下变为废墟和荒野。伴随农业生产的普及发展，在昔日的废墟和荒野中生长出封建生产方式，西欧进入中世纪封建社会。即马克思所说的，“古老文明被蛮族破坏，以及与此相联系重新开始形成另一种新的社会结构”①。

① 《马克思恩格斯选集》第 1 卷，人民出版社，2012，第 205～206 页。

西欧封建社会的经济基础是庄园领主经济。庄园主不仅占有土地，而且占有从事生产的人，即农奴。各个庄园自我生产、自我消费，形成相对独立和封闭的体系，星罗棋布于广阔的原野上。与古代中国不同，西欧领主的土地是世袭领地。“在欧洲一切国家中，封建生产的特点是土地分给尽可能多的臣属。”① 马克思把封建领主不可转让的领地称作“已经硬化了的私有财产”②。领主对土地有终极意义的所有权。而且，“庄园领主是一个庄园社会的统治者兼业主”，不仅行使经济统治权，而且行使“地方的政治统治权”③。

由于西欧封建社会是在地广人稀、居住分散的乡村原野上自然生长起来的，庄园领主集经济权力和政治权力于一身。象征国家统一权力的国王只是一个较大的庄园主而已，缺乏将众多分散封闭的庄园整合为一体的政治能量。“封建制度是一种政体，在这一政体中，那些拥有地产的人也拥有政权，因此，封建主和封臣之间的契约取代了国家权力。”④

西欧不仅是地域概念，更是文化概念。占统治地位的意识形态是基督教神学。传递基督教的教会“是一个统一而又遍及各国的机构。它的管辖权是越过所有种族、民族、语言的分界线而通行无阻的。一切基督徒一方面是某个国家的属民受自然法和他们的国家法的保护；另一方面他们是教会的属民”⑤。基督教神学是维系整个西欧社会的精神纽带。宗教权力高于并支配政治权力。“不管属于哪个国家，不管谁是他的统治者，每个人都是属于教会管辖的。”⑥

---

① 《马克思恩格斯文集》第 5 卷，人民出版社，2009，第 824 页。

② 《马克思恩格斯全集》第 1 卷，人民出版社，1956，第 369 页。

③ 〔美〕汤普逊：《中世纪经济社会史》（下册），耿淡如译，商务印书馆，1963，第 391 页。

④ 〔美〕斯塔夫里阿诺斯：《全球通史 1500 年以前的世界》，吴象婴、梁赤民译，上海社会科学院出版社，1988，第 455 页。

⑤ 〔美〕汤普逊：《中世纪经济社会史》（下册），耿淡如译，商务印书馆，1963，第 261 页。

⑥ 〔美〕汤普逊：《中世纪经济社会史》（下册），耿淡如译，商务印书馆，1963，第 261 页。

因此，与古代中国社会不同，西欧封建社会结构各个部分的独立性、排斥性显得十分突出，经济、政治和意识形态权力的归属呈分散状态，即“社会三分鼎足”[①]（见图1－2）。

经济权力：农奴—庄园主

政治权力：属民—国王

意识形态权力：教徒—教会

图1－2　西欧封建社会的权力结构

从图1－2可看出，经济权力、政治权力、意识形态权力的客体具有重叠性和同一性，权力主体却一分为三。其中，“基督教教会是最有势力的机构”[②]。但教会主要是以精神感召影响社会，并经常与经济、政治权力发生矛盾和冲突，因而难以也不可能以强大的整合功能克服庄园领主经济的分散性和孤立性，使社会趋于一体。所以，西欧封建社会长期处于分裂割据状态。

与西欧封建社会相比，古代中国的个体农民经济的分散性、孤立性更突出。但由于个体经济天然的脆弱性，要求超越社会之上的政治权力予以组织和保护，社会的政治权力特别集中和强大，有可能将社会各个要素无一遗漏地组织在统一体内，使社会表现出高度的一体性特点。

城市和乡村的一体性趋向

古代中国社会结构的一体性特征决定了社会各个组织要素趋于一致性。那么，城市和乡村作为国家整体的两个基本地域要素，也具有这一特征，表现出一体性趋向。

（一）经济的一体性

古代中国是以农耕文明见长的社会。城市和乡村共同建立在农耕

---

① 〔美〕汤普逊：《中世纪经济社会史》（下册），商务印书馆，1963，第334页。

② 〔美〕海斯、〔美〕穆恩、〔美〕韦兰：《世界史》（上），冰心、吴文藻、费孝通等译，三联书店，1975，第478页。

文明的自然经济基础上。自春秋战国始，城市虽具有某些非农业经济特征，出现了相对独立的工商业，但“在印度和中国，小农业和家庭工业的统一形成了生产方式的广阔基础”①。农业和手工业的结合使乡村可不依赖城市工商业而生存。城市工商业发展受到严重限制，无法通过手工业生产和商品交换为众多的城市人口提供生存基础，而只能依赖以农业为基础的乡村。从经济角度看，古代中国城市是一种农业性城市，共同的自然基础将乡村和城市、生产和消费联成一个整体。

（二）政治的一体性

古代中国实行以郡县制为基础的中央专制集权体制。城市作为国家和地方权力机构的所在地，是专制政权的统治中心。专制权力通过这些大小不一、层级分明的中心将权力之光辐射到广阔的原野，将一个个分散、孤立的乡村置于专制统治的铁掌之下。乡村既是农民的聚居地，又是从属于权力系统的基层单位。共同的专制权力基础将城市和乡村联为整体。

（三）文化的一体性

古代中国占统治地位的文化是深深植根于农耕文明基础之中的儒家文化。以父权为中心的个体农民家庭作为社会细胞组织，为维系家族伦理秩序和差序格局的儒家文化提供了良好的生存土壤，使儒家文化得以深深地渗透于乡村社会。而城市则是担负传递作为官方文化的儒家文化的中心。同时，由于工商业的不发达，城市很难发育出以工商业为基础的市民文化。共同的儒家文化基础将城市和乡村联为一个精神整体。

（四）人口的一体性

古代中国以严格的户籍制度将人口限制在城市和乡村。但户籍制是人为的，主要服务于统治者征缴赋税和劳役。在此之外，对人口的流动并无严格的人身限制。胡如雷指出：“我国农民可以随意进出城市，不象西方那样，逃亡农奴只有等到规定日期后，才能成为合法的城市居民，

---

① 《马克思恩格斯文集》第7卷，人民出版社，2009，第372页。

所以城乡隔离不如欧洲严格，农民之间不存在为争取进入城市而加剧竞争的问题。”① 当然，城市的较高消费对以少量土地为生的农民缺乏吸引力。而城居的官僚、商人大都拥有较多地产，立足点在乡村，属跨城乡的流动人口。在古代中国，世世代代居住在城市的人口很少。以乡村为根基的人口性质和人身的自由使城乡的人口呈一体性趋向。

（五）地域的一体性

在古代中国，城市虽然有高高的围墙将其与乡村分离开，但四开的城门又显示其对乡村的开放性。因为城市必须从乡村获得经济来源，并将行政权力与儒家文化辐射到乡村，加上城乡人口的流动性，城乡在地域上联为一个整体。一个城市管辖附近一定范围的乡村地方，形成一个具有隶属关系的地域单位。高耸的城墙未将城乡切割为两个相对独立存在和经济利益对立的实体。

如果比照一下西欧封建社会的城乡二元格局，可更充分地展示出古代中国城乡一体性趋向的特点。

马克思对西欧封建社会城乡关系的历史特点有过精辟的分析，认为：“中世纪（日耳曼时代）是从乡村这个历史的舞台出发的，然后，它的进一步发展是在城市和乡村的对立中进行的。”② 古希腊罗马文明是以城市为空间基础行进的。伴随文明的衰落，城市夷为废墟和荒野，以农业为生存条件的乡村因此成为古罗马文明之后的中世纪历史的出发点，乡村庄园经济成为占主导地位的经济形态。“它的最简单的方式是一个强有力的人与许多弱者联合起来，共同持有和耕作一大片土地，共同保护他们的生命和财产。”③ 为防止掠夺，庄园一般以封闭的城堡形式为人口生存空间。这种城堡只是乡村人口聚落。真正的城市是随着中世纪历史发展在封建社会的夹缝中生长出来的。

古希腊罗马文明时代的城市虽然伴随文明衰落成为废墟和荒野，

① 胡如雷：《中国封建社会形态研究》，三联书店，1979，第267页。

② 《马克思恩格斯选集》第2卷，人民出版社，2012，第733页。

③ 〔美〕海斯、〔美〕穆恩、〔美〕韦兰：《世界史》（上），冰心、吴文藻、费孝通等译，三联书店，1975，第443页。

但特殊的地理环境为工商业发展提供的优越条件没有变，而且由于农业的发展，为工商业提供了更有利的生存发展环境。随着中世纪农业的发展，手工业和商业贸易复兴，先后在地中海沿岸出现了一些工商业城市，如威尼斯、热那亚、佛罗伦萨等。这些城市“多是来自不同庄园的人和商人们聚集的场所生长起来的”①，处在封建关系最薄弱、封建统治鞭长莫及的地带。衰弱的王权没有，也不可能运用强有力的政治力量将这些城市与乡村整合为一体。因此，以工商业为基础的城市一出现就与乡村处于经济分离和对立状态，并与整个封建社会结构产生格格不入的离心倾向。城市和乡村构成两个相互独立和对峙的二元实体。以下略做一些具体比较分析。

西欧封建社会长期处于分裂割据状态。各个分散的庄园自我生产、自我消费，处于封闭体系之中。但任何一个庄园都难以实现完全的自给自足，特别是当消费扩大时。这就需要交换和商业贸易以及手工业的发展。西欧城市正是适应这一需要在一些适宜商业贸易的地带自然发育起来的。它们起着沟通各个封闭的乡村庄园的贸易交换作用，而不依附某一庄园。同时，在西欧中世纪，“因为地产是不可让渡的，所以它的社会神经被割断了，它同市民社会的隔离也得以固定下来。”②城市和乡村建立在不同的经济基础上，“市民的物质生活依靠农民，而农民的社会生活则依靠市民”③。这种工商业城市和农业乡村的社会经济分工，把“一部分人变为受局限的城市动物，把另一部分人变为受局限的乡村动物，并且每天都重新产生二者利益之间的对立”④。经济利益的对立导致中世纪“乡村反对城市的连绵不断的战争”⑤。

由于西欧封建城市是在封建关系最薄弱的地方出现的，以非农业性质的工商业为基础，而且王公贵族居住在乡村庄园城堡，衰弱的王

① 〔美〕海斯、〔美〕穆恩、〔美〕韦兰：《世界史》（上），冰心、吴文藻、费孝通等译，三联书店，1975，第461页。

② 《马克思恩格斯全集》第3卷，人民出版社，2002，第123页。

③ 〔法〕亨利·皮雷纳：《中世纪的城市》，商务印书馆，1985，第63页。

④ 《马克思恩格斯选集》第1卷，人民出版社，2012，第185页。

⑤ 《马克思恩格斯选集》第1卷，人民出版社，2012，第185页。

权鞭长莫及，因此在城市发育出不同于乡村的政治形态，具有较强的自治性，直至“一步步成为一个主权团体”①，并孕育着城市市民共同管理公共事务的民主政治萌芽。“它们不仅发展成为制造业和贸易的中心，也发展成为政治与社会民主的中心。”②

西欧城市虽然无一遗漏地受基督教神学文化的影响，但由于经济、政治形态的特殊性，而生长出一种乡村庄园所不可能有的市民文化。与倡导顺从的乡村庄园文化不同，它追求自由，反对压迫和束缚，表达了市民要求自由从事工商业活动的心声。

在西欧封建社会，虽然没有严格的户籍制度对人口的限制，但人口的自由流动是相当困难的。因为庄园领主经济的一个重要特征就是人身依附，“人身依附关系构成该社会的基础”③。从事生产的农奴没有土地，而且没有人身自由。封闭的庄园城堡在防范外敌掠夺的同时，也起着限制庄园农奴流动的作用。农奴只有通过逃亡才能摆脱领主的压迫。“在整个中世纪，农奴不断地逃入城市。”④ 生活在城市的人们呼吸着自由的空气，不可能自行流落乡村，沦为农奴，城市和乡村的人口因此有着严格的界限。

与西欧封建社会城乡二元结构不同，古代中国城乡一体性的趋向格外突出。当然，这种一体性只是就整体社会的共同基础和整合性而言的，并不是指城乡无甚差别，只是这种差别与西欧中世纪的城乡差别有所不同，它们在整体社会中的地位和功能不尽一样，并形成不同的城乡关系。

乡村：历史的出发点

马克思在分析欧洲社会历史进程时指出：“古代的起点是城市及其

---

① 〔美〕汤普逊：《中世纪经济社会史》（下），耿淡如译，商务印书馆，1963，第430页。

② 〔美〕海斯、〔美〕穆恩、〔美〕韦兰：《世界史》，冰心、吴文藻、费孝通等译，三联书店，1975，第463页。

③ 《马克思恩格斯文集》第5卷，人民出版社，2009，第95页。

④ 《马克思恩格斯选集》第1卷，人民出版社，2012，第185页。

狭小的领域，中世纪的起点则是乡村。”[①] 马克思的这一结论是将社会主导性生产方式作为历史发展的中轴。根据这一分析框架，可以说，古代中国的历史是以以农业为基础的乡村为出发点，乡村在古代中国社会发展中占有特别重要的地位，城市乡村化的特点尤为突出。

东方中国文明之所以沿着与西欧文明不同的路径行进，一个重要原因就是地理环境的影响，农耕文明较为发达，没有经历一个工商业发达且占社会经济主导地位的阶段，农业生产始终居于社会经济的决定性地位。农耕成为文明起源和王朝兴衰的关键性因素。古代中国文明一直是以乡村为负载体行进的。

当然，在秦统一之前，城乡分离格局尚不明显，农业人口主要以设防邑落、城堡、都邑等集聚形式居住。历史仿佛是以这种城乡混合体为出发点的。而秦统一中国建立的封建专制王朝是在比过去宽泛得多的地域开始历史进程的。由于个体农民经济居主导地位，农业人口在地广人稀的原野大地上分散居住，形成与集中性的城市相分离、以农业为主要活动方式的乡村。乡村因此成为整个社会赖以生存发展的基础和古代历史的出发点。

首先，庞大的专制集权王朝建立在汪洋大海般的乡村的基础上。与分裂割据的西欧封建社会不同，古代中国是一个地域辽阔的大一统社会。这一社会的生存和延续有赖于具有强大整合能量的专制集权王朝体系。它包括以绝对君权为核心的庞大的常备军和官僚队伍。庞大的王朝体系主要从事统治而不事生产，它的生命之源只有也只可能来自乡村提供的赋税和劳役。“它是行政权的整个机构的生活来源。”[②] 没有众多的乡村农民提供赋税和劳役，专制王朝就无法存在。在中国历史上，当乡村能提供较多的剩余劳动，王朝就兴盛，如所谓“文景之治”“贞观之治”。当乡村的再生产受到破坏，无法提供王朝所需要的赋税和劳役，往往就是王朝衰落之时，整个社会缺乏强有力整合而陷

---

① 《马克思恩格斯选集》第 1 卷，人民出版社，2012，第 149 页。
② 《马克思恩格斯选集》第 1 卷，人民出版社，2012，第 766 页。

于动乱分裂之中。直到乡村的生产再生产得以恢复，有可能提供剩余劳动，新王朝的强盛和大一统社会的巩固才有可能。中国封建社会总是在分裂与统一、动乱与安定的循环运动中行进，与乡村的兴衰有直接关联。

乡村作为历史的出发点，不仅决定着古代中国社会的基本状况与趋向，而且直接影响着与之对应的城市的状况与发展，使城市具有强烈的乡村化色彩。

秦统一前，农业人口大多居住于设防邑落、城堡、都邑这类城乡混合体中。秦统一后，农业人口从城市分离出去，城市失去原来城乡混合体赖以存在的农业经济支柱。与此同时，城市的行政功能大大强化，工商业则受到强力抑制，其经济功能大为弱化，对乡村的依赖性更为突出。马克思曾注意到："在亚洲，城市的繁荣，或者更确切地说，城市的存在，完全依赖于政府的地方性开支。"① 这种支出就是乡村无偿提供给国家的赋税。

由于城市在经济上依赖乡村，它的崛起和迁移无不受到乡村发展的制约。古代中国都城迁移轨迹就突出地反映了这一特点。

古代都城是天子居地，人口特别集中。如秦都咸阳人口达 50 万，汉都长安达 40 万，宋都开封更逾百万之众，相当于当时全国总人口的 6% 左右。众多人口需要大量的粮食及其他消费品。在古代交通不发达的条件下，这些消费品大多只能由都城附近的乡村地区提供。都城的设立与迁移都不能不受一定区域乡村农业发展的制约。殷商以后的黄河中下游，即中原一带是农耕文明最发达的地区。从殷商到隋唐，国都始终在这一地区徘徊。自东晋南渡，长江流域的经济迅速崛起，经济重心移向东南。唐宋之际的都城出现自西向东迁移的势态。以宋代为界，以前的都城主要在西北黄河中下游的东西轴上迁移，此后则在东南方的大运河南端的南北轴上移动。

马克思曾认为，在农业居主导地位的时代表现出城市的乡村化，

---

① 《马克思恩格斯全集》第 26 卷第三册，人民出版社，1974，第 442 页。

在工业占主导地位的时代，则表现出乡村的城市化。而在古代中国，由于农耕文明较为发达，工商业较落后，城市的乡村化特点尤为突出。如果说西欧封建社会城市的主要特点为非农业活动，那么，古代中国城市特点主要是集中。这种集中性是以汪洋大海般的乡村为基础的。深深植根于乡村土壤中的封建社会关系不可避免地会吞没城市，使城市社会的各个方面都无不深深打上乡村社会的烙印，并且往往是乡村社会各种特性的集中体现。例如，中国古代城市人口主要是王族、官僚及少量的工商业者。这些人大多拥有相当的地产，根基均在乡村，或与乡村有千丝万缕的联系。开国君主由乡村进城，官僚也多为乡绅家庭经考试选拔进城，成为王朝统治体系的成员。同时，王朝统治体系代表的也主要是乡村地主阶级利益，而非城市工商业市民利益。城市乡村化的特点因此格外明显。

城市：专制统治的堡垒

古代中国的历史是以乡村为出发点的，但城市并非无足轻重，相反，它在整个古代社会结构中居于特殊地位，是维系大一统社会专制统治的堡垒。

秦统一中国后建立的是一个地域辽阔、结构紧密的大一统社会。这种大一统社会的形成和稳定，不是经济发展自然整合的有机体，主要依靠的是中央专制集权统治的强制整合。没有中央专制集权统治动员强大的军事力量保卫边疆，就无法抵御周边民族的侵扰；没有高度集中和统一的政治行政系统就无法遏制分散孤立的个体经济所天然具有的离心力。所以，大一统社会决定了专制集权统治的特殊作用。

而专制统治必然要选择最有利于行使统治权的空间形式，这就是具有高度集中性的城市。专制王朝凭借人口、财富、军事和政治力量集中的城市，对外防御入侵之敌，对内管理国家事务，对广大乡村地区行使统治权。城市因此成为保卫和凝聚一定地域和人口的中枢和堡垒。即所谓“地之守在城”（《管子·八观》），“城得而地得”（《吕氏春秋·先识览》），“民保于城”（朱熹：《诗集传》），“城尽则聚散”

(《韩非子·存韩》)。

秦统一中国后的城市主要有三类:一是中央王朝所在地,二是用于对外防御的边防城市,三是地方行政机构所在地的郡县城市。其共同特征就是政治功能特别突出。

中央王朝所在地的都城是君主居地。君主专制统治凭借人口、财富、军事力量、政治机构、官僚十分集中的都城对全国行使统治权。如宋代都城人口约1/10是军人,宋都开封及附近地区驻有10万禁军。其功能一是拱卫都城,二是受君主之命随时用于保卫边疆或维护国内统治秩序。

设防城市大多是为了集中军事力量,以高耸的城墙防御主要来自西北游牧民族的侵扰。因为游牧民族"所长者野战,所短者攻城。若以狄之短,夺其所长,则虽众不能成患,虽来不能深入"(《资治通鉴》卷136)。因此,设防城市人口的主体是军事人员,作用是保卫国土边关。

古代城市的绝大多数是地方行政机构所在地的郡县城市。在古代中国,地方行政机构有时分两级、三级或四级,其名称也有所变化。但基层的,即与广大乡村地方直接相通的县级政权,包括县的名称一直未变。在专制集权体制下,地方政权是中央权力的延伸。专制统治通过星罗棋布在各级地方政权所在地的城市,一是可以以城为点,以城管辖范围的乡村地区为面,逐级逐地从地域上将全国联成一个整体;二是可以通过政治权力集中的城市堡垒,以超经济强制力量,从广大乡村获得赋税和劳役,为专制统治提供生存之源。离开了大量的分布均匀的郡县城市作为枢纽,分散孤立的乡村就无法联成整体网络;离开了各级各地郡县城市这一环节,专制统治权力就无法延伸到汪洋大海般的乡村。专制统治王朝必然会失去立足之地和生存之源,大一统社会不可避免地会陷于支离破碎的状态。所以,城市是把地域辽阔、人口众多且具有分散倾向的国家联成一个政治、经济、文化整体的凝聚点。

城市作为专制统治堡垒的特殊地位还在于,城市的兴建和地理位置选择必须首先服从政治统治需要,其政治意义往往大于经济意义。

到宋代，全国的经济重心明显转移到东南的长江地带。明朝最初从经济角度考虑定都于长江岸边的南京。但从地缘政治的角度看，统一北方后，明王朝的版图扩大，且军事力量集中于北方，都城再设立于南京不利于对全国的统治和王朝君权的巩固。明成祖为此决定迁都于经济不甚发达但适宜政治统治的北方地区，在北京建都。绝大多数地方城市，特别是县城并不是经济发展的直接产物，而是适应对乡村的统治所设置和建立起来的。汉高祖曾“令天下县邑城”（《汉书·高帝纪》）。许多城市甚至没有任何工商业经济基础。胡如雷因此认为：“郡县制是中央集权的地主政权对全国进行统治的政治制度，郡县治所并非因工商业人口的自然集中而形成的城市，只不过是封建国家的一些政治、军事据点而已。”① 德国政治社会学家韦伯则指出：“中国城市是行政管理机构经过规划而后产生的。”“朝代的变更意味着首都的变迁，至少是其名称的更换。北京逐渐成为最终的永久性都城，然而直到最近，它的贸易和工业出口都非常少。”②

从生产方式对社会的终极决定作用看，农业乡村是古代历史的出发点。但城市并不完全是历史的消极存在物。它一旦从乡土旷野中耸立，就具有相对独立的地位，对乡村社会产生作用和影响。这在于古代中国乡村不是以领主庄园经济而是以一家一户为单位的个体农民经济为基础的。个体农民缺乏在恶劣的自然条件和外力掠夺的威胁下自我生存、自我保护、自我调节的能力。他们需要一种超个体的组织力量代表和保护他们，以求得基本的生存环境。这一组织力量就是以君主为核心的强有力的国家权力。马克思认为：“小农的政治影响表现为行政权支配社会。”③ 而这种权力集中于居住在城市里的君主和各级官僚手中，并通过从都城到郡县城市逐级逐地、自上而下传递到乡村社会，维系乡村社会的基本秩序。

---

① 胡如雷：《中国封建社会形态研究》，三联书店，1979，第247页。

② 〔德〕马克斯·韦伯：《儒教官僚政治与中国资本主义萌芽：城市和行会》，《文明的历史脚步——韦伯文集》，黄宪起、张晓琳译，上海三联书店，1988，第63页。

③ 《马克思恩格斯选集》第1卷，人民出版社，2012，第763页。

重农抑商：城乡格局的固定化

在古代中国，城市和乡村具有一体性趋向，但又有不同功能，并在国家整体中居于不同地位，形成了政治功能突出的城市与作为全社会经济支撑的乡村并存于大一统社会的城乡格局。这一格局是适应大一统社会的专制统治需要形成的。与此同时，统治者为维系专制统治秩序，又无不采取各种措施将这一格局固定化。其中最主要的就是实行重农抑商。

重农抑商是统治者重视农业发展和抑制商业发展的一种基本认识和国家政策。由于内陆型地理条件，农耕成为华夏文明萌生和延续的基础。重视农耕也成为十分悠久的历史传统。早在夏王朝，为政者就意识到“民无食也，则我弗能使也”。商王朝时期的甲骨文中有关“求水”“求雨”“求年”的记载很多。《周礼》中有所谓“九职”说，其中农居首。随着农业发展和城市崛起，一部分人，主要是统治者脱离物质劳动，从而出现了为满足统治者扩大的消费需求的工商业。但工商业在社会经济中的比重很小，且依附于统治者，地位本身较低。当然，在秦统一中国前，有重农的传统，尚没有明确的抑商意识。春秋战国时代因此出现了较为发达的城市工商业。

秦统一中国后，在城乡分离格局基本定型的条件下，统治者不仅继承了重农传统，更是有了明确的抑商意识，重农抑商成为历代统治者治国的基本政策。其直接后果之一就是将政治功能突出的城市与作为社会经济支撑的乡村并存的格局固定下来。

秦统一中国后，历代统治者强调重农抑商的基本动因如下。

第一，“封建主义的基础是农业”[①]，只有农业才能为不事生产的庞大军事官僚体系提供稳定的生活来源。曾为秦统一中国奠定了思想和制度变革基础的商鞅认为，国家只有两件事最重要，一是耕，二是战，耕、战是政治经济实力的象征。“国待农战而安，主待农战而尊。”

① 《马克思恩格斯文集》第4卷，人民出版社，2009，第217页。

（《商君书·农战》）广大的乡村小农经济的状况直接关系大一统社会和专制统治秩序的稳定与否。历代圣君贤相因此都视农为本。

而在小农自然经济条件下，“农产品根本不进入或只有极小部分进入流通过程”①。乡村农民是以赋税而不是商品的形式向社会提供自己的剩余产品的。赋税是纳税人对国家和社会应尽的义务，而不是平等交换的商品。因此，古代商品经济主要限制在少量日用品和奢侈品的交换流通领域。商业的发展对农业没有直接作用。反而，过度的商业发展，徒增流通费用，会影响农业发展。历代王朝出于政治统治需要，无不以农为本，以商为末，抑制商业的发展。如果人们弃农经商，“舍本逐末”，便意味着农业人口减少，非农业人口增多，势必造成“务本者少，游食者众”（《后汉书·王符传》），“生之者甚少，而靡之者甚多”，以致“田荒而国贫矣”（《汉书·食货志》）。庞大的专制王朝无法获得充足的经济来源，必然危害大一统江山的稳定。

第二，维护封建专制等级制度和统治秩序。专制王朝是以城市为堡垒行使统治权和建立统治秩序的。城市作为政权机构所在地，主要居住着君主和各级官僚军事人员，有着严格的等级差序格局。这是维系中央集权金字塔权力结构的基本条件。而主要满足王朝统治体系消费需求的工商业也集中于城市。工商业，特别是那些政治权力难以有效控制的非官办工商业的发展，不仅会与王朝体系争利，而且会直接冲击和危害封建等级差序格局和统治秩序。春秋战国时期，商人活跃，政治社会动荡。后人将这种局面的产生归因于不受约束的商人阶层。所以，秦汉王朝建立以后，无不以强大的国家力量抑制商业的发展。

重农抑商的直接后果便是古代城乡格局的固定化。其一，重农抑商鼓励甚至强制更多的人口从事农业生产，将农业人口限定在乡村，成为土地的单纯依附物，使广阔的乡村成为专制社会强有力的经济支柱。其二，重农抑商抑制甚至打击城市工商业发展，由此弱化城市的经济功能，城市的政治统治功能得以强化和凸显。在古代中国，政治

---

① 《马克思恩格斯文集》第7卷，人民出版社，2009，第888～889页。

功能突出的城市和作为社会经济支撑的乡村二元并存的城乡格局得以并长期延续，与王朝统治者实行重农抑商的强力限制无不相关。

统治与被统治：城乡二元社会结构

在古代中国一体性社会条件下，城市和乡村具有一体性趋向，但由于它们在整体社会中有着不同的功能和作用，因此仍然是两个相对独立、各有特点的共同体，并结成了相互之间的关系，即处于统治地位的城市上层社会和处于被统治地位的乡村下层社会之间的差等关系。这也是古代中国城乡二元社会结构的突出特点。

如果参照比较西欧封建社会城乡关系，这一特点便可以更明显地反映出来。在分裂割据的西欧封建社会，城乡具有二元性趋向。城市和乡村有着不同的经济基础和各具特色的政治、文化形态，是两个经济、政治、文化相对独立的有机体，即乡村领主社会和城市市民社会。城乡关系突出表现为乡村领主阶级和城市市民阶级在经济利益上的对立关系。这种两个经济利益独立的阶级对立关系使乡村社会和市民社会平行地存在，政治上的上层与下层的差等关系不太直接和明显。

而在古代中国，城市和乡村的共同基础是农业。居住在乡村的广大农民为整个社会提供生存泉源，是社会的经济基础。在一盘散沙的小农乡村社会之上，耸立着庞大的专制王朝体系。这一体系来自乡村社会，又凌驾于乡村社会之上，是乡村小农的“主宰，是高高站在他们上面的权威，是不受限制的政府权力”①，成为整个社会的统治力量。城市则是专制统治的堡垒和统治阶级居住之地。作为主要被统治阶级的广大农民居住和生活于乡村。城乡关系因此突出表现为经济基础与上层建筑、统治者与被统治者、上层与下层、官与民的政治社会不平等、不均衡关系。正如胡如雷指出的：“政治上的城乡对立关系在西方表现为农村的封建领主对工商业城市进行统治，在中国则表现为郡县

① 《马克思恩格斯选集》第1卷，人民出版社，2012，第763页。

城市对农村进行统治。”①

城市和乡村在政治社会地位上的统治与被统治的差等关系又使古代中国的城乡关系具有剥夺与被剥夺的特点。在西欧封建社会，城市和乡村是两个独立的经济机体。虽然乡村农业是社会主导性部门，乡村领主是社会主导性阶级，并形成“乡村在经济上统治城市”的关系。② 但具有孤立性、分散性的领主力量难以通过强大的暴力强制剥夺城市。城乡之间主要通过商品交换获得各自需求的东西，直接的强制性的剥夺关系不明显。而在古代中国，城市主要是作为专制政治统治堡垒存在的。城市建立在乡村基础之上，又将乡村置于统治权之下。城市统治者可利用凌驾于社会之上的特殊的强有力的政治权力无偿地剥夺乡村，将大量的财富集中到统治者居住的城市。马克思指出，乡村农民缴纳的“地租……在历史上（就亚洲各民族说……）表现为剩余劳动的普遍形式，表现为无酬劳动的普遍形式。在这里，剩余劳动的占有不象在资本主义社会内一样，要以交换为媒介。它的基础乃是社会一部分人对另一部分人的暴力统治”③。对乡村进行超经济强制，从乡村农民那里无偿获得财富是居于城市的统治者专有的特权，财富“毋宁说是他们的实力的证据”④。城乡之间经济上的剥夺与被剥夺的关系反过来又巩固和强化着政治社会的统治与被统治关系。

统治与被统治和剥夺与被剥夺的关系使城市和乡村构成不平等、不平衡的两极：一极是人口、财富高度集中，作为政治、文化中心的城市上层社会；另一极是分散、孤立、贫穷、落后的乡村下层社会。由此形成城市上层社会和乡村下层社会尖锐对立又共同存在于大一统专制社会中的二元结构。这一结构深刻地规定着城市和乡村政治状况的不一致性，表现出古代中国政治的城市和乡村差等存在的特点。

---

① 胡如雷：《中国封建社会形态研究》，三联书店，1979，第 283 页。

② 《马克思恩格斯选集》第 4 卷，人民出版社，2012，第 182 页。

③ 马克思：《剩余价值学说史》第 3 卷，郭大力译，人民出版社，1978，第 448 页。

④ 《马克思恩格斯全集》第 31 卷，人民出版社，1998，第 521 页。

第二章
古代乡村的政治社会状况及特点

第一节　乡村的社会分层与政治关系

土地、权力、声望：社会分层的三维视野

政治社会是伴随社会成员划分为不同的阶级、阶层及社会群体等不同层次，并在社会中居于不同的政治地位而形成和发展的。根据不同的标准和尺度，一个社会的成员可划分为不同的层次。那么，以什么样的视野，才能准确把握和透视古代中国乡村的社会层次，即怎样对古代中国乡村进行社会分层呢？

毫无疑问，马克思主义的阶级分析方法是最能从本质上把握和揭示阶级对立社会中社会成员的划分及其相互关系的。在马克思主义看来，对生产资料的占有是划分阶级的根本标准。由于封建社会是典型的农业社会，无论在西方欧洲，还是在东方中国，土地都是最主要的生产资料。对土地的占有状况是对古代乡村进行社会分层的最基本的标准。

根据对生产资料的占有，将社会成员区分为两大阶级，无疑抓住了阶级对立社会的本质和核心问题。但仅仅从生产资料占有的一维视

野，尚不足以准确把握社会，特别是前资本主义社会错综复杂的社会成员关系。马克思和恩格斯认为，直到资本主义时代，复杂的社会成员状况才大为简单化。他们指出："在过去的各个历史时代，我们几乎到处都可以看到社会完全划分为各个不同的等级，看到社会地位分成多种多样的层次。在古罗马，有贵族、骑士、平民、奴隶，在中世纪，有封建主、臣仆、行会师傅、帮工、农奴，而且几乎在每一个阶级内部又有一些特殊的阶层。""但是，我们的时代，资产阶级时代，却有一个特点：它使阶级对立简单化了。整个社会日益分裂为两大敌对的阵营，分裂为两大相互直接对立的阶级：资产阶级和无产阶级。"① 前资本主义社会的阶级关系显然较为复杂。这就需要寻求和通过更多的尺度进行社会分层。

根据对土地的占有状况，中国古代乡村社会可分为占有较多土地的地主和占有较少或不占有土地的农民两大阶级。但除了土地占有尺度外，政治权力也是社会分层的重要尺度。

在中世纪欧洲，领主庄园不仅是一个经济组织，而且是一个独立的社会政治单位。经济权力与政治权力集于一体，政治权力以直接的经济权力为基础。而在古代中国，政治权力是以大一统公共社会的名义出现的，是凌驾于整个社会之上的特殊力量。经济权力与政治权力并非寓为一体。而且，政治权力的力量往往高于经济权力。占有政治权力的人可利用凌驾于社会之上的政治权力进行超经济强制，以提高和巩固其经济地位。美国政治社会学家格尔哈斯·伦斯基在其著名的《权力与特权：社会分层的理论》一书中指出："在农业社会，用政治权力获取财富比用财富去获取权力来得更容易。"② 执掌最高政治权力的皇帝作为国家的象征，既是全国土地的名义主人，又可利用无限的政治权力直接占有大量土地，成为最大的地主。在古代中国，乡村是历史的出发点和整个社会的基础。政治权力体系的网络神经从上到下

① 《马克思恩格斯选集》第1卷，人民出版社，2012，第400～401页。

② 〔美〕格尔哈斯·伦斯基：《权力与特权：社会分层的理论》，关信平等译，浙江人民出版社，1988，第252页。

一直延伸到乡村。对政治权力的占有状况将乡村社会成员划分为不同的等级层次，即有权者的上层社会和无权者的下层社会。

在对古代中国乡村进行社会分层中，声望是一个值得重视的尺度。声望是由于人的特殊地位和才能而获得他人尊敬和服从的一种影响力，它“是可以通过一个社会的成员对一群人物的尊敬程度加以估测的”[①]。与建立在物质财富基础上的经济权力和强制性的政治权力不同，声望以他人自觉尊敬和服从为条件，是由于被尊敬者的特殊地位和才能形成的，并能对社会产生较特殊的影响力，使拥有声望的人成为一个特殊的社会群体。

在古代中国乡村，声望的主要来源之一是宗族地位。与西欧文明数度受到破坏和中断不同，中国文明从原始发萌一直延续下来，以血缘关系为纽带的原始公社形态的某些遗留长期保存着，文明的原始脐带未被割断。而发达的农业文明和以一家一户为单位的生产方式又将农业人口世世代代限制在某一块土地上。由此使古代中国乡村社会具有浓厚的家族性色彩。在家族性社会里，建立在血缘关系基础上的传统习俗是凝聚社会的至尊力量。最能代表传统习俗的则是某一家族中年龄最大或威望最高、感召力最强的人。他们是某一宗族的首领，在本族或以家族为核心的乡村社区居于特殊地位。宗族和社区成员对其自觉地认同、尊敬和服从。宗族首领及与其关系密切的人则在社会中显示出特殊的身份。

声望的另一来源则是学识。学识文化是人们进行交往，超越地方局限性，进入广阔社会的必要手段。在古代中国，学识文化又是同占统治地位的儒家文化直接融为一体的。学习文化也就是学习儒家经典。文化人因此通常被称为儒生。费正清为此指出：中国文字和文化“具有一种社会制度的性质，而不仅是一种社会工具”[②]。具有学识文化，

---

① 〔美〕安东尼·奥罗姆：《政治社会学》，张华青、孙嘉明译，上海人民出版社，1989，第69页。

② 〔美〕费正清：《美国与中国》（第四版），张理京译，马清槐校，商务印书馆，1987，第33页。

不仅表明一个人有了认识和进入社会的手段，而且显示出特殊的社会地位，即有了与社会统治阶级发生紧密联系并成为其中一员的可能。但中国的象形方块文字和浩如烟海、博大精深的儒家经典，并不是随便什么人都可以简单掌握的，它必须经过长时间专门系统的学习。而在古代中国乡村，有可能获得专门系统学习条件，并成为具有学识文化者只可能是少数。大多数人忙于生计，只能是一字不识或识字不多的“愚民”。有学识文化者可以进入公共和上层社会，其他人则被排斥在外，并要在诉讼、契约等公共事务方面求助于前者。有学识文化者因此能够得到社会的尊重，成为具有特殊地位和身份的阶层。明清时期，一旦成为有学识文化的生员，就可以免除徭役负担，不受里胥的侵害，能够以礼会见官长，如有过失还可免受笞捶之辱，总之可享受一般人无法享受到的特权。

两极多层的社会成员体系

与中世纪欧洲不同，古代中国的社会结构具有一体性特征，经济、政治和意识形态权力表现出高度的一体性趋向。考察古代中国乡村的社会成员体系，既要分别从土地、权力、声望这三种不同的尺度去认识，又要将三者统一起来把握。

由于对基本的生产资料——土地的占有不同，古代乡村社会成员被分化为决然不同和对立的两极：一极是占有较多土地、脱离生产劳动而靠剥削农民为生的地主阶级；另一极是不占有或较少占有土地，从事生产劳动并遭受剥削的农民阶级。地主阶级和农民阶级是古代乡村两大经济利益根本对立的阶级。从阶级属性看，任何人都属于其中的某一阶级。但在一个阶级内部，由于占有土地数量的多少，又可划分为不同的阶层。

农民阶级有佃农和自耕农两个基本阶层。佃农是有人身自由和一定劳动工具，但没有土地而不得不租佃地主土地，并向地主缴纳地租的农民。这种农民建立在无田者向有田者租佃土地并缴纳地租的租佃制基础上，即“贫者无田而取富人田耕租，共分其利”（《汉书·食货志》)。佃农所获数量时有变化。其中除了地主的剥削率常有浮动外，还与自然因素有关。一旦遇天灾人祸，即使颗粒无收，也要向地主交纳具有契约性质的地租。所以，在农民阶级中，佃农不仅人数较多，而且受剥削较甚，是经济地位十分低下的阶层。

自耕农是古代乡村一个大量存在的农民阶层，也是农业人口中的一个重要组成部分。与佃农不同，自耕农占有一定数量的土地，主要在属于自己的土地上劳动。自耕农虽然和佃农一样承担对国家的赋税劳役，但免去了地租剥削，其经济地位比佃农高。即所谓“小户自耕其地，种少而常得丰收；佃户受地承种，种多而收获较薄”①。在古代中国，自耕农不仅数量多，而且劳动积极性高，成为古代社会最重要的经济支柱，是最有能力提供赋税和兵源的阶层。自耕农的状况如何直接关系到社会经济发展和国家的稳定。

根据对土地的占有数量，地主阶级内也可分为中小地主和大地主两个基本阶层。中小地主是那些占有土地不多，虽然依靠地租生活，但与农业生产劳动有较为紧密联系的地主阶层。这一阶层一般居住在乡村。一则为数不多的地租难以为他们提供居住在城市的巨大消费用度，二则他们所占土地大多在一乡一村内，由自己直接加以管理。中小地主因此常被称为“土地主”，表明他们与土地有直接联系。中小地主在整个地主阶级中的人口数量较多，但占有土地并不是很多。

大地主指那些占有较多土地，依靠地租生活并完全脱离了生产劳动的地主阶层。这一阶层在整个地主阶级中人口不多，却占有大量土地。他们或乡居或城居不限。一则大量的地租使他们有条件居住在消费集中的城镇。二是他们占有的土地不仅跨乡村，甚至跨州县。他们往往居住在州县城，并由各个地方的代理人为其代管土地和收取地租等事务。所以，大地主是一个完全脱离农业生产劳动的寄生阶层。他们不仅自己脱离劳动，而且雇用许多人为他们及其庞大的家族提供专门服务，过着与农民完全不同的奢侈有闲生活。

---

① 《切问斋文钞》卷十六，尹元孚《敬陈末议疏》。

古代乡村中的佃农、自耕农、中小地主、大地主这两大阶级和四个基本阶层表现为金字塔形的社会分层体系。大地主人数最少，经济地位最高；中小地主的人数和经济地位居于大地主和农民之间；包括佃农和自耕农在内的农民占乡村人口的70%以上，经济地位则最为低下。

除了以上四个基本的阶级阶层外，古代乡村还存在一个不稳定的农民阶层和边缘性阶层。

不稳定的农民阶层主要指雇农。雇农是既无土地，又无劳动工具而仅靠出卖劳动力获得生活来源的农民。即所谓“无田之农受田于人，名为佃户。无力受田者，名为雇工，多自食其力”①。雇农一无所有，不得不靠出卖劳动力为生，经济地位比佃农更低。大多以为地主做长工或打短工的形式出现。其来源往往是破了产的农民。也有的雇农本是佃农和自耕农，出于各种原因在一定时间内为地主做工，其工作作为补充收入。雇农的重要特征之一是他们和雇主的关系为雇佣关系。这种关系容易发生变化。雇农的生活和身份也经常处于不稳定状态中，构成为不稳定的农民阶层。

边缘阶层主要指奴婢，是靠出卖人身，为地主特别是大地主和王朝官僚家族提供专门家内劳务的人。奴婢一般出身贫穷农民家庭，通过市场买卖关系出卖人身并为主人家服务而获得生活来源，又被称为家奴。在汉代有“与牛马同栏”的“奴婢之市”（《汉书·王莽传》），到明代还有专门的“人市”。从奴婢出身看，大多来自贫穷的农民家庭，不到不得已，一般家庭是不会将子女出卖为奴的。但这些人成为奴婢以后，主要为主人家提供家庭劳务，脱离了直接的农业生产劳动。而且由于购买得起奴婢的大多是豪门大户，奴婢的经济生活水平往往比一般农民高并较有保障。这种来源于农民家庭，又脱离了生产劳动的奴婢，被称为介于两个阶级之间、具有双重性的边缘阶层。

根据对土地的占有状况，乡村社会成员分化为两大阶级和多种阶

① 《古今图书集成·职方典》卷760《扬州府风俗考》。

层。这一社会分层的形成又与权力、声望方面的状况有紧密联系，财产、权力和声望往往是一体性的。

在古代中国，占地较多的大地主通常又被称为豪强地主，即历代史书上所说的豪族、豪杰、豪强、豪门、豪民、权富、门阀、权势、大户等。从这些称谓可以看出，豪强地主是与政治权力、声望有紧密联系的地主。他们或是皇亲国戚，或本人或子女或亲戚为官，从而有可能利用凌驾于社会之上的特权、地位、身份，以超经济的手段获得大量土地。其来源主要有以下几种：由皇帝直接赐封土地，利用权势强占土地，以为官搜刮来的财富大量购买土地等。由于豪强地主大多是一方一土有权有势的豪门大户，政治、经济实力雄厚，往往很自然地被推举为本宗族独一无二的首领。强大的经济实力使豪强地主有可能供养子弟读书或举荐而直接进入上层社会，成为一方一土为数不多的名门望族。豪强地主在声望方面的优势更有利于加强其家族的经济和政治实力。

占地较少的中小地主与权力、声望方面的联系没有豪强地主那样密切，没有明显特殊的地位和身份，因而常被称为非身份性地主。由于经济、政治实力相对弱小，他们的影响大多限于豪强势力影响所不及、较小范围的社区内。在这一范围内，他们与权力、声望方面的联系又与农民有所不同。一方面，他们有一定经济实力，往往被推举为本社区的宗族首领，并有条件供养子弟读书，在声望方面居于特殊地位。这种声望地位又可加强其与政治权力的联系和经济实力，如代表本社区出面与官府打交道，利用宗族地位侵占宗祠公田、公产等。因此，如果说大地主与政治权力联系得较为紧密一些，那么，中小地主则与声望有着密切联系。

农民阶级与权力、声望的联系较为缺乏，甚至不可能有什么联系。在古代中国，除了皇族外，进入官僚权力体系的主要道路是读书，具有学识文化。从形式上看，通过考试成为官僚的文官制度对所有人都是开放的，具有表面上的平等竞争性。但是，要参加考试，必须经过系统的专门学习。对于一般农民阶级来说，无力供养子弟读书，也就没有希望进入权力体系，跻身上层社会，改变其农民身份。费正清不无深刻地指出："西方作家也素来认为中国的考试是真正的民主制度，使聪明的农民有机会出人头地。但事实上这种情况似乎是比较少见的。为考试入选所必需的多年寒窗苦读，是普通农民不能逾越的障碍。"[①]农民因此只能世世代代成为农民，即所谓"农之恒为农"。当然，对于个别自耕农来说，在年景比较好的情况下，家有余钱剩米，有可能供养子弟读书，并通过为官改变其经济和社会地位。

统治与被统治关系：双重性和层级差

一般来讲，与中世纪西欧乡村的领主和农奴构成统治与被统治关系一样，古代中国乡村的地主和农民之间的政治关系也表现为统治与被统治的关系。地主阶级在国家政治生活中居统治地位，受到国家权力的保护。封建国家政权的实质是地主阶级的政权，主要是为了保护地主阶级利益。农民阶级则在国家政治生活中居于被统治地位，受到国家权力机器的强制性压迫。地主阶级和农民阶级因此构成乡村的统治阶级和被统治阶级。这与两大阶级在经济上作为剥削阶级和被剥削阶级的关系是一致的。

但是，与中世纪西欧乡村相比，古代中国乡村的统治与被统治关系又有特殊性。

其一，在中世纪西欧，对于居于被统治地位的农奴来讲，统治者主要是领主，是一元的。领主在庄园内不仅行使经济上的绝对支配权，而且行使政治上的绝对统治权，"财产权和统治权在各处都出现相互重合的状态"[②]。农奴人身上依附领主，领主在其领地内成为毫无限制的统治者，即以"棍子和鞭子统治着农村"[③]。而在古代中国，在广阔分

① 〔美〕费正清：《美国与中国》（第四版），张理京译，马清槐校，商务印书馆，1987，第35页。

② 〔美〕格尔哈斯·伦斯基：《权力与特权：社会分层的理论》，关信平等译，浙江人民出版社，1988，第256页。

③ 《马克思恩格斯全集》第25卷，人民出版社，2001，第582页。

散的小农经济基础上矗立着一个凌驾于社会之上的庞大的王朝官僚体系。对于处于被统治地位的农民阶级来说，统治者不仅包括乡村社会内部的地主阶级，而且包括凌驾于社会之上，以城市为堡垒的王朝官僚体系，统治者具有双重性特点。

就农民而言，王朝官僚体系可称为广义的统治者，乡村地主阶级可称为狭义的统治者。因为王朝官僚体系在名义上代表全社会，是全社会的统治者。所有社会成员首先都是作为国家最高人格体现的君主的臣民，是国家的“编户齐民”。与中世纪欧洲农奴相比，古代中国农民在人身上是相对独立和自由的。因为他们是国家的一分子而非某个地主的单纯依附者。作为国家一分子，农民必须对国家尽义务，主要是缴纳赋税和服劳役，受王朝官僚的支配，成为被统治的对象。

王朝体系对农民的统治是以全社会的名义、以政治权力为中介进行的，而非面对面的直接统治。农民面对的直接统治者是日常交往生活中的乡村地主阶级。地主和农民是两个以土地为纽带的对立阶级。他们之间直接的经济剥削关系必然上升为政治统治关系。

虽然地主和农民作为国家同样的“编户齐民”，都不直接执掌国家权力或通过享有公共政治权利而行使国家权力，二者在形式上均被排斥在国家政治生活之外。如秦始皇将地主和农民统称为“黔首”，汉代国家的“编户齐民”包括“大家”、“中家”和“小家”，即豪强地主、中小地主和一般农民。但是，地主阶级可以利用直接执掌政治权力的王朝官僚体系对农民行使统治权，使形式上代表社会的权力成为实质上为地主阶级服务的工具。

这首先在于地主，特别是豪强地主与王朝官僚体系有千丝万缕的联系，甚至融为一体。没有与王朝官僚体系的联系，就难以成为豪强地主；而豪强地主又可利用官府权势强制性地压迫农民，对农民行使统治权。农民尽管在名义上有相对的人身独立和自由，但其人身权利和经济利益经常会受到那些“豪门大户”的侵害。在古代乡村，“豪门大户”利用权势霸占土地，草菅人命，横行乡里的现象比比皆是。农民对他们的横行霸道无能为力，难以受到国家权力的公正保护。清人赵翼对此有过综合性考证，说："前明一代风气，不特地方有司，私派横征，民不堪命。而缙绅居乡者，亦多倚势恃强，视细民为弱肉，上下相护，民无所控也。"（《廿二史札记》）《红楼梦》中描述的金陵"四大家族"中的薛家公子薛蟠草菅人命，却逍遥法外，连刚到官府上任，希望有一番作为的贾雨村对此也无能为力，甚至有意放纵。其重要原因在于薛家与保荐贾雨村做官的贾家有姻亲关系，得罪不起。所以，农民常以"宁负二千石，无负豪大家"为人生格言。

乡村地主还可利用其经济、声望方面的优势对农民行使统治权。由于地主和农民的经济利益对立，经常发生冲突和矛盾，一旦扩大，往往会诉诸王朝官僚体系加以解决。而"在农业社会的各种收入方式中最有用的一种就是出卖公正"。"司法过程所涉及的每个官员都从这个过程中获得好处"①。地主便可以凭借经济优势，贿赂官吏，使官吏的裁决有利于自己，即"乡曲豪富无官位，而以威势主断曲直"。所谓的"官府衙门朝南开，有理无钱莫进来"成为古代流行语。此外，当农民和地主发生冲突和矛盾要诉诸官府解决时，起码的条件是基本的学识。在这方面，地主显然占优势，并得以利用农民缺乏文化知识的情况在日常生活中对农民行使支配权。乡村地主往往还可利用作为宗族首领的特殊地位，以家法、族规等形式使农民服从于己。在宗法色彩很浓的古代乡村，地主的族权统治是政治统治关系的一种最基本的表现形式。

其二，在中世纪西欧乡村，社会成员分裂为领主和农奴两个阶级，政治统治关系在这两个直接对立的阶级间形成。社会成员的政治地位除了阶级间的巨大差别外，在层次等级方面的差别不甚突出。而在古代中国乡村，社会结构和阶级阶层关系复杂得多，政治统治关系在社会各阶级阶层间的具体表现不同，政治地位除了阶级的差别外，还存在层级方面的差别。

① 〔美〕格尔哈斯·伦斯基：《权力与特权：社会分层的理论》，关信平等译，浙江人民出版社，1988，第247页。

在古代中国乡村的统治者体系中，广义的统治者是以君主为核心的王朝体系。君主既是全国最大的地主，又是国家最高统治者。由于王朝体系的统治对象主要是广大乡村农民，因而成为乡村社会的最高统治者。

仅次于王朝体系的统治者是豪强地主。豪强地主依仗政治权势和雄厚的经济实力行使统治权，成为一定地域范围内的最高统治者，即“土皇帝”。

中小地主在统治者体系中的地位较低。对于农民，他们居于统治地位。但他们又是国家的“编户齐民”，要受王朝体系的支配；由于利益的差别，他们难免受到经济、政治实力较强的豪强地主的侵害和欺压。与王朝体系和豪强地主相比，他们的政治统治地位往往局限在一乡一村的社区范围内。

农民阶级在整个国家和社会生活中处于被统治地位。但由于农民内部经济、社会地位方面的差别，其被统治的状况和程度存在一定差异。

自耕农的被统治程度一般要轻一些。因为自耕农有自己的土地，即独立的生存基础，所面临的主要统治者是王朝体系。一般来讲，除了按要求向国家纳税和服劳役外，有较多的人身自由。乡村地主阶级本身对他们没有直接的统治权。

佃农的被统治程度较重一些。因为佃农没有土地，不得不靠租佃地主的土地作为其生存来源。佃农不仅要受王朝体系统治，而且直接受地主的统治。地主可以凭借经济上的有利地位控制佃农，如通过提高佃租，强迫佃农服从其意志。

雇农的被统治程度更重一些。佃农虽然没有土地，但有一定工具，一般能够独立从事生产劳动。他们与地主的关系是租赁关系。在租赁契约内，佃农有一定人身自由，地主难以随意支配和压迫。而雇农既无土地又无工具，仅靠在主人家出卖劳动力为生。他们在劳动过程中受到地主阶级的直接统治和支配。所以，雇农在整个农民阶级中地位最低，遭受多重和多方面的压迫。

作为边缘阶层的奴婢，在经济生活方面的状况较一般农民要好，但其政治社会地位最为低下。奴婢是通过出卖人身获得生活来源的，失去了人身自由，只是主人家会说话的工具。

《红楼梦》中描述的侍候主人的大批奴婢，在经济生活状况方面虽然好于一般农民，却无任何人身自由，任凭主人欺辱，甚至连性命也得不到保障。

政治关系的不稳定性和模糊性

与中世纪西欧乡村领主和农奴两大阶级的统治关系一直形成长期固定不变状态相比，古代中国乡村的阶级阶层关系较复杂，且常有变动，具有不稳定性特征，并影响着乡村社会成员的政治地位和政治关系的变化。

在正常状况下，农民和地主两大阶级之间的关系较为稳定。特别是农民很难改变其地位，上升为统治阶级的成员。但在农民和地主阶级内部，其成员的经济社会地位是不稳定的。

在农民阶级中，自耕农的经济社会地位的稳定性较差。自耕农的经济社会关系主要体现为与国家间的关系，是国家税役的主要承担者。而国家税役较佃农承担的地租的变动性大得多，造成自耕农经济地位很不稳定。胡如雷认为："自耕农经济比佃农经济更不稳定的重要原因之一，是国家课役增减的幅度远远超过了私租增减的幅度。地租剥削是纯经济关系，不易受其他因素的干扰，而自耕农承担的赋税和徭役，却是经济关系之外的一种法权关系。课役负担的轻重除了与阶级力量的对比、农民生产的状况等有关外，还取决于封建统治者消费需要的大小，和平环境还是爆发战争，有无大规模工程的兴修以及政策的执行情况等等条件。"① 当统治者轻徭薄赋，自耕农存喘息之机，相对稳定。一旦统治者横征暴敛，自耕农很容易破产。而地主阶级往往又通过种种合法不合法的方式将赋税和劳役负担转嫁给自耕农。自耕农作

---

① 胡如雷：《中国封建社会形态研究》，三联书店，1979，第 128 页。

为个体农民，不仅生产规模小，而且相互孤立，很难抵御天灾人祸的侵袭。总之，自耕农的经济地位受非经济因素影响较大，很不稳定。

除了在各种有利条件下，少数自耕农有可能上升为地主外，大多数自耕农易于破产，被迫出卖土地，下降为半自耕农半佃农、半自耕农半雇农、佃农、雇农，以至社会流民。自耕农经济地位的降低必然使其政治地位发生相应的变化，一般趋势是受统治的程度加剧，直到农民奋起反抗和发生社会动乱，由此重新形成土地关系，自耕农大量产生，同时进入下一个周期循环。

在地主阶级中，中小地主数量最多，也最不稳定。在古代中国，地主阶级之所以有豪强地主和庶族地主之分，主要在于他们与王朝官僚体系的联系程度，是一种地位和身份的差别。豪强地主可以通过强有力的政治权力获得并保护其经济利益，其地位一般呈上升趋势，且较稳定。作为庶族地主的中小地主却缺乏政治社会方面的优势，其地位一般呈下降趋势，且很不稳定。古代中国经常可见的“富不出三代”“一地千年百易主”之类的谚语正是这种状况的反映。

首先，与中世纪西欧乡村实行财产长子继承制不同，古代中国实行“分家析产”制。当作为家长的父亲去世后，子弟当分家立户，财产平均分割。国家甚至明文规定：“分析家财田产，不问妻妾婢生，止依子数均分。”[①] 在古代中国，除了一些豪强地主能够以雄厚的经济力量保持四世同堂、五世同堂的大家族外，大多中小地主在家长去世或子弟成年后便分家立户。中小地主的家产田地本不多，众多子弟分家立户，平分得的田产并不多，难以成为父辈那样的殷实人家，甚至下降为自耕农。

其次，与中世纪西欧乡村的土地实行世袭制而不得买卖转让不同，古代中国的土地可买卖转让。土地买卖关系不仅使大量自耕农失去土地，变为佃农和雇农，而且有可能造成一般地主失去地产，沦为农民。一则中小地主的经济实力不甚雄厚，遇天灾人祸也有破产可能，其土

① 《明会典》卷19《户部·户口》。

地易为豪强地主所兼并。二则豪强地主为扩充实力，也有可能侵害中小地主的利益，如以强买强卖兼并中小地主的土地，导致其经济地位的变化。所以，胡如雷指出："在土地买卖的制约下，中国封建社会各阶层的阶级地位和经济身份还具有变动不居的特色。"①

当中小地主的经济地位下降，其政治地位也会随之降低，由此又会进一步影响经济地位，形成地位递降趋势。为此，古代乡村中小地主为维系其地位，一是尽可能不分家，争取"五世同堂"，"中世不分居"，以避免因分家立户导致家道中落；二是尽可能供养子弟读书，以和权力、声望发生紧密联系。如他们的子弟一旦通过读书做官，便可光宗耀祖，不仅能维系固有地位，而且有上升的可能。

尽管豪强地主的地位一般较稳固，有的豪门大户甚至可以延续数百年，但也存在不稳定因素。因为他们的地位主要取决于和王朝官僚体系的联系。这种联系并非固定不变。一是当豪门大户失去在王朝官僚体系中的权势，其地位很快发生变化，甚至顷刻一落千丈。如《红楼梦》中的贾家由于受到王朝的责罚，显赫的大家族顷刻瓦解。二是随着王朝的更迭，原有的豪门大户也会失去原有的地位。

古代中国乡村的阶级统治关系除了不稳定性特征外，还具有模糊性特征，即在乡村社会内部，其阶级对立和阶级统治关系不像中世纪西欧乡村那样明显。

首先，这是由阶级关系的不稳定性决定的。在中世纪西欧，领主和农奴的地位比较固定，领主上层社会和农奴下层社会间等级界限森严，阶级对峙十分突出。而在古代中国，乡村各阶级阶层成员间的关系十分复杂，且处于经常变动之中，即"人之贫富不定，则田之去来无常"（《皇清经世文编》卷三〇）。这种变动性使阶级对立和统治关系不像中世纪西欧那样清晰。

其次，对于中世纪西欧乡村农奴来说，领主是直接唯一和至高无上的统治者。日常生活中的阶级统治关系十分明显。而对于古代中国

---

① 胡如雷：《中国封建社会形态研究》，三联书店，1979，第53页。

农民来说，最高和主要的统治者是居住在城市里的王朝官僚体系和豪强地主。与农民发生直接交往的中小地主在整个统治阶级体系中不居主导地位。同城市和乡村的政治统治关系相比，在乡村内部，寓于乡村日常生活之中的阶级统治关系要模糊得多。

最后，在中世纪西欧乡村，领主和农奴间的地位、身份界限森严，阶级的自我意识强烈，阶级间的统治关系非常突出。而古代中国乡村的家族乡邻关系在整个社会关系中居重要地位。同姓同宗的宗族血缘关系和世代共居一地的乡邻关系犹如温情脉脉的面纱掩饰着阶级对立和统治关系。地主和农民、大家和小户出自同一家族，居住同一地域，具有某些共同的文化价值观念。阶级与家族、门第、尊卑、长幼、亲疏、男女、乡亲融为一体，既是等级关系，又是亲邻关系；既有阶级对抗，又有亲邻之情。“亲不亲，同姓人”“亲不亲，同乡人”的宗族乡邻意识很容易模糊阶级的自我意识和认同感。加之封建法律中关于“夷三族”“夷九族”“保甲连坐”等规定，更使人们容易产生个体与家族、与乡邻“一损俱损、一荣俱荣”的观念和情感原则。这种由近及远、由亲及疏的“同心圆”观念和原则造成阶级意识的淡化和阶级关系的模糊。

第二节　乡村的社会结构与权力体系

分散的小农社会与自上而下的行政权

将社会生活控制在一定秩序内的权力体系与一定社会生活结构紧密相关。社会生活组织要素的分散性是乡村社会结构的普遍性特征。而古代中国乡村的分散性尤为突出。正是在高度分散的小农社会基础上矗立着庞大的王朝官僚体系，并自上而下对乡村社会行使行政权。

中世纪西欧是以分散割据状态进入封建社会的，以农业为基础的乡村庄园是整个社会的基础。各个庄园相互独立和自我封闭，直接造成整个社会的四分五裂。乡村的分散性直接寓于整个社会的分裂状态之中。作为社区要素的乡村分散性没有凸显。同时，中世纪西欧的城市以工商业为基础，并游离于乡村社会之外，未能构成与乡村直接联系又相对应的集中性社区。

古代中国一开始就是以地域辽阔、人口众多的大一统社会整体进入封建社会的。一个个分散在广阔无垠的原野山谷中的农业村落犹如散见在夜空中的星辰，遍布全国各地，构成大一统社会的基本组织要素，整体的统一与个体组织的分散相对应。同时，城市均匀分布在由一个个农业村落组成的地域社会之中，具有高度的集中性，与分散的乡村直接联系并相对应地存在于一个共同体。因此，从宏观社会看，作为社区要素的乡村分散性显得十分突出。

从微观社会看，古代中国乡村的分散性也很突出。在中世纪西欧，乡村庄园由共同生活于庄园城堡内的领主和众多农奴组成，是一个相对独立的经济、政治和文化统一体。乡村庄园内以领主为核心的人身依附关系使社会成员间的分散性不明显。而在古代中国，基本的生产方式是以一家一户为单位的个体经济。无论地主抑或农民，都以相互独立的家庭为基本的生存单位，相互间缺乏紧密的经济社会联系。自耕农自不必说。他们本是以经济独立的家庭为单位，自我生产，自给自足，与外界联系甚少。即使是佃农，也是从地主那里租佃土地，以自己的家庭为单位进行生产、消费。他们与地主之间除了经济契约关系外，不像中世纪欧洲的农奴和领主间存在紧密的人身依附关系。古代中国乡村正是由一个个相互独立的家庭聚合而成的，其分散性也表现得格外突出。社会的基本组织要素是一个个相互独立的家庭而不是有机联系的社区单位，正是中国社会长期呈一盘散沙状态的奥秘所在。

古代中国以小农经济为基础。在高度分散的小农社会基础上矗立着一个政治权力高度集中的专制王朝体系。王朝凭借强有力的国家权力将一盘散沙状的小农机械地聚合在大一统社会之中。

因此，中国历代王朝无不自上而下将高度集中统一的国家权力经过各地各级的行政管理机构延伸到基础的乡村社会，把分散的乡村小农置于体现国家意志的行政权的控制之下，以保证分散孤立的小农向国家提供赋税和劳役，维系大一统社会的基本秩序。

古代中国专制王朝体系是以郡县制为特征的。郡县的设置与将国家权力自上而下传递到乡村社会紧密相关。即古人所说："役民者官也，役于官者民也。郡有守，县有令，乡有长，里有正，其位不同而皆役民者也。"（马端临：《通考·自序》）明清之际的思想家顾炎武认为："天下之治，始于里胥，终于天子，其灼然者也。"（《日知录·乡亭之职》）古代中国的统治上至君主，下伸乡里，高度分散的个体农民经济与高度集中的专制权力体系相反相成，组合为机械性的统一体。日本汉学家西嶋定生明确指出了古代中国封建王朝对农民统治的特点，认为："君主对人民的统治并不是通过土地作媒介来掌握人民的，而是通过直接掌握人民得以实现的。"① 胡如雷则比较说："在西方，农奴是被束缚在某个领主的领地上；在中国，农民则是被束缚在一个行政区域内"②。与中世纪西欧乡村庄园主要为经济社会单位不同，古代中国的乡村村落主要是由一定数量农民构成的行政管理单位，直接受自上而下、集中统一的行政权统治。

秦始皇统一中国后，一方面推行郡县制，将全国划分为若干郡县地方；另一方面将县以下的乡作为基层的行政组织，由其对所属的乡村地方进行行政管理，形成乡村社会的行政权力管理体制——乡（亭）里制。

乡作为基层行政组织，直接隶属于县。大致为百家一里，十里一乡。大乡为1500～2000户，小乡为300户左右。乡设有三老、啬夫、游徼及乡佐等职位。"三老"掌教化。啬夫"职听讼，收赋税"，是一乡官吏之首长，其权势最大。以致后人说："人但闻啬夫，不知郡县。"（《后汉书·爰延传》）游徼专管治安，负责巡逻及捕捉盗贼。乡佐是辅佐啬夫收赋税的。啬夫、游徼、乡佐一般由郡县政府任命，俸禄由

① 〔日〕西嶋定生：《中国经济史研究》，冯佐哲译，农业出版社，1984，第201页。

② 胡如雷：《中国封建社会形态研究》，三联书店，1979，第147页。

政府开支。他们职卑位尊，是乡村地方的直接统治者。

在秦代，亭和乡是同级乡村地方政权，不同的是亭所设官职比乡更复杂，更多。因为亭所在地大多为交通要道或人口众多之地，其职责管辖范围比乡广泛。

里是秦地方政府管辖的基层组织。约百家一里；里设里正。其职责是派徭役，监督户口，维护本里治安，协助职官办乡事，组织生产等。

由此可见，与郡县政权相配合的乡（亭）里制可以将至高无上的君权自上而下，一直延伸到最基本的社会单位——农户家庭，从而将广阔分散的乡村置于王朝统治之下。

汉承秦制，而且使乡村行政权力体系更趋完善和严密，形成了乡、亭、里三级乡村行政管理体制。“汉制，五家为伍，伍长主之；二伍为什，什长主之；十什为里，里魁主之；十里为亭，亭长主之；十亭为乡，有乡佐、三老、有秩、啬夫、游徼各一人，乡佐、有秩主赋税；三老主教化；啬夫主争讼；游徼主奸非。”（《资治通鉴》卷25《汉纪》卷117）乡为县管辖的地方基层政权。通过中央、县、乡、亭、里、伍的层级组织体系，将行政权力的触角和神经末梢一直延伸到农户。

乡亭里制延续到隋代前期，长达千年之久，是古代中国乡村行政体制的第一个历史形态。隋朝以后，为加强行政权力对乡村行使有效统治，将乡级行政权收归至县，乡不再是基层政权单位，由此形成古代乡村行政权力体制的第二个历史形态——保甲制。

保甲制起始于隋文帝推行的乡里制。经过魏晋南北朝数百年社会动乱和地方割据之后，隋文帝为强化中央权力对乡村地方的控制，于开国15年尽罢乡官。作为基层行政建制的乡制不复存在。县成为基层行政建制，并通过乡里统治乡村地方。唐袭隋制，沿用乡里制，发展至宋时，演变定型为保甲制，一直延续至清中叶。其间虽名称、形式有所变更，如宋称保甲，元称村疃，明称里甲，清为保甲和里甲并存，但实质并无变化。

保甲制以北宋王安石变法时期的定型最为典型。王安石变法的重要内容就是推行保甲法，健全完善乡村的组织制度。根据保甲法，在乡村地方，十家为保，五十家为一大保，十大保编为一都保；置保长、大保长、保正与保副等。皆从本地地主大户中推选有能力、有权威者任之，协助县政权办理本保事务。保以下的村民编为甲，每户一人轮流任甲头，主要职责是催收租税，管理甲内事务。

无论是乡亭里制还是保甲制，都表明了封建专制社会一开始，中央王朝体系就力图将权力的触角延伸到最基层的乡村地方。从直接统治的乡亭里制到间接控制的保甲制的演变，只是为了适应乡村社会组织的变化，更有效地统治乡村。因此，自上而下的行政权始终是乡村权力体系的重要因素。

有机性的家族社会与寓于社会之中的自治权

为获得赋税和徭役，维系专制统治需要的社会秩序，王朝体系的行政权力自上而下，逐层逐级一直延伸到乡村基层社会。但这种凌驾于社会之上的行政权是以强制性的方式传递的，往往并非乡村社会自身所需要，甚至与乡村社会利益格格不入。而且单靠行政权也很难维系处于分散状态的乡村社会秩序。如秦汉的乡亭里制，行政权只延伸到乡，设为数不多的乡官。到隋唐以后，行政权仅延伸到县，县的行政官吏也不多。显然，仅靠很少的行政官员是不可能使广阔的乡村社会得到有效治理的。事实上，在治理古代乡村社会的权力体系中，除一开始就包含自上而下的行政权因素之外，还具有乡村社会成员自我管理内部事务、寓于社会之中的自治权因素。古代乡村权力体系从来就具有行政权与自治权并存的二元性特征。日本学者西屿定生认为：古代中国乡村权力体系是“以通过二千石、令长这种郡县制实行地方统治为目的的官僚机构同三老、力田、父老这种具有地方自治共同体性质的机构之间的二元性结合”①。而自治权又是与古代乡村社会的家族性特征及相应的自组织功能紧密联系的。

① 〔日〕西嶋定生：《中国经济史研究》，冯佐哲译，农业出版社，1984，第79页。

从经济上看，古代乡村社会具有高度的分散性。这种分散性又突出表现为各个家庭的独立性和封闭性。农民以家庭为单位自我生产自我消费，除了向国家缴纳税役和向地主缴纳地租外，同外界不发生有机联系。王朝和地主的统治和剥削都发生在劳动过程以外。家庭成为一小社会，在家长领导下自我从事生产生活活动，具有自组织功能。但是任何一个家庭都不可能完全独立地生存，在生产和生活等各个方面还需求助于社会。而这方面的需求显然是凌驾于社会之上并远离乡村基层社会组织的行政权力体系难以也不可能满足的。它们主要依靠具有强烈家族性色彩的乡村社区组织予以满足。

从社会的角度看，古代中国乡村由于血缘家族性而表现为共同文化观念的有机体。古代乡村社会成员以家庭为基本的生产生活单位。在农业文明长期延续的历史条件下，某一家庭世世代代生活在同一地方，“生于斯，死于斯”，安土重迁，必然会繁衍出一个扩大了的家庭——以血缘关系为纽带的家族社会。古代中国有“一表三千里”的俗语，意指血缘家族关系的广泛影响。家族社会成员长期居住同一地域，形成以同一祖宗、同一姓氏、同一文化传统为纽带的乡村社区。费正清在1948年曾为此指出：“从社会角度来看，村子里的中国人直到最近主要还是按家族制组织起来的，其次才组成同一地区的邻里社会。村子通常由一群家庭和家族单位（各个世系）组成，他们世代相传，永久居住在那里，靠耕种某些祖传土地为生。”①

因此，古代乡村主要为血缘和地缘结合的社区组织。这种社区通过社会学家马克斯·韦伯在《儒教与道教》中所称的“氏族的世袭感召力”将各个家庭紧紧聚合在一起，形成对内有强大凝聚力，对外则有相当排斥性的“自家人”社会。日本著名社会学家富永健一评论说：“中国宗族的特征，是比日本的同族远为紧密的内部结合体和封闭性，它实行外婚制，拥有祭祀祖先的祠堂和族产、族谱、族规、族训，在

① 〔美〕费正清：《美国与中国》（第四版），张理京译，马清槐校，商务印书馆，1987，第20页。

这一点上说，它是非常有力地制度化了的亲族群体。”①

这种亲族群体具有强大的自组织功能，并能在相当程度上满足个体家庭对社会的简单需求。其功能主要有：（1）社会帮助，即“守望相助，疾病相扶持”。具体形式有农忙季节亲戚间的换工帮忙；通过族田等公共收入对贫困的家族成员实行救济；帮助家族子弟取得功名，以壮族威等。（2）社会保护。家族保护家族成员的利益和本家族的公共利益，抵御外族外乡的侵害。（3）调节冲突，社会控制。家族通过“家法”、“族规”和教化将社会生活控制在一定秩序内，并强化成员对本家族的认同感。

正是在这种具有自组织功能，并能得到社会成员自觉认同的家族性社会里，自然而然生长出乡村社区成员自我管理内部事务的自治权。这种寓于社会之中的权力在日常生活中的作用和影响往往比自上而下的行政权更大、更持久。林语堂认为，建立在家族乡邻基础上的“乡村精神使当地人民能够建立一种公共管理制度，这是中国真正的政府”，即具有自治性的乡村地方政府。这种“乡村地方政府是无形的，……是由年长者凭借自己的年岁从精神上予以领导，也由绅士们凭借自己对法律及历史的知识从精神上予以指导。从根本上讲，它是用习俗和惯例这些没有文字记录的法律进行统治的”②。

秦统一中国之初，由于长期战乱和小农经济刚形成，个体农民和乡村聚落的自组织功能尚不足。秦王朝比较注重自上而下的行政权统治，行政权一直延伸到乡里。但由于乡村社区天然的自组织功能，乡村社会权力体系一开始就包含寓于社会之中的自治权因素。从秦代开始推行的乡（亭）里制的权力体系中，三老占有重要地位，“可与县令丞尉以事相教”，甚至直接向皇帝进言。三老与啬夫、游徼和乡佐等乡官不同，他非郡县政府任命，而为乡民推举，并不以朝廷俸禄为生。三老的职责是率众行善，即通过以家族伦理为核心的“德行”影响乡

① 〔日〕富永健一：《社会结构与社会变迁——现代化理论》，董兴华译，云南人民出版社，1988，第221页。

② 林语堂：《中国人》，浙江人民出版社，1988，第178页。

民，按照传统习俗各居其位，各得其所，以维护乡村公共秩序。所以，三老的条件是50岁以上的男子，自身有修行并能率众为善，是一个德高望重的老人。秦以后的乡村权力体系中也设有诸如力田、父老等和三老相同的职位。

随着封建社会的发展，乡村社区的自组织功能日益增强，自治权在乡村权力体系中的比重日趋增加，地位愈显重要。其突出标志就是乡亭里制向保甲制的转变。这二者的主要区别在于：保甲不再是严格的基层政权组织，保长不是郡县政府委派的行政官员，而由乡民推选或在乡民中遴选并经官府认可；县政权直接管理乡村行政事务，大量的乡村社会事务由保甲组织自我管理，因此，在保甲组织中，其行政权因素较乡亭里制大为弱化，自治权因素则迅速扩张。自我管理乡村社区事务的乡规民约亦在推行保甲制过程中形成。如南宋理学家吕大钧为家乡制定的乡约大纲为：德业相劝，过失相规，礼俗相交，患难相恤。这种乡规民约是保甲组织处理社区事务的重要手段。它既有国家法律一样的约束力，又能为乡民高度认同。

行政与自治的二元合一：士绅统治

古代中国乡村权力体系具有行政权与自治权的二元性特征。但这并非意味在乡村权力体系中，王朝行使行政权，农民行使自治权，权力主体分别为阶级利益根本对立的不同阶级。否则就会忽视阶级社会政治统治的阶级实质。这也是西方汉学家往往语焉不详之处。事实上，古代乡村权力体系的二元性只是表明，由于特殊的社会结构，行政权和自治权分别掌握在占统治地位的地主阶级中的不同成员手中，它们从根本上是统一的。即统一在地主阶级对农民的政治统治基础上，其直接表现则是地主士绅对乡村社会的统治。毛泽东曾指出：“在封建国家中，皇帝有至高无上的权力，在各地方分设官职以掌兵、刑、钱、谷等事，并依靠地主绅士作为全部封建统治的基础。”①

① 《毛泽东选集》第2卷，人民出版社，1991，第624页。

在古代中国，士绅是一个特殊且难以界定的社会群体。如果说对乡村进行社会分层必须立足于土地、权力、声望三个变量的话，那么，士绅是在这三个方面都居优势的特殊阶层。费正清认为："中国的士绅只能按经济和政治的双重意义来理解，因为他们是同拥有地产和官职的情况相联系的。根据中国传统的说法，狭义的士绅地位限于那些通常通过考试（有时通过举荐或捐钱买取）取得功名的人。"① 这就是古代通常所说的"士大夫"。他们通过考试等方式进入王朝官僚体系，成为政府官员。"作为个人的士绅是公家官员，掌管政治和行政事务。但他们也是处在家庭关系中的成员，并依靠家族关系来维持他们的生计。"因此"应把它视为一群家族，而不仅是个别有功名的人"②。著名美国史学家巴林顿·摩尔也指出："政权和财富通过血缘家族联系起来，这可以说是中国社会面貌最重要的特征之一。由于这些原因，把上层的'士大夫'和地主都称作'绅士'是有正当理由的。"③

所以，士绅家族在土地、权力和声望方面都占有特别的优势。首先，士绅家族属于大地主阶级。只有拥有一定地产才能供养家族成员读书，进入王朝官僚体系，随之又可利用政治权力占有更多土地。"靠着在帝国中的职位，儒生们补偿并扩充了家族的财产，并维护着血缘家族的社会地位"④。因此，"在农民大众眼里，士绅还包括大地主"⑤。士绅家族与王朝体系有紧密联系并有雄厚的经济实力和较高的社会地位，通常成为权倾一时、独霸一方的豪门大户。而经济、政治和社会地位又使士绅家族在以血缘为纽带的乡村社区具有较强的感召力和影

① 〔美〕费正清：《美国与中国》（第四版），张理京译，马清槐校，商务印书馆，1987，第27页。

② 〔美〕费正清：《美国与中国》（第四版），张理京译，马清槐校，商务印书馆，1987，第27页。

③ 〔美〕巴林顿·摩尔：《民主和专制的社会起源》，拓夫、张东东等译，华夏出版社，1987，第132页。

④ 〔美〕巴林顿·摩尔：《民主和专制的社会起源》，拓夫、张东东等译，华夏出版社，1987，第131页。

⑤ 〔美〕费正清：《美国与中国》（第四版），张理京译，马清槐校，商务印书馆，1987，第27页。

响力，由此使他们成为地方的直接统治者，并能将乡村权力体系中的行政权和自治权因素寓为一体。

在古代中国，国家与基层乡村社会是相隔离的。自上而下的国家权力没有也不可能全面介入以小农经济为基础的分散性日常社会生活。具有自组织功能的家族性社会也只能在一个较有限的地域社区里形成自治共同体。而国家和社会从来都不会也不可能决然分离开。基层社区需要国家解决社区自身难以解决的冲突和问题，特别是将众多分散的小农组织起来兴修水利公共工程，抵御外敌；国家更需要通过统治各个基层乡村社区，获得其生存基础。由此就需要将国家与基层乡村社区沟通起来，形成上下结合的社会整体。士绅家族则以特殊的经济、政治和社会优势充当着沟通上与下、官与民的角色。

一方面，由于士绅家族与王朝的联系及其特殊地位，自上而下的行政权需要借助他们的力量才能发挥实际效能。王朝统治乡村的主要目的是获得赋税和劳役。但为数不多的行政官员不可能在广阔无垠的乡村地区挨家逐户直接征收捐税，分派劳役，而需借助地方士绅家族的影响，促使农民与官方合作。这样，“他们构成了地方官吏和官府统治的基础，没有这个基础，官府是不能有所作为的。”① 另一方面，乡村个体农民势单力薄，地位低下，往往需求得士绅家族的“保护”和帮助。如通过与王朝体系有联系的士绅的影响，使官府的压迫剥夺较为缓和一些；要求官府解决乡村社会成员及社区间的冲突；在诉讼等不得不与官府的交往中需借助士绅家族的学识和社会地位。

因此，士绅是介于官府和农民之间而且双方都有所求的特殊阶层。费正清指出：“旧中国官吏以士绅家族为收捐征税的媒介。同样，士绅也给农民作中间人，他们在执行官吏压迫农民的任务时，也能减轻些官员的压迫。地方官吏在应付水灾、饥荒或早期叛乱以及众多的次要案件和公共建筑工程时，都要靠士绅的帮助。他们是平民大众与官方

① 〔美〕费正清、刘广京编《剑桥中国晚清史（1800～1911）》，中国社会科学院历史研究编译室译，中国社会科学出版社，1985，第17页。

之间的缓冲阶层。"① 当然，士绅给农民作中间人，是因为他们立于乡村社会之中，其根本目的是得以在由众多农民组成而皇权往往鞭长莫及的乡村社会维护其牢固的统治地位和影响。

士绅扮演的这样一种特殊角色，使他们能够将乡村权力体系中的行政权和自治权融为一体，成为乡村地方的实际统治者。当他们执行官吏压迫农民的任务时，他们起着行政权对乡村统治的作用；当他们凭借经济、政治和社会声望优势在乡村社区发挥影响力，则实质上垄断着乡村自我管理其事务的自治权。胡庆钧在《两种权力夹缝中的保长》一文中论述到，士绅没有任何法定地位，却在社区中占有举足轻重的地位，他们可以很方便地指挥保长。② 与此同时，秦汉时期的"三老"以及唐宋以后的保甲长，往往是由士绅家族成员或与其有紧密关系的人担任。例如，"三老"的条件是有德行，有威望，并能率众为善。而在古代，只有那些通晓儒家经典和在家族中居于首要地位的人才被视为最有德行威望。这些人一般出身名门望族。而保甲长的推选也受士绅家族的影响，甚至直接控制。胡如雷因此指出："乡里、保甲等基层政权总是掌握在当地的'乡贤''望族'手中，成为乡绅地主欺压农民的工具。封建国家就是依靠这些地主绅士，作为政治统治的基础。"③ 虽然乡村地方存在行政权与自治权两种权力要素，但其性质都属专制而非民主形态。士绅对地方权力的垄断专制与君主对国家权力的垄断专制是同构的，作为乡村自治手段的乡规民约与作为国家统治手段的法律政令是同构的。

还需指出的是，士绅家族作为官府与民众之间的媒介，绝不是超越自身利益的，恰恰相反，这种地位使他们得以更充分地追求自身利益。为此，他们既可以"欺上"，以地方自治权抵制自上而下的行政权，又可以"压下"，借助自上而下的行政权压制百姓，成为独霸一方

① 〔美〕费正清：《美国与中国》（第四版），张理京译，马清槐校，商务印书馆，1987，第29页。

② 参见费孝通、吴晗编《皇权与绅权》，上海观察社，1938，第130页。

③ 胡如雷：《中国封建社会形态研究》，三联书店，1979，第149页。

的“土皇帝”。这种现象随着封建社会的发展，表现得愈突出。费正清在评论这一现象时认为：“在过去一千年，士绅越来越多地主宰了中国人的生活，以致一些社会学家称中国为士绅之国。”①

行政权与自治权的彼此消长

在古代中国乡村权力体系中，行政权与自治权二元并存。但它们在不同历史时期又呈彼消此长的不平衡状态。

从总的趋势看，随着封建社会的发展，乡村社区的自组织能力增强，乡村权力体系中的自治权因素的比重日益扩大。其主要标志就是乡村的组织体制由秦汉时期的乡亭里制向唐宋以后的保甲制的转变。

但在不同朝代的不同时期，乡村权力体系中的行政权与自治权的比重也有所不同。决定这一比重关系的主要因素是王朝中央权力与地方士绅间的关系。从阶级本质看，君主王朝与地方士绅的利益是一致的。但它们在对乡村地方的实际统治过程中又会产生具体利益上的冲突。

一般来讲，王朝建立初期，乡村权力体系中的行政权比重较大。这是因为：第一，王朝建立初期必须迅速从乡村获得大量赋税和劳役，以巩固其统治。第二，王朝建立之初，由于社会动乱和王朝更迭，乡村社会的自组织能力受到削弱，特别是地方士绅的势力不够强大，乡村自治共同体需要一段时间重建和恢复。为此，王朝权力不仅必须而且有可能将行政权力的神经和触角一直延伸到最基层的乡村地方。最为典型的是封建社会前期的秦统一中国之初和封建社会后期的宋朝建立之初。

经过数百年的战国动荡，秦建立了第一个中央集权型的封建王朝。为了巩固刚建立的王朝统治，从趋于分散的乡村地方获得大量赋税和

① 〔美〕费正清：《美国与中国》（第四版），张理京译，马清槐校，商务印书馆，1987，第26页。

劳役，秦建立了王朝权力自上而下全面和直接介入乡村基层社会的政治体制。与此同时，乡村社区的自组织功能正在发萌之中，士绅的影响力不大，直接延伸到乡村地方的王朝权力能够有效地发挥作用。秦王朝建立不久，能在广大乡村地方征得大量赋税和劳役，修筑工程浩大的长城和宫殿，与直接延伸到乡村基层生活的行政权力能够高效率动员社会密切相关。

宋朝是盛唐之后，经过五代十国长达半个多世纪的动乱分裂而建立的统一的王朝国家。为避免因地方势力过于强大而与中央王权分庭抗礼所造成的社会分裂动乱，宋王朝建立之初强化中央集权，以保证专制主义王朝权力有效统治社会。其中也包含中央行政权力对乡村地方的直接控制。宋王朝虽然没有改变隋唐以来的自治权占有一定比重的乡里制，但通过将前代从属于地主私人的客户（佃户）改变为编入国家户籍的农户等措施，加强行政权对乡村社会的统治，以此获得王朝急需的赋税和劳役。同时，由于唐末农民大起义和五代十国大动乱，严重打击和破坏了地方士绅势力和乡村自组织能力，直接的行政权能够得到有效行使。

而在王朝建立的中后期，乡村权力体系中的自治权因素的比重会逐步扩大。因为随着社会走向常态，乡村的自组织功能增强，地方士绅势力扩张，王朝行政权必须依靠地方士绅势力才能实施有效统治。另外，王朝行政权要对广大乡村地方实行强有力的直接统治，必须设置大量官职，增加国家开支。久而久之，官僚队伍迅速膨胀，国家财政难以承受，管理效率也日渐低下，以致埋下社会危机的种子。正因为如此，到宋中叶，为改变因冗官增多，国家积贫积弱的状况，王安石实行变法。内容之一就是推行保甲制，即通过自治色彩很浓的保甲组织对乡村实行间接但更有效的统治。一方面，乡村保甲组织受县政府辖制，乡村仍被置于王朝权力的牢固统治之下；另一方面，保甲组织具有浓厚的地方自治色彩，不属于行政官僚体系，由此可减轻国家财政的负担。

乡村权力体系中的自治权因素的增大，与士绅家族势力的增长成正比。士绅是国家政治统治的阶级基础。随着王朝的建立和发展，士绅势力日渐扩张。王朝越来越依靠士绅势力实现对乡村地方的有效统治，士绅也越来越成为地方的实际统治者。在这一过程中，王朝行政权对乡村基层社会的影响力会由于士绅势力的截留日渐衰微，乡村自治权因素自然会增长。

随着士绅势力的扩张，它必然会与国家争利，如兼并土地，将国家的编户变为私人佃户，国家的赋税和徭役来源减少，农民不得不承受更加沉重的税收和徭役，遭受双重压迫和剥削。由此导致两种后果：一是随着地方士绅势力的扩张，发展到与王朝中央权力分庭抗礼的地方割据状态；二是农民迫于生计，铤而走险，或成为盗贼，或群起反叛。这两种后果都会造成社会动乱，乃至王朝更迭。经过社会动乱，特别是王朝更迭，士绅势力受到削弱和打击，旧的政治和社会格局被破坏。这时，乡村权力体系中的行政权因素再次增长，从而开始下一个循环。

第三节　乡村的社会秩序与政治控制

家—乡—国一体性秩序

社会按一定规范有秩序地运行，与该社会的组织系统相联系。根据这一分析向度，古代中国乡村的社会秩序则突出表现为家—乡—国的一体性。

在古代中国，家庭是人们生活的基本单位。在一家一户的个体经济形态下，家庭既是社会生活单位，又是独立的经济单位。人们以家庭为单位，进行生产、消费、繁衍活动，形成了一套严密的家庭组织规范和家族关系网络。家庭本身就是一个微型社会。社会的基本单元是若干家庭成员构成的家庭，而不是单个个人。即所谓“国之本在家”“积家而成国”。费正清因此指出：“中国家庭是自成一体的小天地，是个微型的邦国。从前，社会单元是家庭而不是个人，家庭才是当地政治生活中负责的部分。”①

而由一定数量的独立家庭共同居住在同一地域，便构成乡村聚落。乡村聚落是一个有着浓厚的血缘宗族色彩的地域性社会。由于自给自足的生产方式，乡村社会成员世世代代生活在这一狭小的地域范围，使之成为人们主要甚至唯一的地域空间。人们长期生活在乡村社区，并根据家族关系及由地产、权力、声望构成的地位、身份，形成一整套相应的生活规范。乡村聚落因此成为一个独立的地域社会组织单位。

无数个乡村聚落共同存在一定地域范围，便形成整体国家。农业是封建历史的出发点。特别是古代中国工商业不发达，城市主要是为了行使对乡村的统治权而存在的。因此，从根本上说，古代中国是由无数个乡村聚落聚合而成。林语堂认为：在小农经济条件下，社会被切成小的家庭单位，“在家庭与家庭之间，却不存在任何真正的联系，只有国家似乎才将他们联系在一起。”② 离开了国家整体，个体农民和乡村聚落必然会陷于一盘散沙和地方割据的混乱状态，以至于在相互的冲突中无法正常生存。所以，“中国人把自己看作是属于他们家庭的，而同时又是国家的儿女。”③ 国家因此成为高于家庭、乡村聚落之上的社会组织单位。

古代中国的乡村社会秩序正是建立在家—乡—国三位一体的基础上。要保持乡村社会的稳定和平衡，必须使家庭、乡村聚落和国家的社会秩序呈一体性状态。

家庭是乡村社区及整个国家的基本经济、社会和文化的细胞组织，是政治生活的负责单位。家庭稳定与否，直接关系社区的稳定，并影响到国家的稳定。如果家庭失去平衡，会由于家族关系和地域联系，直接危及社区的秩序。如仅仅是某一家庭内的婆媳不和，就可能将若干家庭亲族卷入矛盾的旋涡，造成整个社区失衡。由家庭不稳导致的

---

① 〔美〕费正清：《美国与中国》（第四版），张理京译，马清槐校，商务印书馆，1987，第17页。

② 林语堂：《中国人》，浙江人民出版社，1988，第160页。

③ 〔德〕黑格尔：《历史哲学》，王造时译，三联书店，1956。

家庭经济和社会功能的萎缩，势必影响国家从广大农户中获取赋税和徭役，妨害国家的稳定。

在家庭和国家间横亘着乡村聚落。聚落的社区稳定是维系家庭秩序和国家秩序不可缺少的一环。首先，家庭在有限的社区空间世代生存，朝夕相处。没有稳定的社区，无法形成一个有秩序的、具有内聚力的地域共同体，不仅各个家庭会经常陷于相互矛盾冲突中，而且其利益会受到共同体外部的侵害。其次，乡村聚落是国家最基本的地域单位。只有维系乡村社区正常秩序，国家才能借助社区环节从各个农户家庭获得税役，保证基层地方的稳定。

而国家对于农户家庭和乡村聚落也并非无关紧要。第一，各个农民家庭都是国家的“编户齐民”，在法权关系上处于平等地位。人们作为国家臣民，生活在国家秩序之中。这种秩序既规范着家庭内部成员的关系，又规范家庭间的关系。国家法律可以一直介入基本的家庭生活之中。第二，各个乡村聚落是国家的基层社区组织。国家秩序不仅规范着社区内家庭间的关系，而且规范着社区间的关系。例如，在乡村社区内部，即使是豪门大户也不得随意侵害小户人家的利益，因为他们同为国家臣民，受国家约束。而在乡村社区间因利益、世仇等各种原因发生冲突，甚至武装械斗时，往往也要由国家出面干预。第三，国家是无数家庭和乡村聚落的总和。只有保持正常的国家秩序，使整个社会处于稳定和平衡状态，才能有效有能力兴修公共工程，抵御外敌入侵，为各个家庭和聚落提供基本的生存环境。

由此可见，古代乡村秩序以家、乡、国的一体性为基础。三者中任何一个环节不稳，都将导致不稳定。

四权合一的控制主体

古代乡村的家—乡—国一体性秩序并非自然耦合形成，而需要人为的控制。由于这种控制建立在阶级利益对立的基础上，并在国家范围内进行，体现着一定阶级和国家意志，因此称之为政治控制。政治控制是以支配和影响他人的主体权力为媒介的。在古代中国，通过夫权、族权、政权和神权四权合一的控制主体实现乡村社会秩序的建立和维系。毛泽东在《湖南农民运动考察报告》中认为："中国的男子，普通要受三种有系统的权力的支配，即：（一）由一国、一省、一县以至一乡的国家系统（政权）；（二）由宗祠、支祠以至家长的家族系统（族权）；（三）由阎罗天子、城隍庙王以至土地菩萨的阴间系统以及由玉皇上帝以至各种神怪的神仙系统——总称之为鬼神系统（神权）。至于女子，除受上述三种权力的支配以外，还受男子的支配（夫权）。这四种权力——政权、族权、神权、夫权，代表了全部封建宗法的思想和制度，是束缚中国人民特别是农民的四条极大的绳索。"①

在中国，由于农业文明的发达，父权家庭制度长期延续下来，并在个体经济的封建社会得以强化。一方面，父亲作为男性成员在生产中发挥主要作用；另一方面建立在同姓血缘基础上的财产继承和家族繁衍制使男性在家庭生活中居主导地位。"中国的家族是父权家长制的，父祖是统治的首脑，一切权力都集中在他的手中。"② 家庭以男性父亲为中心。丈夫或父亲是一家之主，居于至高至尊的地位，即"家无二主，尊无二上"（《礼记·坊记》），享有支配家庭其他成员的权力，即"夫权"或"父权"，由此形成夫唱妇随、男尊女卑、父慈子孝的家庭秩序。没有"夫权"或"父权"的控制，上下尊卑的差序格局势必破坏，造成"父不父，子不子"，影响正常的社会秩序。所以，家庭以外的社区和国家都极力支持和维系以父亲为中心的家长权力和家庭结构。费正清对此评论说："国家就是给家庭结构以法律上的支持，这是它维护社会秩序的一个明显的手段。"③

古代乡村聚落大多为血缘家族性很强的共同体。这种共同体以世代传统习俗维系。最能代表和体现传统习俗力量的是本家族最有声望的人，并被推为宗族首领，即族长。族长利用传统习俗调节本宗族成

① 《毛泽东选集》第1卷，人民出版社，1991，第31页。

② 瞿同祖：《中国法律与中国社会》，中华书局，1981，第5页。

③ 〔美〕费正清、刘广京编《剑桥中国晚清史》，中国社会科学院历史研究编译室译，中国社会科学出版社，1985，第15页。

员间的关系，形成相应的家族—地域社会秩序，从而享有影响社区的权力，即所谓族权。家族成员的行为活动一旦逾越传统习俗，会受到以族长为代表的宗族势力的惩戒。人们一旦受此惩戒，往往声望扫地，难以见人。所以，宗族权力对于生存空间狭小和封闭的乡村社区控制有着特殊的效果，受到国家的承认和支持。瞿同祖认为："族长实等于族的执法者及仲裁者，族长在这方面的权威实是至高的，族内的纠纷往往经他一言而决，其效力决不下于法官。有的权力甚至为法律所承认。"①

个体农户和乡村聚落是国家整体的基本要素。以皇帝为核心的王朝体系无不将国家权力的神经和触角延伸到最基本的乡村社会，建立起统辖乡村社会的政治权力系统。由于强制性的国家机器的支持，政权是乡村社会控制体系中最具权威性的控制主体，"是一切权力的基干"②。国家"法律既承认家长、族长为家族的主权，而予以法律上的种种权力，自亦希望每一单位的主权能为其单位团体的每一分子对法律负责，对国家负责。此等责任或为对国家的一种严格义务"③。因此，通过作为最高和最基本的政治权力，可以以凌驾于社会之上的强制性力量迅速建立和维系王朝统治需要的乡村社会秩序。这也是每当王朝更迭之初，行政权全面直接介入乡村基层生活的原因所在。

在乡村社会政治控制主体中，还有一个神权主体，虽然这种权力往往是无形的。神权的功能主要是控制人心，主宰人的精神世界。在农业社会，生产活动受超人间的自然力量制约较强，即所谓"靠天吃饭""望天收"等。个体经济和多重压迫剥削，使农民甚至包括中小地主的生活缺乏保障，超个体的随意性的社会力量使个体难以自主把握其命运。愚昧无知又造成农民无法解释和认识这一现象的真谛，因而容易崇拜这种超人间超个体的力量，视其为至高无上的"神"。人们在

---

① 瞿同祖：《中国法律与中国社会》，中华书局，1981，第23页。

② 《毛泽东选集》第1卷，人民出版社，1991，第31页。

③ 瞿同祖：《中国法律与中国社会》，中华书局，1981，第26页。

缺乏保障的不稳定状态中通过对“神”的崇拜求得内心的慰藉和对未来的希望，可以避免与现实外部世界发生激烈的对抗和冲突，有助于社会稳定和平衡。为此，政治统治者利用人们对“神”的崇拜心理，夸大和强化不可知的“神”的力量，促使人们对神灵顶礼膜拜。人在精神世界里自我创造的神，反过来又成为自我的精神主宰，即支配人的“神权”。在古代乡村，各个家庭有“门神”“灶神”，乡村地方有菩萨庙宇，构成无孔不入的鬼神系统。这一系统对于控制乡村社会有其特殊的作用。

在对乡村社会实施控制的过程中，父权（夫权）、族权、政权、神权以政权为中心，四位一体，密不可分。父权（夫权）与族权相互交织，族长由本宗族的男性长老担任，女性和子辈被排斥在族权系统之外。族权与政权相互交织，乡村政权组织首领，如保甲长多由族长担任或受族权影响。政权往往利用神权将其统治神圣化、秩序化。因此，父权（夫权）、族权、政权、神权构成强大而严密的政治控制体系。在这一体系下，农民被严格控制在合乎封建统治需要的秩序内。正如毛泽东所说的：“政权、族权、神权、夫权，代表了全部封建宗法的思想和制度，是束缚中国人民特别是农民的四条极大的绳索。”①

塑造顺民：政治社会化控制

政治社会化是通过社会化途径将合乎政治需要的文化传递给人们并内化为自觉行为，塑造政治人格的过程。对于主要依靠传统习俗维系的古代乡村社会来说，通过政治社会化传递封建礼俗文化，塑造合乎封建统治需要的“顺民”，是对乡村实施政治控制，维系乡村权威与秩序的重要手段。

（一）以孝顺为核心内容的家庭教化

在古代中国，家庭是国家最基本的组织单位和政治生活的责任组织。社会组织层次表现为家与国的同构。国是家的放大，家是国的缩

① 《毛泽东选集》第1卷，人民出版社，1991，第31页。

小，家国一体，即“天下一家”。国家生活准则与家庭生活准则具有高度的一致性。国家中的君臣关系为家庭中的父子关系衍生而来。“君臣”与“父子”相应，“父为家君，君为国父”。封建社会因此十分注重家庭的教化作用，塑造封建社会所需要的基础性政治人格。费正清为此指出，在古代中国，“社会单元是家庭而不是个人，家庭才是当地政治生活负责的成分。在家庭生活中灌输的孝道和服从，是培养一个人以后忠于统治者并顺从国家现政权的训练基地。”①

家庭教化首先是培养子女对父辈的“孝心”。根据儒家文化解释，家庭中父辈养育了子女，子女必须对父尽孝心，无条件地敬爱父辈，顺从父辈的意志，这既出自人伦情感的回报，又是道德上的“绝对命令”，即“父为子纲”。家庭教化的另一内容是培养男性中心和女性依附观念。根据儒家文化解释，男阳女阴，女性只能无条件顺从男子，即“夫为妻纲”。人们一出世，家长就开始灌输“孝道”“妇道”。这些观念深深浸透其灵魂，支配他们的生活活动。

因此，家庭教化不仅有利于维系父上子下、男尊女卑的家庭秩序，还可培养绝对顺从国家意志的基础人格——忠臣顺民。人在家对父尽孝，在国对作为国父的君主尽忠。“孝”是“忠”的本原和起点，“忠”是“孝”的放大和归宿。家有“孝子”，何忧国无“忠臣”？“以孝事君则忠”，“于孝亲，故忠可以移君”（《朱子语类》卷二十）。所以，“父为子纲”、“夫为妻纲”与“君为臣纲”并列成为古代统治思想最核心的部分。以灌输“孝道”“妇道”为主要内容的家庭教化，无不是直接或间接地为人们绝对忠诚顺从统治权威做心理准备。“其为人也孝悌，而好犯上者鲜矣，不好犯上而好作乱者未之有也。”（《论语·学而》）“君子之事亲孝，故忠可以移君；事兄悌，故顺可移于长；居家里，故治可移于官。”（《孝经·广扬名》）因此，家庭教化对于维系统治权威和秩序具有至关重要的作用。如费正清所说：“在家族里对

---

① 〔美〕费正清：《美国与中国》（第四版），张理京译，马清槐校，商务印书馆，1987，第17页。

长者的尊重，训练了普通农民对他的上层阶级的上司的顺从。”①

而且，家庭教化的控制效果格外明显。古代政治具有突出的家族政治色彩，家族是政治生活的负责单位，家族成员具有维系家族共同体荣誉的连带责任。一个人循规蹈矩，并以孝行功名获得声望，是家族共同体的荣誉。反之，人若犯上作乱，则是家族共同体的责任，即所谓“子不教，父之过”，缺乏“家教”等。为了家族的命运，人们自然不可触犯既定的权威与秩序。著名中国政治史学家王亚南不无深刻地指出：“家族政治有一种连带责任：在有所劝的场合，就是‘一人成佛，鸡犬皆仙’，‘满门有庆’；在有所惩的场合，就是一人犯法，株连九族。其结果，父劝其子，妻励其夫，无非是大家安于现状，在现状中求‘长进’，求安富尊荣。而天下就因此‘太平’了。”②

（二）传统习俗和宗教迷信对封建统治文化的传递

在古代乡村，绝大多数人不可能接受专门系统的学校教育。通过口头传播、上辈指点、例行仪式、精神信仰等方式传递的传统习俗和宗教迷信，便成为传递封建政治文化，塑造顺民人格的普遍性渠道。

古代乡村社会主要靠长期延续、自然认同的传统习俗调整社会关系。传统习俗具有强大、深刻、持久的影响力。乡民如有悖于传统习俗之举，势必群起而攻之。“祖宗之法”是切不可违背的。为此，统治者非常巧妙地将传统习俗赋予政治意义，使其或隐或显地蕴含专制统治精神，并通过传统习俗将这种精神传递给受控体，使人们自觉不自觉或习惯成自然地把这些政治化的习俗观念作为行为准则。即马克思所说的：“通过传统和教育承受了这些情感和观点的个人，会以为这些情感和观点就是他的行为的真实动机和出发点。”③ 当人们将其行为局限在长期延续的传统习俗的规范中，有助于既定权威秩序的自动维系。

对超人间、超个体的鬼神崇拜的迷信观念是生存缺乏保障的乡村

---

① 〔美〕费正清、刘广京编《剑桥中国晚清史》，中国社会科学院历史研究编译室译，中国社会科学出版社，1985，第15页。

② 王亚南：《中国官僚政治研究》，中国社会科学出版社，1981，第74页。

③ 《马克思恩格斯选集》第1卷，人民出版社，2012，第695页。

农民的普遍心态。控制主体无不利用庙宇、祭祀等宗教信仰机构和宗教迷信活动来传递有利于维系既定秩序的封建文化，促使人们的心理在与外界激烈冲突下实现自动平衡。在古代乡村，除“祖宗之法”外，不可违抗的“天命”观念也十分流行。如所谓“命里只有八合米，走遍天下不满升”“富贵有命”“听天由命”等民间人生箴言。这种“天命”观念将人的命运完全归于超人间并不可捉摸的“天命”，由此可大大缓解和调和人与社会的矛盾冲突，使农民安分守己，不做破坏稳定和平衡之举。

（三）官府系统的政令宣传和社会教化功能

国家政权是进行直接政治社会化最强有力的工具。古代中国实行一家一户为单位的生产方式，政府不直接管理生产活动。除征收赋税和徭役外，政府的主要功能是维系专制统治秩序，进行政令宣传和社会教化则是重要职责之一。这种职责伴随国家权力自上而下的延伸一直深入到乡村基层社会。基层组织的“三老”“长老”等职位专司率众行善的“乡师”职责。“劝教化，趋孝悌，以时顺修，使百姓顺命，安乐处乡，乡师之事也。”（《荀子·王制》）“三老掌教化，凡有孝子顺孙，贞女义妇，让财救患，及学士为民法式者，皆扁表其门，以兴善行。”（《续汉书·百官志五》）在古代中国大地，到处可见所谓表彰孝子、贞女、烈妇的墓碑牌坊。它们成为永恒的教化标本，促使乡民以其为榜样，努力效法之。北宋王安石变法在推行保甲制的过程中，特别注重乡村基层组织的政令宣传和社会教化作用。与保甲制并行的是比闾族党制。保甲掌赋税，比闾族党专管政教。到明清时期，官府定期派员到乡下进行宣传教化，训谕民众更是成为一种定制。

户籍制与连坐制：政权组织控制

与中世纪西欧农民主要束缚于庄园和农民对庄园主的人身依附关系不同，“农民被束缚于封建制度之下，没有人身的自由”① 是古代中

---

① 《毛泽东选集》第2卷，人民出版社，1991，第624页。

国乡村社会秩序的一个重要特点。而要将农民束缚在封建制度下，则必须依靠自上而下的政权组织体系的制度化控制。其内容主要为严格的户籍制与连坐制。

户籍制是政权组织体系在严格核定户口的基础上，根据一定原则将所有的人口组织到政权体系中，进行直接管制。古代中国历代统治者都非常重视乡民的户籍管理，以便获得赋税徭役和维持乡村地方秩序。特别是每当社会动乱之后，新王朝都要进行全国性大规模户口核定和登记，将分散离乱的人口组织在所在地的政权管辖体系中。从秦汉时期的“乡亭里什伍”制到唐宋以后县政权管辖的保甲制、乡里制、里甲制，每一层行政组织都有管理户口的负责人，上下相通，层层负责，形成严密的户籍管理体制。

首先，户籍制可以将乡村人口与其居住地的隶属关系固定下来，人口不得随意迁徙。这既利于国家获取税役，又能将分散的农民组织在统一的专制秩序内，便于统治管理。汉代徐幹曾深刻指出户籍制的重要意义：“故民数者，庶事之所自出也，莫不取正焉。以分田里，以令贡赋，以造器用，以制禄食，以起田役，以作军旅。国以之建典，家以之立度。”（《中论·民数篇》）所谓“分田里”，“里”是受政权管辖下的村落基层组织，田是里中的耕地。通过户籍制将“田”和“里”融为一体，将农民严格束缚在经济政治一体性的田里组织体系中。其次，户籍制以上下统一、层级负责的政权组织体系为依托，不仅将分散的人口组织到政权网络中，而且将其严格限制在既定的规范和秩序内。王安石在推行“保甲法”时指出：“民所以多僻，以散故也。”“保甲立，则亦所以使民不散；不散，则奸宄宜固少。”（《续资治通鉴长编》卷二四六）

正因为如此，历代王朝都以强大的强制性力量为基础，严格推行户籍制，并将其制度化。汉代法定每年县道都要察户比民。其时，境中所有民户，不分男女老少，都要整家前往县府，聚集庭中，由主管官吏将每一人的姓名、性别、年龄、籍贯、身材、相貌等一一查验明白，然后登记造册，逐级上报。经过长时期社会动乱以后，隋政权建立初始就进行了全国性户口清理和登记。585 年隋政府在各州县“大索貌阅”，按照户籍上的年龄和本人体貌进行核对，查验是否有“诈老诈小”谎报年龄，以逃避课役的情况。规定一经查出，乡村基层地方的里正、保长将被长期流徙远方，受到严厉的惩罚。在查验户口的同时，制定和完善乡村地方的政权组织制度，即保闾制度。隋王朝这一手段对于迅速恢复和建立王朝在乡村地方的权威和秩序起到了十分显著的作用。

而当户籍制与连坐制合为一体时，政权组织控制就更强而有力。连坐制是一种具有连带责任的制度，即在以一定户数为单位的组织体系内，每个人都要承担维系社会秩序的责任，个人的行为活动直接关系到所在组织单位的共同命运。一人有过，所在组织的人有义务向政权组织体系汇报，否则要连带承担责任。

早在秦王朝统一中国之前，商鞅变法就推行了“什伍连坐制”，即五户为一伍，两伍为一什，什伍之内一人有罪，邻里告之；一人犯罪，邻里坐之。秦统一中国后，更强化完善了“连坐制”，对社会的控制更加严密。主要有以下两种形式：一是同伍连坐，即一家有过，四邻必须告发，否则会受株连；二是里典连坐，即居民有过，作为居民组织首领的里典必须告发，否则要承担渎职责任。秦以后，“什伍连坐制”一直延续下来，并与家族株连联系在一起，因而更加有效。唐时实行“四家为邻，五家为保”“递相督察”制。北宋王安石推行“保甲制”的重要内容就是强化乡民之间互相监视纠举。一人有过，保甲组织的人都有责任纠正其行为，或向上举报告发，否则会受到株连。到明清时期，连坐制更为完备。如王守仁主张实行“十家牌”制度。以十家为单位，编制民户，把民户的人丁、田粮等详细情况登记造册，并且在每一家的门牌上书写同样内容。“此牌就仰同牌十家轮日收掌，每日酉牌时分，持牌到各家照粉牌查审，某家今夜少某人，往某处干某事，某日当回；某家今夜多某人，是某姓名，从某处来干某事，务要审问的确，乃通报各家知会。若事有各疑，既行报官，如或隐蔽事发，十家同罪。”（《阳明全书·十家牌法告谕各府父老子弟》）

古代乡村社区是狭隘封闭的地域社会，为数不多的人家相互为邻，朝夕相处。实行“连坐制”，则可使乡民互相监视和督察，唯恐因人之过而株连自身，其控制效果非常明显。为专制统治秩序奠定了思想基础的韩非子认为：“去微奸之道奈何？其务令之相规（窥）其情者也。则使相窥奈何？曰：盖里相坐而已。禁尚有连于己者，理不得相窥，唯恐不得免。有奸心者不令得忘，窥者多也。如此，则慎己而窥彼，发奸之密。告过者免罪受赏，失奸者必株连刑。”（《韩非子·制分》）“连坐制”的实质就是利用人们趋利避害的自私心理，强迫人们互相监视、检举和告发，由此实现对人们的过失行为防患于未然或及时制止的目的。所以，“连坐制”是一种十分有效的控制手段。王安石在推行包含连坐制的保甲制时认为，通过百姓之间的互相监视纠举，可以实现“父慈子孝，兄爱弟敬，夫和妇随，长惠幼顺，小心以奉官法”“谦和以处乡里”“见善互相劝勉，有恶互相惩戒，务兴礼让之风，以成敦厚之俗”（《王文成公全书》卷十六）。

限定人身自由：法律规范控制

与中世纪西欧农奴在人身上依附于领主不同，古代中国乡村社会成员作为国家的平等臣民，具有名义上的人身自由，即有可能按其意志自由活动。但自上而下的国家法律和蕴含在乡村社会之中的各种不成文但更具约束力的规范又将人身自由严格限定在专制统治权威秩序内。这种以强制性机构和力量执行并作为基础的法律规范是对乡村社会进行强力控制的重要手段。

在法律规范体系中，国家法律居主干地位。国家法律最集中地体现了王朝统治意志，并通过各级国家机关直至最基层的乡村地方组织加以贯彻实施，以维系乡村统治权威和秩序。在古代中国，县是最稳定、最接近乡村地方、国家权力机构也较完备的政权组织，直接负责维系地方秩序。法律控制则是主要手段之一。县设有法庭、监狱和实施法律的官吏队伍。作为县政权首脑的县令、知县的日常职责主要是执行国家法律并直接行使审判权。县政权根据国法对违法者加以制裁，并往往通过将罪犯置于交通要道悬榜示众等方式以示社会警诫。法律控制还由县一直延伸到乡里。秦汉时期，作为乡政权首脑的啬夫“职听讼”，即行使法律审判权；游徼则专管治安，负责巡逻及捕捉盗贼，根据国家法律维系乡村秩序。唐宋以后实行保甲制，由都保正统管保内社会秩序，间接实施法律控制。

如果说自上而下、以国家暴力机器为支柱的法律控制是硬约束的话，那么，蕴含在乡村社会之中的家规、族规及乡规民约等不成文规范则是一种软约束，而这种约束对人身自由的限定往往更严密、更有效力。

在古代中国，家庭是一个小社会。为维系父上子下、男尊女卑的家庭秩序，使家庭为单位的生产生活活动正常进行，家庭在长期生活中自然形成以父权为中心，并无明文规定但极具约束力的规范，即所谓“家规”“家法”。一旦有逾越“孝道”和“妇道”的行为，家长有权力根据家规家法加以惩戒。由于维系以家长为中心的家庭秩序是维系以君主为中心的国家秩序的基础，家规家法往往得到国家法律的认可和支持。费正清分析过这一现象，认为：“只要家长活着而脑子还清楚，他就有一切理由来主宰家中的一切。法律许可他鬻儿卖女，甚或处决逆子。事实上，按习俗和天性，中国父母自然是特别钟爱小儿女的，对于作为家庭成员的子女，他们是互相负有父慈子爱的责任的。但是，如果家长要肆虐逞威，法律和习俗是并不加以制止的”①。

古代乡村社会具有浓厚的家族性。人们在家族社会的交往中，根据长期延续下来的传统习俗规范支配其行为活动。这些传统习俗一旦固定下来，便成为对每个家族成员都具有约束力的所谓“族规”“族法”。它们虽然没有明文规定，但通过社会化途径深深渗透到家族成员的心灵深处，并为家族集体高度认同。一旦有逾越族规族法的行为，就会受到来自以族长为代表的宗族势力的惩戒。这种惩戒往往相当严

---

① 〔美〕费正清：《美国与中国》（第四版），张理京译，马清槐校，商务印书馆，1987，第18页。

厉，甚至可以处死家族成员。族规族法有利于限定人身自由，维系乡村统治权威和秩序，往往也会得到国家法律的认可和支持。如根据族规族法处死家族成员的人可不受国家法律的相应制裁，即使国家法律有“杀人偿命”之类的规定。

古代乡村还是一个具有自治性的地域共同体，并产生用于维系乡村秩序的乡规民约。这些乡规民约或有明文规定或相定约俗而成，对于每个乡村成员都具约束力。如果有人违背乡规民约，就会受到乡村共同体的惩戒，或加以贬抑，使其名望下降，在乡邻中抬不起头；或加以制裁，使其利益受到损失，如多出劳役等。在古代乡村，保甲长分派劳役的重要尺度就是看是否遵循乡规民约，成为循规蹈矩的乡民。

由家法家规、族规族法、乡规民约和国家法律构成的法律规范体系是一个十分严密的政治控制网络，人的活动被牢固地限定在封建秩序内，几乎没有什么自由可言。所以，在社会常态下，古代乡村的社会秩序是相当稳固的。

第四节　乡村的社会意识与政治文化

封闭型文化：家族意识与乡土观念

家族意识和乡土观念是古代中国乡村社会意识的重要内容。这种极具封闭性的社会意识深深渗透在乡村社会生活中，构成了乡村政治文化的深层基础，广泛和持久地影响着乡村政治。

家族意识和乡土观念是人们对其生活的社会共同体予以高度认同，并疏离共同体以外社会的家族乡土本位意识和情感。它是在乡村社会及国家对乡村社会影响的两个层面的基础上形成的。

在小块土地经营和以一家一户为单位的生产方式下，乡村居民根据自然区域分散居住，并主要按血缘关系和地缘关系聚合为乡村共同体。人们世代居住于此，与外部世界很少交往，处于封闭状态中。家族意识和乡土观念正是在这种长期封闭状态中形成的。

血缘家族性是古代乡村社会的重要特点。血缘家族关系是最基本且最紧密的社会关系。根据姓氏、辈分、亲戚形成的亲群性家族组织是最基本和最稳定的社会组织。人们世世代代、朝朝夕夕生活在家族亲群的怀抱中，使之成为社会生活中最牢固的依靠。从自然生理看，人的吃穿住劳、生老病死都以家族为依托。从生存活动看，一方面，生产力低下和受自然支配的农业活动要求家庭内必须和睦相处，以共同完成生产消费全过程，并在可能条件下扩大家业，即所谓“家和万事兴”；另一方面，一家一户小农的生产和社会生活能力毕竟有限，要求社会帮助，而最可靠的来源就是家族亲戚。从生存条件看，在土地等资源紧缺和分散的小农经济形态下，家族亲群的人数、势力是个人生存最有效和有力的保障与靠山。在家庭、家族和社区冲突中，人多势众，则容易占上风。从文化心理看，作为“社会人”所需要的心理和感情联系主要来自家族亲群。“血浓于水”，血缘关系生成天然的情感。个人通过家族亲群获得心理认同和社会归属感。家族亲群组织所长期沿袭的烦琐复杂和不可抗拒的礼俗更强化对家族亲群的认同和归属意识。

所以，家族亲群是一个内聚力很强的命运共同体，是家族成员最本原、无法割舍的根基。家族成员共同生活，形成对内有强大凝聚力，对外有相当排斥性的“自家人”社会。在古代乡村，有主户和外来户之分。外来户即使家产殷实，也难免为当地人所排斥和歧视。他们往往要通过通婚的方式建立与当地人的亲群联系后，才能真正进入当地社会。否则他与当地人的交往就只是机械而非有机的。相反，当一个人脱离了家族网络的根基，就会感到无亲无故，孤立孤单，无依无靠，不仅生存缺乏保障，心理上更有极大的失落感。古语因此说：“生者不远别，嫁娶先近邻。”所以乡村成员必然将个人命运与家族紧密联系在一起，对家族亲群以高度认同。这不仅是一种难以割舍的天然情感，而且是共同生活产生的必然义务。因此形成以家族为本位的家族意识。

古代乡村还是一个地缘性的乡土社会。地缘关系首先表现为农民与土地的关系。土地关系将地主和农民固定在地域内的土地上，形成经济性地域共同体。居住在一定土地上的家庭又是国家统辖下的“户”。一定数量的“户”聚合为政治性地域共同体，如乡里、保甲。地域共同体与乡民利益相关。由于家庭利益本位，地缘联系不如血缘家族联系紧密。但地缘基础上形成的乡土社会也是与乡民的生活和命运有紧密联系的共同体。首先，古代乡村的地缘与血缘融为一体。人们世世代代、祖祖辈辈生活在一定土地上。土地不单单是自然物，而且蕴含着对家族祖宗认同的血缘亲情意识，体现着一种源远流长的人文精神。人们对祖宗家族的认同追思，促使着对土地的依恋和归属。乡土是生活生命的根基和故土。古代流行的“叶落归根”“魂归故土”都指一个人的生死存亡、荣辱升降与故乡故土有难以割舍的联系。同时，作为地域共同体的村落间也会因为地界、水源等原因造成冲突。乡民只有联合为一体，才能争取到个人生存的条件。由此而形成对祖辈生活其中的乡土予以高度认同的乡土本位观念。

乡村是国家的部分并处在凌驾于乡村社会之上的国家控制之下。国家对乡村的影响更强化了乡民的家族意识和乡土观念。其一，乡村社会成员一旦通过考试、举荐等方式获取功名，进入国家体系，不仅个人地位声望陡增，更会光宗耀祖，大大提升本族本乡的地位和强化其势力。其二，当人离开故乡故土，需要建立新的社会联系，其最方便、可靠、紧密的联系就是同姓同乡关系。人在他乡遇同姓本家和本乡乡亲会倍觉亲切，最易获得支持和帮助。其三，古代国家控制实行株连家族、保甲连坐等手段，连带责任将共同体每一个成员的命运、利益紧密联系在一起。由此便会更加强化人们对家族和乡土的自觉认同，以家族和乡土为社会生活的本位。

家族意识和乡土观念建立在古代乡村封闭性社会的基础上，是一种自我封闭性极强的社会意识。它使人的所有社会生活和社会意识都局限在家族性和乡土性很强的“圈子”内，并抗拒和抵御外部因素的侵入。这种封闭型文化由于与血缘亲情、经济利益、政治体制、心理习俗、精神信仰紧密联系在一起，有十分顽强的生命力和再生性，并深刻影响着乡村社会政治，使封建形态很难受到侵蚀和摧毁。毛泽东在江西农村开辟民主革命根据地时曾深有感受，说：“无论哪一县，封建的家族组织十分普遍，多是一姓一个村子，或一姓几个村子，非有一个比较长的时间，村子内阶级分化不能完成，家族主义不能战胜。”①

区域政治文化：人情礼俗大于“王法”

由于家族乡土本位意识的影响，古代中国乡村政治文化有着突出的区域性特点。区域性政治文化是指生活在一定区域共同体的属民对区域共同体的认同远远强于对区域外的国家体系的认同。在古代中国乡村，区域政治文化的突出表现就是人情、礼俗大于“王法”的政治社会意识。

在古代中国，王朝体系对乡村社会的统治权主要体现为法律控制。法律集中和制度化反映君主的意志，并通过自上而下的王朝权力体系加以执行。封建法律因此被称为“王法”，执行“王法”的部门为“官府”。各地各级官府将“王法”输入自己的管辖范围，维系王朝统治秩序。

但是，作为“王法”输出对象的乡村社会成员对“王法”的认同感并不很高。相反，他们更倾向于以寓于其生活之中的人情、礼俗来调解公共生活冲突，维系乡村共同体秩序，对人情、礼俗的认同高于“王法”。

这是因为古代乡村社会是一个家族性、乡土性特别强的封闭共同体。由家族乡土本位意识引申的人情、礼俗是维系共同体的强有力纽带。人情是乡民长期共同生活并有共同利害关系基础上的一种不可言传但影响深远的情感文化。如父子情、亲友情、乡邻情等。礼俗则是乡民在长期共同生活中代代相袭遵循并极具约束力的传统规范。对人情和礼俗的认同是乡民成为所属区域共同体一员的基本条件。如自觉认同就是“自己人”，反之则被视为“外来人”。因此，人情、礼俗是内化于乡民心灵深处的自然情感。

---

① 《毛泽东选集》第1卷，人民出版社，1991，第69页。

而“王法”是凌驾于乡村社会之上的国家意志。这种意志借助强大的暴力机关从外部强行输入乡村社会。乡民对这种来自区域共同体外部的严刑峻法有一种天然的疏远感。他们对王法的遵循只是慑于王权的强大权威而发生的迫不得已的行为，并不是自觉的认同。因此，乡民对掩饰着温情脉脉面纱的内在人情和礼俗的认同程度，远远高于建立在赤裸裸暴力基础上的“王法”。其直接表现就是在对待和处理公共生活冲突的过程中，乡民宁愿求助于区域内的人情和礼俗，而不愿求助于国家“王法”。这就是中国著名社会学家费孝通先生所说的“无讼”意识。

“讼”在古代中国指“打官司”，即通过执行国家法律的官府明辨是非曲直，以求得公共生活冲突的解决。费正清认为：“中国帝王的法典主要是刑法，是为惩治缺乏教养的人用的。”[①] 在乡民看来，“打官司”是一件不光彩的事情。因为法律属外在规范，是通过乡村区域外的官府加以执行的。“打官司”势必将内部矛盾冲突诉诸外部。这说明共同体缺乏凝聚力和自我完善能力。“打官司”不单是个人行为，它还牵涉与当事人有千丝万缕联系的家族乡土共同体的声望。乡民自然宁愿通过人情、礼俗在区域内解决日常生活冲突，而不愿“打官司”。林语堂描述这种现象说，在乡村社会，“人们总是避开法庭，百分之九十五的乡村纠纷是由那里的长者们来解决的。牵涉到一次诉讼中去，本身就不光彩。体面的人们都以自己一生从未进过衙门或法庭而自豪”[②]。

同时，乡村社会以家族和乡邻关系为基础，公共生活冲突异常复杂，往往涉及当事人以外许多人的情感利害关系。而古代中国法律“主要是为国家和社会的利益服务，在这种法律制度下，私法一直得不到发展”[③]。国家法律很难对错综复杂的乡村冲突作出准确判断和合理

① 〔美〕费正清：《美国与中国》（第四版），张理京译，马清槐校，商务印书馆，1987，第86页。

② 林语堂：《中国人》，浙江人民出版社，1988，第178页。

③ 〔美〕费正清：《美国与中国》（第四版），张理京译，马清槐校，商务印书馆，1987，第88页。

解决，即所谓“清官难断家务事”。由此还可能连累伤及更多人，致使冲突更趋激化。以家族和乡邻关系为基础的人情、礼俗则有利于冲突的调解和缓和。如当出现公共生活冲突时，他人，特别是社区内声望较高的长老、族长等就会出面以人情、礼俗加以劝导。通常使用的是所谓“都是一个姓一个祖宗一家人”，“看在乡里乡亲的情分上”，“早不见晚见”等一类具有浓厚血缘家族和乡土意识的语言。冲突的当事人对此易认同，愿意接受劝导和调解，重归于好。费正清为此指出：中国的“法制是政体的一部分，它始终是高高地超越农村日常生活水平的、表面上的东西。所以，大部分纠纷是通过法律以外的调停以及根据旧风俗和地方上的意见来解决的”①。

而乡民对人情、礼俗的认同高于“王法”的根本原因，还在于所有国家法律都是以义务为本位而非个人权利本位，具有专制等级压迫性质。“法制的一个主要目标，是维持儒家所主张的层层上下级的关系，来维持社会秩序。”“它是从政府下达到私人的上下关系，而不是为了无所偏袒地解决私人间的纠纷。”“法律在公众活动范围内所占地位是比较小的。百姓尽量避免到县官堂上去打官司，因为到了那里，原告和被告在受审时都要先按规定形式打板子，并且谁都必须给衙役使钱。”② 费孝通在其《乡土中国》一书中描述了古代小说中记载的司法程序：“我们常见的听讼，亦称折狱的程序是：把‘犯人’拖上堂，先各打屁股若干板，然后一方面大呼冤枉。父母官用了他‘看相’式的眼光，分出那个‘獐头鼠目’，必非好人，更加呵责，逼出供状，结果好恶分辨，冤也伸了，大呼青天。”③ 这种程序首先将当事人先在判定为“犯人”，加以处罚，当事人无论有罪、无罪都失去了尊严，个人权利不仅得不到保护，经济利益也受到损失。其次，重口供，轻证据，

---

① 〔美〕费正清：《美国与中国》（第四版），张理京译，马清槐校，商务印书馆，1987，第86页。

② 〔美〕费正清：《美国与中国》（第四版），张理京译，马清槐校，商务印书馆，1987，第88页。

③ 费孝通：《乡土中国》，三联书店，1985，第55页。

施之逼供信，极易造成冤假错案，以致古语常说“进衙门犹如入虎口”。其后果必然造成当事人对“打官司”的惧怕，即使有冤屈也不愿“打官司”。

与国家法律相似，人情、礼俗也是建立在义务而非权利本位基础上。在调解冲突的过程中，注重的是相互忍让，保持秩序的稳定而非明辨是非曲直，即“各打五十大板”。但是，由于人请、礼俗以共同体利益为基础，以此进行调解，对当事人都有某种直接或间接的好处，因此比较容易接受。

对皇权崇拜和疏远的二元情感

农民是乡村社会的主体。乡村的政治文化突出表现为农民对待国家和社会的政治情感、政治态度、政治理想等方面，并与具有双重性特点的农民阶级属性有十分紧密的联系。

政治情感是人们对政治权力系统所表达的热情或冷漠、崇敬或疏远等情感倾向。古代中国的政治权力系统集中表现为以皇权为中心的君主—官僚体系。期盼“圣主”和“清官”，是古代农民的普遍向往，体现了农民对皇权的无限崇拜又极力疏远的二元政治情感。

对“圣主”和“清官”的期盼，首先表达的是农民对皇权的无限崇拜之情。在农民看来，皇权是主体、支配者，自己是客体、受动者；皇权是至高无上的，自己是微不足道的；皇权是强大无比的，自己是软弱无力的，因而对皇权顶礼膜拜。

形成皇权崇拜政治情感的深层原因是个体农民经济的分散性和软弱性，需要一种超越个体农民之上的力量对其加以组织，形成强有力的整体。只有通过全权全能的封建专制王朝体系才能将众多分散小农组织聚合起来，兴修大规模水利工程，抵御自然灾害；建立庞大的军事防卫体系，抵御外敌入侵；分配紧缺的资源，调适尖锐的阶级矛盾和社会冲突，为农民在封建秩序内求得生存提供一定可能。在这种保护—依赖机制下，分散和弱小的个体农民对凌驾于个体之上和作为强有力整体象征的皇权表现出一种天然自发的崇拜之情。

形成皇权崇拜政治情感的直接原因是个体农民在政治上不能代表和保护自己。马克思对分散的个体小农的政治特性有过十分精辟的阐述，认为："各个小农彼此间只存在地域的联系，他们利益的同一性并不使他们彼此间形成共同关系，形成全国性的联系，形成政治组织，就这一点而言，他们又不是一个阶级。因此，他们不能以自己的名义来保护自己的阶级利益，无论是通过议会或通过国民公会。他们不能代表自己，一定要别人来代表他们。他们的代表一定要同时是他们的主宰，是高高站在他们上面的权威，是不受限制的政府权力，这种权力保护他们不受其他阶级侵犯，并从上面赐给他们雨水和阳光。"① 从对生产资料的占有关系看，农民是一个独立的阶级。但分散的个体农民经济使农民难以形成自己的政治组织，以此表达、保护和代表其利益。特别是在王朝专制体系下，农民完全被排斥在国家权力机构和政治生活之外，没有任何政治权利，只能求助于凌驾于他们之上的皇权体系，代表和保护其利益，获得某种基本的生存条件。

为此，农民将为皇权体系提供赋税劳役视为理所应尽的义务，即"皇粮不可抗"；同时又希望皇权体系能轻徭薄赋，使其得以维系简单生活和再生产。由于分散和弱小，其利益容易受到各方面的侵害，农民期盼高高在上的皇帝和执行皇帝意志的官僚能维系农民也有可能获得生存的基本秩序，对侵害农民利益的力量加以适当遏制，"为民请命""为民作主"，使农民有一线生存之机。所以，处于社会最底层的农民总是希望有"明君""圣主"和"清官"从上面赐予阳光和雨露，表现出对皇权的崇拜。

形成皇权崇拜政治情感的文化心理原因则是农民的愚昧和统治体系的政治教化。由于缺少文化，农民难以正确认识和把握个体与整体、基础与上层的关系，从而将国家整体的人格象征和凌驾于社会之上的皇权视为不受任何制约的、唯一的东西，看不到自身的力量。而统治体系更是利用人们的愚昧无知和对超人间力量的崇拜，将皇帝视为

---

① 《马克思恩格斯选集》第1卷，人民出版社，2012，第762~763页。

“真命天子”，君主受命于天执掌人事，并将这类观念反复地传递给社会。“由此就产生了对国家以及一切有关国家的事物的盲目崇拜，由于人们从小就习惯于认为全社会的公共事业和公共利益只能用旧的方法来处理和保护，即通过国家及其收入极多的官吏来处理和保护，这种崇拜就更容易生根。”① 正因为如此，农民在国家生活中具有强烈的皇权崇拜和政治迷信意识。他们颂扬皇权，崇拜皇权。对“施恩于己”“为民作主”的皇帝和官僚顶礼膜拜。皇帝被视为“皇上”，官僚则是民之父母的“父母官”，自己则是微不足道、受驱使、被支配的臣民、草民，只能从属于高高在上的皇权权威。

而对“圣主”和“清官”的期盼，又反映了农民对皇权的疏远之情。个体农民并不是无条件地崇拜皇权，而是有条件的，这就是只崇拜代表和保护其利益的皇权。能代表和保护其利益的皇帝和官僚就是所期盼、具有合法性权威的“明君”和“清官”，否则就是不予认同、不具有合法性权威的“昏君”和“贪官”。农民对皇权表示无限崇拜的同时又极力疏远皇权，对皇权有着高度的戒备心理。这是由个体农民经济和农民阶级利益的本质决定的。

首先，在个体经济条件下，农民以一家一户为单位进行生产生活，以家族乡邻关系为纽带进行社会交往，具有较强的自组织功能。在生存能得到基本保障的条件下，他们并不希望有一种超越自身的外在力量影响和支配其封闭而稳定的生活。他们对外在的皇权崇拜，大多为生存条件所迫，而非利益引力的主动驱使。只要通过自身力量能获得生存，他们就不会主动乞求皇权体系的组织和保护。一个最基本的事实是：这种组织和保护是以让渡和牺牲农民自身利益为前提的，即高高在上的皇权体系必须依赖个体农民提供赋税徭役为生存基础。“强有力的政府和繁重的赋税是一回事。”② 所以，农民对外在的皇权有一种天然的疏远倾向。

---

① 《列宁选集》第3卷，人民出版社，1995，第181～182页。

② 《马克思恩格斯选集》第1卷，人民出版社，2012，第766页。

其次，农民和皇权体系的阶级利益在本质上是对立的。农民从事物质生产，是整个社会的基础。而皇权体系则利用凌驾于社会之上而不受限制的政府权力对农民进行超经济剥夺，成为至高无上的统治者。农民为此一方面需要皇权体系的保护，另一方面其利益又会受到皇权体系的随意性侵害，如沉重的赋税徭役、官僚的贪污腐败、土劣势力的猖獗等。农民对皇权因而有一种本能的戒备心理，唯恐其利益受到侵害。从根本上说，农民对皇权的崇拜，与其说是自觉的行为，不如说是由于自身的天然局限而无可奈何的被动心理。利益的根本对立，使农民对皇权抱有天然的疏远情感。他们没有把皇权作为置于自身之中的内在力量，而是凌驾于其上的外在力量。他们对皇权体系本身并不关心，只要皇帝和官僚能保护，至少不肆意侵害他们的利益，就是他们所期盼和称颂的“明君”和“清官”。

逆来顺受与官逼民反的矛盾心态

政治态度是人们对待政治权力系统的拥护或反对、顺从或反叛的态度倾向。在古代中国社会政治生活中，农民往往表现为胆小怕事、逆来顺受，是唯命是从的“顺民”。惧怕权力，对统治者的顺从是农民一般的政治态度。

与中世纪西欧农奴相比，古代中国个体农民有相对的人身自由。但是，分散孤立的个体农民的经济、政治力量十分弱小，面对的是一个凌驾于社会之上，个体难以抗拒的王朝统治体系。农民虽然在形式上有一定人身自由，但难以自由支配其命运，王朝体系才是其命运的主宰。农民只能在皇权和乡绅的双重压迫和剥削的夹缝中求得生存。久而久之，农民就形成了自甘软弱，看不到自己的力量，总想把命运交给强势力去支配，并容忍强势力对自己为所欲为的逆来顺受的政治人生哲学。

在实际生活中，农民首先敬畏和惧怕官府，即自上而下一直延伸到乡村地方的王朝体系。王朝体系以强大的暴力机器为支柱，是个体农民无法抗拒的。农民对直接行使王朝统治权的官府抱有畏惧心理，甚至害怕“见官”，更不敢违抗官府意志，对官府的肆意妄为也只能是敢怒不敢言。农民还惧怕地方有权有势的豪门大户。对豪门大户的巧取豪夺，小户人家的农民大多只得忍气吞声。

逆来顺受的政治态度还与农民的自私观念相关。个体农民有相对独立的经济利益和强烈的家庭本位意识。“无论作为效忠的对象或个人幸福的源泉，家庭都比社会重要。”① 家庭本位的自私观念使农民往往将家庭以外的事视为与己无关也不愿关心的“闲事”，信奉“多一事不如少一事”和“莫管闲事”的消极人生态度，使农民对公共利益和公共政治生活不甚关心。只要自己的基本生存条件有所保障，他们对外部的社会政治环境不感兴趣，更难以想象组织和联合起来，以通过自身的政治活动去改善外部环境，在日常生活中表现出的是逆来顺受、消极无为的态度。

但是，如果将农民的政治态度视为一味地逆来顺受，就会失之偏颇，且更无法解释古代中国的农民起义，无论次数，还是规模，在世界历史上都是首屈一指的现象。事实上，农民的逆来顺受是有条件的，而非绝对的。这个条件就是基本的生存有所保障。超出这一界限，为生存所迫，农民就有可能走上与外部环境抗争之路，即“官逼民反”。

官逼民反包含两层含义：一是在社会常态下，农民对外部政治环境的压迫一般持逆来顺受的态度。只要官府不逼人太甚，农民有一条活路，就不会反叛官府。这是消极的一面。二是当生存环境恶化，代表地主阶级利益的官府压迫剥夺太甚，超出了农民承受力的极限值，基本生存得不到任何保障，农民就会不得不群起造反，破坏既存秩序，重新获得生存基本条件。这是积极的一面。

农民集消极与积极的矛盾心态于一身，是由个体农民的双重特性决定的。由于小农经济的局限性，农民一般扮演为逆来顺受的消极被动角色，成为统治秩序的顺从者；由于受剥削、受压迫的经济政治地

① 〔美〕费正清：《美国与中国》（第四版），张理京译，马清槐校，商务印书馆，1987，第89页。

位，当这种剥削压迫超出基本生存保障的临界点，农民就会奋起抗争，成为秩序的反叛者。一旦压迫剥削稍有松动，他们又会回到原来以顺从为特点的日常生活轨道。顺从与反叛贯穿于农民的社会政治生活之中，成为古代农民政治文化的重要特点。

均平与特权理念共存一体的双重人格

任何一个生活在政治社会中的成员，都会形成一定的政治理念，并选择相应的行为方式，由此塑造出一定的政治人格。古代中国农民的政治人格突出表现为均平与特权理念共存一体的双重性。

追求财富平均、地位平等是农民最主要的政治理念。在古代中国，由于统治阶级的残酷剥削和压迫，社会不断陷于贫富严重不均的两极分化状态：一极是拥有大量财富的统治阶级；另一极是生活缺乏保障，随时会陷于破产和极度贫困境地的广大农民。在贫富两极分化的情况下，被剥削被压迫的农民首先要求财富的平均占有，其政治理想就是财富均等，没有差别，即“有福同享”的社会。“均贫富”一直是古代农民起义的战斗口号。这一口号极具感召力。它可以迅速将那些处于一盘散沙、穷困潦倒的农民聚合在一起，形成强大的政治力量。古代中国农民起义的规模在世界上因此是空前的。由此可见，追求财富的平均，是蕴藏在广大农民心理深层的共同和最基本的政治理念。

在古代中国一体性社会结构下，经济与政治密不可分，并受政治权力所支配。少数人由于与政治权力的联系居于社会的特权地位，并可利用所垄断的政治社会权力进行超经济强制，剥夺到大量财富。而为政治权力系统所压迫的农民则更趋贫困。因此，为了实现“均贫富”的社会理想，农民还要求“等贵贱”，即追求社会政治地位的平等。这一要求也直接反映在古代农民起义的口号中。

在封建社会前期，小农生产和地主经济尚在形成之中，社会的两极分化主要由经济原因引起。由于小农经济尚相当脆弱，经济实力雄厚的豪门大户可以通过土地买卖关系，大肆兼并农民的土地，使农民陷于极度贫困，即汉代大儒董仲舒所说“富者田连阡陌，贫者无立锥之地”的境况。这一时期农民起义的口号主要是“均贫富”，追求财富均等占有。

在封建社会后期，小农生产方式基本定型，农民的自组织功能增强。而王朝权力体系也愈来愈完备，少数社会成员愈来愈依靠政治特权对农民进行超经济强制，社会政治生活贵贱之分的等级特权地位成为导致农民生活状况恶化的重要原因。为此，农民起义中直接提出了“等贵贱”的口号，甚至将“等贵贱”置于“均贫富”之前，不仅追求财富的平均，而且追求社会政治地位的平等。

“均平”是古代农民最基本的政治社会理念。这由农民受剥削受压迫的阶级地位所决定。与此同时，在农民的心理深层又潜藏着与均平相背离的特权理念。这主要为小农经济社会和农民既是劳动者又是小私有者的特点所影响。

在分散孤立的小农经济社会基础上，必然要矗立一个凌驾于社会之上的王朝权力体系。农民作为小农生产者，有天然的皇权意识，总希望有圣明的君主从上面赐给阳光和雨露。皇权意识是以承认有一个凌驾于社会之上的特殊权力体系为前提的，也是一种特权理念。受其支配，农民将追求均平社会的政治理想寄托在出现拥有特殊权力的“圣主”和“清官”的基础上。他们对均平社会的追求，所要改变的只是财富和权力的占有者而不是占有关系。因此，均平只能是农民一种无法实现的乌托邦理想。即使农民在进行其政治活动是以均平为目标，其后果也必然是以财富和权力的新的占有者取代旧的占有者，以一个新王朝取代旧王朝，而不可能实现均平目的。这种局限性是农民自身无法超越的。

均平与特权这两种相互对立的理念寓于农民之一体，形成他们特有的双重政治人格。在古代社会政治生活中，农民往往以追求均平始，以形成新的不均平终；以作为追求均平的农民代表始，以成为维护新的不均平的地主阶级代表终，便是农民双重政治人格的表现。例如，太平天国起义以“有田同耕，有饭同食，有衣同穿，有钱同使，无处不均匀，无人不饱暖”的平均主义作为政治纲领。但在建立了天朝政权以后，很快又颁布了《太平礼制》，以“三纲五常”的等级差序观念为指导，形成了一整套森严烦琐的等级特权体制。起义军首领根据官位高低，享有特权。起义军士兵过着人人均平划一的军营生活，连婚都不准结。太平天国首领则可以大修王府，嫔妃成群，骄奢淫逸之态不减王朝君主，在追求均平过程中形成新的不均平。明代开国皇帝朱元璋幼年贫困，成为农民起义军首领后，深得百姓和士兵的拥戴。但当起义推翻旧王朝，建立了明王朝以后，作为皇帝的朱元璋却残酷地镇压农民起义，很快蜕变为地主阶级的代表。

农民心理深层潜藏着的特权理念还来自其自私意识。在小农经济条件下，农民兼具生产者和小私有者的双重身份。作为前者，他们要求实现均平；作为后者，他们往往追求的只是在利益的再分配过程中对财富和权力的个人占有和垄断，具有强烈的排他性。受这种理念的影响，农民在社会政治生活中往往是以追求均平始，以建立和维系个人的特权地位终。秦末农民起义首领陈胜便是典型的例证。雇农出身的陈胜，在作为生产者陷于贫困时声称“苟富贵，毋相忘”，追求人人均等的理想。但他领导起义成为王以后，却把来看望他的穷哥们杀掉了。连他的妻父来看他，他也傲慢无礼，妻父因此大怒而归。他对部下任意杀戮，以提高其威望。这表明，当陈胜居于王的特权地位时，在自私意识和特权理念支配下，他不希望也不允许他人分享和动摇其特权地位。事实上，他领导农民起义的一开始就蕴含自私意识，即所谓“王侯将相宁有种乎！”消灭居于特权地位的王侯将相，是为了自己取而代之。正因为如此，陈胜起义的感召力和凝聚力远不如那些高举“均平”旗帜的农民起义，很快出现内部争斗，招致起义失败。即所谓兴起也勃，失败也骤。

第五节　乡村的社会矛盾与政治活动

以土地问题为核心的社会矛盾

任何一个社会的矛盾总是错综复杂的，但无不围绕人们赖以生存的资料而展开。古代中国乡村的社会矛盾便是以土地问题为核心展开的。

古代社会属农业文明时代。农业则以土地为基础进行。土地不仅作为基本的生产资料为人们提供生存之源，而且作为基本的生存空间为农业人口提供居住之地。马克思说："土地是一个大实验场，是一个武库，既提供劳动资料，又提供劳动材料，还提供共同体居住的地方，即共同体的基础。"① 因此，土地与占有者、使用者的关系是整个农业文明社会关系着农业社会成员生死存亡的关系。在古代中国乡村，土地问题更显重要。

首先，在中世纪西欧庄园经济条件下，从事农业生产的农奴以提供实物和劳役为条件，从土地所有者——领主那里获得"份地"，并行使使用权。农民与份地的关系较为稳定，生活较有保障。而在古代中国，由于个体经济的分散弱小，农民与土地的关系很不稳定，其土地随时都有可能被兼并，地租率也会由于佃农增多等原因向上浮动，使农民经常面临着破产和不断贫困化的威胁。

其次，在中世纪西欧庄园社会，农奴面对的主要是领主的剥削压迫，其程度相对稳定。因为农奴使用的土地及农奴本人都为领主所有。为防止农奴逃亡和维持再生产，领主对农奴的剥夺有一定限度。农奴与土地的关系也较为稳定。而在古代中国，农民面对王朝体系和地主的双重剥削压迫。而且由于双重统治者争相获利，对农民剥削压迫程度有很大的随意性。一方面，所有农民都是国家的"编户齐民"，受国家控制。王朝体系对农民实行超经济剥夺。这种剥夺取决于王朝主观需要和意志，而不是农民的承受力。一旦超出承受力，便会引起农民破产，土地关系受到破坏。另一方面，地主占有较多土地但不占有农民人身，农民有相对独立性。在经济过程中，地主无不希图最大限度地剥削，如提高佃租、降低工价。这种带有相当随意性的剥削率一旦超出农民的承受力，必然导致农民对土地关系的瓦解。而且，王朝体

① 《马克思恩格斯选集》第2卷，人民出版社，2012，第726页。

系和地主为自身利益都试图从农民身上剥夺更多的财富。其结果必然是农民的不断贫困。

围绕农民与土地关系问题，自然就产生了农民与王朝官僚体系的矛盾和农民与地主的矛盾。这两对矛盾是乡村社会的主要矛盾，其实质是农民与地主两大阶级的矛盾。

在与王朝官僚体系的矛盾中，农民与地方官僚的矛盾最为直接。地方官僚代表国家对乡村直接行使统治权，是位于农民与君主之间的群层。一方面，官僚作为君主的耳目和手脚，执行君主意志剥夺乡村农民；另一方面，官僚又有其自身利益，他们又有可能在行使国家统治权过程中谋求个人和家族利益。农民利益不仅受到王朝整体的侵害，而且为地方官僚个体所盘剥，构成了农民与官府的直接对立。

农民与地主的矛盾是在社会经济生活直接交往中的利益冲突。自耕农为保守作为生存之源的小块土地，强烈要求平均占有土地，反对土地的兼并和集中。而兼并土地则是地主阶级的本能渴求。对土地的兼并与反兼并，便构成了自耕农与地主，特别是有强大兼并能力的“豪门大户”的矛盾。佃农和雇农迫于生计，租佃地主的土地和为雇主做工，但希望佃租和工价保持在一定范围内，使再生产得以维系，基本生活得以保障。而不断提高剥削率又是地主阶级的本能渴求，由此而构成佃雇农与地主阶级的矛盾。

除了以上由于经济利益根本对立而构成的两大主要矛盾外，乡村社会还存在许多矛盾。这种矛盾既有乡村共同体之内的，又有乡村共同体之间的矛盾；既有经济原因引起的，又有非经济原因引起的矛盾。如由于地界、水源、赋税劳役的分摊、对共同体公产（祠堂、族田等）的侵蚀以及日常生活纠纷等引起的家庭成员之间、家庭之间、家族之间、村社之间的对立和矛盾。

流民：社会矛盾激化的先兆

由于王朝官僚体系和地主势力对农民的剥削压迫具有相当程度的随意性，一旦超出农民所能承受的范围，社会矛盾就会趋于激化，造成社会动荡不稳。流民的出现则是矛盾激化的先兆。

流民是指作为农业生产者的农民离开赖以生存的土地流向其他地方或利用其他手段谋生。简言之，流民就是离开了土地、生活缺乏保障的农民。农民转变为流民是一种迫不得已的行为，是乡村社会矛盾日趋激化造成的。

对于古代中国农民来说，土地是其命根子，具有特别重要的价值。这不仅在于土地是生存之源、居住之地，而且是将世世代代的生命联系起来的象征和纽带。在农民看来，土地是祖辈先人流传下来的，是自我生命之泉源。其人生使命就是保守这份祖辈遗产，并将它传至下代，使家族的香火世世代代延续下去。否则就愧对祖宗，最令人耻辱。另外，乡村家族地缘共同体是农民生活的主要依靠，一旦脱离，便意味着无依无靠，难度时日。农民因此对土地有特别眷念之情，"安土重迁"是其基本信念。不到万不得已，他们是不会放弃土地或离开祖辈生息的土地流向他方的。

但是，一旦剥削压迫的程度超出农民所能承受的极限，农民在原有土地上已无法维系基本生存，就会不得不离开土地去他处或通过其他手段谋求一条生路。

流民的出现首先在于王朝官僚体系的极度剥削和压迫。马克思认为："强有力的政府和繁重的赋税是一回事"①。王朝的剥削压迫程度极具随意性，很容易突破农民所承受的极限范围，造成农民不堪忍受而流离失所。如秦统一之初，小农经济刚刚发育，农民力量十分脆弱，而且长期生活于战乱之中，迫切需要休养生息。秦始皇却横征暴敛，给农民带来沉重负担。秦始皇"内兴动作，外攘夷狄"，造阿房宫，修骊山墓，筑万里长城，动用劳力 200 余万。另外，蒙恬率 30 万人击胡，守五岭的还有 50 万人。全国约有 300 万人被征用，占全国总人口 2000 万的 15%。经过魏晋南北朝数百年战乱，农民极需休养生息。隋炀帝登基之初，修建洛邑，"每月役丁二百万人"。他在位 13 年，修运

① 《马克思恩格斯选集》第 1 卷，人民出版社，2012，第 766 页。

河，筑长城，三次出兵高丽，动用劳力600多万，占总人口的1/7，造成举国就役，“丁男不供，始以妇人从役”。繁重的徭役必然带来更沉重的赋役，加上男丁服役，再生产难以维系，使大批农民破产，只能背井离乡，逃避繁重的赋税徭役。

地主的肆意侵害也是农民沦为流民的重要原因。由于土地被兼并，自耕农大多沦为佃农或雇农。当佃雇农增多造成竞争时，地主就会提高地租和降低工价。一旦剥削率超出农民能承受的极限，他们就不得不流离失所，成为流民。

在小农自然经济条件下，农民抵御灾难的能力十分低下。“对小农来说，只要死一头母牛，他就不能按原有的规模来重新开始他的再生产。”① 一旦逢天灾人祸，农民的正常生产生活受到影响，很难迅速复原，甚至陷于破产。而当自然灾害与王朝、地主的剥削压迫等因素联系在一起时，则最容易引起农民破产和沦为流民。因为即使因大灾颗粒无收，农民仍然要缴纳赋税，提供劳役，交出田租。在这种情况下，农民除流落他方，已别无生路。

流民的出现对现存秩序是极大的威胁。明末大批流民出现时，有人深为忧患：“是以小民脂膏，吮剥无余，由是人民逃窜，而户口消耗，里分减并而粮差愈难。卒致辇毂之下，生理寡遂，闾阎之间，贫苦倒骨。向使此弊不革，将见十数年后，人民离散，土地日蹙，盗贼蜂起，奸雄借口，不知朝廷何以为国”。（《明经世文编》卷202）首先，农民离开土地必然造成土地荒芜和农业人口减少，税役来源得不到保障，以致危及王朝生存基础，地主也面临失去剥削对象的威胁。其次，农民一旦离开土地，就会脱离由家族、乡邻、政权组织共同织成的严密控制网络，处于失控状态。加上四处寻求生存之源，其盲目性很大。一旦流民寻求不到生存之源，为之所迫，极易以超常手段，如“吃大户”、打家劫舍、窃盗抢掠，甚至农民起义求得生存，由此必然危及王朝统治秩序。特别是当各种相关因素聚合在一起时，会形成大规模的流民队伍。如汉武帝时

① 《马克思恩格斯文集》第7卷，人民出版社，2009，第678页。

关东流民达200万之多，明末流民总数为150多万。如此庞大的流民队伍对王朝统治构成严重威胁。古代农民起义很多为饥饿的流民引发。如西汉绿林、赤眉起义，明末农民大起义等。

由于流民出现严重威胁王朝秩序，王朝为巩固其统治力求加以控制。其手段主要是尽量缓和社会矛盾，如轻徭薄赋，抑制土地兼并，灾年减免税役或放赈救济等，使农民固守或重新回到土地上。但是，王朝体系的阶级本性决定了它不可能从根本上解决农民的土地问题，农民沦为流民的现象也无法消除。大规模流民的出现及长期得不到有效控制，便预示着政治社会危机的到来，只有通过政治风暴的扫荡才能使矛盾有所缓和。

秩序内的政治行为：自治与告官

在个人与社会存在矛盾的条件下，必然产生社会成员对利益的追求以及为表达和实现利益要求的社会政治行为活动。在古代中国，虽然乡村社会成员作为王朝的臣民被排斥在国家权力结构和相应的政治生活之外，但他们仍然得以通过某些特殊的政治活动表达和实现其利益要求。从农民与王朝体系的关系来看，这种政治活动可分为两类：一类是王朝统治秩序内的政治行为；另一类是对王朝统治秩序反叛的政治行为。

在古代中国，农民在秩序内的政治行为活动主要表现为族民或村民自治和上告官府。古代乡村聚落是家族性特别突出的封闭社区。社区内的许多公共事务大多由社区内部组织自行管理。社区成员有平等参与社区事务的可能。首先，乡民作为家族成员，在家族共同体内有某些形式上的平等地位。如各家的家长在族内有代表本家庭的平等权利。其次，作为国家的“编户齐民”，乡民在地域共同体内也有着形式上的平等地位。如各户的户长在村落内有代表本户的平等权利。而无论是家族，还是村落，都需要各家各户的共同负责，才能维系其基本秩序。由此便为各家各户参与管理家族和村落共同体事务提供了可能。各家各户也通过这类参与活动表达和实现一定利益要求。如古代乡村村落一般设有宗族祠堂。祠堂是本家族成员聚会的公共场所。家族往往通过在祠堂里召开由各家家长参加的族民会议，集体讨论决定有关族内事务。如惩戒违反家法族规的族人，处理家族内部纠纷，对外维护和争取家族利益等。虽然族内事务大多由享有最高权威的族长决断，但族人在形式上也参与了族内事务的管理活动。古代乡村村落作为地域共同体，受自上而下的行政权力组织体系的支配。但在基层日常生活中，行政组织体系也不能完全以行政命令的方式处理社区事务，它还需要村民的主动配合和协作，村民得以参与社区某些事务的管理。如村民共同订立乡规民约并互相监督执行。

由此可见，族民或村民自治并不是与王朝体系相对立的，而是王朝体系为更有效控制乡村将某些公共权利保留在农民手中，使乡村秩序得到某种程度的自动维系，成为王朝统治的坚实基础。首先，族民或村民自治活动严格限定在本族本村的有限范围内，并以不与王朝统治相抗衡为前提。乡村共同体从不具有法律上的自治地位，更不可能作为平等的法人共同体参与国家政治生活。其次，在族民或村民自治活动中，始终存在一个凌驾于一般族民或村民之上的权威主体，并受其支配和控制。如族内的族长在族内往往一言九鼎，村内的保、甲长直接支配着户长。族民或村民自治活动大多只是流于形式。最后，自治活动的内容主要是维系族内村内公共生活秩序，而非决定共同体内经济、政治和社会事务。基层社会秩序的维系只会巩固而不会危及王朝统治秩序。所以，族民或村民自治从形式上看是农民享有了某些公共权利，实质上则是将农民更严格地控制在王朝秩序内，使之毫无参与国家政治之能力。梁启超在其《新大陆游记》中不无深刻地指出：中国有“族民”而无西洋之“市民”，有族自治或乡自治而无西洋之市自治。西洋之市自治为其政治能力之滥觞，而中国之族自治乡自治则为其政治能力之汤灶。

族民或村民自治主要是乡村社会成员共同管理乡村共同体某些事务。而当有些事务在共同体内无法解决时，农民还有一条上告官府的渠道，使自己的利益得到某种程度的保护。

在古代乡村社会，农民与地主的交往最为直接，相互矛盾也容易激化。农民为此往往通过上告官府，求助于官府的力量维护自己的利益。在古代官府门前通常置有一面大鼓。农民可以击鼓喊冤，向官府控告侵害其利益的人。官府为维系代表整个地主阶级利益的统治秩序，也有可能“公正”解决，在某种程度上也保护农民的利益。如当乡村地方的豪门大户巧取豪夺，甚至草菅人命而被农民上告官府时，官府有时也不得不让那些豪门大户作出某种让步，给予一定赔偿，使农民和地主的矛盾有所缓和。

在古代中国，王朝官僚体系既是农民的压迫剥削者，又是农民利益的名义代表和保护者。当农民与王朝官府体系的矛盾趋于紧张和激化时，农民往往通过上告官府，直至皇帝，使矛盾得到一定缓和。如在受到自然灾害袭击，农民生活陷于贫困，无法向王朝提供相应的税役时，农民往往会推举本地有声望的人向地方官府反映民情，希望官府“为民请命”，向君主表达民意，求其体察民意，缓征或减征税役，给农民一线生机。王朝统治者从长远利益考虑，也有可能在一定程度上满足农民的需求。而当地方官吏昏庸无能，以权谋私，贪赃枉法，肆意侵害农民利益时，农民往往会通过越级上告，直至君主本人的方式，控告这些官吏。王朝统治者从整体统治利益出发，也有可能打击和惩办一些“贪官污吏”“昏官”“赃官”，在客观上使农民利益得到一定维护。

农民通过上告官府的活动维系其利益，是严格控制在王朝统治秩序之内的。虽然这种政治行为有可能使统治阶级中的个别人受到抑制和惩处，社会矛盾有所缓和，但从长远和根本上看有利于维护王朝统治。所以，农民通过秩序内政治行为实现某种利益要求，使社会矛盾有所缓和是有条件的。第一，社会矛盾属于局部性的，即某一地一处的矛盾特别尖锐，大多地方相对缓和。王朝统治从长远和整体利益出发，有可能作出适当让步。第二，引起社会矛盾的因素较单一。如在王朝和地主的压迫剥削相对缓和之时遇天灾人祸，王朝有可能通过减免或稳定税役，发放赈济等方式使矛盾有所缓和。第三，王朝统治处于上升时期，有强大的控制能力。如尽管明王朝建立之初，沉重的税役导致矛盾尖锐，但由于王朝统治处于上升时期，以征剿和安抚等措施得以将矛盾控制在一定范围内。

对秩序的反叛：盗匪与起义

尽管农民通过秩序内政治行为有可能为自己争取到一定生存条件，但这是相当有限的，其基本生存条件随时都有受到破坏的可能。在王朝统治秩序内根本不可能解决深刻的乡村社会矛盾。

首先，农民与王朝体系的利益在本质上是对立的。王朝对农民利益予以适当保护，是基于自身整体和长远利益的考虑。任何一个王朝都力图将对农民的剥夺提高到极限点，甚至毫不顾忌农民的承受力，加以毫无节制的剥夺。如即使遇自然灾害侵袭，王朝也有可能不考虑民情民意，照常甚至加重农民负担，将农民逼上绝境。

其次，君主、官僚和地主的利益在根本上是一致的。农民希图开明的君主和清官体恤民情的可能有限。例如，官僚是君主的耳目和手足，唯君主是从，而且官僚体系内有“官官相护”的复杂的关系网。农民要想通过这层上下相通、层层包庇的关系网使官府为民请命，或告倒一个“贪官”“昏官”，谈何容易！地方豪绅与官府有千丝万缕的联系和共同利益基础。农民要想以上告官府的方式实现打击和抑制豪绅势力的目的，更是难上加难。农民生活的不断贫困化就成为基本趋势。

为生存所迫，农民只有通过反叛王朝统治秩序的斗争才能为自己争取到一些基本的生存条件。其斗争方式主要有盗匪和起义。在古代，王朝统治者及所谓正统文人把盗窃掠夺和起义的农民都称为“匪”。这一方面表明了统治阶级的阶级偏见，另一方面也说明二者都是对王朝统治正常秩序的超越和反叛，是王朝统治不能容许的“非法”活动。

但是，盗匪和起义毕竟是两种不同的反叛活动。主要表现为：第一，盗匪活动的经济性较突出，主要是饥寒交迫，只好以偷盗抢掠的方式满足其基本生存需要，甚或以这种手段聚敛财富。特别是盗匪团伙首领有可能由于盗匪习惯将其视为生财致富的职业活动，其偷盗抢掠的对象不仅是豪门大户，而且殃及细民百姓。而起义活动不仅具有经济性，更有政治性，其活动内容不仅包括向地主重新夺回其财富，而且将其斗争矛头指向官府。活动的主要目的是迫使统治阶级作出某种让步，为自己争取到一些生存条件。第二，盗匪活动的地域性较突出，规模较小。大多是一乡一地的农民为生计所迫上山为匪或占地为王，凭借强力或地利，在一定地域范围内以打家劫舍、拦路抢掠为生。而起义活动的斗争矛头不仅指向当地豪绅，而且指向官府，活动范围势必超出一乡一地之界限，其规模也较大。一则向官府争取生存条件将众多走投无路的农民联合起来；二则没有相当规模，农民也难以向官府发起挑战并与之抗衡。由于农民起义的政治性突出，规模较大，对王朝统治的威胁也最为严重，王朝也最为惧怕，由此将这种谋反活动定为必加严惩的大逆行为，是国家法律中的十罪之首。

当然，盗匪与起义有着紧密联系，其间没有一个非此即彼的严格界限。首先，从事盗匪和起义活动的都是破产和走投无路的农民，争取生存是共同目的。即使起义也有掠夺财富的性质，否则起义活动根本无法进行。其次，盗匪和起义随时可互相转化。盗匪有可能超出经济、地域，与官府斗争；起义者由于失败或自行瓦解也有可能落草为寇，成为盗匪。正因为如此，在统治者眼里，盗匪与起义没有什么严格区别。

起义的兴起：自发性与组织性

在世界历史上，古代中国乡村社会表面的温情脉脉的家族性面纱最厚，但由于尖锐的阶级对立和矛盾，其生死搏斗的阶级斗争也最为激烈。突出表现就是周期性兴起的大规模的反叛王朝秩序的农民起义。这也是古代农民政治活动的最基本形式。

历史学家常以所谓“铤而走险”“揭竿而起”“官逼民反”等字眼形容农民反叛王朝的起义活动。这说明，农民起义具有相当程度的自发性，是一种生存所迫而不得已的政治活动。这种活动无需专门组织或人员进行长时间计划动员，往往由一个偶然事件引发，很快一哄而起，迅速形成大规模的反叛力量。古代中国第一次大规模农民起义——秦末农民起义便是由于陈胜、吴广等在服役途中因遇雨误期将处死的迫不得已的情况下引发。陈胜、吴广举起反秦大旗之初仅数百人，但迅速一呼百应，短短数月起义军即达数十万人，成燎原之势，并导致秦王朝的迅速灭亡。明末陕西农民王二因饥饿所迫，纠合饥民数百人攻击县城，引发明末农民大起义。几年内几十支农民义军在各地举事，成千上万饥民加入义军。这次起义最终推翻了明王朝。

毫无疑问，引起自发的大规模农民起义的根本原因是社会阶级矛盾的激化。秦王朝时，农民承担的税役日趋沉重，且有严刑峻法所逼，民众怨声载道，即陈胜、吴广起事时说的“天下苦秦久矣”。明王朝后期，陕西发生严重灾荒，田地颗粒无收。但官府仍催租逼税，以致饥民遍野。农民除反叛现存统治秩序外，别无生路。

为什么在以一家一户为单位、相互间缺乏联系的小农自然经济条件下，无需长时间专门计划和发动就能自发迅速地兴起大规模农民起义呢？

这与古代社会一体化结构特点相关。在中世纪西欧，各个庄园分裂割据，领主通过人身依附关系控制农奴。农奴则大多以逃亡方式加以反抗。即便有农奴起义也大多限于某一庄园或某一地，规模不大。西欧自公元5世纪进入封建社会，直到8世纪才有农民起义的记载，影响也较小。而在古代中国小农经济的基础上矗立着一个庞大的王朝体系。这一体系将分散在各地的小农联成整体，并对其实行均等和直接的剥夺。马克思指出，小农经济，“造成全国范围内各种关系和个人的均质的水平。所以，它也就使得一个最高的中心对这个均质的整体的各个部分发生均质的作用。它消灭人民群众和国家权力之间的贵族中间阶梯。所以，它也就引起这一国家权力的全面的直接的干涉和它的直属机关的全面介入”①。在社会常态下，农民共同服从王朝统治，

① 《马克思恩格斯选集》第1卷，人民出版社，2012，第766～767页。

一旦矛盾激化，王朝体系便成为共同反对对象。只要有人带头，便能得到广泛响应。如在秦王朝统治下，全国农民无一例外地承担繁重税役，受到残酷压迫，即“天下苦秦”，陈胜吴广起义因而一呼百应。明末，整个陕西普遍遭灾，无数饥民挣扎在生死边缘，大规模民变一触即发。

古代王朝通过将农民束缚在分散的土地上进行控制，分散的农民难以形成大规模政治力量。但一旦农民离土离乡便很容易聚合起来，迅速形成自发的大规模政治力量。如秦末起义因陈胜、吴广等 900 个农民在服役途中聚合一起，并因服役误期面临处死境地而自发兴起。元末农民起义的迅速兴起是由于王朝役使 17 万民工集中于黄河工地。明末起义则兴于大股饥民队伍。

从总体上看，农民起义都具有自发性特点。但有的起义在事先经过长时间的组织动员和周密的计划安排，具有浓厚的组织性色彩。东汉末年黄巾军起义经过张角等人长时间发动和精心组织安排而兴起。张角派遣弟子到各处治病传教，进行广泛的联络和组织，为起义做准备。事变前发出了动员口号，即“苍天（汉）已死，黄天（张角自谓）当立，岁在甲子，天下大吉”，准备在甲子年（184 年）三月五日，在三十六方（包括京城内外）同时起义。清朝末年，洪秀全、冯云山等人到广西农村，以传教的方式在农民中间进行广泛的宣传发动，并建立了“拜上帝会”组织。经过数年准备，洪秀全于 1851 年在广西发动了太平天国农民起义。

农民起义兴起的组织性受一定历史条件的制约。这就是王朝统治本身没有为将分散的农民聚合在一起提供充分的基础。在社会矛盾相当激化的情况下，只有通过有组织的发动才能促成起义的兴起。东汉后期，王朝统治愈加黑暗，农民日益贫困，出现了“万民饥流”“百姓饥荒，更相啖食（人相食）”的惨景，民变蜂起。但这些民变都局限在一定地域，规模较小，在朝廷军队联合地方豪强武装的压力下，等不到别处农民响应，就归于失败。多次失败使农民不得不求助于组织性力量，联络各地农民共同起义。张角及其兄弟张宝、张梁和众多弟子便担任了这一领导和组织角色。太平天国起义时的条件也是如此。19

世纪中叶，王朝以重税掠夺农民，地主加剧土地兼并，广西农村连年灾荒，社会矛盾急剧激化，农民反抗连年不断。但由于缺乏农民聚合的基础，农民斗争均告失败。只是随着洪秀全等人作为组织性力量的出现，才兴起规模浩大的太平天国起义。

那么，在分散的小农经济条件下，是通过什么东西将农民组织聚合为强大的反叛力量的呢？主要是宗教。东汉黄巾军起义首领张角是道教的一个分支——太平道的首领。他及其众多弟子四处传教，十余年间，青徐幽冀荆扬兖豫八州信徒多达数十万。张角将信徒分三十六方，由其首领统率，形成严密的宗教团体组织。张角起事时“八州之人，莫不必应”，以宗教团体为核心发动了农民大起义。洪秀全等人在广西以包含“天下一家、共享太平”的宗教观念启发和唤起农民的反抗意识，创立了“拜上帝会”的宗教组织，以此发动了太平天国起义。

宗教为何得以成为发动和联络农民起义的工具呢？首先在于农民缺乏文化知识，无法从理性上认识受剥削受压迫的原因，濒临死亡的贫困生活又迫使他们在无可奈何中从宗教那里寻求一些心灵慰藉和空幻希望，并期盼新的救世主出现。而且由农民起义发动者创立的宗教本身就包含农民的社会理想，有较强的吸引力和感召力，农民愿意为之献身。农民信教从表面上看是一种精神寄托，实质上表达了对现存秩序的不满。当宗教首领发出号令，他们很快会加入反叛队伍。东汉张角发出起义号令后，“旬日之间，天下响应”。其次，通过宗教信仰可以将分散的农民联成为有组织、有纪律、有领导核心并可打破血缘地缘限制的团体，形成强大的政治力量。最后，宗教从表面上起着麻醉农民的作用，传教活动有可能得到统治者许可。张角传播太平道时，官府以为“以善道教世，为民所归”，未加禁阻。洪秀全创立“拜上帝会”宗教组织也未受到禁止。起义首领因此以传教的方式进行广泛而充分的动员组织，促使起义的兴起。

起义的领袖与打击对象

在小农经济条件下，个体农民力量弱小，对自身力量缺乏足够自我认识，即使社会矛盾激化，生存受到严重威胁，但如果没有人登高一呼，揭竿而起，充当领导者，农民起义的兴起也是相当困难的。因此，在农民以起义方式争取和维系基本生存条件的政治活动中，作为组织者和领导者的领袖角色具有重要作用。在古代中国，充当这一角色的有农民、地主和知识分子三类人。

农民起义的主体是农民，其领袖大多也为农民。特别是那些最先兴起和带有强烈自发性的农民起义的领袖更是如此。如秦末农民起义领袖陈胜、吴广，北宋农民起义领袖王小波、方腊，元末农民起义领袖朱元璋，明末农民起义领袖李自成等。

至于这些农民为什么能成为领袖则应做具体分析。一般来讲，充当领袖角色的大多不属于自耕农，而为其他农民阶层。陈胜是为人佣耕的雇农，方腊出身雇工，朱元璋幼年家境极贫，被迫出家当和尚，李自成少年为地主家放羊。其原因主要是自耕农生活较有保障，而其他阶层农民生活贫困且毫无保障，反抗意识自然较强。其次，自耕农与土地及家族乡土群体结合较紧，受其束缚较大，思想保守和狭隘。其他阶层农民受束缚相对较小，思想较活跃和开放。陈胜在服役途中发现众多农民与其惨境相同，而得出“天下苦秦久矣”的结论，并据此发动和领导了起义。朱元璋长期出家云游，更是见多识广。李自成青年时在外地当过驿卒，晓知天下事。所以他们有可能在一定程度上超越农民保守和狭隘的局限性，充当农民起义的领袖。

在古代中国农民起义中的一个奇怪现象是，与农民利益相对立的地主贵族往往成为农民起义军的领袖。如秦末农民起义军领袖项梁、项羽叔侄为楚国贵族后代，西汉后期刘秀、刘缜兄弟为南阳著名豪强，隋末的李渊、李世民父子是贵族。

一般来讲，地主贵族作为王朝统治的阶级基础，是不可能反叛王朝统治的。但是，当社会矛盾激化，农民起义风起云涌，王朝统治摇摇欲坠时，一些地主贵族或曾受到王朝压制，或出于改朝换代谋求更大利益的需要而反叛现存王朝。项梁、项羽是受秦压制的旧贵族，陈胜、吴广起义兴起后，随之在吴起事反秦。刘秀、刘缜作为汉代宗室，在王莽称帝后受到压制，绿林、赤眉起义兴起后，随之发动族人和宾客7000人起兵，并集合一些农民起义者，反叛王莽新朝。随着农民起义军蜂起，隋王朝朝不保夕，李渊父子起兵反隋，并聚集了众多农民起义军，推翻了隋王朝。

必须明确指出的是，地主担任起义军领袖后，起义军性质已逐渐变化，成为他们改朝换代的工具。地主反叛王朝的根本目的是自身利益的扩张。但是，不论起义军领袖的主观目的如何，起义的客观效果是打击了旧王朝，在一定程度上反映了农民要求。而在小农经济条件下，农民最高政治要求就是希望有一个体恤民情的明君取代暴虐的昏君。君主本身是什么人并不重要，重要的是必须“圣明”，能从上面赐予阳光雨露。农民起义因而可能接受地主为其领袖，拥戴他们成为新的君主，使其利益得到一定满足。历史往往也正是如此。李渊父子利用起义军力量给隋王朝致命一击，建立唐王朝，并在李世民开明治理下，迎来了所谓国强民富的“贞观之治”。

受到历史条件限制，农民往往愚昧无知，分散流寇意识浓厚，缺乏领导起义取得胜利的领导和组织才能。相反，一些地主贵族既有雄厚的经济实力，又有较高知识水平，能形成动员和领导核心，有较为严密的组织和纪律，往往能成功领导反叛王朝的活动。秦末陈胜、吴广率先起义，但由于他们骄横无知，起义军缺乏严密组织和纪律，内部纷争迭起，很快招致失败。而项梁、项羽凭最初起事的精兵八千，多谋善断，大破秦军，予秦王朝毁灭性打击。西汉末年起义遍地而起，但大多为暴政所迫，并无推翻王朝宏愿，缺乏组织和纪律，起义局限在乡村地方。王莽因此称之为“饥寒群盗”，未加重视。而刘秀、刘縯起兵后，用兵法部勒军队，攻城略地，散发檄文，将打击矛头直指王莽王朝，王莽才感到可怕的压力。隋末起义之初，起义军蜂起，多达数十万人。但因力量分散为隋王朝各个击破。李渊父子起事后凭借经济军事实力，将众多起义军集合在部下，形成强大的组织力量，成就推翻隋王朝大业。

在古代农民起义中，知识分子也经常充当领袖角色。他们或直接辅佐农民起义领袖，成为领袖集团的重要成员，如元末的刘基，明末的李岩；或直接充当农民起义主要领袖，如太平天国起义首领洪秀全。

古代知识分子大多出身地主家庭。他们的家庭是王朝统治的基础，本人也长期受忠于君主的儒家文化教育，并以在王朝做官，光宗耀祖为人生最高目标。一般来讲，他们是不会反叛王朝的。但当他们及家族利益得不到满足，甚至受到严重威胁，特别是意识到现存王朝腐朽不堪，“气数已尽”时，他们也会加入或直接发动领导农民起义。刘基是元朝进士，精通天文兵法。但元末天下大乱，王朝统治摇摇欲坠，刘基在王朝秩序内无用武之地，于是投奔起义军，成为朱元璋最得力的谋士。李岩原是河南杞县一秀才，因与当地官府冲突而投奔起义军。洪秀全是出身农民家庭的知识分子，曾数次到广州应考秀才，均未考取。他对农民疾苦体验了解较多，到广州应考后对清王朝的腐败认识更为深刻，因而萌发反抗意识，发动和组织了太平天国起义。

知识分子得以成为农民起义领袖，在于起义本身的需要。一方面，农民起义大多一哄而起，缺乏组织性，很容易一哄而散，陷于分裂瓦解；另一方面，农民天然的愚昧无知和保守狭隘往往使他们难以仅凭自己的力量领导起义取得成功。这就需要知识分子补其不足，充当组织性角色，使起义成为有明确目标、统一纲领、严密纪律的政治力量。朱元璋在关键时刻接受了朱昇关于“高筑墙，广积粮，缓称王”的战略决策，使急于称王称霸的草民流寇意识有所节制，得以完成统一中国和建立明王朝的大业。李自成起义长期流动不定，且纪律涣散，屡遭失败。后来他接受了李岩等人的建议，提出了“均田免粮”的口号，规定了“尊礼贤士、除暴恤民”“秋毫无犯”的章程，力量与日俱增，不断取得胜利，直至推翻明王朝。像洪秀全这样与农民较接近的知识分子，更能够提出直接反映农民要求的政治纲领，得以成为农民起义的领袖。

在古代中国农民起义中，农民一直充当领袖角色，地主和知识分子的情况则有所不同。在封建社会前期，地主贵族充当领袖角色较多；

在后期，知识分子在起义中的作用日益增大，并发展到直接为起义首领。这一方面反映了随着封建社会发展，特别是科举制的兴起，王朝统治体系愈来愈难以容纳全部知识分子，较为独立的知识分子日渐增多；另一方面也表明伴随封建专制主义的强化，对知识分子的压制更为严厉，知识分子对王朝的离心离德愈益明显，导致许多知识分子加入或直接发动领导反叛王朝统治的农民起义。

当然，不论农民起义的领袖状况如何，它的性质仍属于以农民为主体的反对王朝统治的活动，其打击对象必然指向王朝官僚体系及其阶级基础——地主。但是，一般来讲，地方官僚和豪绅地主构成了农民起义的首要打击对象。

这首先在于官僚和豪绅是农民所面临的直接剥削压迫者。在古代社会，王朝权力一直延伸到乡村。地方官僚一方面代表王朝剥削压迫农民，另一方面又从中谋取私利，加重对农民的剥削压迫。农民与王朝体系的矛盾具体和直接表现为与地方官僚的矛盾，一俟矛盾激化，农民起义打击对象首先就是地方官僚，起义大多最初局限在一定范围。北宋王小波起义以攻占青城县府，处死贪官县令而揭开序幕。明末农民起义是因逢天灾官府仍催逼税赋，激起民变，饥民聚攻县府而引发。

地主是农民面对面的剥削者压迫者。特别是与官府联系较紧的“豪门大户”利用强大的经济政治实力剥削压迫，将农民生活置于极贫境地；加上相互间血缘地缘联系不甚紧密，关系较为紧张，一旦矛盾激化，豪绅地主便成为农民起义的首要打击对象之一。打击的领域大多限于经济范围，如没收地主财富，强迫地主退还土地，发放赈济等。北宋王小波起义高举“均贫富”旗帜，“所到之处，悉召乡里富人大姓，令具其家所有财粟，据其生齿，足用之外，一切调发，大赈贫乏”（《梦溪笔谈》卷二五）。还有一些被迫为奴的农民在起义中提出争取人身自由权的要求。这种现象在西汉末年农民起义中较为突出。

其次，农民直接面对地方官僚和地主的剥削压迫，其与王朝的矛盾中间有了一个缓冲层次。同时，在小农经济条件下，农民对王朝抱有幻想，对君主的迷信甚深，很容易认为高高在上的君主是圣明的，将其苦难仅仅归因于那些贪赃枉法的官僚和巧取豪夺的地主。因此，农民起义的首要打击对象是官僚和地主，并希望以其活动唤起君主注意，代表民意，惩办贪官和恶绅。如北宋宋江起义以“替天行道”的名义，将斗争长期停留在“只反贪官、不反皇帝”的层面，后来竟被皇帝招安去打另外的起义军。明代中前期刘六、刘七起义长期将目标限定在打击腐败的官吏层面，只要明主杀“群奸”以谢天下，他们甘愿被杀头。

最后，在王朝统治的上升时期和社会矛盾尚未普遍化的情况下，农民起义的打击对象大多限于地方官僚和地主势力，而不是直接指向君主王朝。因为在这一时期，王朝对地方的控制较有效，权威能量大，并有足够的经济政治实力以各种手段促使社会矛盾相对缓和，平息局部地方的农民起义。朱元璋建立明王朝初期就爆发了农民起义。一方面朱元璋以严厉手段将这些局部范围的起义镇压下去；另一方面他认为，天下初定，百姓财力困乏，好比“小鸟不可拔羽，新树不可摇根”，告诫官员不得横征暴敛，贪赃枉法，使农民与王朝的矛盾处于缓和状态。因此，明初农民起义不仅限于较小范围，而且很快平息，未构成对王朝的太大威胁。

在古代中国也有过将斗争矛头一开始就指向君主王朝的农民起义。其主要原因是王朝统治衰败和社会矛盾普遍激化。秦王朝后期，繁重税役和严刑峻法的压迫，造成社会矛盾的普遍激化，“天下苦秦久矣”。陈胜、吴广起义一开始就将“诛暴秦，伐无道”作为战斗纲领，矛头直指秦王朝。由于隋炀帝的暴政，隋末农民起义起事时便历数隋炀帝十大罪状，号召“今同苦朝政，各兴大义”。元朝后期，政治、军事、经济极为腐败，社会矛盾与民族矛盾交织且迅速普遍化和激化。1351年朝廷强征众多民工修复黄河，民不堪重负，到处流传着“石人一只眼，挑动黄河天下反”的民谣。随之而起的农民起义一开始就将斗争矛头直指元王朝。

同时，王朝、官僚和地主的利益在根本上是一致的，并与农民相对立。当王朝为维系其统治，不愿也难以让步，并继续加强剥削压迫时，农民起义即使先从乡村地方开始，以反官僚和地主为首要目标，但很快就会将斗争矛头指向王朝。西汉后期，农民起义在各地兴起，最初一般都局限在反对豪强地主的乡村地方。由于王莽朝廷的残酷镇压，农民起义斗争很快指向王莽朝廷。

土崩：农民反叛的结果和影响

古代中国有见地的智者曾以“土崩瓦解”比喻王朝统治覆亡。所谓“土崩”是指作为社会经济基础的乡村土地上的农民对王朝的反叛，造成王朝统治基础的崩溃，最后导致王朝的覆亡。因此，农民反叛对王朝统治极具威胁，对古代社会发展也有重要影响。

在小农自然经济条件下，农民被严格束缚在土地上，并缺乏政治主动性，不到万不得已，是不会反叛王朝的。他们对王朝的反叛完全为生存所迫，以争取最基本的生存条件。同时在专制主义统治下，农民没有任何参与国家政治生活的权利和途径，王朝没有也很难及时了解农民状况，将社会矛盾控制在一定范围内，更不可能解决以土地问题为核心的社会矛盾。农民对王朝的反叛必然是社会矛盾极其尖锐化、普遍化到了“官逼民反，民不得不反”程度的产物，其反叛方式也具有一哄而起的群体性、暴力性的特点。这种为生存所迫的反叛运动一旦兴起，斗争烈度异常之高，必然大大震撼王朝统治秩序，甚至导致王朝倾覆。

首先，王朝统治是通过将众多农民束缚在小块土地上作为其生存基础的。一旦农民超越这种束缚，反叛王朝统治秩序，不论其打击对象是地方官僚和豪绅地主，还是王朝君主，都将大大动摇王朝对乡村社会的统治权，失去其生存基础。其次，没有农民提供地租、赋税和劳役，王朝和地主阶级统治一天也无法存在。农民一旦反叛统治秩序，不论是盗匪，还是起义活动，都将使统治阶级的生命之源受到威胁。

农民反叛，特别是大规模的农民起义不仅会动摇统治阶级的生存基础，造成“土崩”，而且会大大打击和扫荡长期积累的残暴腐朽的统治势力，使农民得以争取到基本的生存条件或稍稍改善一下生活环境，并导致社会的进步。因为即使是至高无上的王朝统治者也不能不对平素被视为愚不可及、忠顺驯良的农民的反抗而震惊，不得不在某种程度上调整统治者与农民的关系，使剥削和压迫稍为缓和一些。正是秦末农民大起义促使西汉初期王朝统治者深刻意识到暴政必将导致王朝崩溃，提出了“与民休息”的政策。而李世民在隋末农民大起义中深谙“水能载舟，亦能覆舟”的至理，不敢不体恤民情民意。可以说，没有秦末和隋末农民起义，也就不会有所谓“文景之治”“贞观之治”。毛泽东因此指出：“中国历史上的农民起义和农民战争的规模之大，是世界历史上所仅见的。在中国封建社会里，只有这种农民的阶级斗争、农民的起义和农民的战争，才是历史发展的真正动力。因为每一次较大的农民起义和农民战争的结果，都打击了当时的封建统治，因而也就多少推动了社会生产力的发展。”①

但是，农民的反叛只是在传统的社会结构和框架下重新争取到基本生存条件的迫不得已的行为，而不是代表先进的生产力和先进的生产关系，用先进的思想去改变传统社会的政治活动。农民自身的历史局限性使其无法超越传统的社会结构和框架。他们的反叛活动也只能为传统秩序所吞没。在古代中国，盗匪活动对统治秩序威胁不大。农民起义的暴力反叛大致也只能有以下结果：一是被王朝强力镇压下去，大多起义只能如此；二是归顺王朝或被王朝招安；三是被地主贵族所利用成为他们改朝换代的工具；四是导致旧王朝倾覆，新王朝建立，农民起义领袖成为新王朝统治者，大多数农民回归土地，继续成为王朝的臣民。因此，农民起义只能打击和改变统治者，而不能改变和摧毁传统的统治关系，社会只能继续在原有的框架下运行。即毛泽

① 《毛泽东选集》第2卷，人民出版社，1991，第625页。

东在充分评价农民起义的积极作用的同时所指出的："在每一次大规模的农民革命斗争停息以后，虽然社会多少有些进步，但是封建的经济关系和封建的政治制度，基本上依然继续下来。"[1] 一次次的"土崩"，没有也不可能使社会得到根本性的变革，属于"有造反而无革命"[2]。

① 《毛泽东选集》第2卷，人民出版社，1991，第625页。

② 〔美〕斯塔夫里亚诺斯：《全球分裂——第三世界的历史进程》，迟越等译，商务印书馆，1993，第318页。

第三章
古代城市的政治社会状况及特点

第一节　城市的社会分层与政治关系

权力、身份、职业：社会分层的三维视野

如果说划分古代乡村社会成员的主要依据是土地占有关系的话，那么，划分城市社会成员的主要依据则是对政治权力资源的占有关系。这是由古代中国的社会结构及城市特征决定的。

中世纪西欧的城市和乡村一样，是一个相对独立的经济共同体，只不过内容有所不同。城市社会成员分层和乡村一样，基本依据是对生产资料的占有关系，只不过形式不同而已。与西欧城市相比，古代中国城市的主要功能是对乡村地方进行行政管理，工商业和文化功能都紧紧依附并服从政治功能。所以，古代中国城市的突出特点，便是一定乡村地方或全国的政治权力资源的集聚地，城市居民的主体是从事政治统治活动的成员。从最低级的县官到统治全国的君主，几乎所有的行政官员都居住在城市。加上他们庞大的家族以及为他们服务的人，使政治性人口在城市人口中占相当比重。胡如雷认为："西方的封建城市是商品生产发展的产物，手工业者在整个中世纪都是最主要的

城市居民，除工商业者外，其他职业和成份的城市居民微乎其微。与此相反，我国郡县城市中的绝大部分居民是官僚、地主、军队和游手等消费人口，工商业者是绝对的少数”①。政治权力资源愈是集中的地方，这种现象愈突出。如南宋都城临安，官僚体系的人口占居民总人口的23%。正因为如此，当城市的政治功能衰退时，人口就会锐减，以致迅速凋敝。国外学者博特洛以中国都城盛衰为例，得出结论说：“使一个城市人口众多和强大的最好办法是拥有权威和最高权力”②。

所以，在政治功能特别突出的古代中国城市，政治权力资源占有关系成为社会分层的主要依据，由此将城市社会成员划分为“官”和“民”两大部分。“官”通过占有权力资源，如官位、封号获得生活来源，“民”则以其他方式，如工商业活动获得生活来源。当然，在古代中国一体性社会结构里，“民”更主要指乡村农民。只是农民与“官”的关系带有城乡对立性质，市民与“官”的关系则是城市内部的不同群体的划分。

在古代城市，由于对政治权力资源占有不同，城市居民分为“官”和“民”两大等级地位群体，有着不同的身份。官与民不同的社会和法律地位以贵贱区分，不同的身份有官户与民户之别。这种与政治权力紧相联系并为国家法律和社会认可的身份制也是城市社会分层的重要依据。它不仅将城市居民划分为官与民两大等级地位群体，而且可以进一步将社会成员划分为若干不同的层次群体。

从“官”这个群体看。由于自上而下高度集权的权力结构，政治权力系统内社会成员的等级性非常明显。“身份等级制度，已成为国家制度中被确认的、正式起作用的要素了”③。皇帝作为所有权力的最终垄断者和最高权力占有者，无疑居于最高地位，有为所欲为、不受任何制约的特权身份。皇帝之下的等级地位群体分两大类。一类是直接执掌政治权力的官僚系统。官僚根据占有的权力资源居于相应的等级

---

① 胡如雷：《中国封建社会形态研究》，三联书店，1979，第249页。

② 李范文主编《国外中国学研究译丛》（1），青海人民出版社，1986，第540页。

③ 《马克思恩格斯全集》第25卷，人民出版社，2001，第275页。

地位。古代行政官员的官位一般分为九等，各自有特定的身份。另一类是即使不直接执掌政治权力，但因与政治权力特别是与皇权有紧密联系而享有特殊的政治、经济和社会诸多特权者。如历代宗室、魏晋时的士族集团、清代八旗王公贵族、因特殊功勋而受封的人及其家族。他们依据与最高权力的关系程度或封号的级别具有特定的身份，形成相应的等级地位群体。

即使从不占有权力资源的“民”这一社会群体看，统治者为维系统治秩序，也将其人为地排列为不同的等级地位群体，有着不同的身份，或给予种种好处，或加以层层限制。中国素有“士农工商”说，其中便蕴含着等级地位意识。将作为“官”的来源的“士”置于首位，使其享有各种恩惠；将民中的商人置于末位，加以多种限制。在历代律令中，民还被分为具有等级身份性质的良民与贱民两类。城市中的乐户、丐户等便属于受法律和社会歧视的贱民。贱民不能应考通仕，与良民通婚等。

政治功能是城市主要而非唯一功能。古代城市还有工商业、文化等功能，以及从事工商业、文化等活动和为城市人口提供劳务性服务的社会成员。上述人凭自己的职业活动获得生活来源。所以，与仅有主要从事农业生产一种职业活动的古代乡村不同，职业成为城市社会分层的重要依据。所谓“士农工商”，既是不同的等级地位群体，又是不同的职业活动群体。

在以职业活动为依据进行社会分层时，还需注意到非职业性群体。一是不愿或不需从事职业活动的“有闲阶层”。其成员大多凭借祖业家产生活，不事劳作，游手好闲，具有寄生性。二是没有稳定正常职业或被社会遗弃的阶层。其成员只能凭借一些非常和被社会歧视的方式谋生，如乞讨、流浪等。这些人大多由破产的农民为谋生转化而来，在城市人口中占有一定比例。

城乡交织、层位繁杂的社会成员体系

权力、身份、职业是对古代城市进行社会分层的三维视野。但是，要具体把握城市的社会成员成分及体系，还需引进城乡交织、层位繁杂两个因素。

首先，与中世纪西欧城乡二元结构不同，古代中国城乡呈一体性状况，城市主要是建立在乡村经济社会基础上的政治实体。因此，不能像中世纪西欧城市那样离开乡村孤立地认识城市社会成员，而必须考虑城乡相互交织的因素。

在古代中国，土地是最主要和最稳定的财产。任何人要居于特殊或稳固的经济地位，都必须拥有土地。获得和占有较多土地、田产也成为城市居民特别是统治者的首要目标。皇帝的主要产业是土地。皇帝分封赏赐给皇亲、国戚和功臣的也主要是土地。行政官员任职具有流动性和不稳定性。他们在位时必然要通过各种途径获取田产，以扩大家族的经济势力。“士大夫一旦得志，其精神日趋于求田问舍”[①]。古代中国的商业活动具有投机性和不稳定性特点，商人根据“以末致财，以本守之”的原则，通过经商赚得的钱财购置田产作为根本。费正清认为：“中国不象欧洲，没有什么对外贸易可供商人投资。田产不象商业那样利厚，但它比较安全可靠，所以始终是进行投资的一大对象。商人阶级产生地主比产生独立的商业资本家来得容易”[②]。所以，在古代中国，无论是城市居民，还是乡村居民，其经济地位最终由土地占有量决定，受土地关系制约。社会成员主要是农民和地主阶级以及由此衍生的阶层群体。

其次，古代中国的城乡居民不像中世纪欧洲那样世代固定不变，而是处于经常的变迁中。城市居民主要来自乡村，并由于祖业根基在乡而重返故里。作为城市上层的官僚大多来自乡村士绅家族，一旦因退休或其他原因离开权力结构，便会回到乡下祖居之地。作为城市下层的手工业者也大多来自乡村。一旦不再从事手工业活动便会重返乡里。城市中几乎所有居民都与乡村有着天然和紧密的联系。

---

① 《西园闻见录》卷4《谱系》。

② 〔美〕费正清：《美国与中国》（第四版），张理京译，马清槐校，商务印书馆，1987，第37～38页。

考察城市社会成员属性，不仅要注意城乡交织，而且需重视层位繁杂的因素。

在中世纪西欧，城乡社会分层的主要依据是生产资料的占有关系，社会成员的层次地位简单明了。乡村的领主和农奴，城市里的商人、手工业主和帮工，从事不同活动，居于相应层次地位，相互界限分明严格。在古代中国，乡村社会分层主要依据土地关系，社会成员的层次地位较分明。地主和农民、大家与小户，界限较清楚。城市则不同。虽然依据权力、身份、职业，城市社会成员居于不同层次地位，但他们的活动和相应的层次地位界限并非单一和固定不变的，具有兼备多种属性的特点，层次地位因此显得十分繁杂。首先，城市居民都与乡村土地有紧密联系，其属性不能不打上地主或农民阶级的烙印。其次，城市居民在从事多种活动时不能不具备多种属性。如官僚为了迅速发财而利用政治影响力从事商业活动，成为官僚兼商人。而商人也有可能以捐官的方式获得一定官位，参与某些政治活动，成为商人兼官僚。虽然官僚和商人作为“官”和“民”属于不同等级地位群体，但在具体生活中某一个人可兼具这两种属性。

根据权力、身份、职业三维分层视野和城乡交织、层位繁杂的因素，城市社会成员大致可分为以下几个层次群体。

（一）官僚特权阶层

官僚特权阶层是指占有政治权力资源并以此获得生活来源的阶层。这一阶层可以通过政治权力占有和获取土地，甚至大量土地，因此，从根本上说，他们属于地主阶级的范畴，并是大地主或官僚地主阶层。由于对政治权力资源占有量和方式不同，这一阶层又可分为三个层次。

一是拥有至高无上权力的君主及家族。由于垄断所有权力，并占有最高权力，君主可以任意占有社会财富，是最大的地主，居于全社会最高地位。

二是官僚群体。主要通过在政治结构中占有一定位置，从事政治统治活动，以享有国家相应俸禄为生。根据官位高低，又可分为高、中、低级官僚。从对土地的占有关系看，可分为一般官僚和官僚—地主。一般来说，官僚及其家族都占有土地，官僚都可归为官僚—地主类型。根据与商业活动的关系，官僚群体又可分为一般官僚或官僚—商人。特别是在商品经济较活跃的地区及封建社会后期，官僚的商人属性较为突出。

三是特权群体。主要通过与政治权力特别是皇权的特殊联系而居于特权地位并获得生活来源。如皇亲国戚，受封的王公贵族、功臣等。由于与皇权的特殊联系，其地位十分显赫，常被称为豪门、巨室等，在政治、法律、经济、社会等各个方面都享有特权和专利。如家族子弟可不经过考试当官晋升，犯罪可减免刑罚，不必上交赋役等。

（二）商人阶层

商人阶层主要通过商业活动获得生活来源。这一阶层又可分为不同的层次群体。根据对权力、土地的占有关系，他们可分为：（1）商人—官僚。他们或以钱捐官，不从事政治活动却有官位；或有一定的权势背景，并主动攀附权贵，能得到官府的直接支持；或不享受国家俸禄，却参与政治统治活动，并以此获利，由此“成为一个从属于官僚的阶级”[①]。（2）商人—地主。以商业为主要职业活动，但占有一定数量土地。如西汉时的商人—地主有的竟拥有“膏田满野，奴婢千群，徒附万计”。一般来讲，商人—官僚也占有土地甚至大量土地，成为商人兼大地主。商人—官僚和商人—地主都可归为地主阶级的范畴。（3）一般商人。这一群体既与政治权力缺乏联系，又不占有或仅占有很少土地，而主要依靠商业活动为生。

根据商业活动量大小和经济地位的高低，商人又可分为大、中、小商人群体。由于古代中国城市首先是政治统治堡垒，经济对政治极具依附性，商人的经济地位与政治权力密切相关。通过攀附权贵居于

---

① 〔美〕费正清：《美国与中国》（第四版），张理京译，马清槐校，商务印书馆，1987，第37页。

经济垄断地位而获暴利，是古代商人致富的传统秘诀。正如费正清所说，古代中国商人的“传统做法不是造出较好的捕鼠笼来捕捉更多的老鼠，而是向官府谋取捕鼠专利”①。因此，大商人通常为商人—官僚，与政治权力联系较紧密，中小商人则相反。

（三）手工业阶层

手工业阶层主要通过手工业活动向社会提供财富而获得生活来源。这一阶层由于不占有土地、权力、身份、资产等资源，仅占有自己的劳动力本身，因而比较单一。但是，由于使用的生产工具的所有者不同，手工业者又可分为向占有生产资料的官府出卖劳动力的官营手工业者和运用简单的工具独立劳动的手工业者。前者数量较大，较集中，后者数量较少，较分散。同对，手工业者大多来自贫困和破产的农民，与农民阶级有紧密联系。

除以上三个较为稳定、界限较为清楚的阶层外，古代城市还有一个不稳定的阶层和一个边缘阶层。

不稳定的阶层指流动性较大，或缺乏稳定的职业和收入，带有相当依附性的社会群体。它又可分为两部分，一是“士”，即知识分子，二是诸如戏子、轿夫乃至乞丐等散杂人员。

在古代中国，除了对特权阶层的恩赐外，官僚一般都通过考试选拔进入政治权力系统。从这一意义上看，除了一些军事官僚外，官僚都属于“士”，即知识分子。当然，知识分子一旦进入权力系统，从事政治统治活动，就属于官僚阶层了。但是，并非每个知识分子都能进入权力系统，也不是每个人都能实际执掌政治权力。除了官僚外，还有一部分非官僚知识分子。他们大多空有功名，但无官位，主要依靠提供其脑力劳务为生。汉代官府专门保存整理古典的太学中的子弟达 3 万人之多。封建社会后期，科举制广泛推行，愈来愈多的人获得功名。但空有功名而无官位的知识分子也愈来愈

① 〔美〕费正清：《美国与中国》（第四版），张理京译，马清槐校，商务印书馆，1987，第 36 页。

多。古代城市是文化中心，大多数人只有通过专门的学校训练才能进入官府系统。如历代都城都设有太学，北宋开封的太学生最多时达38000人。这些在校就读的学生也属知识分子，虽然他们的生活来源主要依靠家庭。

知识分子群体具有突出的不稳定性。一是依附性很强。非官僚知识分子虽然主要靠自己的知识生活，但他们不是通过市场交换关系而是直接进入官府系统为官府提供服务并由此获得俸禄。这种俸禄从表面上看似乎是官府系统的恩赐，使领取者不得不紧紧依附之。学生知识分子更是以进入官僚系统为主要甚至唯一目标。二是过渡性和流动性。非官僚知识分子有功名在身，随时可直接进入官僚系统。学生的流动性和过渡性更明显。他们中的大多数来自乡村，有可能通过考试在城市官府任职，也有可能重新回到乡里。

戏子、轿夫、乐师等也是一个不稳定的群体。其突出特点是具有分散性、孤立性和流动性。他们缺乏独立的经济基础或稳定的职业收入，只能依靠满足社会特殊需要或寄生于社会为生，经常处于流动之中，且经济、政治、社会地位较低。这类人在城市人口中的比例不大，但较特殊。

城市的边缘阶层和乡村一样，都指出卖人身为主人提供专门服务的奴仆。所不同的是，城市的奴仆大多为居住在城市的皇族和官僚特权阶层提供服务。这些人一般出身贫寒，来自乡下，不仅出卖劳动力，而且出卖人身，社会地位极为低下，但其经济生活较有保障。特别是由于古代中国特殊的家天下权力结构，一些接近掌权者并能得到特殊信任的人，有可能占有一定权力资源，甚至显赫的权势，并以此聚敛大量财富，其政治、经济地位与卑贱的社会地位发生巨大反差，成为上层统治阶级的成员。比较典型的是少数宫廷宦官。

城市还有一个十分特殊的边缘阶层，即军人。古代城市是专制统治的堡垒，经常驻有大量军队。从根本上说，军队属于统治阶级的工具。但军队的主要成员来自乡村农民。他们服兵役，一是尽义务，二是有一定生活来源。他们虽然是统治阶级的暴力工具，但绝大多数成员的经济、政治地位低下，即俗语称："好铁不打钉，好男不当兵"。只有少数军官才是统治阶级的成员。

官本位与等级性的政治关系

古代中国城市的主要功能是政治统治，划分社会成员的主要依据是对政治权力资源的占有，占主导地位的是官僚特权阶层，其他阶层都紧紧地依附和围绕它存在。即使是占有较多经济权力资源的商人和商人—地主也必须紧紧依附于官僚。与中世纪西欧城市的"财富决定了市民阶级并给予了地位"[①] 不同，古代中国城市居民的政治社会地位由政治权力所决定，贵者必然是富者，富者未必是贵者。德国政治社会学家马克斯·韦伯注意到这一现象，认为，"在长达 12 个世纪的时间中，人们的社会地位概由其官职决定，而不是由其财富决定"[②]。所以，古代中国城市的社会政治关系建立在对政治权力资源占有的基础上，具有突出的"官本位"特点。

而在王朝官僚系统中，政治权力资源的占有和配置又是以自上而下、层层分配，形成上下等级权威—服从关系为条件的。根据对政治权力的占有状况，各个人被限定在不同等级中，并在国家中确立其特殊的法律地位，表现出鲜明的等级性。这种官僚系统内的等级制又由于"官本位"而衍射和渗透到整个社会生活中，使社会的政治关系具有突出的等级性色彩。是否为官，与官的联系程度及官位大小，使人们居于不同的政治地位，形成等级制的政治关系。

依据官本位，城市居民被划分为占有权力资源的"官"和不占有权力资源的"民"，二者居于不同等级的政治地位，形成统治与被统治关系。国家法律明文规定或肯定了官僚特权阶层的特殊地位，如

① 〔美〕汤普逊：《中世纪经济社会史》（下），耿淡如译，商务印书馆，1963，第 421 页。

② 〔德〕马克斯·韦伯：《文明的历史脚步——韦伯文集》，黄宪起、张晓琳译，上海三联书店，1988，第 79 页。

“八议制度”“官当制度”，使之享有种种民众不可能享有的政治社会特权。

当然，即使在官僚特权阶层内部，由于对政治权力资源的占有不同，其成员的政治地位也有不同差异，形成不同等级。拥有最高权力的君主居绝对统治地位。不仅是“民”，而且包括“官”也须服从君主统治。因为“官”占有的权力资源都来自君主。

行政官僚不过是君主延伸于各级各地的耳目、手足、从属君主。特权群体享有的特权也为君主所赏赐。比较复杂的是官僚群体和特权群体的政治地位及相互关系。

一般来讲，官僚群体直接执掌政治权力，在各级各地直接行使统治权，其政治影响力和地位较为明显。但是，特权群体由于与皇权的特殊联系，政治影响力和地位比官僚更为显赫。城市的豪门、巨室与乡村的豪族、大户不同。后者往往依附于行政官僚而居于特殊统治地位。前者则与皇权有特殊联系而居于特殊统治地位。他们不仅不依附，甚至居于一般行政官僚之上。行政官僚往往需借助他们才能顺利行使统治权或获得晋升。“不得罪于巨室”成为古代行政官僚不言自明的“为官之道”。在古代中国，那些不畏权势，置官位不顾，敢于惩治严重违“法”的特权群体成员的所谓“清官”的事迹广为传颂，甚至为千古绝唱，一方面表明这种不畏权势的“清官”太少，另一方面可见特权群体的政治地位之特殊。如东汉担任都城长官的董宣，因光武帝之姊湖阳公主的家奴白日杀人，藏匿主家，而将其抓获并就地正法。湖阳公主哭诉光武帝，光武帝命董宣向公主叩头谢罪。可见特权群体是高级官僚也不能和不敢得罪的。

在古代城市，官与民的统治与被统治的关系十分清楚。这是因为，在乡村，作为被统治者的农民虽然也受到官僚体系的统治，但官僚一般以城市为堡垒行使统治权。农民面对的是与乡村遥遥相对的城市统治者，统治与被统治关系不甚直接。而对于城市臣民来说，他们与官僚特权阶层共同生活在社区内，直接受到政治权力的统治，官与民的统治与被统治关系十分清楚，界限非常严格。在古代中国城市，民主要指与官相对应的被统治者，而不是中世纪西欧城市那样的城市公民，他们和乡村农民一样，都是只有服从官府统治的义务，无任何政治权利的臣民。

当然，由于各种因素影响，城市臣民与政治权力系统的关系有所不同，其政治地位也有等级性差别。

就商人阶层来说。一些商人可以通过其经济力量与官府发生紧密联系，使其利益受到保护和扩大，政治地位得以上升。美国社会学家格尔哈斯·伦斯基指出："农业社会绝大多数的商人阶级极端渴望象执政阶级那样，渴望被执政阶级当作同类看待，如果可能则千方百计设法成为其中一员"①。在古代中国，商人提高政治地位的主要途径是以钱财贿赂或通过家族乡里等社会关系在官府中寻求其代理人和保护人。古语中所说"衙门朝南八字开，有理无钱莫进来"就表明了，有钱人可以通过钱与权进行交易，使其利益得到保护，并压制其他人。当商人以钱捐官，更可以直接成为统治阶级的成员。

手工业者作为城市主要的劳动者阶层，政治地位较低下。但不同的手工业者的政治地位也有所差异。官营手工业者紧紧依附官府，直接受官府压制，不仅没有独立的经济地位，而且没有人身自由。魏晋时期的手工业者的身份低于一般市民，与士卒相等。而独立的手工业者却有一定人身自由。但是，官营手工业者直接为官府劳动，从再生产考虑，官府往往给予他们一定保护。独立的手工业者缺乏这种保护，很容易受到官府的压制或其他阶层群体的侵害。

"士"作为介于官与民之间的群体，其政治地位较为特殊。一方面，作为官僚来源，"士"可以享受到其他民众不可能享受到的政治特权地位和待遇。在"士农工商"的"四民"中，"士"置于首位。另一方面，"士"毕竟是不属于官僚阶层的民，他们同其他民一样，又会受到官府的压迫。

---

① 〔美〕格尔哈斯·伦斯基：《权力与特权：社会分层的理论》，关信平等译，浙江人民出版社，1988，第275页。

而诸如乐户、轿夫、丐户等群体不但没有稳定和正当的经济地位和生活来源，而且在国家法律和社会方面受歧视，是不能和其他民众，即“良民”相等对待的“贱民”。

政治地位最为特殊且可能变化最大的是官奴群体。官奴作为官僚特权阶层的奴仆，其政治社会地位最为低下，不仅没有任何政治权利，而且没有任何人身自由，只是统治者的奴隶。但他们中的少数人有可能接近并受宠于统治者，从而占有政治权力资源或依仗主家的权势荫庇享有统治者才能享有的政治特权。

政治关系的固定化和明晰性

古代中国城市是专制统治的堡垒。为了巩固这一堡垒，统治者力图通过种种措施将官本位和等级性的政治关系固定化，使城市社会成员各居其位，各守其序。

首先，使统治阶级内部的等级关系固定化。只有将统治阶级内部成员固定在一定位置上，才能形成一个严密有序的统治整体，更有效地行使统治权。其基本措施，一是实行“礼治”，即以极具约束力的“礼”的规范赋予每个人特定的“名分”，任何人不得违背和僭越这种先在的“名分”，否则就是大逆不道。二是分级管理，即将庞大的官僚特权阶层分为一个个界限十分严格的等级，各自在等级规范内活动。如行政官员有九级之分，特权群体有封号之别。

其次，也是最重要的是，将官与民的等级关系固定化，强化官本位，严格防范官民间等级界限的突破。在古代城市，最主要的是压制和贬抑商人和官奴。

商人是城市中最活跃的一个阶层。他们有可能利用经济力量影响政治权力，也很容易突破官民等级界限。统治者因此采取种种措施压制商人力量的扩张。一是从经济上限制。如以强大的国家权力将诸如盐、铁贩卖等有大利可图的商业实行官营垄断，实行高税收甚至无条件剥夺等。费正清为此指出：“实际上，商人的活动是被官吏控制住的，他被官府看成是小伙计，官僚阶级可以利用他的活动，并从他身上挤出油水来，为他们自己或为政府谋利益。”“政府有凌驾于一切的经济特权。所以政府不许可兴起一个独立的商人阶级，来侵犯它的这些特权。”[①] 二是政治上压制。汉代、唐代都有明文规定，工商业者或三代以内有经营工商的人不得乘舆，不得做官。“工商之家不得预于士。”（《旧唐书》卷 43《职官志》）唐太宗对房玄龄说：对于“工商杂色之流”“止可厚给财物，必不可超授官秩，与朝贤君子比肩而立，同坐而食”（《旧唐书》卷 177《曹确传》）。三是社会地位方面贬抑商人。封建专制统治者在各类职业人群排位时，总是将商人排在末位，经商被视为低贱的职业。重“义”的官被尊为“君子”，言“利”的商人被看作“小人”。正是由于种种限制，秦汉以后再难以出现吕不韦那样的大商人出身的大官僚了。封建社会后期，统治者允许商人捐官或赐予官位，也是由于城市商业发展，商人力量日渐强大而做出的不得已的让步，其目的是将商人纳入官府的控制之下。

在古代中国，由于权力的家族垄断，少数官家奴才可能利用其特殊身份由社会的最底层上升到高层，突破官民等级界限。统治者既清楚又无可奈何，只能采取种种措施加以贬抑，使其受歧视的奴才身份永远不得改变。如宫廷宦官无论有多大权势，也不能与主人和官僚阶层平起平坐，并由于其生理上受到损害不能娶妻生子，过正常人生活，而受到社会的贬抑。

这种将各个阶层群体严格固定在特定政治位置上的状况，使城市的政治关系有着与乡村所不同的明晰性特征。

古代乡村主要是经济实体，农民面对的统治者主要是城市官府。由此大大模糊了乡村社会内部的统治与被统治的政治关系。古代城市主要是政治实体。各个阶层群体以官为本位，严格固定在不同等级位置上，作为被统治者的市民直接面对官府压迫，统治者与被统治者之间的界限格外明晰。

---

① 〔美〕费正清：《美国与中国》（第四版），张理京译，马清槐校，商务印书馆，1987，第 37 页。

古代乡村的家族性乡土性突出，这种自我封闭的家族乡邻关系掩饰着政治统治关系，使乡村社会成员的政治自我意识较为模糊和淡化。而城市人口集中，流动性大，宗法血缘和地缘关系的影响相对乡村弱一些。特别是不同的阶层群体被严格限定在各自的政治位置上不得僭越，进一步强化了社会成员对自身所扮演的政治角色的自我意识，等级性的政治统治关系也较为清晰。

第二节　城市的社会结构与权力体系

城乡一体与城乡合治

当城市和乡村分离为两个次级社会以后，社会公共权力体系对城市和乡村的治理方式大体分为两种，一是“城乡合治”，即城市和乡村作为一个整体，隶属于同一权力体系；二是“城乡分治”，即城市和乡村作为两个独立的部分，分别建构不同的权力体系，以不同的方式加以治理。古代中国城市的权力体系属于前者，中世纪西欧城市则属后者。

在中世纪西欧，新兴的工商城市与乡村庄园构成相对的二元社会体系，城市和乡村有不同和相互独立的经济基础。新兴的工商城市最初因规模较小，在政治上没有独立地位，往往处于封建主和教会的保护之下。但随着工商业发展和为保护其特殊利益，城市逐渐挣脱封建主的束缚，取得独立的政治地位，建立了与乡村庄园不同的权力体系。事实上，在分裂割据的中世纪西欧，城市和乡村都具有自治色彩，只是各自的治理方式，即权力体系有所不同。“在欧洲中世纪，城市的明显特征是具有自己的法律、法庭和自治的行政。”① “地方政权是为了管理城市而组织起来的。我们看到有行政官、立法机关、法院和低级文

① 〔德〕马克斯·韦伯：《文明的历史脚步——韦伯文集》，黄宪起、张晓琳译，上海三联书店，1988，第170页。

官来治理城市。"[①] 中国学者马克垚在其《西欧封建经济形态研究》一书中也指出："由商人和进入城市的中等封建主等控制了市政。从他们中间选出市政官，有一定任期，掌握城市的税收、司法、行政等权力。另外也还残存着特殊情况下召集人民代表大会的习惯。"[②] 因此，中世纪西欧城市不仅具有法律上的自治团体的地位，其治理方式也具有乡村庄园所没有的民主性质，城市与乡村的政治统治形式有较突出的差异，表现出明显的"城乡分治"的特点。

与中世纪西欧城市不同，古代中国城市的权力体系是以"城乡合治"为前提的。马克垚指出："中世纪西欧的城市是所谓自由城市，一些城市还拥有自治权，是一个独立自主的自治单位。这是西欧城市与东方城市的区别之一。"[③] 古代中国城市从来不是法律意义上的自由城市，也没有任何独立于国家权力体系之外、自主管理内部事务的自治权，不是独立自主的政治单位。这是受城乡一体的社会结构制约的。

古代中国城市不是中世纪西欧城市那样独立的经济实体，而首先和主要是国家对乡村地方行使统治权的政治堡垒。乡村作为社会的经济基础，城市作为社会的上层建筑，处于一体性状态。凌驾于全社会之上的国家权力对城市和乡村这两个国家整体之下的部分实行合为一体的治理方式，将它们共同置于王权体系的统治之下。城市不仅不具有任何相对独立的政治地位，反而由于其特殊的政治功能，更直接地隶属于国家权力的统治。马克斯·韦伯因此说："同西方形成鲜明对照，中国城市作为皇帝的堡垒，在自治上所享有的正式保证比乡村的要少得多，后者能独自自由地缔结政治和经济契约。城市不能提出诉讼，一般也不能作为法人团体来进行活动。"[④] 梁启超先生也曾在其《新大陆游记》中说：与西方比较，"中国有乡自治无市自治。"城市

① 〔美〕汤普逊：《中世纪经济社会史》（下），耿淡如译，商务印书馆，1963，第429页。

② 马克垚：《西欧封建经济形态研究》，人民出版社，1985，第299页。

③ 马克垚：《西欧封建经济形态研究》，人民出版社，1985，第296页。

④ 〔德〕马克斯·韦伯：《文明的历史脚步——韦伯文集》，黄宪起、张晓琳译，上海三联书店，1988，第61页。

不仅无任何法律自治地位，而且更直接受王朝专制权力控制，专制政治色彩更浓，城市和乡村在政治形态上没有什么差异，表现出明显的“城乡合治”的特点。

在古代中国，从王朝中央一直到县级政权，在主要管辖各级政权所在的乡村地方的同时，管辖所属范围的城市。在所有城市中，只有中央都城是一个相对独立的政治单位，都城设有专门管理城市事务的行政机构。但这并不意味都城有不受王权体系的直接约束，独立管理城市事务的自治权，而仅表明它作为中央政权所在地、直接隶属于王朝中央而不是地方政权。都城和省、州（府）、县城一样，其权力都来自自上而下的王朝权力，而不是像中世纪西欧城市那样来自城市社会本身。

随着封建社会的发展，江南和沿海一带许多城市的工商业有所发展，城市商人的力量有了相当的增长。他们开始通过其经济力量或联合的经济组织力图在政治上发挥较大影响，甚至偶尔在管理城市事务中发挥主导作用，出现某些来自城市社会本身的自治权萌芽因素。但是，即使在这些城市，也没有且不可能不受王权体系的直接统治。马克斯·韦伯在分析这一现象时指出：“一个强有力的商人行会对城市实行实际上的临时统治……但未构成与真正自治相似的东西。”“这里的城市缺乏全体共同的政治自治，而且也不存在由宪章所确定和保证的那种必不可少的立法机构。”① 在整个古代，城市都只能紧紧依附于主要建立在乡村农业社会基础之上的王朝权力体系，没有取得独立的法人自治团体地位的可能。唐代的扬州是著名的商业城市，但这里同时设有大都督府，且是淮南节度使的驻地。明清时期出现了许多工商业发达的市镇。如四大名镇中的景德镇，明时人口约 10 万，到清初人口近百万，佛山镇清时已有 10 余万户，汉口镇人口达 20 万。但是，这些工商业人口占大多数的市镇仍然置于王朝权力的统治之下。

---

① 〔德〕马克斯·韦伯：《文明的历史脚步——韦伯文集》，黄宪起、张晓琳译，上海三联书店，1988，第 92 页。

所谓“乡镇统于郡县”，即镇和乡相同，均是郡县行政体制管辖的一个部分。

高度和等级性集中：城市社会与统治权

在古代中国，城市是便于王朝对广大乡村地方行使统治权而存在的，其主要功能是政治统治，从来没有也不可能获得相对独立的自治地位。城市社会与王朝统治权寓为一体，并使城市社会结构和权力体系都表现出高度集中和等级性集中的特点。

与分散的乡村相比，集中是城市社会结构的一般特点。而古代中国城市的集中性则尤为突出。

在中世纪西欧，新兴的工商城市存在于分裂的封建社会的夹缝中。它们不仅不是某一地方的中心，而且在整个社会里处于微不足道的地位，规模、人口都十分有限。当时的城市大多散布在沿海地带，其人口一般数千，多至数万。在古代中国，城市作为政治统治堡垒与乡村对立和存在。全社会的政治权力资源高度集中于以君主为核心的城市王朝官僚体系之手。与此同时，王朝官僚体系又可利用凌驾于乡村社会之上的政治权力，以超经济手段将物质财富高度集中于城市，并为维系政治统治，将社会文化也高度集中到城市。伴随着政治、经济、文化资源的高度集中，是人口、需求和享乐的高度集中。所以，城市成为某一地方或全国的政治、经济、文化中心，其规模、人口数量都相当大。特别是作为全国政治、经济、文化中心的都城，规模、人口更在世界首屈一指。秦都咸阳人口达七八十万，汉都长安占地 65 平方公里，宋都开封人口多达 100 万，都是当时世界上最大的城市。

古代中国城市的高度集中是以社会的政治权力资源的高度集中为前提的，城市社会的集中程度本身就表明了政治权力的集中程度。另外，城市的高度集中又表明了城市在国家政治统治中的地位的重要性。将物质财富、社会文化和人口集中到城市并不仅仅是供统治者消费，而且为了巩固王朝官僚体系对全社会的统治权。为此，王朝官僚体系必然要通过自上而下、高度集中的权力对城市社会实行直接的专制统治，将城市社会所有的权力资源都垄断到王朝官僚体系之手。城市社会的集中程度愈高，规模、人口数量愈大，受王朝权力的控制愈直接愈严密。反之，则不同，甚至会滋长出某些地方自治性。如作为全国政治统治中心的都城，规模、人口数量最大，因而直接为王朝中央管辖，受王朝行政权的直接控制。县城在各类城市中规模、人口数量最小，王朝行政权的统治程度最弱。事实上，县作为城市和乡村的交汇处，其行政权必须与来自乡村社会的强大的自治权力结合起来才能有效发挥作用。在王朝官僚体系中，大多数官员集中于都城，县级行政官员为数很少，他们必须依靠当地士绅家族行使统治权。

所以，尽管古代中国城市也有大量工商业人口，其绝对数甚至不比中世纪西欧城市少，但他们在城市中人口的相对数很少，更不可能利用其经济力量获得对城市的统治权。城市社会的所有权力都高度垄断于王朝官僚体系，表现为高度集中、专制性的一元权力体系。城市愈集中愈大，这种状况愈突出。相反，一些乡村地方市镇受王朝权力统治不甚直接和严密，商人还可利用其经济力量实际行使一些地方统治权。这也是封建社会后期，工商业首先在一些远离王朝行政权统治的乡镇活跃并发展起来的重要原因所在。

古代中国城市社会的集中性是以政治权力资源的集中为前提的。而政治权力资源是垄断着所有权力资源的皇帝自上而下逐级配置的，使城市社会和统治权又具有等级性集中的特点。

在西欧中世纪城市，社会要素和资源的集中程度不高，对资源和财富的占有状况主要取决于城市社会本身，各个城市的规模、人口数量大体差不多。而在古代中国，城市作为专制统治堡垒，构成王朝权力体系本身的一个部分和环节，对资源和财富的占有状况主要不取决于城市社会本身的经济力，而取决于城市在整个王朝权力体系中的等级地位及所拥有的权力资源。根据自上而下、层层授权的王权体系，愈是接近中央王权，城市的集中程度愈高，规模、人口数量愈大，具有浓厚的等级性色彩。而且，为巩固专制等级统治秩序，王朝还以国家法律等规范强化城市社会的等级性。即胡如雷所指出的，“城市的大小是按首都、省会、府、州、县等郡县等级而定的。”① 处于最高一级的王朝中央所在地的都城，其规模一般最大，处于最低一级的县城，规模最小。都城的人口一般为几十万到百多万人，县城人口一般数千，至多数万。县城和都城之间的省、州、府城的规模、人口大体介于它们之间。如唐朝都城长安有人口 60 万，一般州城 2 万人，县城为 5000 人。任何城市的规模、人口不可能也不允许超过中央都城。

由于城市本身与王朝权力体系寓为一体，具有等级性特征，那么，对城市社会的统治也表现为高度集中的专制王权自上而下的逐级管辖，形成等级制的王朝一元行政统治权力体系。

在分裂割据的中世纪西欧，城市之间除了经济交往外，一般不发生政治联系，即使有政治联系，也是建立在相互平等基础上的政治同盟，而非政治隶属关系。在城市社会内部，城市市民在形式上是自由平等的，有参与管理城市事务的公民权利；城市的统治权由占经济主导地位的阶级分享和占有，表现出权力归属的多元性倾向。而在古代中国高度集权的大一统社会形态下，各个城市作为王权体系的一部分和一个环节，在国家行政管理体系中居于不同等级地位，并根据其级别地位，逐级接受上级管辖，相互间表现为垂直的政治隶属关系。秦代城市分为中央都城和地方郡县城市二级，郡县隶属于中央。唐代城市分为中央都城、州城、县城三级，县隶属于州，州隶属于中央，明清时期则分为中央都城、省城、府城（州城）、县城四级，县隶属于府（州），府（州）隶属于省，省隶属于中央。这种垂直的政治隶属关系，使各级各类城市的统治权都只能严格隶属和服从上级政府的统治。在这种自上而下、逐级管辖的王朝权力体系下，城市不可能有自我管理内部事务的自治权。

与此同时，在城市社会内部，官和民处于不同等级地位，所有统治权力资源都为王朝官府所垄断。王朝官府依仗其强大的暴力机器不可能容忍任何人与之分享权力。即使经济地位较高的商人也不可能利

---

① 胡如雷：《中国封建社会形态研究》，三联书店，1979，第 248 页。

用其经济实力像中世纪西欧城市那样获得对城市的统治权。因此，古代中国城市统治权按等级制高度垄断于王朝，权力归属表现出浓厚的一元性色彩。城市权力体系的这一特点集中反映了古代专制主义等级集权政治的特征。

延伸于社会生活基层的行政权

古代中国城市的统治权为王朝官府所垄断，各级官府根据君主王朝意志对所在城市行使管辖权。这种一元性的行政权力一直延伸到城市社会生活基层。

毫无疑问，城市行政权力统治的主要对象是与官相对应的民。那些巨室豪门由于特权地位，在其特权范围内享有凌驾于一般行政权统治之上的特权。如宋太祖明令昭示，柴进家族世代享有法律上的特权地位。但是，与有着自治倾向的乡村社会不同，城市的巨室、豪门不像乡村士绅豪族那样直接行使统治权。城市的统治权主要掌握在行政官员手中，统治对象主要为平民百姓。

为了有效行使统治权，王朝官府将行政权力一直延伸到社会生活的基层，建立了与乡村相仿的基层政权组织。秦汉时期，为维护建立不久的中央集权统治，城市的政治功能特别突出。城市人口主要是官僚统治者、军人和受到严密控制的旧贵族，工商业人口很少。王朝官府主要采取强有力的军事力量加以控制，城市的基层政权体系尚未建立完善。隋唐以后，城市工商业人口增多。为加强对城市的统治，王朝开始建立完善城市基层政权体系。唐初，在实行乡里制，强化和完善乡村基层政权组织的同时，为有效治理京师、府（州）、县驻地城镇及附近地区，在城市设坊，在城郊设村里或村坊，分置坊正或村正一人，由当地富户或六品以下勋官担任，在官府统辖下负责核查户籍，督促生产，征敛赋税，维护辖区治安等。“坊”或“村坊”既是居民住宅地区，又是隶属行政权力体系的基层组织系统。唐朝县组织中还设有市政主管官员市令，掌管市场，通制市事。

宋代是中国封建社会从中期走向后期的转折时期。在这一时期，一方面，随着乡村社会自组织能力增强，乡村权力体系中的自治因素增长，直接隶属于自上而下行政权力系统的乡里制转变为间接隶属于行政权力系统、带有自治倾向的保甲制、里甲制。另一方面，虽然城市工商业有了突出发展，但由于工商业发展与以农业为基础的封建社会结构有天然的离心力，王朝体系不仅没有放松对城市的行政权统治，反而继续保持和强化这种统治。从宋代直到明清，隋唐时期的城坊制一直延续下来，并不断完善。城市中仍然按居民居住区划分坊，以坊长主之。坊长的任务是："编制户籍，办理徭役，讲读法令。"由于城市的基层政权组织更为直接地隶属于王朝官府，为近在眼前的官府所辖制，因而比乡村基层政权组织更能有效地将行政权力传递到社会生活基层。城市市民对王权统治的感受比乡村农民强烈得多。这也是古代中国城市市民根本无法摆脱国家权力干预而自由发展的重要原因所在。

行政权力控制下的自治因素

在封建社会中后期，随着工商业的生长发展，城市社会逐渐萌生出一些自治性因素，最为突出的是城市工商业行会的出现。

古代中国城市行会最早出现于唐代。当时一些北方州府城市已有染行、油行、磨行等手工业行会，布行、米行、炭行、杂货行等商业行会。行会的出现，一方面反映了城市工商业发展，工商业者开始成为城市中固定人口；另一方面也表明城市工商业者有了对自身特殊利益追求的自我意识，形成了与他们利益相关的经济组织。这种组织和城市官府政权组织不同，具有某种自我管理行会内部事务的自治因素。

但是，与中世纪西欧城市行会不同，古代中国城市行会最初并不主要是工商业者利益的代表，在相当程度上则是王朝官府对工商业者的统治工具，直接为王朝行政权力所控制，其组织制度甚至是模仿乡村的基层政权而来。通过与中世纪西欧城市行会制度的比较，便可更清楚地看出这一特点。

中世纪西欧城市的行会与城市几乎是同时出现的。马克思和恩格斯曾详尽分析了这种行会制度产生的原因，指出：“在中世纪，有一些城市不是从前期历史中现成地继承下来的，而是由获得自由的农奴重新建立起来的。在这些城市里，每个人的唯一财产，除开他随身带着的几乎全是最必需的手工劳动工具构成的那一点点资本之外，就只有他的特殊的劳动。不断流入城市的逃亡农奴的竞争；乡村反对城市的连绵不断的战争，以及由此产生的组织城市武装力量的必要性；共同占有某种手艺而形成的联系；在手工业者同时也是商人的时期，必须有在公共场所出卖自己的商品以及与此相联的禁止外人进入这些场所的规定；各手工业间利益的对立；保护辛苦学来的手艺的必要性；全国性的封建组织，——所有这些都是各行各业的手艺人联合为行会的原因。”① 这种行会是各行工商业者为维护自身利益，同外界的压迫、威胁等各种不利因素进行斗争，并模仿残存的农村公社而形成的一种自治性团体组织。行会按行业组织，同行业的师傅是全权会员，出席全行大会。大会选举会长及其他执事人员，讨论并决定重大问题，接受新会员入会，听取行长的会务报告，拟定本行规章制度，并决定对一切违犯行规者的处分。

中世纪西欧城市行会首先是为保护和发展会员利益而形成的经济组织，它同时又具有政治性，是城市权力体系的组成部分或城市社会的一个自治性政治团体，有着独立的法人地位。一方面，它代表行会会员的利益参与城市管理活动，另一方面，又承担着组织会员服从城市统一管理的义务，并在行会内保留有若干民主和平等互助的习惯。“在行会里，也跟在马尔克里一样，总是用同样的热心，甚至往往用完全相同的方法，力求每一社员完全平等地或者尽可能平等地享用共同的收益来源。”② 这种城市行会因此带有浓厚的自治和民主色彩。城市的自治民主性正是牢固地建立在这种行会制度的基础上。

---

① 《马克思恩格斯选集》第 1 卷，人民出版社，2012，第 185 页。

② 《马克思恩格斯全集》第 25 卷，人民出版社，2001，第 576 页。

尽管古代中国从秦汉就已出现与乡村对立和人口集中的城市，但直至近千年后的唐代才出现城市行会。胡如雷认为其原因主要有四：第一，古代中国城市的政治意义大于经济意义，工商业人口在城市居民中为数有限，不易产生与工商业经济密切联系的行会。第二，西欧城市居民主要是逃亡农奴，古代中国也经常有破产农民进城，但农民进城只是为了度过暂时的困境，没有久居城市的打算，很少受专门技艺训练，不易按照手工业经营的利益组成行会。第三，古代中国城乡隔离不如西欧严格，农民之间不存在为争取进入城市而加剧竞争的问题。古代中国城市的市容量大，工商业者很少存在争夺市场的竞争问题，也没有在竞争中组织行会的必要。第四，城市工商业者不仅人数少，且很分散很不稳定，不易组织行会。① 所以，直到唐代，出现了较为稳定的工商业者，才有了城市行会组织。

但是，城市行会一出现就被纳入王朝权力体系之中，严格隶属于垄断着城市统治权的王朝官府。胡如雷指出："与西方时行会不同，唐宋时期出现的行会不是工商业者保护自身利益的组织，而是封建政权对工商业者进行统治和征敛的工具。"② 王朝官府为了有效地对工商业者行使统治权，以征得赋税和控制监督，按行业将分散的工商业者组织起来，模仿农村基层政权的乡里保甲组织，设立行头、行老加以管理。唐代有"一肆之一长，使之检校一肆之事，若今行头者"的记载。宋代也有此类记载。如"市肆谓之行者，因科索而得此名""市肆谓之团行者，盖因官府回买而立此名。不以物之大小，皆置为团行，虽医卜一工役，亦有差使，则与当行同也"。胡如雷因此指出："这种团行是地主政权对各行各业的城市居民进行'科索'、'回买'和'差使'的工具，承担上述义务的人，都须当行。行会虽然过问工商业的经营，但不是为了保护工商业，而是为了对他们进行监督。""行会的这种政治、经济职能，与农村基层政权的职能'司奸盗'、'督课役'等，如

① 胡如雷：《中国封建社会形态研究》，三联书店，1979，第265～268页。

② 胡如雷：《中国封建社会形态研究》，三联书店，1979，第267页。

出一辙，没有本质上的区别。”[①] 城市行会一开始便是作为王朝官府的附属品出现的。

当然，行会毕竟是经济组织而不是政权组织。它要有效地行使管理权，必然要与行会所属的工商业者发生联系，在一定程度上代表和保护行会成员的利益，具有一定的自治倾向。因为行会管理权来自社会并寓于社会之中，没有行会成员的参与和配合，这种权力就难以有效发生作用。所以，随着封建社会发展到后期的明清时期，在一些工商业发达的城市，行会的自治倾向日益突出。直到这时才真正形成了类似西方行会的工商业组织，或称会馆，或称公所，或称行，或称帮，主要目的是在商品经济竞争中保护本会利益和协调会员间矛盾。胡如雷由此断定，“这种行会已经不是统治工商业者的工具，而是在经济上代表工商业者利益的民间组织。”[②] 行会自我管理内部事务，推举行会领导，制定行会规矩，带有突出的自治倾向。

但行会的自治权被严格限制在经济社会领域，行会从未在法律上取得西欧城市行会那样的独立自主的政治地位。它除了通过各种手段，主要是经济力量影响垄断政治权力资源的王朝官僚统治者外，没有任何作为独立的法人团体参与城市统治的权利。工商业者虽然是行会会员，但同时又是延伸于社会生活基层的王朝行政权力网络中的一员，要服从官府统治。官府还通过“行头”“行老”压制工商业者。城市行会作为独立经济组织的自治权被严格置于王朝行政权力的控制之下。正如胡如雷所说：“由于我国城市是封建统治的据点，城市工商业不可能真正摆脱官府的控制和干预，所以这种新型行会也很难消除唐宋以来传统行会的政治色彩。”[③]

中世纪西欧城市行会不仅在政治上有自治权，而且具有民主平等色彩，其组织形态与封建领主制度是矛盾的。而在古代中国，由于城乡一体的社会结构，乡村的血缘家族关系深深渗透到城市社会。手工

---

① 胡如雷：《中国封建社会形态研究》，三联书店，1979，第 269 页。
② 胡如雷：《中国封建社会形态研究》，三联书店，1979，第 271 页。
③ 胡如雷：《中国封建社会形态研究》，三联书店，1979，第 271 页。

工艺以家族内传递的方式传授，经济生活以家族为单位组织进行。同乡村聚落以姓氏命名一样，城市工商业单位也大多以姓氏命名，诸如李记、王记、张记等。城市行会自然具有浓厚的家族色彩和由此衍生的地域色彩。许多行会以家族为主体形成或根据地缘关系建立，为“同乡贵游所据”，如山东会馆、浙江会馆。行会首领或为家族首领，或“士绅是主”，带有强烈的专制等级倾向。马克斯·韦伯在其《儒教官僚政治与中国资本主义萌芽：城市和行会》中描述说：“行会不经政府官方的任何许可，便有权对自己的会员施加绝对的控制。会员参加这些行会是强制性的，而那些打算从事某种经营的人也不得不加入行会，不然会被处死。行会有会所，并征收管理人员薪金税或商人营利税。任何会员向官府指控别的会员，都会受到行会的惩罚。”① 这种专制等级性的行会与封建专制等级社会处于同构状态，很容易为整个社会所同化。这也是城市行会虽然具有某种自治性，但难以摆脱王朝官府控制的原因之一。

第三节　城市的社会秩序与政治控制

统治堡垒秩序：超稳定与强控制

在古代中国，城市首先是作为封建王朝对广阔的乡村地方行使统治权的政治堡垒而存在的，政治功能特别突出。城市集中体现了王朝统治权，与统治权寓为一体。城在，标志着王朝统治权的存在；城乱，则意味王朝江山不稳；城破，则意味着王朝江山的丢失，直至王朝统治的倾覆。所以，城市在古代中国具有重要的政治意义，统治者要在一定地方和全国建立和巩固统治权，无不首先在城市建立牢固的统治权威和与之相应的社会秩序。

① 〔德〕马克斯·韦伯：《文明的历史脚步——韦伯文集》，黄宪起、张晓琳译，上海三联书店，1988，第63~64页。

由于城市首先是王朝统治的堡垒，集中体现了王朝统治权，因此，城市社会秩序的核心是王朝等级统治的至上权威，城市社会的各个方面各个层次都必须以此为出发点，服从和围绕其存在。任何有悖或损害这一权威的行为都是绝对不容许的。城市社会成员根据自己在王朝等级统治体系中的地位和身份，各居其位，各负其责，各守其序，使社会生活的各个方面各个层次映照着无所不在的王朝统治之光，保持平衡和稳定。由于城市社会秩序是根据王朝等级统治体系的权力金字塔结构向社会生活延伸而形成的，它一旦建立起来，是相当稳固和不易破坏的，使城市社会表现出一种超稳定状态。与乡村社会经常发生动乱相比，城市社会稳固得多，且不易为乡村动乱所撼动。这也是古代中国豪门巨族大都居住在城市及逢乡村动乱时士绅们纷纷逃进城市躲避的重要原因之一。

但是，城市社会政治的超稳定并不是自然而然形成的，而是王朝统治者实行强力政治控制的结果。在春秋战国由分裂割据向中央集权的大一统社会转型期间，许多城邦国家的灭亡不是来自外部的进攻，而首先来自城内的“国人”暴动。所以，随着中央集权王朝的建立，王朝统治者特别重视通过各种手段强化王朝统治权威，力图将城市社会牢固地控制在服从专制等级统治权威的秩序内。与乡村不同，对城市社会的控制权几乎完全为王朝官府所垄断，王朝官府的控制延伸和深入城市社会生活的各个层面，其控制手段之多，控制形式之严，是世界文明史上罕见的。没有这种以强大的暴力机器为基础的政治控制，城市的超稳定是很难维系的。

网络状的政权组织控制

在古代中国，与乡村主要作为经济实体且控制主体呈多元性不同，城市主要是政治实体，王朝政治组织利用行政手段对城市社会加以无所不在的严密控制。这种控制主要表现在以下两个方面。

（一）政权通过户籍管理直接控制人身

封建专制政权对社会的控制最明显地表现为对人身的直接管制。

特别是城市人口集中，社会成员相对复杂。为此，封建政权组织无不实行严格的户籍制度以及相应的一套严密的控制人身的政权组织系统，以将城市居民无一遗漏地置于王朝权力体系的控制之下。

早在进入中央集权王朝前的封建社会初期的春秋战国时代，就出现了严格的户籍制度，由于当时的人口大多相对集中在城邑里，城邑受政权的直接控制，户籍制在城邑实行得较为严格，成效也较明显。根据《国语·齐语》记载，管仲治理齐国，实行“参其国而伍其鄙”，即通过政权体系将社会成员组织在可控制的范围内。“参其国”就是把城邑系统的“国人”分为工、商、士三个子系统，其中，工、商又各分为3个“乡”，士为15个“乡”，共分21个“乡”。5家编为一轨，10轨为一里，4里一连，10连一乡，后又采用“什伍制”。即每五家编为一伍，10家编为一什。伍什都有监督的头目。由此把社会成员组织到政权控制体系中。

户籍制和相应的政权组织系统的主要功能是防止社会成员通过自由地转移空间而摆脱政府的控制。管仲相齐时，令农工商各安其处，使“奔亡者无所匿，迁徙者无所容”（《管子·禁藏》）。秦献公时，“为户籍相伍”，此后经商鞅变法，“四境之内，丈夫、女子皆有名于上，生者著，死者削”（《商君书·境内》），“使民不得擅徙”（《商君书·垦令》），以致人民“行间无所逃，迁徙无所入”（《商君书·画策》）。施行变革较早的秦国，咸阳市民的户籍加以统一编制。五家编为一个基本单位——“伍”，两伍为“什”。什伍之内互相监督，告发“奸邪”，形成严密的人身控制网络。公元前338年，秦孝公死，新即位的秦惠公以谋反罪派人抓捕商鞅。商鞅闻讯出逃，来到关下，投宿旅店，却被店主拒之门外。店主说，商君颁布有明确的法令，旅店如果让没有政府颁布的通行文书的旅客投宿，就与无照旅店一同治罪。商鞅为之长叹：“嗟乎！为法之蔽，一至此哉?”[①] 一国之相，竟无藏身之处，终致杀身。政治组织系统对人身控制之严密，由

① 《史记》卷六十八《商君列传》。

此可见一斑。

进入中央集权体制的封建社会以后，严格的户籍制及相应的政权组织系统，继续为统治者继承，并将其制度化、规范化。汉代城市建立有“闾里制”的组织系统，闾里既是城市平民居住区，又是政权体系管辖的组织系统。里四周有墙，每面有门，闾即为里的门。里中设“弹室”，专管弹压平民。特别是对流动性较强的商人进行专门的户籍管理，即市籍。商贾要取得市区合法的居住权与营业权，必须在官府登记，即列入市籍。无市籍而经商者视为非法，要受到惩治。汉成帝时，长安城内即搜捕过大批“无市籍商贩作务”者。唐朝以后，随着城市工商业人口的增加，又先后建立了城坊基层组织和城坊之下的邻保制。城市居民四家为邻，五家为保，相互督察，统一组织在城坊系统内。一直到明清时期还保留有这种主要用于控制人身的城坊制和邻保制。

（二）政权通过区域分治控制人身

相对乡村，城市人口不仅集中，而且为异质人口，其居民除统治者外，还有工商各业平民。为了维护专制等级秩序，王朝官府将城市划分为若干行政区域，使城市居民按其地位和职业分别居住在相对集中的区域内，以便组织和控制。区域分治的原则主要有二。

其一，官民分居。这是区域分治的最主要原则。其目的一是可以严格官民间的等级界限，二是有利于官府对民众行使控制权。

官民分居有着悠久的历史传统。可以说，自出现了作为统治者的官和作为被统治者的民共居一地起，就有了官民分居的思想和现象。从商代都城遗址可看出，统治者居住的宫殿区位于城中，工商业区则位于城四周。周代更是将官民分居作为一种营建城市的规范制度确立下来。《周礼·考工记》便有“前朝后市”的记载。

进入中央集权体制的封建社会以后，官民分居原则得以强化和固定化。汉代都城长安大部分为皇家宫殿所占，仅长乐、未央二宫就占全城的1/2。宫殿区有高高的宫墙与其他居民住宅区隔开，一般居民严格禁止进入宫殿区。北魏洛阳城的区划包含严格的“官民分居”原则。

何炳棣先生对北魏洛阳坊里的区划做过考察，发现城内北半部大体是宫苑区；南半部是显宦及府曹属吏所聚之地；一般居民及工商业者只居住在东北很少的区域内。为此他断定，“北魏洛阳坊里制中呈现出相当严格的阶级与身份的区分”。[①] 隋唐长安是重建的都城，更明确地反映了官民分居的原则。《长安志》记载：“自两汉以后至于晋末梁陈，并有人家在宫阙之间，隋文帝认为不便于民，于是皇城之内，风俗齐肃，实隋文新意也。”隋文新意的实质是将官府与平民从地域空间上严格分开，划出不可逾越的界限，即官民“不复相参”。

封建社会发展到明清时期，城市工商业有了相当程度的发展，城市平民大幅度增加。如湖南岳州，“十分其民，而工贾居其四”。但是，官民分居的原则仍然严格恪守下来。明清都城北京的布局，力图恢复传统的宗法制思想，继承了历代都城规划的传统。全城分内、外二城。官僚贵族居内城，一般居民居外城。皇族则居皇城中心的宫殿区。皇宫区以层层高墙与外界隔开，任何人不得擅入。所以又称禁城。地方城市也是如此。明清时的成都是国内有名的工商城市。但官民分居的原则仍很明显。明藩王居住的府邸位于城中心的王城区。王城外有宽阔的城河，即御河，与一般市民区隔开。显而易见，官民分居有利于维护专制等级统治秩序。

其二，四民分居。即根据城市平民的行业划分居住区域的原则。将城市平民分开按各自行业活动集中居住，有利于官府统一组织管理，形成经济与政治的一体化控制网络。

春秋战国时代，城邑居民除官以外，“士、农、工、商”四民处于杂居混处状态。这种状态不利于集中统一的组织控制，容易引起混乱，甚至暴动。即管子所说，“四民者，勿使杂处，杂处则其言哤，其事易。”（《国语·齐语》）四民杂处，将导致人们舆论不一，社会秩序动荡。所以，中央集权制的封建社会建立以后，统治者不断总结经验教训，认为四民混居易乱，四民分居易治，为此将城市平民，主要是工

① 转引自俞伟超《中国古代都城规划的发展阶段性》，《文物》1985年第2期。

商业者按行业活动划分居住区域，实行区域分治。

比较典型的是北魏都城洛阳的城市规划和布局。负责规划的北魏大臣韩显宗认为："四民异居，欲其业专志定。"将居民按行业分别居住，有利于各守其业，各居其位，便于官府的集中统一管制。当时的工商业人口大多居住在洛阳城的外郭城区，并按其职业相对集中居住在不同的里坊内。通商、达货二里居民以屠贩为生。调音、乐律二里之人精于丝竹音乐。延酤、治觞二里之人多以酿酒为业。慈孝、奉终二里居民从事丧葬业，或卖棺椁，或赁丧车。从坊里名称便可知居民的职业性质，有利于分类控制。

直到明清时期，城市工商人口大量增加，四民分居原则仍然保留下来。这一时期主要是根据行业制度的发展，将工商业人口相对集中到一定区域，通过行政权力或为行政权力所辖制的行会组织加以区域分治。从北京的许多地名，如米市大街、磁器口、猪市大街、灯市口等，就可看出按行业相对集中居住的人口地域分布状况。

强大威慑性的军事控制

在古代中国，王朝的更迭一般是以暴力的方式进行的，即"马上得天下"。"马上得天下"，也可马上失天下。统治者深知以强大的军事力量保卫象征统治权的城市的重要性，往往在城市或城郊派驻大量军队。统治权愈集中的城市，驻扎的军队愈多。

自秦王朝始，军队就是城市人口的重要组成部分。秦都咸阳不仅驻有大量军队，而且由数以万计的兵马俑排成的庞大军阵，象征着强有力的军事专制权威。汉代"京师有南北军之屯"（《汉书·刑法志》）。唐都长安有常驻军 10 万。到了宋代，伴随城市工商业的发展，专制主义和城市常备军加强。赵宋王朝为"强干弱枝"，"举天下之兵宿于京师"，数以万计甚至数十万计的精锐禁军驻扎在都城开封。差不多每 10 个都城人口中就有 1 个军士。禁军连同眷属，在开封总户籍中所占比例几近一半。明代开国时都城南京人口有 473000 多人，而禁卫军士就有 20 万人，其比例也近一半。不仅都城，地方城市特别是一些军事要塞城市，也驻有大量军队。明代“九边重镇”之一的宣化，军籍户口多达23万户，整个城北地区均为军户居住。即使是工商业发达的城市，同样驻有大量军队。明清时期的扬州是全国最有名的工商业城市，同时也是江南军事重镇，经常驻有相当数量的军队。

一般来讲，在社会常态下，城市或近城驻扎的军队主要是为了保卫作为统治权象征的城市，而不是直接用于控制和镇压城市平民。但军队作为一种暴力组织，具有强大的威慑性，对外可防止入侵之乱，对内则可威慑被统治者，使之对专制统治产生害怕、恐惧心理，从而自觉服从专制等级统治。所以，城市驻有军队，即使不是直接用于控制，但其强大的威慑性能起到特殊的控制作用。如宋代都城开封，工商业发达，而且由于各种原因，难以对工商人口实行严格有效的行政控制。那么，城内驻扎的数十万军队，无疑会起到行政权力难以达到的控制作用。而且，在社会非常态下，军队可迅速有力地干预社会，平定骚乱，恢复和强化统治秩序。

严酷周密的法律控制

与乡村相比，城市人口多且复杂，并处在王朝权力体系的直接统辖之下。王朝统治者因此特别注重以严酷周密的法律手段控制城市社会，而且成效明显。

（一）制定严酷周密的法律法令

古代中国的统治者很早就意识到以制定严酷周密的法律来控制城市社会。在夏、商、周三代，统治者就力图将城中居民不同的等级地位以法律形式固定化。到了春秋战国时代，法律控制成为有意识的活动。商鞅变法时期，对市民往路上倒灰这样的小过，都要处以脸上刺字的刑罚。即“商君之法，弃灰于道者，黥”（《汉书·五行志》）。

随着专制王朝的建立和城市政治功能的凸显，法律控制的地位更显重要，秦王朝开其先河。“秦法繁于秋荼，而网密于凝脂”，其中有不少是直接针对城市社会的。如秦律要求新到某地经商者，必须先持有关证明到官府登记，违者，“赀一甲”。到封建社会中期，城市平民增多，统治者十分注重以法律手段严格官民等级界限。唐代有专门卫护皇帝住所及人身安全与尊严的卫禁律。规定擅入宫门者处徒刑两年，擅入殿门者处徒刑两年半。擅入上阁者绞，如持武器擅入皇帝停留所者斩。向宫殿、宫垣、殿垣、上阁及皇帝所在地射箭者，分别处以徒刑或死刑。而在封建社会后期，统治者特别加强了制定有关控制城市工商业者的法律。清律规定，罢考、罢市至四五十人，为首者斩立决，从者绞监候，被胁同行者各杖一百。清律还纵容贵族官僚之家采用私刑压迫雇工奴仆。大清律规定："若奴隶雇工人违反教令而依法决罚，邂逅致死及过失杀者，各无论。"所谓"违反教令"或"过失"是由主人家随意解释的。

（二）罗织严酷周密的法律监督之网

早在战国时代的秦国，商鞅在制定严格的法律的同时，还罗织了严密的法律监督之网，以保证法律控制的有效实施。其一是"株族连坐"。一人违法，要株连父、母、妻三族。其二是"什伍连坐"。一家违法，邻里要受到株连。其三是"奖励告奸"。知人违法，须积极举报，否则与违法者同罪。通过这样一套严密的相互监督的网络，维持统治秩序。而这一监督网络在聚居的城市更为有效。如"什伍连坐"在散居的乡村一般难以发挥作用，在统治者直接统辖下的城市则效果明显。

封建专制社会之初建立的严密的法律监督之网，基本为后来的统治者所接受，而且更加严厉残酷。秦汉时期都建立了连坐告奸制度，法律强迫人们互相监督并检举他人违法行为，"见其知而故不举劾各与同罪"（《晋书·刑法志》）。汉代城内设置有"缿菌"（即"检举箱"），以接受检举与告密的信件（《后汉书·赵广汉传》）。特别是针对城市人多且杂，统治者往往任用一些残忍的官吏担任城市长官，以严刑峻法维系统治秩序。

汉代尹赏任长安令，"修治长安狱，穿地方深各数丈，致令辟为郭，以大石覆其口，名为'虎穴'"（《汉书·尹赏传》），其后将数百人投入"虎穴"。城市的行刑处多在市肆之中，死刑被称为"弃市"。在市肆执行死刑，具有震慑、恐吓和警戒之意。这一做法一直延续到封建社会结束。

在封建社会后期，为强化专制主义统治，法律监督更加严密，特别是建立了直接服从君主的庞大的特务监视系统。最为典型的是明代的厂卫特务组织。庞大的特务组织主要活动于京城和各地城市，“四处刺民间阴事”，对城市社会实施严酷周密的监视控制。明代夏允彝在《幸存录》中记载了这样一件事：一天晚上，五个人在一家旅店喝酒。一个人趁着酒胆骂了当时深得皇帝重用的宦官魏忠贤几句，另四人劝他不要乱说。他想自己的话不会被特务听见，就说，魏忠贤虽然凶残，剥不了我的皮，我怕什么?! 谁料骂声未绝，东厂特务就冲进来将这五个人抓走。魏忠贤也将骂他的人活剥了皮。

政权干预的经济控制

虽然古代中国实行重农抑商政策，但由于城市众多统治阶级的消费需求和各地物产的交换需要，城市工商业仍有生存可能，而且随着封建社会的发展而发展。工商业的发展，特别是商人经济力量的迅速扩张，显然不利于专制等级统治。王朝统治因而力图以强有力的政权力量直接干预经济，对工商业者加以强权控制。正如马克思曾说的，“在我们面前有两种权力：一种是财产权力，也就是所有者的权力，另一种是政治权力，即国家权力。‘权力也统治着财产。’这就是说，财产的手中并没有政治权力，甚至政治权力还通过如任意征税、没收、特权、官僚制度加于工商业的干扰等等办法来捉弄财产。”①

（一）抑制民间工商业发展，建立官商、官办手工业制度

这不仅可以使统一大国内的商品交换和城市居民消费需求得到满足，不至于失去对商品经济的控制垄断，而且可抑制民间经济力量的增长，使之无法与强大的官府抗衡。秦汉王朝一建立，便将强有力的政权触角伸向工商业，对盐、铁、生产工具、铸币实行专营专卖，并通过官营手工业垄断了主要的商业和贸易市场。汉武帝的重要国策之

① 《马克思恩格斯全集》第4卷，人民出版社，1958，第330页。

一就是对盐铁的官府垄断。由于官商、官工垄断了最大数量的消费品的经营和生产，民间工商业几乎没有发展的可能。秦汉至唐数百年时间，民间工商业发展相当缓慢，工商业人口十分有限。这有利于维护建立不久的专制统治秩序。

（二）限制工商业人口的人身活动自由

与农民和土地固定不变的关系不同，工商业活动必须经常发生空间移动，人身活动自由是工商业发展的重要条件。而这种自由又恰恰是对固定的专制统治秩序的威胁。统治者因此力图以政权的力量加以限制。一是实行严格的户籍制。如商户有专门的“市籍”，移地经商必须先向官府报告。二是进行时间限制。古代工商业活动大多有跨城乡的流动性。而由官府控制的城门按时关闭。城内市场开放也有时间限制，基本是“日中为市”，甚至禁止开设夜市。由此维系固定不变的秩序。

（三）强化市场管理

在西欧中世纪，早期市场基本不受约束，许多自由自治的城市便是在这种自由开放的市场基础上形成的。而在古代中国，固定的市场一形成就置于官府管制之下，秦代对市场的管理相当严格，对作为货币流通的布帛、钱币的规格和使用，以及商品的标价等，都有法律条文规定，并设有市场官员加以监督执行。汉代都城长安的市场设有市令或市长，市以下分设肆和肆长，分别对市场进行管理。市中有旗亭（又名市楼），高筑于土台之上，从此俯视整个市场，每一条街巷坊肆的情形可尽收眼底。

（四）实行重税

为了抑制工商业者经济力量的扩张，官府实行重税政策，以政权力量进行经济勒索，即“重租税以困辱之”。主要方法有：（1）对商人征收的税率比一般人高。汉武帝时商贾税率一般高于普通人两倍。（2）各种税收多如牛毛。北宋时税收种类之多，难以计数，甚至宋高宗也感到“税网太密”。（3）税外加税。这种状况在宋代成为普遍现象，以致有人认为宋朝灭亡就在于这种税外税给百姓带来的沉重负担。(4) 遍设关卡和提高关税。明代政府在各府、州、县、市、集都设立了商税机关“税课司局”，并到处新设“抽分局”，罗织广泛的税收网络。

(五) 强派剥夺

工商业者的活动缺乏法律保护，官府经常利用强权，巧立名目无偿强派剥夺。唐代风行“借商”，王朝经常派官到江、淮、蜀、汉等富庶地区向商人“借钱”，实际是变相的剥夺。富商大贾任其富比王侯，财积如山，一旦触犯皇权，抄家籍没，顿时化为乌有。

通过以上种种措施，王朝统治者可以有效地将城市工商业者活动和工商人口控制在统治秩序内。如张鸿雁博士所说：“城市经济活动，是以统治阶级国家和统治阶级需要为转移的。城市经济未能被城市生活‘涵化’，而是被政治‘涵化’，使城市本身不是社会主要的经济中心，而是政治的附属物，更确切地说，城市市场是否充分表现作为商品交换的场地，完全受城市中少数统治者和国家的干预。”①

专制主义的文化控制

古代中国城市是政治文化中心，不仅聚集着社会的文化资源，而且最为集中和敏感地反映着社会矛盾，加上城市人多且杂，思想倾向的不一致性较为突出。这与强调绝对一致的专制主义秩序是相冲突的。统治者力图以各种专制强力手段进行文化控制，将思想意识限制在一定范围内。

(一) 限制言论自由

在封建专制社会，平民百姓不仅没有任何参与政治、决定国家大事的权利，甚至没有议论国是的言论自由。因为“言为心声”，特别是在人口聚居的城市，言论容易相互影响，形成具有一定政治压力的社会舆论。古代统治者很早就意识到限制言论自由的重要性。早在周朝

---

① 张鸿雁：《春秋战国城市经济发展史论》，辽宁大学出版社，1988，第314页。

后期，厉王的暴虐统治就引起国人不满而议论国是。厉王不仅没有收敛，反而采取高压手段用卫巫监谤，“以告，则杀之”（《国语·周语上》），政治气氛极其恐怖。结果“国人莫敢言，道路以目”。为此，战国后期的韩非第一次提出了“言轨于法”限制言论自由的专制主义主张，明确规定了言论罪。

封建专制集权王朝建立后的各朝代几乎无不严格限制民众的言论自由。秦王朝以法“禁民聚语”，明文定“诽谤者族”，以极刑限制言论自由，特别是对君主的议论。《史记·项羽本纪》记载，当项羽观看秦始皇有威仪的车驾时说：“彼可取而代之。”其叔父项梁赶紧掩其嘴说：“毋妄言，族矣！”秦始皇时，议论国君将被视为“谋反罪”，处以夷三族的刑罚。贾谊为此指出，在秦王朝高压下，“多忌讳之禁，忠言未卒于口而身为戮没矣。故使天下之士，倾耳而听，重足而立，钳口而不言。”汉代为维护皇帝至高无上的尊严，甚至将议论死去的皇帝也视为“大不敬”的罪，“敢有擅议者弃市”（《汉书·韦玄成传》）。在唐代，“口陈欲反之言，心无真实之计，而无状可寻者”，也要流放三千里。明代对言论的限制更严。明律规定“官吏及士庶人等，若有上言宰执大臣美政才德者，即是奸党，各要鞫问穷究来历明白，犯人处斩，妻子为奴，财产入官”。特别是明清时期对日益增多且好议国是的知识分子的言论更加以严格限制。清王朝规定：“军民一切利病，不许生员上书陈言”，如有违反，“黜革治罪”；“所作文字，不许妄行刊刻，违者听提调官治罪。”

（二）强化思想钳制

除了严格限制言论外，统治者更将钳制思想视为重要控制手段。即韩非所说：“禁奸之法，太上禁其心，其次禁其言。”因为不同的言论出自独立自由的思想。在古代中国，思想钳制大体可分三个阶段。

第一，秦王朝“焚书坑儒”，实行文化专制。春秋战国时代，思想活跃，各种各样的思想流派、政治主张并存互争，一些统治者为图霸业，对活跃的思想也较为宽容。秦王朝统一中国，建立中央专制集权王朝以后，活跃的多样性思想显然不利于巩固专制统治秩序。实行思想钳制，将全社会的意志统一到王朝专制意志上来，便成为王朝统治一项既定的国策。“焚书坑儒”便是这一政策推行的必然结果。

第二，汉王朝“独尊儒术”，推行新的文化专制。秦王朝以强力“焚书坑儒”，一切思想文化甚至有利于专制等级统治的儒家思想也在被禁之列。从更深远的意义看，这是不利于维系专制统治秩序的。继秦而起的汉王朝采纳了大儒董仲舒所谓“诸不在六艺之科、孔子之术者，皆绝其道，勿使并进”的建议，为此下令罢黜百家，独尊儒术，以使“邪辟之说灭息”，“民知所以”，实行更为巧妙，更有利于专制统治的文化控制。

第三，明清时期大兴“文字狱”，强化文化专制。封建社会发展到明清时期，随着工商业发展和“士”阶层的扩大，阶级和民族矛盾日益尖锐和复杂，社会思想日趋活跃。统治者为维系绝对的专制秩序，大兴“文字狱”，罗织严密的文网，强行钳制思想。中国历史学家刘泽华认为：“明清时期文忌多，文网密，文祸惨，株连广，对知识分子的迫害程度，不仅远远超过了包括秦汉以前任何一个朝代，就是在中外历史上也是少见的。”① 所谓“文字狱”，就是统治者从人们所写的文字挑出一些词句，在字细节上加以挑剔，断章取义，吹毛求疵，妄加比附，编造莫须有的罪名，迫害作者，是一种惩治思想犯罪最严酷和周密的手段。其造成一种人人自危的局面，使以思想为己任的知识分子由于“惧一身之祸”，不谈时事，不问政治，甚至不愿思想，不敢写作，以至于思想界“万马齐喑”。

军营色彩的社会生活控制

马克思曾说过，东方城市“实际上是军营，只不过比设在旷野的军营稍微舒适一些和方便一些而已”②。为维系专制统治秩序，古代中

① 刘泽华等：《专制权力与中国社会》，吉林文史出版社，1988，第229页。

② 《马克思恩格斯文集》第10卷，人民出版社，2009，第112页。

国王朝的专制控制深深地渗透到城市日常生活中，使城市社会生活具有浓厚的封闭性、等级划一性的军营色彩。

（一）生活空间的封闭性

在古代中国，城市是专制统治的堡垒和权威的象征。出于巩固城市的地位和秩序的需要，统治者力图将城市与外界从空间上隔离开来，形成一个封闭的地理环境。统治者建城时首先考虑的是，通过“高城深隍，上以保障宗社朝廷，下以卫捍百官万姓”。上至中央都城，下到一般县城，几乎无城没有高高的城墙，有的城四周还有宽阔的护城河，仅有为数不多的城门与外界相通。城门有官兵把守，不得随意出入。宋都开封有 12 座城门。其中正四门因与御路相连，为双重直门，其余外城各门均为瓮城三层，屈曲开门。通往市区的河道水门则专设有铁窗门，以加强防守。整个城市与外界严格隔绝开来。西欧中世纪的城市也有城墙、城堡，但其主要目的是军事防御，平时的城市管理并不严格，市民可自由出入，城市的日常生活呈开放性。这与其工商业城市性质相一致。

古代中国城市内的日常生活也呈封闭状态。往往是城中有城，城内各部分以高墙相隔。北魏洛阳城坊里是一个四面开门的小方城，坊有坊墙。坊内设有十字街。320 个这样的坊里，使整个城市呈现网式方格状。“整齐划一的坊里布局，高高的城墙，管理坊里的里正、吏、门士等官员，将坊里造成一个四合封闭的环境。居住受到严格控制。”①建造坊里的目的“虽有暂劳，奸盗永止”。通过一道道围墙将城市切割成一个个封闭而自成体系的地理空间。不同等级的人居住在不同空间，相互封闭，各守其序，以维系社会稳定与秩序。

（二）生活时间的同一性

城市人口多且杂，生活活动时间难以统一。但统治者出于政治控制的需要，力图使人们的生活时间具有同一性。唐代都城居民区都设有坊门。坊门早晚定时开闭，均以击鼓为号。坊门关闭后人们

---

① 冯天瑜等：《从殷墟到紫禁城》，武汉出版社，1989，第 53 页。

不得再出外活动。宵禁犯夜者，要受到处罚。最为典型的是元朝蒙古族统治下的大都城。大都实行严格的晚禁制。晚一更三点后宵禁，早五更三点才许通行，严禁“夜聚晓散”。明清时期的北京城的商业地带设置高大的栅栏，便于宵禁管理。“大栅栏”之名一直沿用至今。由于时间的统一限制，本来是丰富多彩的城市日常生活显得刻板呆滞。

（三）生活方式的等级标准化

等级制是古代城市社会生活的典型特征。而这又明显地反映在衣食住行等日常生活方式方面，使之等级标准化，即“见其服而知贵贱，望其章而知其势”（贾谊《新书·服疑》），“君子小人，物有服章，贵有常尊，贱有等威，礼不逆矣”（《左传·宣公十二年》）。

衣装服饰是区别贵贱等级的重要标志，历代统治者都有严格规定。首先，衣服颜色有别。有些上色为品官专用，平民禁用。商人有时特别被贱视，甚至不能着一般百姓的衣色。其次，衣物质料有别。锦绣绮罗一类质地精细的丝织品一向被视为上服，普通平民不准服用。再次，冠履佩饰无一不有等第，不许随意穿着。

在居住方面，屋舍高低大小、间数式样和装饰，各有定制，不得随意僭越。唐代长安城的建筑依住宅主人的等级身份层次展开：宫殿最高，政府机关次之，官僚住宅又次之，一般居民等而下之。元律甚至规定，小民房屋安置鹅项衔脊，有鳞爪瓦兽者，笞三十七，陶人二十七。

在行的方面，乘车、骑马或步行都是一种等级身份标志。汉、唐都城不许工商业者乘车骑马。就是行走的道路也有严格的等级规定。汉都长安宽直的道路中央，辟有皇帝专用的驰道。驰道的宽度占整条道的2/3。驰道两旁有近1米高的土墙，禁止他人在驰道上行走，连太子也不例外。

通过这种严格的等级标准化的日常生活方式，可以把人们塑造成循规蹈矩的“君子”和“顺民”，使专制等级统治秩序深入人心，长久地维系和延续。

第四节　城市的社会意识与政治文化

城市：权威象征与等级物化

在古代中国，城市作为专制统治的堡垒和专制等级制度的有机要素，本身就蕴含和体现着一种社会意识和政治文化，是王朝统治权威的文化象征和对专制等级意识的物化。

在广阔无垠的原野上，古代中国城市的突出特征就是其高耸的城墙。城墙不仅仅在于它的防卫功能，更重要的是体现着政府权威的尊严，是一种至高无上的专制政治权力的标志。城内不仅有壮观威严的宫殿衙门，而且耸立着各种标志着专制权威的庙宇祭祀、广场旗杆，无不使百姓在内心中产生一系列联想，愿意或应当服从专制统治权威与秩序。与国外城市相比，古代中国城市的政治象征意义远远高于它的实际意义，甚至为取其象征意义而牺牲现实。[①] 因为只有通过分布在各地，且处于不同等级地位的城市，才能将专制等级统治权威和秩序广泛深入地植于社会成员的心理结构中，将服从专制等级统治转化为一种自觉行为。

城市作为政治权威的象征和等级意识的物化，首先体现在城市与乡村之间的关系上。在古代中国，城市和乡村的分离过程，也是二者居于不同等级地位的过程。城里人和乡下人之分，并不只是一种地区居民的区别，更是一种政治等级地位的界限。“乡下人”被称为“小人”“野人”“村夫”，本身便包含一种政治文化歧视和鄙视。居住在巍峨的城墙之中的城里人，俯视着村野，有着先天的等级优越感。城里的官员差衙出城至乡，无不威风凛凛，颐指气使，显示出高贵和尊严。而居住在旷野中的乡民村夫面对高耸的城墙，无不产生畏惧感，

---

① 参见〔美〕吉尔伯特·罗兹曼主编《中国的现代化》，国家社会科学基金“比较现代化”课题组译，江苏人民出版社，1988，第209页。

甚至视入城为畏途。所以，“百姓皆怕见官府，有终身不识城市者”（《四友斋丛说》13，《史》9）。乡下人遇城里人也有自觉卑微、低贱之感，甚至不敢抬头相视，唯恐避之不及。

城市作为政治权威的象征和等级意识的物化，还表现在城市之间的关系上。古代中国城市的绝大多数是政府机构所在地，被严格纳入专制等级统治体系之中。不仅城市的人口、规模按等级地位划分规定，而且形成了不同城市居民的权威等级意识。皇帝居住的都城高于地方城市，上级城市高于下级城市的意识植根于人们的心理深层，并通过具体的行为方式表现出来。如与至高至尊的皇帝同居一城的京官，对于地方官有一种天然的优越感。京官到地方之时，气势格外咄咄逼人，透射出高人一等的权威。地方官即使比京官的职位高，往往也得极尽逢迎巴结。

至高至尊的都城宫殿文化

古代中国城市是统治权威的象征。君主所居住的都城宫殿更是至高无上的专制统治权威的象征。任何一个王朝无不通过兴建牢固宏伟的都城宫殿，象征君主的至高和天下的稳固。

秦始皇吞并六国，统一中国的过程中，每灭一国，即仿效其建筑形式，建宫殿于秦都咸阳。意指秦皇为“天下共主”，“履至尊而制六合”。秦亡汉起。刘邦灭秦后出外东征，由萧何留守关中，并负责营建都城长安。刘邦东征回来，见萧何在曾只是一个乡聚的长安修建了壮丽非凡的宫殿，不由勃然大怒，责备说：“天下匈匈，苦战岁月，成败未可知，是何治宫室过度也?”萧何答：“夫天子以四海为家，非壮丽无以重威。”（《史记·高祖本纪》）只有通过壮丽非凡的都城宫殿，才能显示出君主至高无上的权威。所以，历代统治者都以此为重要政治使命。即使是比较体恤民众的李世民也不例外。唐都长安曾以100万人口和80平方公里的城区面积雄居当时世界诸都城的前列。

都城既然是专制统治权威最集中的象征，那么，它的地理位置选择无不服从政治理想原则。其一是居天下之中，象征着国家的中心和至高至尊的地位；其二是地势优越，财源丰富，有利于对全国行使统治权。“王者必居天下之中，礼也”，即天下以帝都为中心。都城的另一名为“京”，本意为高丘，所谓“丘绝高为京”，“表明都城多选址于形势险要、壮阔的高地，引申为天子高踞国土和万民之上，活现出中国古都作为君主政治中心的特征。”① 关中长安居四关之中，“四塞以为固”，进可攻，退可守，地势险要，物产丰富，号称“千年古都”。洛阳处“天地之中”，西有殽函，东峙成皋，南临伊阙，北依黄河，山河拱戴，成为“九朝名都”。南京有钟山龙盘，石城虎踞，天堑长江可依，凭借江南富庶，因而数度成为都城。开封虽无天险可凭，但为“四通八达之地”，握中国之命脉，所以成为“七朝都会”。

作为天子居地的都城居于全国之上，作为天子居所的宫殿又居都城之上，进一步折射出至高至尊的君权意识。

早在周代就出现了按一定的尊卑等级修建城市的规划制度。《周礼·考工记》记载：“匠人营国，方九里，旁三门，国中九经九纬，经涂九轨，左祖右社，前朝后市，市朝一夫。”这里虽然只是一种理想化的城市模式，但古代都城无不遵循以皇宫为中心和尊卑等级排列的原则。

首先，都城大多以皇家宫殿为中心修建，其他建筑依等级层次围绕或拱卫宫殿建筑展开，透视着以君主为中心和君权至上的观念。汉唐长安城的主要宫殿区都在龙首原高地上，城区依次向两侧展开。立足宫殿，足以俯瞰全城。“利用高低起伏地势，规划皇宫与城区位置，既可凸显皇权之尊，又便于直接控制全城制高点，造成高屋建瓴之势。”② 最典型的是明清都城北京。宫殿区紫禁城位于京城中心，一条笔直的中轴线贯穿宫殿南北，并在紫禁城后人工造成得以俯瞰全城的景山。由此使宫殿与城区重点突出，主次分明。沿着中轴线还布置了城阙、牌坊、华表、桥梁和各种广场，以及两旁的殿堂，更加强了宫殿的庄严气氛，显示出君主的威严。费正清将中西都城做了比较，认

---

① 冯天瑜等：《从殷墟到紫禁城》，武汉出版社，1989，第 2 页。

② 冯天瑜等：《从殷墟到紫禁城》，武汉出版社，1989，第 40 页。

为“毫无疑问，北京气派宏伟的对称布局使它在所有首都中最能显示以统治者为中心的堂皇气象。巴黎和伦敦比它分散。华盛顿和莫斯科是昨天的产物，不能象北京那样城门对城门，大道对大道，显示出东方专制帝王的无上权威”，“哪个西方首都也没有这样清楚地成为中央集权君主专制制度的象征”①。

皇家宫殿区还包括宗庙和社稷坛，即宫城居中，左祖右社的布局。由此折射出“亲亲”“尊尊”的家天下和君权神授不可侵犯的政治意念。明清都城北京，皇城前左（东）建太庙，右（西）建社稷坛，城外四方建天（南）、地（北）、日（东）、月（西）坛，使皇城在此烘托下更显得庄严肃穆，神圣神秘。

一般来说，宫殿区可分为宫廷与朝廷两部分。宫廷为皇帝及皇室居地，朝廷为皇帝上朝处理政务场所，呈宫廷在后、朝廷在前的布局，即“前朝后寝”。宫廷虽是帝后居所，但又是处理政务的核心之地，反映了家天下和君主独裁的政治原则。朝廷的建筑布局严格遵循皇帝在上、文武百官在下的君尊臣卑的等级秩序。文武百官在这种浓烈的等级氛围中活动，久而久之必然将君尊臣卑的观念内化为自己自然而然的深层心理习惯。

由此可见，整个宫殿建筑无不体现着君权至上的观念，是这一观念的物化和外化，由此形成至高至尊的宫殿政治文化。

奉上与苛下的官僚精神

官僚政治是专制主义的派生物。庞大的官僚阶层正是依托大小城市行使统治权。如费正清所说：“两千多年来，这套地区官僚制体现在‘县’这种筑着城墙的行政城市里。”② 所以，官僚是城市中一个特殊阶层，并由于其特殊地位和环境铸造出特有的政治文化。

---

① 〔美〕费正清：《美国与中国》（第四版），张理京译，马清槐校，商务印书馆，1987，第 79 ~ 80 页。

② 〔美〕费正清：《美国与中国》（第四版），张理京译，马清槐校，商务印书馆，1987，第 47 页。

奉上苛下的官僚精神是官僚政治文化最基本的特点。这是官僚作为君主和民众之间一个特殊阶层的地位决定的。在与君主的关系方面，官僚唯上奉上，一切听命于君主和上级的意志。首先，在专制政体下，一切权力资源为君主一人垄断。各级官僚不过是君主耳目和手足的延伸，是统治百姓的工具。官职的设置和官僚任命取决于君权统治需要。“臣事君以忠”是对官僚的基本政治道德要求。其次，在封建专制社会，官僚基本生活来源于为君主效劳所给予的俸禄，即吃皇粮。官位的获得升迁取决于君主意志和上级保荐。君主甚至对官僚有生杀予夺的权力。由此确立了官僚对君主及官僚上下级之间的人身依附关系。生活在这种关系中必然铸造出官僚奉上唯上的精神品性。历代道德正统都把忠于君主的官僚视为忠臣，加以反复咏唱；将敢于违背君主旨意的官僚行为视为大逆不道，加以猛烈抨击。

在与百姓的关系方面，官僚则压下苛下，成为高高在上的民之父母。官僚属统治体系的成员，其使命就是贯彻推行君主统治意志。作为君主专制政体的一部分，他们直接行使统治权，“被认为是无所不能的，要负责征税，维持治安，执法判案，主持科举考试，监督驿站，以及在他们辖区内的所有公务。在理论上，他们是民之父母，并且被称为，或者不如说自称为‘父母官’。”① 在古代中国，父母对子女有生杀予夺的权力，是其命运的主宰。全权全能的官僚对于民众来说，是高高在上、无所不能的统治者。这种官民关系必然铸造出官僚苛下压下的精神品性。他们为贯彻执行君主意志或谋求自身利益，以强大的政治权力压迫百姓，甚至实行“猛于虎”的苛政。即使有所谓“爱民如子”“恤民护民”的官僚，也为数甚少，而且从根本上是维护统治阶级利益的。

奉上苛下是官僚政治文化最基本的特征，由此又可派生一系列的官僚意识、观念、品格和作风等。

---

① 〔美〕费正清：《美国与中国》（第四版），张理京译，马清槐校，商务印书馆，1987，第80页。

其一，权与利紧密相连的官僚意识。官僚是介于君与民之间，有自身特殊利益的群体。在古代中国，官僚的俸禄并不多，其利甚至不如一般商人。但是为官为什么有巨大的吸引力，成为无数苦读寒窗的士人梦寐以求的主要乃至唯一出路呢？重要奥秘便是权与利的紧密相连。一旦为官，便可利用手中权力谋取大量财富，成为望族名门，即“以一日之长，决取终生之富贵”。清人郑板桥对此说得很透彻：“一捧书本，便想中举、中进士、作官、如何攫取金钱，造大房屋，置多田产”。争权与夺利，做官与发财作为形影不离的伙伴，成为官僚群体的自觉意识。虽然君主王朝出于维系统治的需要，反复倡导“为政清廉”，并以严刑峻法惩治贪官污吏，但以权谋私贪污受贿屡禁不绝，成为普遍的行为。

权与利相连的官僚意识与奉上苛下的官僚精神是一致的。出于对利的追求，官僚更加唯上奉上，获取君主和上级的欢心和提拔，谋取更高的官位和更大利益；更加压下苛下，一为忠实执行君主和上级意志，得以升迁，二为个人搜刮更多财富。

其二，相互利用、相互倾轧的官场习气。自上而下的官僚阶层是一个庞大复杂的官僚体系。官僚们要在专制政体下保官升官，又须相互利用和相互倾轧，并形成一种普遍的官场习气。

相互利用是官僚们通过相互间的合作，共同获得利益的意识和行为。主要有：(1) 拉关系，走后门，结成盘根错节的关系网。在专制政体下，愈往上层，官职愈少，升迁愈难，竞争愈烈。而官僚的升迁相当程度取决于君主和上级个人意志。官僚们因此力图通过拉关系、走后门等方式得到格外的恩宠。这也成为一门十分高深和普遍的为官之道。其形式更是五花八门，无奇不有。而君主和上级为了使官僚和下级更加忠诚于己，也愿意利用这种形式培植亲信和门徒。(2) 结党营私。党派是一种有着共同切身利益的集体力量。通过结党，个人可以获得远超过个体的力量而保官升官。结党营私因而成为流行于官场的意识和行为。虽然党派势力过大有可能损害绝对的君权，君主往往严令禁止，但收效不大，屡禁不绝。(3) 官官相护。官僚是介于君主和民众之间的特殊利益群体。为了维护群体利益，官僚们往往相互勾结、相互保护。其深刻的行为动机是：今日给人方便，来日予己方便；今日投资，来日获益，互相报答。虽然为防止绝对的君权受到损害，君主建立了严密的监察监督之网，但由于官官相护很难发挥应有的作用。相互监督制约往往变成相互勾结利用。因为监督者也是官僚群体的一员，也会利用监察监督权谋利。

相互倾轧则相反，它是官员们以相互间的打击压制获得利益的意识和行为。在专制权力金字塔下，官僚们只有压倒他人，才更有可能保官升官。相互倾轧的方式更是数不胜数，层出不穷。如向上告密、造谣诽谤、落井下石、党同伐异等。激烈的相互倾轧使官场异常腐败黑暗。即使个别官员对此不齿，但也只能出淤泥而不染，洁身自好。因为相互倾轧是专制政治必然带来的普遍官僚意识和风气。

其三，因循守旧、形式主义的官僚品格。在专制政体下，“事无大小皆取于上”，官僚只是君主的工具，职责便是绝对、机械的服从。上面的意志照章向下传达贯彻，下面的情况照章向上反映传递，一切都是履行公事，看不到任何主动创造精神。汉代以布衣拜相封侯的公孙弘“每朝会议，开陈其端，使人主自择，不肯面庭折辩”，每次上奏，“有所不可，不肯庭辩”（《汉书·公孙弘传》）。相反，政务活动中的主动创造精神往往被认为是对绝对君权的损害并遭到同僚的嫉恨。这种体制和环境自然只能铸造出官僚因循守旧的品格。美国历史学家斯塔夫里阿诺斯评价说：古代中国的官僚制度“为中国提供了赢得欧洲人敬佩的有效稳定的行政管理。另一方面，也正是这一制度，扼制了创造力，培育了顺从性”①。

因循守旧又必然造成只重形式、不重内容，只重动机、不重效果的形式主义品格。官僚大多是通过考试进入官僚阶层的。考试内容是千古不变的纲常礼教经典。考试形式也刻板不变。特别是八股取士，

① 〔美〕斯塔夫里阿诺斯：《全球通史》，吴象婴、梁赤民译，上海社会科学院出版社，1988，第433页。

连文章的开头结尾、结构格式都有固定的形式。内容成为形式的附属物。官僚在处理政务活动中只要照章办理就行了，效果如何则不必过问。清代官员定期要到乡下教化乡民，大多只是过场形式。但即使没有任何效果，这一过场形式也得进行。正是在考试、升迁、处理政务等一系列刻板公式中铸造出形式主义的官僚品格。

特权与寄生的权贵意识

在古代中国，始终存在一个在君主专制政体下享有特殊权利的阶层。这一阶层由于与君主的特殊关系，在社会政治生活中居于特殊的地位，而且这种地位世代相袭，使他们有着与社会显然不同的身份标志，并形成其特有的政治文化，即特权与寄生的权贵意识。

权贵阶层在政治和社会上享有种种其他人不可能享有的特殊权利。如做官不必考试，升官比常人快捷，触犯法律可免刑罚等。在这一制度下无疑会生成权贵们的特权意识，似乎他们天生就是上层统治者，注定是社会中的特殊人群，有着天然的优越感，其阶级意识特别强烈。为了在政治和社会资源的占有方面建立和维系其特权垄断地位，他们甚至“从官位名地上造出血统优越的传说，自高自夸，与一般平民隔绝”①，并根据身份、门第、家族组成特殊的利益集团，坚决捍卫其既得利益。在政治上，他们力图利用其特权地位，获得尽可能多的权力资源，压制和打击非特权群体的成员。这种特权意识的膨胀往往连君主也甚感为难，甚至左右着君主的意志。因为特权群体地位的合法性基础是传统，而传统是不可随意变动的。权贵们的特权意识更是深深地渗透在日常社会生活之中，有着强烈的封闭性和排他性，以显示出其高贵的等第。他们有自身特有的语言、习性、生活方式、交往圈子。如东汉魏晋时的门阀士族既不肯与庶姓通婚，也不屑与寒族交际应酬。特别是他们往往以一般平民难以做到的各种烦琐的礼节来显示和烘托其高贵身份；更不肯与非同等门第的家族通婚，唯恐降低和有损其地

① 王亚南：《中国官僚政治研究》，中国社会科学出版社，1981，第82页。

位和身份，特别讲究“门当户对”，以保持高贵的血统。

权贵群体的特权地位是由先天的血统、家世决定的，由此必然形成与特权意识相联系的寄生意识。先赋地位使他们无须通过个人努力或不必以同他人相等的努力达到其目的。与“学而优则仕”的平民意识不同，他们凭借“生而优则仕”的特权地位，只知索取，而不知奉给。因此，尽管权贵阶层的地位很高，但其政治社会作为远远不如出身平民的人。权贵阶层“不限才愚，尽居禄位，未离襁褓，已列簪绅”（《续资治通鉴长编》卷132），为官后往往只知声色犬马，搜刮钱财，不理也不善理政事，使政治尤为黑暗和腐败。清代鸦片战争时，凭借满族贵族出身当上高官的奕山、奕经被派往南方当靖逆将军。奕山到广东后，只知搜刮财宝，被称为“翡翠将军”。奕经到浙江，只以酒色为事，妓不离营，被称为“琵琶将军”（抱肉琵琶）。所以，在古代中国，权贵势力的膨胀之时，往往是政治最为腐败之日。如东汉魏晋和清朝末期。

参与与避世的士文化

士具有双重性。一方面，士被纳入专制政治体系，依附于政治；另一方面，他们作为有知识的社会群体，又有相对的独立性，由此形成其特有的政治文化。突出特点就是积极参与与消极避世的双重品格。

与大多数处于愚昧状态的民众相比，士有着文化知识方面的特殊优势。而在专制权力无所不在的社会里，士根本不可能超脱政治，并对政治有特殊的敏锐感受。作为士主要学习的儒家经典又赋予士一种特殊的使命感，这就是以儒家文化的“道”维系社会。因此，积极参与政治社会，以其知识和原则治理国家，实现天下太平，便成为士的一种群体自觉意识。正是在这种“以天下为己任”的强烈忧患意识和政治责任感使命感的激发下，士在政治社会舞台上扮演着独特的角色。

“学而优则仕”是士的基本态度。但不能简单认为，凡是发奋读书获得官职的人都是为了日后获利。相反，在儒家经典看来，做官读书都只是“治国平天下”的手段，“重义轻利”才是士的基本价值。至于士成为官后以权谋私，只表明他们作为官僚体系的一员而为官僚文化所同化。否则就难以理解那些为政清廉、忠心报国的“清官”。

奉上苛下是官僚的普遍性格，但是，出于“治国平天下”的责任感，不少士也敢于提出独立见解，甚至犯上死谏，即“当理不避其难，临患忘利，遗生行义，视死如归”（《吕氏春秋・士节》）。历代虽有“伴君如伴虎”的警言，魏徵却敢于毫无顾忌地仗义执言，即使是唐太宗不愿听的话。

拉关系，走后门，官官相护是官场风气。包拯作为京官在处理与皇亲国戚有关案件时，不仅没有将此作为攀附权贵的良机，反而执法如山，依法处置。

因循守旧的保守性格流行官场。而范仲淹、王安石却敢于冒触犯既得利益集团的风险，积极变法革新，即使受孤立、排挤和打击也在所不惜。

即使是非官僚的士对政治也有着强烈的责任感使命感，时常横议时政，臧否人物，即“不任职而论国事”（《盐铁论・论儒》）。诸如杜甫以“三吏、三别”的悲切诗篇忧国恤民的现象更是不胜枚举。

毫无疑问，士对政治的积极参与，忧国忧民，报国报民，从根本上是维护封建社会统治，但在一定程度上也表达了民众的利益要求。这说明，士有其独特的价值观，并铸造出“三军可夺帅，匹夫不可夺志”的独立人格。它们来自士独有的知识，即士是以其知识在社会立足的，并能获得和保持某种独立的个性。这也是士—官僚往往比其他类型的官僚，特别是人身依附性极强的宦官，更能有政治作为的奥秘所在。

但是，士的独立人格精神十分有限。士缺乏独立的经济基础，政治依附性很强，他们只能在专制政体下保持某些独立价值和人格。对于绝大多数士来说，一旦进入官僚体系，便为官僚精神所同化，成为地道的官僚，而不再有士的个性。即使少数有独立人格精神的士，也为严酷的专制政体和庞杂的官僚体系所限制和压抑。由此便铸造出士的另一重性格，即消极避世。作为儒家人格典范的孔子便有大量有关思想。如“天下有道则现，无道则隐”（《论语·泰伯》），“邦有道则仕，邦无道则可卷而怀之”（《论语·卫灵公》），“达则兼济天下，穷则独善其身”（《孟子·尽心上》），等等。因此，士积极参与政治在相当程度上取决于专制政体的需要和允许。有可能便积极参与；否则就消极避世，唯恐触犯专制权威。

在古代中国，积极参与和消极避世这两种相互对立的政治态度总是奇妙地结合在一起，形成士特有的双重政治人格。如陶渊明有“猛志逸四海，骞翮思远翥”的宏伟政治抱负，但黑暗的政治使他抱负难展。为保持独立个性，他不愿为五斗米折腰，却也只能采取消极的不合作主义，从喧嚣的城市官场隐身乡村田野，做一个“采菊东篱下”的隐士。由于城市是政治中心，君主贤明，官场倾轧不甚的清平时期，士人纷纷入世，积极参政议政；一旦逢专制高压和官场倾轧日甚的黑暗时期，士人则纷纷隐身乡下，远离政治。参政与隐退，进城与回乡成为士人常见的生活方式。

钱权交易与政治冷漠主义的市民心态

在古代中国，手工业者大多与乡村有紧密联系，具有一定独立性和稳定性的市民阶层主要指从事市场交易活动的城市商人。市民作为一个相对独立的社会阶层，必然会形成相应的市民政治文化。其突出特点是以商品交换的眼光看待政治权力的钱权交易和政治冷漠主义心态。

由于专制政体对政治权力资源的独占关系，形成官与民两个对立的社会群体。城市市民和乡村农民一样，都属于没有任何政治权利的臣民，他们同官府的关系都属于不平等的权威—服从关系，对政治权力的单向服从是他们的基本政治意向。但是，与乡村农民不同，城市市民毕竟是一个从事工商业活动的独特阶层。他们在经常性的商品交换经济生活中萌生出一种以商品交换的平等眼光看待政治权力的钱权交易意识。这就是将王朝官府所垄断的权力资源视为一种可交换的等价物，用属于自己的钱与之交换，然后通过交换的权力获取更大利益。在这里，金钱和权力是同样的等价交换物，钱和权的持有者之间的关系通过交换活动形成双向平等交换关系而不是单向的权威—服从关系。所以，钱权交易蕴含某些政治平等意识，在一定程度上超出了权力至上、等级森严的封建专制文化的范畴。

在古代中国，自出现了“士农工商”这一社会群体的分化，就产生了以商品交换的眼光看待权力的钱权交易意识。最为典型的是春秋战国期间的大商人吕不韦。阳翟大贾吕不韦在赵国经商时，偶然结识在赵国为人质的秦国公子异人。随后他不再从事买卖活动，而耗费巨资帮助异人继承了王位。吕不韦与其父的对话可揭示他这一行为的深层动机。吕不韦问其父：“‘耕田之利几倍?’曰：‘十倍。’‘珠玉之赢几倍?’曰：‘百倍。’‘立国家之主赢几倍?’曰：‘无数。’曰：‘今力田疾作，不得暖衣余食。今建国之君，泽可以遗世。愿往事之。’”（《史记·吕不韦传》）由此可知，吕不韦是以一种商品交换的看光看待政治权力的，目的是投资于权力，获得遗世之泽。

钱权交易意识在商人十分活跃的春秋战国时期十分流行。它虽然在实行严厉的抑商政策的封建社会前期有所抑制，但随着宋代以后市民阶层的出现再次活跃起来，并广为流行。宋代湘潭巨贾李迁就公然声称，他之所以发财致富，是因为有执政的官员庇护，即“为政者以庇我”。要得到为政者庇护，必然以大量金钱贿赂官员，进行钱权交易。由于钱权交易意识的广为流行，宋代出现了一批暴富的商人，形成一股强大的社会势力。首都开封为“巨富大贾所聚”，“京城资产百万者至多，十万而上，比比皆是”。

到了明清时期，市民阶层的扩大，钱权交易意识更为浓厚。商人凭借雄厚的经济实力，不仅仅是获得“为政者”的庇护，而且要求直接谋取官职，在政治权力体系中据一席之地。在封建社会前期的汉、唐，国家法律严格禁止商人及其子弟为官。而在清代，商人用钱为自己或子弟“捐官”的现象随处可见，由此以金钱的力量突破了封建社会官民之间不可逾越的等级界限。

除了钱权交易外，对政治的冷漠感也是市民阶层一种独特的政治心态。在封建社会，正统的儒家文化总是反复强调“以天下为己任”

"齐家治国平天下"等对国家的政治责任感。但市民阶层却以个人利益本位的独特价值观看待作为"天下"的国家与个人之间的关系。在他们看来,"天下"并非自己的"天下",关心"天下"于己有何利?因此,他们除了为谋利而寻求官府保护,进行钱权交易活动外,一般不愿与官府交往,更不愿关心或积极参与政治,唯恐得罪官府使自己的商业活动受到影响,甚至毁掉家业,由此表现出政治冷漠主义倾向。所以,市民阶层,特别是一些大商人除了经济活动外,往往将全部的精神寄托于个人的感官享受和纵情声色之中。宋代开封作为"天下富商大贾所聚"之地,到处都有酒楼、食店、茶坊、妓馆,还有瓦舍(娱乐场)、勾栏(剧场),富商大贾在这里侈靡相尚,纵情欢乐。明代南京,伴随发达的工商业的是尽情享受声色犬马的富户巨商。仅秦淮河两岸就有酒楼六七百座,茶社千余处。入夜的秦淮河到处一片纵情欢娱。即使在国家存亡之际也是如此,以至于一些富于政治责任感的知识分子对此痛叹"商女不知亡国恨"!

对政治的冷漠还使市民不像其他社会成员一味地接受充满"三纲五常"的正统政治文化,为重重枷锁般的政治责任感所束缚,而追求和向往着个性解放和个性自由,虽然这种追求和向往是以畸形变态的形式折射出来的。一个突出表现就是受市民们欢迎并适合市民口味的市民文艺的出现。宋明清时期出现并在城市中流行的小说、戏曲,不再像以往的文艺形式充斥着纲常礼教的政治道德说教,许多都是直接取材于世俗市井生活;所描写的人物也不再只是封建统治所需要的"忠臣""孝子""节妇",而往往是一些社会地位低下的小人物。美学家李泽厚为此认为:这一时期的市民文艺,"有对人情世俗的津津玩味,对荣华富贵的钦羡渴望,对性解放的企望欲求,对'公案'、神怪的广泛兴趣,……尽管这远远不及上层文人士大夫趣味那么高级、纯粹和优雅,但它们倒是有生命活力的新生意识,是对长期封建王国和儒学正统的侵袭破坏。"[①] 这也正是市民政治文化的独特性所在。

---

① 李泽厚:《美的历程》,中国社会科学出版社,1989,第179页。

第五节　城市的社会矛盾与政治活动

矛盾的多重性与复杂性

矛盾的多重性与复杂性是古代中国城市社会矛盾的重要特征。这是由中国古代城乡一体化社会结构和城市复杂的阶级关系所决定的。

在中世纪西欧城乡二元结构下，城市在经济上与乡村对立，在政治上具有相对独立性，其社会矛盾因素主要来自城市内部。与城市之外的乡村没有必然的联系。而古代中国乡村作为经济实体，其社会矛盾的最深刻根源是乡村社会内部地主阶级和农民阶级之间的经济对立。虽然乡村与城市也有矛盾，但乡村的被统治地位使它不可能反映城市社会矛盾。古代中国城市则不同。在城乡一体化社会结构下，城市主要是政治实体，是王朝统治堡垒，社会的统治者集中聚居于城市。为此，全社会的矛盾无不集中地反映到城市。城市的社会矛盾不仅仅起源于城市本身阶级阶层的对立，而且往往更主要的是反映来自乡村社会的矛盾，是乡村阶级对立和矛盾的延续和集中表现。因为集居在城市里的统治阶层只不过是以乡村土地为基础的地主阶级的政治代表。城市的统治者不仅代表整个地主阶级与广大农民对立，而且反映和体现着地主阶级内部各阶层的矛盾冲突；在城市社会内部则与民众构成对立关系。城市的社会矛盾因而具有多重性和复杂性特点。

另外，古代中国城市社会的阶级关系特别复杂。中世纪西欧城市和古代中国乡村作为经济实体，社会成员主要划分为经济上对立的两个阶级，阶级和社会矛盾也主要来自这两个对立阶级。而在古代中国城市社会内部，阶级的分离不甚明显，大量存在的是很难简单划归为某一阶级的阶层群体。除了官与民这两大统治阶级与被统治阶级的矛盾外，还存在大量因经济利益、政治地位和阶级意识不同而产生的社会对立和社会矛盾。从统治阶级内部看，不同的群体虽然有压迫人民的共同利益，但他们又有各自特殊的利益，形成一定的利益集团，并产生冲突和矛盾。从被统治阶级看，虽然他们都处于官府的压迫下，但由于经济利益的不同也会出现冲突和矛盾。这在城市工商业有所发展的封建社会后期特别明显。比较典型的是中小商人与大商人、雇佣工人与作坊主之间的冲突矛盾。大商人和作坊主凭借经济优势或利用统治阶级的力量压制剥夺中小商人和雇佣工人。一些边缘阶层的存在，使城市社会矛盾更趋多重性和复杂化。士本来紧紧依附于统治者，但毕竟不属于统治者，且会与统治者产生矛盾。军队本是统治阶级的暴力工具。但军队成员大多来自贫穷农民，普通士兵和下级官员与上层统治者之间存在对立和矛盾。

瓦解：社会危机与统治动摇的信号

政治是经济的集中表现。政治斗争是社会矛盾激化的结果。古代中国城市作为政治中心和王朝统治的堡垒，集中地反映了全社会的矛盾，成为全社会政治状况的晴雨表。特别是反映各种社会利益要求和倾向的上层统治集团内部的斗争十分活跃。古代有见地的思想家以“土崩瓦解”形容王朝合法统治地位的倾覆。“土崩”指来自社会底层的农民起义。“瓦解”则是指上层社会统治阶级的斗争。这种斗争主要集中于作为政治中心的城市。

与下层乡村社会的农民起义相比，上层社会统治阶级内部的斗争性质、特点、强度、结果都不一样。首先，上层社会内部的斗争一般是建立在有着根本的共同利益基础上的斗争，不像农民起义具有突出的一个阶级反对另一个阶级的阶级斗争的性质。虽然，在某种情况下，上层社会内部的斗争，如代表中小地主阶级利益的官僚群体反对上层统治集团的斗争，士反对当朝权贵的斗争等，在某种程度上也反映了下层社会成员的一定利益，但这种斗争从根本上限定在统治秩序之内，与下层人民群众的联系不甚直接。其规模和烈度远远不如摧毁既存统治秩序的农民起义。其次，为建立和巩固城市这一专制统治堡垒的秩序，王朝实行强控制，不仅仅以强力压制城市民众，而且力图将统治体系成员限定在规范地位，将统治体系内的斗争和矛盾也控制在一定范围内，甚至随时将不稳定因素消灭在萌芽状态之中。而对广阔的乡村却无法实施城市这样的强控制，且由于中间环节的梗阻，往往直到矛盾普遍激化，反对因素蔓延开来，最高统治者才得以知晓。要扑灭迅速蔓延的熊熊大火则难上加难。正因为如此，有识之士将乡村农民起义视为能导致王朝倾覆、最危险的“土崩”。上层社会的斗争只意味整个统治大厦上瓦片的掉落，不会导致统治大厦的倾覆。

但是，作为“瓦解”的上层社会的斗争并非毫无意义，其突出价值在于它是一种信号，标志着社会矛盾加剧，正在演变为社会危机，王朝统治地位正在动摇，趋于不稳。首先，在专制官僚政体下，广大民众被排斥在政治生活之外。特别是广大分散的农民的利益要求、愿望难以通过政治参与的方式直接反映到统治者那里。而生活在城市里的统治体系里的成员与乡村社会有着十分密切的联系。因此，社会不同阶级、阶层、群体的利益要求和矛盾冲突往往是以统治体系内不同群体、派别的矛盾和斗争反映出来的。一般来讲，由于根本利益的一致和强控制的作用，统治体系内的矛盾不会演变成明显的斗争。一旦这种斗争公开化或激烈化，便意味着整个社会矛盾的加剧，社会危机正在来临。其次，在专制政体下，权力资源高度垄断于君主之手。而统治体系内的不同成员、群体无不希图从君主手中分配到较多的权力资源，相互之间势必产生权力角逐。在一般情况下，君主通过平衡权力和利益关系以及等级地位的强控制，将这种权力角逐限制在可调控的范国内，以维系绝对统治地位。但一旦君主无法驾驭住权力角逐，追逐权力或以权谋利的状况超出统治体系难以容忍和承受的限度，必然导致统治无序，政治黑暗腐败。而这又会更进一步加剧整个社会的混乱和危机。

所以，上层社会统治体系的斗争有着强烈的政治信号意义，它对统治者起着预警作用。如果引起统治者警惕，变法图新，则有可能使社会矛盾相对缓和，延缓社会危机的来临，如北宋中期的王安石变法；如果统治者对这一信号置之不理或无能为力，王朝统治地位也就只能一步步地走向倾覆，如东汉后期。因为在一体性社会结构下，城市上层的“瓦解”与乡村下层的“土崩”总是紧密联系在一起的。

激烈残酷的党派角逐

在王朝官僚统治体系内，由于利益、政见不同会形成不同党派。虽然，为维护绝对君权，王朝严厉禁止“结党营私”，但党派作为君主专制政体的伴随物，是不可能被禁止的。党派之间出于利益、政见之争的政治角逐便成为上层统治体系内部斗争的主要部分。

古代中国的“党”原义为居民基层单位，如乡党等，后来引申为有紧密关系的政治人群，有“党羽”“朋党”“同党”之称。党派能够形成个体无法比拟的政治势力，在政治舞台上扮演着重要角色。

政治党派主要有三种。一是基于共同利益形成的政治人群。围绕绝对的君权存在宦官、外戚和士—官僚的三类政治集团和势力。这三类集团和势力分别凭借获得皇帝恩宠、与君主的婚姻家族关系以及通过知识为君主统治服务而形成特殊的利益群体，并为获得和维护各自利益进行政治角逐。二是基于共同政见而形成的政治人群。在专制政体下，虽然政策的最后决断权在君主手中，但统治体系内也存在不同的政治见解，并形成一定政治派别。如宋代的主战派和主和派、改革派和保守派。政治派别的内部联系和利益倾向不如利益集团强烈和明显。三是被排斥在统治集团之外而反对专权党派的政治人群。比较典型的是以无锡顾宪成为首的明代东林党人。

在专制政体下，没有任何结社自由，统治体系内部的党派更被严格禁止。党派往往是不同集团强加给对方的贬称，如唐朝的李党、牛党，宋朝的元祐党人，明代的东林党人等，以此借用绝对的君权打击对立派。同时，即使是联系十分紧密的党派势力，也不会和不可能像现代政党那样有明确公开的政纲和组织。古代的党派大多是一种无形的势力，主要以人际关系为联结的纽带。宦官集团主要建立在人身依附关系之上。如明末以魏忠贤为首的阉党，除内宫有效忠魏忠贤的30多人外，还有号称“五虎”的文臣，号称“五彪”的武臣，“五彪”

之下有“十狗”，并有“十孩儿”“四十孙”等大小爪牙。由于宦官集团以人身依附关系为纽带，组织较严密，很容易形成共存共荣的死党，其势力十分强大。外戚集团建立在血缘家族和婚姻关系的基础上。士—官僚集团除有共同的意识形态基础外，也往往以人际关系为纽带。一是同年关系，如唐朝以牛僧孺为首的牛党；二是门第关系，如唐代以李德裕为首的李党；三是同乡关系，如明代以“三吴绅士为多”的东林党，还有浙党、楚党、齐党等。士—官僚集团的形成以意识形态和政见为基础，而意识形态和政见容易分化，因此其组织远不如宦官集团严密。

党派角逐是社会矛盾加剧、专制统治不稳的必然产物，相互关系是成正比的。东汉后期，土地兼并日益严重，不仅地主与农民，而且地主阶级内部的上下层、统治体系内部的上下层矛盾都反映到上层政治社会，由此形成宦官、外戚、士—官僚三个集团的激烈斗争。唐朝开国就一直伴随着士—官僚不同派别的矛盾和争斗。只是到社会矛盾日趋激化的中后期，矛盾和斗争才公开化，并愈演愈烈。古代中国最为激烈的几次党派斗争分别发生在社会矛盾加剧、专制统治动摇的东汉、唐和明代中后期，并不是历史的巧合。

党派角逐大多围绕统治权展开，但又不只是权力之争，往往在一定程度上反映了本集团以外社会成员的要求和愿望。东汉后期党派角逐之初，外戚代表上层豪强利益，宦官代表下层豪强利益，士—官僚集团反映了被当权派所排斥压制的士—官僚利益。在北宋中期，以王安石为首的改革派在一定程度上考虑到农民阶级的利益，以司马光为首的保守派则强调维护官僚地主的既得利益。明代东林党人抨击反对宦官专权，首先抓住对人民危害最直接、最明显的矿、监税，这在一定程度上反映了城市工商业者的利益，以至于宦官集团到苏州逮捕东林党人时，受到市民们的围攻和抗议。

党派角逐是社会矛盾激化的产物，受利益驱使，并围绕统治权进行，其斗争因此十分激烈，充满刀光剑影，残酷程度甚至不亚于阶级斗争。东汉后期的党派角逐中，当士—官僚通过联合斗争，其势力迅速上升时，宦官集团利用与君权的特殊关系，对士—官僚进行了残酷的镇压，两次“党锢之祸”，受迫害、株连者成百上千。唐后期，宦官集团首领仇士良对试图铲除他们的李训等士—官僚进行残酷的镇压，迫害、株连者千余人，这便是有名的“甘露之变”。明后期的魏忠贤宦官集团更是疯狂捕杀东林党人。在激烈的政治角逐中，宦官集团往往容易占上风。一则他们与绝对的君权有紧密联系；二则他们大多为利而聚而争，以人身依附关系为基础，组织严密；三则他们不像士—官僚那样为所谓的政治道德所约束，因而势力特别大，攻击性特别强。

激烈残酷的党派角逐使政治平衡受到破坏，政治更加黑暗腐败，成为王朝崩溃的催化剂。首先，党派角逐加剧权力的专制和缺乏制约，使权力的私有性牟利性更为突出。其次，党派角逐造成相互倾轧，排除异己，专制政体更趋封闭，有才之士难以进入统治体系。最后，无原则的党派角逐导致政治无序，效能低下。上述因素都将加剧社会矛盾，促使王朝崩溃。东汉后期党派角逐长达百余年，两次“党锢之祸”后，宦官专权。他们“贪如豺虎”，愚昧无能又极力压制士族，甚至公开卖官，政治极度腐败。在农民起义的最后一击下，东汉王朝迅速覆亡。唐后期激烈的党派角逐造成“宦官气益盛，迫胁天子，下视宰相，陵暴朝士如草芥”（《资治通鉴》卷245）。士—官僚内部的派别争斗也制约士—官僚的政治作为。李德裕本是晚唐一位杰出的政治家。由于牛李两派无原则纷争，一派所行，必为另一派全力否定，以致李德裕的政治作为收效甚微。唐文宗为此叹息：“去河北贼非难，去此朋党实难。”（《旧唐书》卷176《李宗闵传》）唐王朝因此日趋瓦解，最后在农民起义的猛力一击下崩溃。明后期与唐后期的情形更是惊人的相似，王朝倾覆的重要原因在于激烈残酷的党派角逐造成的政治黑暗腐败。

极具威胁力的军人反叛

军人是作为专制统治堡垒的城市人口的特殊部分。从整体而言，军队属于统治阶级的范畴。但广大士兵和下级军官处于被支配和被压迫地位，并且这会导致他们对支配者和压迫者的反叛。

军人反叛的原因主要有三。其一，维护切身利益。如中国古代城市，特别是京城居住着大量包括军队在内的消费人口，其消费资料往往要从很远的地方运来。一旦因运输等原因不能保证消费品的正常供应，则容易引发素有“当兵吃粮”的军队消费者的不满，并通过一定政治行为表达意愿。唐朝德宗时，由于漕粮不济，仓廪枯竭，长安城的禁军竟脱巾上街游行，要求发给粮饷。

其二，官兵矛盾。这一矛盾实质上是官民矛盾在军队中的一种特殊体现。矛盾一旦激化也会引发士兵和下级军官反对上层军官和官僚的斗争。宋王朝时期，宜州知州刘永规统治严酷，强迫兵士率领他们的家属上山伐木，修建州署，风雨不停，士兵常遭殴打。1007 年 6 月，极度不满的宜州士兵在军校陈进的率领下，杀刘永规，发动了宜州城起义，宋王朝大为震动。

其三，乡村社会矛盾影响。军队的绝大多数成员来自乡村农民家庭。乡村社会矛盾必然反映到军队。一旦矛盾激化便可能引起军人代表农民利益并和农民联合在一起反对王朝统治。北宋中期，乡村社会矛盾尖锐，由此引发了一系列军人反叛活动。仅规模较大的就有赵延顺等人领导下的益州起义，王伦发动领导的沂州起义，王则领导的贝州起义。这些军人起义斗争“一年多如一年，一火（伙）强如一火（伙）”，并大多与农民起义相结合，引起北宋王朝的极大恐慌。

军队是暴力组织，且广大士兵和下级军官都处于被支配、被剥削地位，其政治斗争方式主要是暴力反叛，并易与农民起义融合在一起，因而对王朝统治秩序极具威胁力。唐德宗时，由于漕粮不济引发禁军上街游行，王朝上下极度恐慌。直到米粮到京，急切而不知所措的唐德宗才缓了一口气：“米已至陕，吾父子得生矣。”北宋中期的士兵起义虽先后失败，但严重震撼了王朝，促使王朝不得不进行某些改革，使社会矛盾有所缓和。

富有挑战性的学生运动

古代中国城市是政治和文化中心，有许多培养王朝统治所需人才的学校。历代王朝在都城都兴办有太学，太学生有时多达数万人。封建社会后期，各府、州、县城均有学校。一些文化较发达的地方城市也兴办有各种书院、学校，如宋代有长沙“岳麓书院”等四大书院，明代无锡有“东林书院”等，学校就读的学生大多出身士绅家族，并将成为未来的士—官僚。一般情况下，学生都以“两耳不闻窗外事，一心只读圣贤书”为宗旨，王朝统治者也要求他们专心读书，不得过问政事。

但是，当社会矛盾激化，王朝统治出现危机时，学生往往在政治上十分活跃。他们毫无顾忌，纵论国家大事，甚至敢于首先向当朝权贵发起挑战，成为最敏感、最积极的政治力量。东汉后期，宦官专权，政治腐败，引起太学生极度不满。他们“品（核）公卿，裁量执政”，敢于“危言深论，不隐豪强，自公卿以下，莫不畏其贬议”（《后汉书·党锢传序》），形成了一支反对宦官专权的政治力量。北宋末年，蔡京、童贯等权贵把持朝政，政治黑暗腐败，以致金兵长驱直入，江山危在旦夕，激起朝野极度不满。正是太学生陈东等人带头上书主战，给朝廷施加政治压力。

在专制统治秩序下，饱读“三纲五常”经典的学生何能“敢为天下先”，对当朝权贵发起挑战呢？这首先在于士的群体自觉意识。士有着“以天下为己任”的强烈责任感和使命感。而在读书人集聚的学校最容易诱发和激发士的群体自觉意识，并由于其集聚一处，能够一呼百应，形成群体政治力量。其次，学生尚不在权力系统之中，没有太多既得利益，敢于正视现实，对各种复杂的政治关系和党派角逐也无所顾忌，能首先站出来公开发难。东汉后期，士—官僚虽然对权倾海内的宦官集团不满，但大多也只是私下议论，太学生则敢于公开批评当朝权贵，影响很大。最后，学生有较多文化知识，且富有政治理想，对政治较为敏感，主动性较强，每当社会矛盾激化，政治危机来临之时，他们敢于率先表达政治意愿。

由于士的强烈政治参与意识，学生的政治斗争大多产生于社会矛盾激化、政治黑暗腐败的时期，这种斗争因此往往直接或间接地反映了一定社会利益和要求，能够得到较多人的响应和支持，形成群体性的学生政治运动。东汉末年太学生反对宦官专权，虽然与他们的仕途被阻有关，但也表达了众多为宦官专权所害之人的不满，能够起到某种激浊扬清的作用，所以为许多人所支持，形成令当朝权贵极为恐慌的太学生运动。北宋末年太学生多次上书主战，开封城中军民闻讯自动群集声援，一时在皇宫周围聚集了数万人。

学生和军队同属于统治体系的一部分。但二者政治活动方式有所不同。军队是暴力组织，广大士兵和下级军官与被剥削被统治阶级有紧密联系，军人反叛主要是暴力方式，矛头指向统治秩序。学生是读书人，与上层社会联系紧密，政治活动方式主要是非暴力的群体运动。一是集体上书。学生的斗争对象一般是当朝权贵。他们往往通过联名集体上书皇帝的方式，陈述厉害，形成一定政治压力，引起皇帝注意，通过皇帝的力量压制权贵，整肃政治。公元 153 年，太学生刘陶等数千人诣阙上书，为触犯宦官势力而服役的士—官僚牛穆申辩。汉桓帝迫于压力赦免了牛穆。162 年，太学生张凤等数百人联名上书，使遭宦官诬害的皇甫规得以赦免。北宋末年的太学生更是三番五次联名上书皇帝，要求抗战，反对言和。上书皇帝的方式与学生有关“圣上清明，只是为小人所蒙蔽”，只能唤起皇帝觉悟而不可反对皇帝的观念密切相关。二是通过发表言论，引起广泛的社会注意，形成社会舆论压力，迫使当朝权贵的行为有所收敛和改变。东汉末年的太学生与士—官僚相呼应，“激扬名声，互相题拂。品覈公卿，裁量执政”（《后汉书·党锢传序》）的“清议风”盛行，从地方到京城，形成强大的社会舆论，不仅引起宦官势力的恐慌，连皇帝也不得轻视。明后期顾宪成等人在无锡东林讲学，并“讽议时政，裁量人物”，许多士人蜂拥而至，响应和支持者与日俱增，形成广泛的社会舆论，具有相当影响。

虽然学生的政治活动从根本上说是维护封建统治的，更不直接反对君主，但它不仅直接触犯了当朝权贵，而且在客观上造成了对绝对君权的损害，活动的群体性更为专制统治所不容，所以必然受到强烈的抑制，甚至严厉的镇压。东汉统治者残酷镇压日渐扩大的太学生运动，两次“党锢之祸”，逮捕太学生千余人，连其五服内的亲属也一律免官禁锢。同时，在高压和利诱下，太学生忿争相告，迅速分裂，一些人更是直接投靠了权势炙人的宦官势力。宋高宗将数次带头联名上书的太学生陈东、欧阳彻押赴市上斩首。另外，历代统治者为防止学生参与政事，严格禁止学生议论时政，特别是严加防范和镇压结社组党并进行有组织的群体政治活动。所以，东汉以后再也没有出现东汉末年的“清议”之风和颇具规模的太学生运动。

市民运动：来自城市底层的反抗

市民运动是指城市工商业者反对封建统治阶级剥削和压迫的斗争。它是一种真正来自城市社会底层的反抗活动。

在中世纪西欧，工商业城市一出现，就开始了反对封建统治的斗争。城市本身就是在这种斗争中形成的。在古代中国，城市主要是政治中心，工商业发展相当缓慢，工商业人口相对较少，势单力薄，对统治势力依附性极强，加上严密的政治控制，分散的工商业人口很难形成整体政治力量。所以，尽管工商业者与封建统治阶级有矛盾，但一直到唐中期才出现反对封建统治压迫的政治斗争。唐“安史之乱”后，唐德宗以“河北河南连兵不息”，军费不足，又“以为泉货所聚，在于富商”，于是以借商为名，对长安的工商业者大肆掠夺，“京师嚣然，如被贼盗”，终于引起“长安为之罢市”（《旧唐书·卢杞传》）。胡如雷认为“这是中国历史上工商业者第一次统一的政治斗争”[①]。但是，这次斗争发生于长期动乱、小农经济受到严重破坏、国库空虚的非常态下，且范围仅限于京城，因此，“这次斗争好象一个偶然的火花，只闪现一次，以后就熄灭了，所以我们还不能把这次斗争正式称之为市民运动，至多可以看作是市民运动的先驱。只有明清之际，城市工商业者发动的政治抗议此伏彼起，连绵不绝，才可以说市民运动

① 胡如雷：《中国封建社会形态研究》，三联书店，1979，第284页。

的时代真正到来了。”①

这是因为到了明清，城市工商业有了相当程度发展，出现了许多工商业人口占相当比例的城市。面对官府的压迫剥削，市民阶层开始形成抗议和反对官府压迫剥削的群体活动。比较典型的是明中叶以城市中小商人、小手工业者、作坊主为主体的反对官府税监和矿监残酷压榨的斗争。这些斗争此起彼伏，大小数百次，延续30多年，形成了有着广泛影响的市民运动。

市民运动主要以城市为空间进行，政治斗争形式有自身的特点。诸如罢市、示威、游行等形式都是农民反封建压迫不曾有的。由于税监马堂的横征暴敛，山东临清“中人之家破产者大半，远近为之罢市”。在北京，由窑工和运煤脚夫组成并有部分窑户参加的队伍进入城内，“填街塞路”，游行示威。但是，市民处于城市社会最底层，与官府的矛盾异常尖锐，因而也经常像农民起义那样，以暴力的方式反对压迫剥夺。明代中叶的市民运动中，在荆州、武昌、临清、苏州等城市都出现了以暴力的方式抗议和反对不法官员的斗争。市民运动具有群体性，具有一定烈度，能产生相当政治压力。明中叶的市民运动曾迫使王朝撤换了不少矿监和税监。

伴随工商业发展和资本主义萌芽出现所产生的市民运动是一种包含有新因素的政治斗争。它既不同于城市其他阶层的斗争，也异于农民的政治斗争。首先，城市中的党派角逐只是争取统治权的上层统治体系内部的斗争。军人反叛虽具有反封建统治性质，但缺乏独立的经济基础。学生运动从根本上是维护封建统治的。而市民运动则是来自城市社会底层，且有独立经济基础的反封建统治的斗争。其次，农民起义的目标是改朝换代，改善生存条件，结果不可能超出封建制度的框架。市民运动的主要目标是维护自身的经济利益，客观上有利于工商业发展，并促进资本主义萌芽的生长，有可能发展为超出封建制度框架的新型斗争。

---

① 胡如雷：《中国封建社会形态研究》，三联书店，1979，第284页。

第四章
城市与乡村政治对古代社会发展的影响

第一节　城乡政治格局对古代社会的影响

大一统社会得以延续巩固的支架

在古代中国，社会的统治者主要居住在城市，并凭借城市对乡村农民行使统治权。这种城乡政治格局是古代经济社会结构的产物，它一旦形成又会对经济社会发展产生重要影响。这种影响首先表现为它是大一统社会得以延续和巩固的支架。

当我们将中国封建社会和世界上其他封建社会的历史做一比较时，就会惊异地发现，世界上绝大多数民族是以分裂割据状态存在的。比较典型的是中世纪欧洲。西方史学家曾把分裂割据的欧洲政治版图比喻为"一条政治上杂乱拼缝的坐褥"①。即使一些民族有过统一，也只是短暂的瞬间。而古代中国却以幅员辽阔、人口众多的统一民族国家存在了2000多年之久！正如黑格尔所说："只有黄河、长江流过的那

① 参见〔美〕海斯、〔美〕穆恩、〔美〕韦兰《世界史》（上），冰心、吴文藻、费孝通等译，三联书店，1975，第475页。

个中华帝国是世界上唯一持久的国家。”① 费正清通过比较也表示：“尽管中国疆土广袤而各地景象又千差万别，但这次大陆始终维持一个政治统一体，而欧洲却未能做到这一点”②。

为什么在古代中国，分裂割据只是历史的插曲，大一统社会始终是历史的主旋律？中外许多学者大多倾向于以儒家文化的整体性和整合性解释。然而，建立在分散、细小的小农经济基础上的强大的专制政体整合力量也许是更为重要的原因。专制政体的整合力量又与城市统治乡村的城乡政治格局紧密相关。可以说，没有与专制官僚体制融为一体的各级各地的城市，专制官僚体制就无立足之地，也不可能将强大的整合力量传递到广阔分散的乡村，将社会凝聚为一个坚固的整体。古代中国社会发展的历史本身就可说明这一点。在封建社会前期，虽然秦汉王朝都将兴建作为专制统治堡垒的城市视为重要国策，但以城市统治乡村格局为基础的专制官僚体制尚不完善。这一时期出现的两次分裂割据和社会大动乱无不与此相关。自宋代始，虽然版图更为辽阔，人口更为众多，但由于以城市统治乡村为基础的专制官僚体制的日益完善，即使出现过社会动乱，但再未出现长时间的分裂割据。由此可见，正是通过均匀分布在各级各地的城市将强大的政治和文化的整合力传递到广大乡村地方，有效地抑制了分散的小农经济产生的分裂割据倾向，才使大一统社会得以在中国长期延续和巩固。

在世界历史上，由于强大的政治、军事、文化的整合而出现过一些版图辽阔的统一封建大国。如公元 800 年建立的查理大帝国。阿拉伯人在圣战旗帜下东征西讨，公元 8 世纪建立了横跨欧、亚、非的阿拉伯大帝国。日本公元 7 世纪实行大化改新，也曾建立过统一的封建国家。但它们存在的历史都十分短暂，在历史长河里犹如流星、闪电般一瞬间。其原因固然很多，而无法通过分布均匀并有强大辐射力的

---

① 〔德〕黑格尔：《历史哲学》，王造时译，三联书店，1956，第 160 页。

② 〔美〕费正清：《美国与中国》，张理京译，马清槐校，商务印书馆，1987，第 9 页。

城市将强大整合力量传递到国家赖以生存的乡村地区，形成牢固稳定的专制官僚统治体系，则是重要原因之一。

为创造高度的古代文明提供了空间基础

近代欧洲社会虽然以其发达的生产力，在世界文明史上写下了光辉的篇章，但它经历过被称为“黑暗的中世纪”时期。近代中国虽然陷于步履蹒跚的境地，但它有过创造了无与伦比的古代文明的光辉历史。“中国文明以其顽强的生命力和对人类遗产的巨大贡献，始终居世界领先地位。”① 而古代中国文明的创造则与城乡政治格局提供的空间基础密切有关。

任何一种文明的发育、生长都要依托一定的空间形式。城市则是最适宜文明生长发育的空间形式。城市通过资源、财富、人口、需求的集中可以形成巨大的创造力量。斯宾格勒甚至认为，“人类所有的伟大文化都是由城市产生的”②。古希腊之所以创造出了无比灿烂的希腊文明，与古希腊城邦这种有利的空间形式分不开。欧洲从高度的希腊文明跌入“黑暗的中世纪”，与缺乏集中性的城市无不相关。恩格斯认为：“中世纪完全是从野蛮状态发展而来的。它把古代文明、古代哲学、政治和法学一扫而光，以便一切都从头做起。它从没落的古代世界承受下来的唯一事物就是基督教和一些残破不全而且失文明的城市。”③ 虽然一些新兴的工商业城市为文明创造提供了一定形式，但由于其集中性不高，难以为创造高度文明提供有力的空间依托。

与欧洲文明进程不同，中国古代文明没有出现断层，独特的城乡政治格局为创造出高度的古代文明提供了有力的空间依托。中国文明与城市的崛起相伴随。虽然战乱经常摧毁城市，但城市突出的政治功能，使它能在反复摧毁中不断重建。文明正是在这种不断重建过程中

---

① 〔美〕斯塔夫里阿诺斯：《全球通史》，吴象婴、梁赤民译，上海社会科学院出版社，1988，第 294 页。

② 〔德〕斯宾格勒：《西方的没落》，陈晓林译，黑龙江教育出版社，1988，第 106 页。

③ 《马克思恩格斯文集》第 2 卷，人民出版社，2009，第 235 页。

延续下来。同时，城市的集中性特别强。由于城市统治乡村的格局，统治者可以凭借统治权将大量财富、资源、人口、需求集中，形成较大规模的城市，从而创造出无与伦比的古代文明。咸阳最初是秦国都城。秦始皇统一中国后，它便成为大一统国家的政治、文化中心，规模急剧膨胀。而仅修骊山陵墓与阿房宫就征用民工 70 余万人。“图皇基于亿载，度宏规而大起”。汉代长安城规模更为宏大，被称为鸿制巨篇。《史记·平准书》说：“京师之钱累巨万，贯朽而不可校。太仓之粟之陈陈相因，充溢露积于外，至腐败不可食”。仅为修建长安城垣，就一次“发长安六百里内男女十四万六千人”。汉代以后的城市无不高度集聚着古代文明的精华，将古代人类文明推向了一个难以比拟的高峰。显然，将众多的财富、资源、人口、需求集中起来，创造出高度文明，只有在城市统治乡村的格局下才有可能。在中世纪西欧，封建统治者居住在分散的乡村。资源、财富、人口、需求也处于分散状态。虽然当时也创造出哥特式教堂、庄园城堡等文明，但无论文明的规模还是发达程度都无法与古代中国相比。

政治性城市使文明经常受到破坏并延缓社会发展

古代中国城市统治乡村的格局为创造高度的古代文明提供了空间基础。同时，这一格局又导致文明经常受到破坏，甚至毁灭性的打击。因为城市的突出功能是政治统治，是王朝统治堡垒和权威象征，每一次政治风暴所席卷的首要目标就是城市，并将高度集聚于城市的古代文明予以严重破坏。这种政治风暴主要来自以下三个方面。

（1）异族入侵。从秦统一中国起，一直到最后一个封建王朝清王朝，内地农耕社会和周边区域社会之间激烈的民族战争断断续续长期存在。出于生存和掠夺需要，周边地区的游牧民族不断发动战争，入侵内地。入侵的首要目标就是城市。周边民族大多以游牧方式生活，文明程度较落后，掠夺性和野蛮性突出，对集聚着大量文明因素的城市极具破坏性威胁。而内地民族又必然以坚固的城市为堡垒抵抗入侵。民族间的战争格外激烈，并集中表现于城市的攻守，对文明的破坏因而特别严重。如靖康之役，金兵打进北宋都城开封大肆掠夺金钱、绢帛、骡马和妇女。后又将皇宫里的钟鼎、礼器、天文仪器、古代珍宝、珍贵图书、全国州府的图册，以及技艺工匠、倡优等悉数掠至金国，开封及所集聚的全国文明精华毁坏殆尽。“新城内大抵空虚，至有犁为田处。……四望时见楼阁峥嵘，皆旧宫观寺宇，无不颓毁。”（范成大《揽辔录》）明末，满族入主中原时，使工商业相当发达的扬州、嘉定等城受到毁灭性破坏。“扬州十日”后，全城居民仅存 18 人。嘉定居民被杀达 2 万之多。

（2）社会动乱，分裂割据。由于社会矛盾尖锐，王朝统治衰败，古代中国经常陷入为争夺统治权而引发的社会动乱和分裂割据之中。东汉之后的动乱与割据达三四百年之久。唐中期“安史之乱”以后，唐末又经历了近 50 年的动乱与分裂割据。这种争夺统治权的长期混战更注重攻城略地，对城市及其文明的破坏更为严重。西汉后期王莽变乱，殷盛的长安城在战乱中破败不堪，“宫室焚烧，民庶涂炭”。由于长安所在的关中地区在战乱中受到严重破坏，东汉之初只得定都中原洛阳。东汉后期，董卓成乱，“尽徙洛阳人数百万口于长安”，“悉烧宫庙官府居家，二百里内无复孑遗”。洛阳历遭“八王之乱”“五胡乱华”，后被匈奴族人攻破而彻底毁灭，成为废墟。东汉至隋，“然中夏荡荡，一时横流，百郡千城，曾无完郛者”（《晋书》）。盛唐长安曾是世界著名都城。经“安史之乱”和唐末军阀混战，长安夷为废墟。诗人韦庄写了《长安旧里》一诗：“满目墙匡春草深，伤时伤事更伤心。车轮马迹今何在，十二玉楼无处寻。”子兰在《悲长安》的诗中写道：“何事天时祸未回，生灵愁悴苦寒灰。岂知万顷繁华地，强半今为瓦砾堆。”

（3）农民战争。由于封建统治压迫，农民反对封建统治者的战争一直伴随封建社会整个历史进程，其次数之多、规模之大是难以比拟的。农民战争攻击的目标也是作为专制统治堡垒的城市。由于大多数农民是带着对统治者的强烈憎恨参加农民战争的，且农民战争常被那些信仰“马上得天下”的人所利用，激烈的农民战争也会导致城市及文明的破坏，秦末项羽领导的农民军占领首都咸阳以后，火烧阿房宫，大火三日不灭。一座经营了一个半世纪的著名都城就此毁灭。

古代中国的无数次政治风暴对城市及文明的破坏，虽然严重打击了统治阶级，荡涤了腐朽的社会势力，但同时也严重破坏了生产力，将社会进步因素特别是蕴藏于城市中的未来新社会的萌芽形式加以严重摧残，具有随意性的暴力反抗，表现为一种“野性的、盲目的、放纵的破坏力量”①，“造成了牛死虱死的悲惨局面”②。这是古代中国文明发展到相当高峰的同时，社会愈来愈陷于停滞不前的重要原因之一。

人是生产力中最活跃、最革命的因素。而每一次对城市的破坏，都会使城市人口锐减，特别是大批平民死于战乱之中。明清时的扬州、嘉定、江阴等江南城市的工商业人口占有相当比例。清军进入江南以后，他们被大量屠杀。城市作为文明的载体，集中保存着有利于社会进步的经济、文化成就，如精湛的手工艺作坊与技术、文化典籍和学校等。这些因素也容易随着城市的破坏而遭到损害，甚至是遭到难以承受的毁灭。城市的毁灭还会影响到周围乡村地区的经济社会发展。封建社会前半期，伴随着咸阳、长安、洛阳在战乱中受到破坏，西部地区逐渐衰落，经济重心移向战乱较少的东部地区。古代城市，特别是都城主要在北方。北方战乱格外频繁严重，经济发展逐渐落后于原来不甚发达但战乱较少的南方。

城市及文明的破坏还严重抑制和摧残未来新社会萌芽的生长，导致社会的停滞。马克思认为：“资本主义社会的经济结构是从封建社会的经济结构中产生的。后者的解体使前者的要素得到解放。”③ 中世纪西欧的城市正是新社会要素的最有利的生长地。“14 和 15 世纪，在地中海沿岸的某些城市已经稀疏地出现了资本主义生产的最初萌芽”④。而在古代中国，与城市紧相伴随着商品交换、精湛的工艺技术等有利

① 《马克思恩格斯选集》第 1 卷，人民出版社，2012，第 854 页。

② 参见吕振羽《中国社会史诸问题》，华东人民出版社，1954。

③ 《马克思恩格斯选集》第 2 卷，人民出版社，2012，第 291 页。

④ 《马克思恩格斯文集》第 5 卷，人民出版社，2009，第 823 页。

于新社会萌芽生长的因素。10～12 世纪，城市商品经济已有了相当程度发展。而到 14～15 世纪，不仅城市商品经济得到进一步发展，且出现了一些资本主义萌芽形式。正如毛泽东曾经说过的，如果没有外国的入侵，中国也会缓慢地发展到资本主义。

但是，由于城市突出的政治统治功能，城市中的资本主义萌芽形式受到严重抑制和破坏，未能像西欧中世纪城市那样由于其经济性质而为新社会因素提供有利的生长空间环境。正是在 12 世纪后，古代中国发生了数次周边民族大规模入侵内地并成为统治阶级的民族战争。“由比较野蛮的民族进行的每一次征服，不言而喻，都阻碍了经济的发展，摧毁了大批的生产力。”① 清军入侵内地后，扬州、江阴、嘉定等江南著名的工商业城市受到毁灭性打击。清王朝建立后，为巩固其统治，又极力抑制城市工商业的发展，如实行海禁等，中断了明中叶以来商品经济蓬勃发展的过程，资本主义萌芽形式被严重摧残。而在这期间的西欧，资本主义萌芽形式不仅在工商城市正常发育生长，而且由于得到“国家政权的援助，以及国家政权对于经济生活（工商业）的保护”②，资本主义在封建社会内迅速壮大，使西欧超越古代中国，率先实现了文明社会的嬗变。

城市剥夺乡村造成乡村极端贫穷落后并导致社会周期性动乱

古代中国以城市为依托创造了无比灿烂的文明。而这种文明的创造是以城市对乡村的无穷尽剥夺为条件的，其后果必然带来乡村的极端贫穷和落后，并成为封建社会周期性动乱和逐渐停滞的重要原因之一。

城市统治乡村的政治格局使城市具有突出的政治性质并成为政治风暴席卷的首要目标。而伴随政治风暴过后的新统治体系的建立，则

---

① 《马克思恩格斯选集》第 3 卷，人民出版社，2012，第 563 页。

② 〔苏〕卢森贝：《政治经济学史》第 1 卷，翟松年等译，三联书店，1959，第 54 页。

是城市的大规模重建和城市规模、人口的再度膨胀。这都以城市以其统治权无偿剥夺乡村为基础。

这是因为兴建规模宏大的城市和富丽堂皇的宫殿所需要的财富和劳力主要来自乡村。秦始皇刚完成统一大业就从全国各地征用70余万民工修建骊山陵墓和阿房宫。汉惠帝三年为修长安城的城垣，发长安六百里内男女14.6万人，至五年，复发14.5万人。为修建作为“七朝都会”的开封及皇家宫殿，更是倾尽全国财力和劳力。后周显德三年（956年），为在开封城外围包筑一层郭城，发动10万丁夫。宋徽宗时，派人搜罗天下奇花异石，特别是在江浙一带搜寻太湖石，动用大量民力用船运往开封，堆砌假山景，装点都城宫殿，即有名的“花石纲”。

城市及文明的重建与创造所需的财力、物力、人力主要由广大的乡村农民承担。而在一家一户小农自然经济状态下，农民剩余财富十分有限。一旦受到剥夺，迅速陷入绝境。小农经济还特别脆弱，“对小农来说，只要死一头母牛，他就不能按原有的规模来重新开始他的再生产。”① 精壮劳力一旦离开土地为统治者服劳役，农业再生产就很难正常延续，农民的生活更趋贫困。农民为了谋生，开始向财富集中的城市流动。大量的农民弃农进城，使城市消费人口恶性膨胀，进一步加重乡村农民负担，直至整个社会财源枯竭，王朝统治迅速衰败，社会矛盾极度尖锐，由此引发异族入侵、军阀混战和农民起义的政治风暴，社会陷于动乱之中。

秦代全国总人口不过千万，除北筑长城动用40余万民工，南戍五岭动用50余万民工和蒙恬率军30余万外，修建秦皇陵墓和阿房宫又征用民工70余万。如此众多的劳力离开土地从事非生产性活动，必然造成乡村的极端贫困，由此触发了大规模的农民起义，秦王朝仅存15年而亡。汉、唐是古代中国文明发展的鼎盛时期。也就是在这两个朝代，伴随财富和人口向城市高度集中，乡村社会日益贫穷，导致了农

① 《马克思恩格斯文集》第7卷，人民出版社，2009，第678页。

民起义和随之而来的长时期分裂割据和社会动乱。北宋时期，与开封城日益繁华相映照的是乡村社会的迅速凋敗。特别是北宋末期动用大量财力劳力而搞的“花石纲”，天怒人怨，全国鼎沸，王朝统治陷入深刻危机，金兵乘虚而入，导致北宋王朝覆亡。这种由城市统治者对乡村农民的无止境剥夺而导致的社会矛盾加剧和周期性动乱，正是古代中国社会文明进程经常中断直至陷入停滞不前的重要原因。毛泽东指出：“中国自从脱离奴隶制度进到封建制度以后，其经济、政治、文化的发展，就长期地陷在发展迟缓的状态中。”而地主阶级及其政权“残酷的剥削和压迫所造成的农民的极端的穷苦和落后，就是中国社会几千年在经济上和社会生活上停滞不前的基本原因”①。

城市对乡村的无止境的剥夺造成的乡村极端贫穷落后，还抑制着新社会因素的生长发育，使古代中国长期只能在旧社会的框架下徘徊。

首先，封建主义的基础是农业。在古代中国，每一次社会动乱后建立的新王朝无不实行重农抑商政策，以巩固其统治。但一利伴随一弊。虽然重农抑商有利于乡村农业经济的恢复，它却严重地抑制着能够发育新社会因素的城市工商业的发展，阻碍着社会向新的形态转型。愈到已在城市出现资本主义萌芽的封建社会后期，这种消极性后果愈明显。马克思为此评论说，古代中国耕织结合的小农经济的解体十分缓慢，“因为在这里没有直接政治权力的帮助。”②

其次，城市虽然是最有利于封建社会内部革命性因素生长发育的空间形式，但只有当这种因素由城市渗透到乡村，推动农业商品化才有可能为社会的大规模变革提供充分的历史前提。列宁因此曾把“直接生产者的自然经济转化为商品经济”③ 视为资本主义历史发展中的两个重要因素之一。在西欧封建社会后期，随着封建领主对城市工商业的需求日趋扩大，改实物地租为货币地租，农民获得一定人身自由，农业生产力逐步提高，由此进一步促使城市工商业发展和城乡经济交

① 《毛泽东选集》第2卷，人民出版社，1991，第623、624页。

② 《马克思恩格斯文集》第7卷，人民出版社，2009，第372页。

③ 《列宁全集》第1卷，人民出版社，2013，第72页。

往。城市生长出的新的生产关系和社会关系开始渗透到乡村，带动了农业商品化进程，为新社会的来临提供了充分的历史土壤。

而在古代中国，城市对乡村的无止境、超经济的剥夺，使乡村陷入极端贫穷落后，农业生产力长期徘徊不前，自然无法突破旧生产方式。直到封建社会后期，农民仍然只能以延续了几千年的以一家一户为单位、耕织结合、自给自足的小农经济形态生活。在城市萌生的资本主义萌芽形式无法与广大的乡村地区结合，促使农业商品化。在封建社会后期，尽管江南一带已开始出现农业商品化和城乡结合的资本主义萌芽形式，如一些工商业市镇的出现。但是，由于城市对乡村的超经济剥夺，乡村农民愈是接近农业商品化，愈是容易陷入破产和贫困，由此农业商品化进程经常中断和失败。为数不多的工商业市镇由于得不到来自乡村经济资源和需求的强大支持，难以迅速成长为有可能迅速摧毁旧经济社会结构的革命性力量。所以，城市对乡村的超经济剥夺造成小农自然经济的长期延续和居主导地位，必然会大大延缓中国社会的变革进程，难以像西欧社会那样超越旧的窠臼而获得新生。正如马克思指出的："由于农民家庭这样一来实现了几乎完全的自给自足，由于它不依赖于市场和它以外那部分社会的生产运动和历史运动，总之，由于自然经济本身的性质，这种形式也就完全适合于为静止的社会状态提供基础"①。

第二节　城乡政治形态对古代社会的影响

专制统治得以稳定的保证

与其他封建社会形态比较，中国封建社会的一个突出特征就是以大一统和中央高度集权的专制社会形态存在、延续了 2000 多年之久。在极度分散的小农自然经济基础上，要使一个幅员辽阔、人口众多、

① 《马克思恩格斯文集》第 7 卷，人民出版社，2009，第 899 页。

政令统一的社会得以延续存在，王朝必然以追求稳定，即将社会所有因素都限制在控制范围内作为首要价值取向。

应该说，在一定社会形态内，稳定对于文明的进步是有积极意义的。高度的古代中国文明正是在汉、唐、宋、明、清等较为稳定、延续较长的朝代创造的。相反，东汉、唐、宋后期的社会动乱不仅难以创造发达的文明，而且历史遗留下来的文明也受到严重破坏。因此，专制统治的稳定在一定意义上有助于社会进步。而在古代社会经济结构和城乡政治格局下形成的城市与乡村的政治形态，则是专制统治实行对社会的强有力整合，保持和巩固稳定与秩序的重要条件。

在城市统治乡村的政治格局下，要保持和巩固专制统治的稳定，首先必须实现作为专制统治堡垒的城市的稳定。因为城市动乱直接威胁王朝统治权。所以，历代新王朝的建立都首先以稳定城市为目标，对城市社会严加控制，并形成相应的政治形态。而这种政治形态一经形成，就会按照固有的惯性力量发生作用，使城市成为专制统治的坚固堡垒。

封建社会前期，大一统专制社会建立不久，社会的不稳定因素较多，特别是在春秋战国时期较为活跃的商人和士对社会稳定的威胁较大。这一时期城市政治形态主要围绕抑制和打击商人和士的目标而形成，并促进了这一目标的实现。秦始皇刚统一中国，就将分散在各地的工商业户迁徙到首都咸阳严加控制，采取了一系列诸如“焚书坑儒”的文化专制主义措施，使城市有效地发挥专制统治堡垒的作用。秦时再未出现春秋战国时期“国人暴动”的城市政治斗争。西汉初，社会经过长期动乱，经济凋敝，城市商贾乘机囤积居奇，操纵物价，不仅物价腾贵，而且国家财政困难，社会动荡不稳。汉初王朝采取了一系列从经济到政治、社会地位打击抑制商人的措施。东汉都城洛阳城内居住的几乎全是王朝统治体系成员，工商平民不仅很少，而且处于军营般的坊里制控制中。从秦汉一直到唐，王朝统治者都是以军营般的方式控制城市，城市成为专制统治的坚固堡垒。这对于专制统治的稳定有着重要保障作用。

自唐开始的封建社会中后期，随着大一统专制社会秩序的逐步建立，城市政治形态对平民的控制约束在某些方面相对缓和，突出的表现就是城市工商业的渐趋活跃。但是，王朝统治的专制主义集权控制也更为严密，体现着专制等级特征的城市政治形态更为完备。如自唐始，在城市建立了自上而下、严格管理的基层政权组织，强化对工商经济的国家干预，实行文化专制主义，建立严密的法律监督网络，等等。由此而形成的政治形态在使城市继续作为专制统治的坚固堡垒，保证专制统治的稳定方面具有不可忽视的意义。虽然宋、明、清时期的城市工商业及文化相当发达，但城市并未出现大规模和绵延不断的政治风暴，这与城市政治形态的作用无不相关。

如果说城市是专制统治稳定的支柱，那么乡村则是基础。在古代中国，天下的一乱一治，无不从乡村始。以适应和服从王朝统治秩序需要形成的乡村政治形态对于专制统治的稳定与否具有至关重要的作用。

乡村与城市不同，主要是经济实体，广大处于被压迫、被剥削地位的农民居住在乡村，并构成对王朝统治秩序的主要威胁。因此，乡村政治形态主要是围绕将农民束缚在土地上，维系以小农自然经济为基础的乡村社会秩序，使国家得以有效实施控制而形成的。这一政治形态是将王朝整合力量传递到社会最基层，保障专制统治稳定的牢固基础。

在封建社会前期，由于小农经济尚在形成之中，乡村社会自身的凝聚力和对国家的向心力都相当脆弱，容易出现社会动乱，造成王朝统治不稳，如东汉至隋的数百年动乱分裂。所以，在这一时期，封建王朝一方面实施重农抑商措施，保护小农经济的成长，增强建立在小农经济基础上的乡村社会的凝聚力；另一方面，力图以各种方式将农民和乡村社会置于王朝统治的直接控制之下，形成与王朝统治秩序相一致的乡村政治形态。如秦、汉、隋、唐都特别重视以户籍制和连坐制为主要内容的乡村基层政权组织建设，以国家强力将分散的农民组织到王朝统治体系的控制之下。

唐以后的封建社会，小农经济的发育较为成熟，乡村社会的自组织功能增强，自身的稳定性因素增多。为此，王朝统治者特别重视利用乡村社会自身的稳定性因素，诸如父权、族权、神权、夫权等控制形式，与国家政权控制紧密结合起来，形成富有张力而更为牢固的乡村政治秩序，使专制统治获得坚固的基础。如清王朝后期，各地农民起义此起彼伏，王朝中央顾此失彼，疲于应付。曾国藩则利用乡村自治组织，大办团练，不仅稳定了湖南乡村地方，而且为最终剿灭农民起义出了大力。

应该说，与王朝统治相一致的乡村政治形态对于保障乡村稳定，使社会得以长治久安是有一定积极意义的。特别是在封建社会的前期，这种积极意义更为突出。

为创造发达的农业文明提供了条件

农业是古代的主要生产部门。农业文明是古代文明的基础。中国之所以能创造出高度的古代文明，与发达的农业文明紧密相关。而与王朝统治秩序相一致的城乡政治形态则为创造发达的农业文明提供了条件。

在古代中国的小农自然经济形态下，城市工商业与乡村农业的相互冲突、对立性远远大于相互依存、协调性。城市工商业的发展常常是以乡村农业的衰败为基础的。这种情况在封建社会后期表现得尤为突出。王朝出于巩固统治的需要，因而以政治强力抑制城市工商业发展。由此形成的城市政治形态有利于限制病态的城市商品经济，促进农业的发展。汉、唐之初，统治者分别吸取秦、隋迅即衰亡的教训，一方面与民休息，实行重农政策；另一方面采取种种措施限制城市工商业发展，并形成对城市工商业极具抑制力的城市政治形态。如明令规定商贾及其子孙不得为官吏，强收盐铁为国家专营，严格控制市场交易，实行军营式的封闭生活管理，等等。这种政治形态虽然导致城市工商业的萧条，却为农业的恢复发展创造了必要条件。汉、唐之初因此出现了农业文明高度发达的“文景之治”和“贞观之治”。农业文明的发展又推动了城市文明的进步，整个社会文明因此获得强大动力。

乡村是古代社会的历史出发点。与王朝统治秩序相一致的乡村政治形态对于将农业人口束缚在土地上，限制其“舍本逐末”有着不可忽视的作用，为创造发达的农业文明提供了一定历史条件。首先，在乡村社会内部生长并为国家政权认可和支持的政治形态对农民的人身自由有着强大的约束力。特别是由父权、族权、政权、神权合为一体的控制体系，将人口牢牢地束缚在土地上。其次，国家政权力图通过各种措施限制人口的流动，特别是离开土地流入城市的“舍本逐末”，并通过一定的政治形态将这些措施固定下来。如实行严格的户籍制度，建立和完善乡村基层政权组织，传递以农为本的政治文化等。这有利于将农民固定在土地上，创造发达的农业文明。

此外，水利事业是古代农业发展的命脉。在高度分散的小农自然经济条件和较为恶劣的自然环境下，兴修大型水利工程对于农业的发展具有生命攸关的意义。这就需要通过自上而下，严密控制的政权组织体系，将一家一户的个体农民组织起来，兴修水利，为农业的发展提供有效的保证。古代中国之所以能创造出世界无与伦比的农业文明，与王朝组织统一兴修水利工程紧密相关。而与王朝统治秩序相一致的乡村政治形态在将王朝权力传递到广大而分散的农民之中，将分散的农民组织到王朝统辖的专制统一体内，有着重要作用。

“城市空气使人窒息”并抑制和同化社会新因素

对城市工商业发展有强大抑制力，并以维系专制等级统治秩序为目的的古代城市政治形态，虽然在保证专制统治的稳定和创造发达的农业文明方面，起到了一定的积极作用，但它同时也强有力地抑制和同化着新的社会因素的生长发育。这也是古代中国愈是发展愈是陷于停滞不前，迟迟未能进入资本主义社会的重要原因之一。

马克思在《资本论》中分析西欧封建社会向资本主义社会转变时认为：“资本主义社会的经济结构是从封建社会的经济结构中产生的。后者的解体使前者的要素得到解放。”[①] 资本主义社会的新因素是在封

① 《马克思恩格斯选集》第 2 卷，人民出版社，2012，第 291 页。

建社会内部，最主要是在封建城市内部发育生长起来的。正是在“城市空气使人自由”[①] 的环境下，生长出一个新型的市民阶级，培育出新型的市民政治文化，并通过新型的阶级斗争促使封建社会的解体和资本主义社会的诞生。

西欧封建城市是随着封建社会发展，在沿海和交通要道形成的工商业城市，大多位于封建庄园领主势力鞭长莫及的地带。虽然它们不可能像古代中国城市那样通过对乡村的剥夺使城市迅速扩大，但能在一个免受政治风暴席卷的稳定平和的环境里自然生长发育。随着城市工商业的发展和农奴的逃亡，出现了一个新兴的市民阶级。马克思指出：“从中世纪的农奴中产生了初期城市的城关市民；从这个市民等级中发展出最初的资产阶级分子。”[②]

与处于严重人身依附关系中的农奴相比，市民的突出特点就是自由。珍视自由，克己勤俭，以扩大的经济力量获得独立地位的市民精神是一种完全不同于农奴文化的新型的市民政治文化。为了保护工商业发展和市民的利益，城市还经常联合起来进行反对封建势力的斗争。这种以市民阶级为主体的反封建势力，争取政治自治权的斗争是一种不同于农奴反对领主的新型阶级斗争。

在封建城市生长出现的市民阶级、市民精神和市民阶级斗争都是与封建社会结构有着强大离心力且封建社会结构难以同化的新的社会因素。美国史学家汤普逊为此指出：“城市的兴起，论过程，是演进的；但论结果，是革命的。长期的聚居、共同的利益和共同的经验终于在居民中间养成了一种强烈的共同意识；那反映在以和平方式要求领主，不论是男爵、主教或住持，承认城市为一个自治社会；如果这项要求被拒绝，就以暴力方式来反抗封建权力并要求宪章的自由。”[③]

---

① 〔美〕汤普逊：《中世纪经济社会史》（下），耿淡如译，商务印书馆，1963，第426页。

② 《马克思恩格斯选集》第1卷，人民出版社，2012，第401页。

③ 〔美〕汤普逊：《中世纪经济社会史》（下），耿淡如译，商务印书馆，1963，第424～425页。

特别是在封建社会由分裂割据走向民族统一的过程中，新兴的市民阶级与王权力量结合，其力量迅速扩张，最终导致封建社会向资本主义社会的转变。正如恩格斯指出的："当欧洲脱离中世纪的时候，新兴的城市中等阶级是欧洲的革命因素。"①

与"城市空气使人自由"的西欧封建城市的政治形态大大促进了新社会因素的生长不同，在古代中国，城市的空气使人窒息，城市政治形态对新社会因素的生长具有强大的抑制力和同化力，社会的革命性转变较西欧社会困难得多。

美国史学家斯塔夫里阿诺斯对东西方城市的特点及在历史变革中的作用做过深入剖析，认为："在人口和贸易量方面，中世纪西欧的城市同中国、印度或中东的城市相比是微不足道的。但由于拥有日益增长的自治权和政治力量，它们显得十分独特。恰恰因为它们再从头开始，而且处于政治上支离破碎的欧洲而不是坚如磐石的帝国的结构中，所以自治市的自治民从一开始就表现出自治和独立，这种自治和独立是欧亚大陆其他任何地区所没有的。"② 与西欧封建城市不同，古代中国城市首先是专制统治的堡垒。虽然由于对乡村的剥夺，城市的兴起过程往往是跳跃的，而非自然演进的，但城市文明和工商业经常伴随政治风暴对城市的席卷而受到严重破坏。特别是城市所具有的突出的政治统治功能，使它根本不可能像自治自由的西欧封建城市那样，为社会新因素的成长发育提供有利的政治社会环境。这些社会新因素在坚如磐石的专制统治结构中要么扭曲变形，要么很快为封建社会结构所同化和消融。其突出表现为以下几个方面。

（一）难以发育出一个独立的新兴的市民阶级

费正清在对中国和欧洲资本主义发萌的条件进行比较时指出："资本主义之所以不能在中国兴起，是因为商人从来不能摆脱士绅及其官

① 《马克思恩格斯文集》第3卷，人民出版社，2009，第509页。

② 〔美〕斯塔夫里阿诺斯：《全球通史》，吴象婴、梁赤民译，上海社会科学院出版社，1988，第464页。

府代理人的控制而独立自主。”① 与具有较强的独立性和稳定性的西欧封建城市工商业不同，古代中国城市的工商业的突出特点是依附性和不稳定性。城市的主要人口为政治统治阶级。大部分手工业和商业为官府垄断。为数不多的民间工商业者被严格控制在专制统治体系内，紧紧依附于封建统治阶级。

在古代中国，当较为独立的城市商人通过城乡、地域间的贸易交流获得一定经济实力后，不是像西欧封建城市商人那样投资于城市手工业，向产业资本转化，扩大其独立的经济基础，而是主要用于购买较为稳定的田产，放高利贷，捐官或供子女读书做官。即使在商人看来，经商也不过是一种迫不得已的谋生谋利的手段，做官才是最值得炫耀的事业，购置田产则是最为稳定的经济来源，遵循“以末致富，以本守之”的信条。商人因此缺乏阶级的自我认同意识。他们的存在仅仅在于从事商业活动，一旦作为独立的阶层出现，便会在对工商业具有强大抑制力的城市政治形态下，为封建地主官僚阶级所同化，并消融在封建社会结构中。古代中国的大商人往往同时是高利贷者和大地主，或成为大官僚，中小商人往往也是中小地主，总的趋势是由商人向地主官僚阶级转化，很少有西欧封建城市那样纯粹从事商业活动，世世代代以追求工商利益为目的的市民阶层。所以，尽管随着工商业发展，也孕育出商人阶层这一新阶级因素的萌芽形式，但它始终未能突破封建社会结构，发育成为一个独立的市民阶级。

（二）难以形成一种独立的新型市民政治文化

德国著名政治社会学家马克斯·韦伯认为，与封建社会占主导地位的意识形态不同的新的精神文化，也是促使资本主义首先在西欧封建社会产生的重要原因之一。② 新型的市民政治文化则是这种精神文化的重要组成部分。在古代中国，随着城市工商业发展，也出现了与占

① 〔美〕费正清：《美国与中国》（第四版），张理京译，马清槐校，商务印书馆，1987，第39页。

② 参见〔德〕马克斯·韦伯《新教伦理与资本主义精神》，李修建、张云江译，中国社会科学出版社，2009。

主导地位的封建政治文化所不同的市民文化，如钱权交易意识和政治冷漠主义。但是，在维系专制等级秩序的城市政治形态的强大抑制下，市民文化一出现就受到严重扭曲，并为封建正统文化所同化，始终未能形成一种独立的新型政治文化。

在封建社会内部，随着城市工商业发展，必然会出现一种以平等的商品交换的尺度看待政治权力的市民意识。在中世纪西欧城市，这种市民意识朝两个方向发展：一是以经济力量与居于乡村的封建统治者交换，获得城市的自治权；二是利用经济力量在城市政治生活中获得主导地位，形成与乡村领主政治不同的城市财阀政治。由此进一步促使工商业的自由发展，使政治与经济得以良性循环，最终促使新社会的产生。因此，中世纪西欧城市市民的钱权交易意识始终与政治上的自治、自由相联系，自治、自由才是市民政治文化的精髓所在。

而古代中国市民的钱权交易意识主要朝以下三个方向发展：一是以钱贿赂执掌政治权力的官吏，以在经济活动中获得垄断性的优越地位。二是通过政治投资、以钱买官或供子女读书做官等方式，作为个体进入政治统治体系。三是通过经济实力与官府勾结，依仗权势，成为作威作福，欺压百姓的特权者。如《金瓶梅》中描写的西门庆之流。本来，市民作为臣民也为官府压迫。但这种压迫造成的是市民个体力图以经济力量从官府手中施舍到一点特权，而不是作为一个阶级反对官府压迫，并取而代之。所以，古代中国市民的钱权交易意识一直停留在原始阶段，从未上升到争取政治自治权和自由地位的政治社会层次，因此很容易为正统的封建政治文化所同化，消融在封建社会结构之内。

至于追求个人感官享受的政治冷漠主义更有可能同化在封建正统文化和社会结构中。在中世纪西欧城市，普遍存在“对公共事务勤劳而又热心”的市民精神。政治上的参与和经济上的克己节俭是市民政治文化的重要组成部分。只有积极参与政治，才能争取到自由权，维护和发展经济利益；只有经济上的节俭，才能不断积累资本，扩张经济力量，最终以经济力量击败封建势力。但在古代中国极具封闭性和排他性的专制政体下，市民没有任何政治权利，也不可能以积极参与政治的方式获得政治自由。市民对政治生活的冷漠也同农民的政治疏远感一样，非但不会造成对封建统治秩序的威胁，反而是其所需要的。只有大多数人不关心不参与政治，专制统治才能通行无阻。至于追求个人感官享受，既可以使市民精神局限于个人生活而不是公共政治生活，也可以在过度消费中抑制市民经济力量的增长和扩张，以免造成对王朝统治的威胁。所以，古代市民向往个性解放和个性自由的意识始终只停留在狭隘的个人利益和庸俗、低级、浅薄和无聊的物质和精神生活层面，未能上升到公共社会生活的政治解放和自由的层面。

（三）难以形成规模较大、持续不断的独立的新型市民阶级斗争

阶级斗争是历史的火车头。西欧封建社会的解体和市民社会（资产阶级社会）的降临与规模较大、连年持续不断的市民阶级斗争的冲击紧密相关。在古代中国，市民作为被统治者，也展开了反对封建统治压迫的斗争。但是，在专制政治形态强有力的抑制下，这种市民阶级斗争始终处于萌芽或扭曲状态，未能对封建统治造成太大威胁。

首先，市民在城市人口中的比例相当小，他们长时期只能以个体的方式生存在统治体系的缝隙中，很难形成整体展开反封建统治的斗争。从秦汉一直到明代中叶都未曾出现市民整体反封建统治的市民运动，市民大多是以个体的方式参加以农民为主体的阶级斗争。这种斗争自然不具有新型市民阶级斗争的特点。

其次，到明中叶虽然出现了市民整体反封建统治的市民运动，但市民在专制社会整体中的力量仍然很弱小。为维系作为专制统治堡垒的城市的稳定，王朝必然以强大的专制机器残酷镇压市民运动。这与西欧市民运动面对的封建势力相对分散、弱小，在后期还得到封建王权的保护是不同的。

再次，在西欧封建社会，城市居民、城市之间有共同利益，能够形成强大的政治力量开展阶级斗争，且不易为封建势力所同化。而在

古代中国，城市寓于专制统治结构之中，难以形成一种政治联合。市民阶级斗争很容易为王朝统治者分化瓦解，各个击破。明中叶虽然在许多城市展开了市民运动，但各个城市之间缺乏联合，时间有先有后，规模或大或小，最后为统治者一一扑灭。明清时期的一些城市出现了资本主义萌芽，当雇主和雇工发生矛盾时，前者总是求助官府保护。雇主作为经济上占主导地位的市民，不仅难以担当反封建势力斗争的领导者，反而紧紧依附统治者。在中世纪西欧，“商人在各地发动和领导事变，这是再自然不过的事情。他们是城市居民中最活跃、最富裕、最有影响的分子。”① 在经济上居主导地位的市民难以担当反封建势力斗争的领导力量，正是古代中国难以形成规模较大、持续不断的市民阶级斗争的重要原因之一。

最后，在封建势力的强大压力下，市民阶级斗争被严重扭曲，更近似于农民阶级斗争。市民运动的兴起往往是一种为生存所迫的不得已的被动政治活动，其目的不是争取和发展自身利益，而是迫使统治者做出一些让步，由此获得一线生存之机。唐代商人罢市是因为官府肆意掠夺造成如“家著被盗”的惨景。罢市后，“市民相率遮邀宰相哭诉”，请求作出一定让步。明中叶的市民运动是由于矿监税使横行不法，压迫市民太甚而不得已爆发的。当朝廷做出某些让步，市民运动即逐一平息。而且一些市民运动领袖还主动到官府投案，要求官府惩罚其反抗活动。如明中叶市民运动规模最大的苏州民变的领袖葛成在民变第四天就出榜告示劝散群众，不得再“借口生乱”，并主动向官府请罪，为此受到官府表彰。

所以，市民运动在古代中国历史上好比一个匆匆的过客，明中叶出现后一直到封建社会末期再未露面。没有大规模、持续不断的新兴市民阶级斗争，封建社会停滞不前，迟迟无法实现社会转型，就成为自然而然的事了。埃尔文就此指出：“统一的帝王政权结构继续存在，

---

① 〔比利时〕亨利·皮雷纳：《中世纪的城市》，陈国樑译，商务印书馆，1985，第106页。

使中国城市的独立发展像欧洲真正封建政治和军事结构的发展一样，成为不可能的事。”①

封闭的乡村政治阻碍和隔绝社会新因素的渗透

围绕着将农民束缚在土地上，维系小农自然经济基础上的社会秩序而形成的乡村政治形态，对于保证乡村乃至整个社会的稳定，创造发达的农业文明有着一定积极作用。但是，随着封建社会的发展，这种政治形态固有的封闭性，愈来愈成为阻碍和隔绝社会新因素渗透，促使城市战胜乡村，实现社会转型的消极因素。这也是古代中国经常发生造成王朝更迭的政治风暴，但只能以缓慢速度向前发展的原因之一。

在马克思看来，现代的历史是乡村城市化，是城市孕育生长的商品经济关系不断渗透并最终取代乡村自然经济的历史进程。这一历史进程是从封建社会内部开始的。其最初表现是农业商品化，造成自然经济的逐步解体。在西欧封建社会，正如城市的兴起过程是渐进的，但后果是革命的一样，农业商品化和自然经济解体过程是渐进的，但带来了革命性后果。没有后者，资本主义社会的建立是不可能的。而农业商品化和自然经济的解体得以在封建社会内部逐步进行，与乡村政治形态对农民的人身自由愈来愈缺乏约束力，乡村社会日益呈开放状态密切相关。

在古代中国，农业文明与相应的自然经济相当发达，在此基础上形成以束缚农民人身自由为特点的乡村政治形态也相当完备。特别是随着封建社会的发展，强大的国家政权与深深植根于乡村社会的乡里宗族势力十分巧妙地结合在一起，形成极具封闭性和排他性的乡村政治和社会形态，严重隔绝着乡村社会与外部的交往。如北宋王安石变法以后普遍采用和推行突出乡村自治功能的保甲制和里甲制；重视利

① 转引自〔美〕费正清《美国与中国》，张理京译，世界知识出版社，1999，第31页。

用乡里家族势力，强化乡村的自我控制；更加突出宣扬“父慈子孝”“三从四德”“乡里乡亲”等封建宗法文化。明清时期的乡村，撰《家训》，续族谱，认乡里之风盛行。其后果是将一个个农业村落变成了坚不可摧的“土围子”，造成新的商品经济关系无法由城市向农村渗透，阻碍着农业商品化和自然经济的逐渐解体。

当然，在封建社会后期，一些地方，特别是江南一带的乡村出现了许多商品经济发达的市镇。它们作为城市和乡村的连接点，促使商品经济关系向乡村渗透，出现农业商品化的趋势。但是，这些市镇不仅没有获取西欧封建城市那样的政治自治地位，而且被严格置于封建势力的控制下，难以形成一种新的政治形态，保护和推动市镇工商业的发展及商品经济关系向乡村的渗透。由于封建宗法势力的影响，商品经济关系常常是以扭曲的形式存在的。如平等的商品交换很容易在宗族乡里势力的扭曲下变为不平等的强买强卖和垄断经营。由此必然会延缓乡村的农业商品化和自然经济的解体进程。

而农业商品化和自然经济的解体受到严重阻碍，使自给自足的小农自然经济始终居主导地位，正是延缓中国社会的历史变革进程的重要原因。正如马克思深刻指出的，自给自足的自然经济“为揭示下面这个秘密提供了一把钥匙：亚洲各国不断瓦解、不断重建和经常改朝换代，与此截然相反，亚洲的社会却没有变化。这种社会的基本经济要素的结构，不为政治领域中的风暴所触动。”①“亚细亚这部分停滞的性质，不管政治的表面上一切无目的运动怎样——可由两种互相依赖的状况完全说明：（1）公共设施为中央政府的事业；（2）公共设施之外，除少数较大的城市外，全国分解为村落，这种村落具有一种完全分离的组织，而且自成一个小世界。”②

① 《马克思恩格斯文集》第5卷，人民出版社，2009，第415页。

② 《马克思恩格斯通信集》第1卷，李季译，三联书店，1957，第553页。

中　篇

近代城市与乡村政治社会

（1840～1949）

第五章
近代社会的城乡分离与城乡关系

第一节　近代社会的城乡分离

外国资本主义入侵与传统社会的崩溃

以19世纪中期的鸦片战争为界，中国从古代社会进入近代社会。在新的社会历史条件下城市与乡村发生了重大变化，开始了新的分离过程。这也是城市与乡村政治发展的新起点。在亨廷顿看来："现代化带来的一个至关重要的政治后果便是城乡差距。这一差距确实是正经历着迅速的社会和经济变革的国家所具有的一个极为突出的政治特点，是这些国家不安定的主要根源，是阻碍民族融合的一个主要因素（如果不是唯一的主要因素的话）。"① 在现代化进程中，城乡分离和城乡差距及其政治影响具有了新的历史特点。

中国封建社会的历史特别长，社会形态也尤为完备。虽然古代社会内部很早就出现了新的社会因素，但与此同时又受到既定社会结构的强

① 〔美〕塞缪尔·P. 亨廷顿：《变化社会中的政治秩序》，王冠华、刘为等译，上海人民出版社，2008，第55页。

有力抑制和同化，社会因而只能在周期性动荡和重建过程中缓慢行进。

而在地球另一边的西欧国家却伴随社会因素的顺利生长，不仅逐步摧毁旧的社会制度，建立起资本主义社会，而且通过工业革命，使生产力获得迅速发展，其文明在世界格局中大大领先。

“掠夺是一切资产阶级的生存原则。”[①] 资产阶级是在掠夺中进行原始积累而发展壮大，并得以推翻封建统治，建立资本主义制度的。“资本主义如果不经常扩大其统治范围，如果不开发新的地方并把非资本主义的古老国家卷入世界经济的漩涡，它就不能存在与发展。”[②] 土地辽阔、物产丰富，但经济技术落后、社会制度腐败的东方中国理所当然会成为外国资本主义不可放过的掠夺对象。

西方资本主义很早就觊觎着东方中国这一块“肥肉”。但是，“与外界完全隔绝曾是保存旧中国的首要条件”[③]。面对漂洋过海的工业文明的挑战，中国封建王朝采取了消极的“禁海”政策，以封闭求得稳定；另外，传统的社会结构顽强地抵御着西方国家的渗透。为此，外国资本主义利用封建制度的落后腐败，向中国贩运鸦片，加剧了中国的社会危机，并发动鸦片战争，以新式枪炮轰开了中国大门。“满族王朝的声威一遇到英国的枪炮就扫地以尽，天朝帝国万世长存的迷信破了产，野蛮的、闭关自守的、与文明世界隔绝的状态被打破。”[④] 中国社会变为半殖民地半封建社会，传统社会在外国入侵带来的“突变”而引起社会矛盾特别尖锐和人民强烈反抗下趋于崩溃。

毛泽东认为，中国长期的封建社会“直到十九世纪的中叶，由于外国资本主义的侵入，这个社会的内部才发生了重大的变化”。外国资本主义的侵入，“不仅对中国封建经济的基础起了解体的作用，同时又给中国资本主义生产的发展造成了某些客观的条件和可能”[⑤]。与此相

① 《马克思恩格斯文集》第 10 卷，人民出版社，2009，第 347 页。
② 《列宁全集》第 3 卷，人民出版社，2013，第 547 页。
③ 《马克思恩格斯选集》第 1 卷，人民出版社，2012，第 780 页。
④ 《马克思恩格斯选集》第 1 卷，人民出版社，2012，第 779 页。
⑤ 《毛泽东选集》第 2 卷，人民出版社，1991，第 626 页。

应，城市和乡村的性质、功能、状况和特点也发生了重大变化，出现了新的分离。

近代化与近代城市的崛起

近代化是由以农业文明为基础的古代社会向以工业文明为基础的近现代社会的转变过程。伴随工业化出现的城市化则是近代化的重要内容。如果说农业文明是以乡村为依托的话，工业文明则主要以城市为依托。亨廷顿认为："在很大程度上，城市的发展是衡量现代化的尺度。城市成为新型经济活动、新兴社会阶级、新式文化和教育的场所，这一切使城市和锁在传统桎梏里的乡村有着本质的区别。"①

中国由古代向近代转变的一个突出标志就是传统城市的变化和近代城市的崛起。但是，中国的近代化是在半殖民地半封建社会的框架下进行的，城市的变化和近代城市的崛起主要沿着以下途径进行。

第一，由于帝国主义侵略，外国资本的输入，或本国资本的发展而产生较大变化或新兴起的城市。这种城市又可分为以下三类。

一是为几个帝国主义国家共同占据下由"租界"发展起来的大城市，如上海、天津、汉口等。外国资本入侵必然寻求那些交通方便、地理环境优越的地方作为掠夺中国资源和财富的基地。诸如上海、天津、汉口等沿海沿江城市就是在这一背景下迅速崛起的。鸦片战争前的上海还只是一个小城镇，战后则迅速成为中国乃至远东的最大城市。1840 年前上海总人口仅 50 万，1880 年便达 100 万，1914 年达 200 万，1930 年达 300 万，1942 年达 400 万，1945 年增至 600 万。上海、天津和汉口分别是近代中国和华东地区、华北地区、华中地区的工商业中心。

二是由某个帝国主义国家或先后在几个帝国主义国家独占下发展起来的新城市，如青岛、大连、哈尔滨等。这些城市原来都只是荒僻的渔村，只是外国入侵后，在外国资本和本国资本的刺激下才成为城

① 〔美〕塞缪尔·P. 亨廷顿：《变化社会中的政治秩序》，王冠华、刘为等译，上海人民出版社，2008，第 55 页。

市的，且得以迅速扩展。

三是受近代资本主义工商业及交通运输业的影响而发展的城市。清朝末年实行“洋务”“新政”时期，先后开办了一些“官办”或“官督商办”工矿企业。随着这些工矿企业的开办和相配套的运输业的发展，出现了一些新兴的工业城市。比较典型的是河北唐山。工商业的发展和外国资本主义由沿海向内地层层推进，都必然要求修筑铁路，发展现代交通。一些处于交通枢纽的地方崛起为新兴城市，如蚌埠、郑州、石家庄等。

第二，原来的封建城市因资本—帝国主义入侵和本国资本主义的发展，而发生了局部性甚至突出的变化。

在外国资本和本国资本主义的冲击下，一些长期为全国或地区封建统治中心、政治功能十分突出的城市，诸如北京、西安、成都、太原、南昌、长沙、兰州等，发生了局部性变化，最主要的是近代工商业有了一定程度的发展，经济功能得以加强。

一些原来便有一定工商业基础的城市，则随着近代资本主义工商业的发展而发生了十分突出的变化，经济功能更为强化，具有明显的近代工商业城市的性质。诸如江苏的南通、无锡，四川的内江、自贡等。

有一些沿江沿海城市由于外国入侵被辟为商埠或设有租界。商埠或租界大多位于作为政治统治中心的旧城近旁，形成与旧城格局和面貌不同的商业区。南京、宁波、福州、芜湖、九江、万县等就是如此。

近代城市除沿以上两个途径变化外，还有一些因特殊历史条件崛起和发展起来的城市。如抗战期间的重庆作为国民党政府的“陪都”，由原来的一个小县城急剧扩张。1937 年仅 28 万人，1945 年就达 100 万人。1931 年前的长春还只是一个小城镇。1931 年后日本侵占东北将长春定为“满洲国国都”，使其迅速扩张，成为东北政治、文化中心。沈阳则由于日本侵占中国的需要成为东北最大的工业城市。

总之，进入近代以后，城市发生了突出变化。首先，城市数量猛烈增加，规模迅速扩大，少数城市的人口急剧膨胀。其次，城市的性质、作用和地位有了很大改变。城市的功能向多样化、综合化发展。除了少数大城市外，许多城市并不是以政治统治功能为主，也不是以政治中心滋生和带动其他功能，而是经济功能占重要地位。这都标志着城市的近代化特点。

但是，在半殖民地半封建社会的框架下，近代城市必然具有鲜明的时代内容和社会特质，呈畸形状态。其一，近代占主导地位的城市是外国入侵后崛起和发生重大变化的，具有明显的半殖民地色彩，适应资本—帝国主义掠夺的需要。与近代西方城市首先是工业城市不同，近代中国城市的商业性特别突出，工商业比例十分不协调。许多城市几乎没有近代工业基础。其二，近代城市仍然在封建国家政权的统治和支配下，具有明显的封建半封建色彩。因为近代占主导地位的资本主义是与封建国家政权紧密联系着的官僚资本主义，由此造成城市在经济形态上具有资本主义性质，政治上却是封建专制形态的畸形状况。其三，城市的发展、规模和分布受以上因素影响而极不平衡。如上海的急剧扩张，在于它是外国掠夺中国的最大基地。资本—帝国主义经济势力渗透和侵入的东南沿海，中小城市和城镇发展迅速，近代化程度较高。广阔的西北、西南地区，城市数量少、规模小、分布稀疏、经济落后、近代化程度低。其四，受连续不断的战乱影响，城市发展极不稳定。南京一度是国民党政权的首都，日本入侵后受到极大破坏，抗战结束后随着国民党政府还都又得以恢复。

自然经济的解体与近代乡村

近代外国资本主义的入侵过程，也是古代中国赖以生存的基础——小农自然经济趋于解体的过程。由此会给乡村带来重大变化，促使古代乡村向近代乡村转变。

在封建地主阶级残酷剥削农民的所有制结构下，农民不得不长期以一种耕织结合、自给自足的自然经济形态生存。这种经济形态具有突出的封闭性，对内有自组织力，对外则有顽强的抵御力。所以，在相当长时间内，外国资本对广大乡村的影响甚微。马克思评论说：“除我们已证明与西方工业品销售成反比的鸦片贸易之外，妨碍对华出口贸易迅速扩大的主要因素，是那个依靠小农业与家庭工业相结合而存在的中国社会经济结构。”① “因农业和手工制造业的直接结合而造成的巨大的节约和时间的节省，在这里对大工业产品进行了最顽强的抵抗”②。

但是，个体分散的小农自然经济由于“技术的极端低劣和停滞”③，特别是在得不到国家政权的有效保护下，终究抵挡不住挟带着工业文明的外国资本主义入侵，而逐步趋于瓦解。

首先是耕与织，即家庭手工业与农业的分离。19 世纪中后期，伴随工业发展，欧美国家的纺织品及工业品生产费用降低，资本主义国家利用不平等条约等赋予的政治经济特权，向中国大肆倾销低廉的纺织品和其他商品。结果造成农村家庭手工业因成本高、质量差而破产或为农民放弃，耕与织趋于分离，农民的部分生活消费品开始依赖市场。

其次是农产品商品化的发展。鸦片战争后，外国资本主义大肆掠夺中国的农产品，并开办了一些农产品加工业和轻工业。中国的民族资本大多也是以农产品加工和轻工业起步的。由此刺激了农产品商品化的发展。而耕、织分离后的农民成为市场上的购买者，必须生产商品出售以满足需要，农产品商品化程度进一步提高。

再次，耕织分离和农产品商品化过程，也是乡村社会从封闭状态日益走向开放的过程。在这一过程中，近代城市文明逐渐向古老传统的乡村渗透，乡村愈来愈被纳入近代社会文明的体系。

最后，伴随自然经济解体和商品经济发展，乡村开始出现资本主义性质的生产关系。20 世纪后出现的经营地主、富农及租地农场主和农垦公司，共同构成了近代中国农业资本主义成分。

自然经济的解体将古老的乡村日益卷入近代文明浪潮中。但是，

---

① 《马克思恩格斯选集》第 1 卷，人民出版社，2012，第 843 页。

② 《马克思恩格斯文集》第 7 卷，人民出版社，2009，第 372 页。

③ 《列宁全集》第 3 卷，人民出版社，2013，第 162 页。

和近代城市一样，近代乡村也是在半殖民地半封建社会框架下发生变化的，具有鲜明的时代内容和社会特质，呈畸形发展状态。

近代乡村是在外国资本的入侵下发生变化的。外国资本入侵造成自然经济解体，并不是要使乡村农业变为独立的资本主义农业，而是更有利于掠夺，使之愈来愈依赖受资本—帝国主义控制的市场。由此就出现了十分奇特的现象：乡村愈是走向市场，趋于开放，愈是趋于衰退和崩溃，农业破产愈是加速。由于外国资本对乡村地区的渗透和影响程度不同，乡村发展状况极不平衡。东南沿海和江南地区的乡村向近代农业文明转变较明显。西北、西南的乡村基本停留在传统社会。同时，近代乡村的变化只是在外部冲击下发生的突然性变化，而不是来自内部的发展，这种变化只能是初步的、表层的。特别是传统社会的核心——地主占有土地制度仍然保留下来，传统的经济社会结构仍然占主导地位。农业资本主义不仅十分微弱，而且与城市民族资本主义相比，更容易夭折或向封建地主经济逆转。相对近代城市而言，近代乡村的变化较小，封建主义色彩更浓，基本还局限在传统社会格局中。

近代城乡分离进程及特点

一般来讲，古代社会向近代社会转变的近代化过程，也是城市与乡村在新的历史条件下进一步分离的过程，城市和乡村日益成为具有鲜明差异的独立有机体。但是，与西方国家相比，近代中国的城乡分离进程具有突变性和畸形发展的特点。

早在13~14世纪，西欧的一些封建城市就出现了资本主义萌芽，城市和乡村作为两个独立的经济有机体相对立，并走向相互分离，直到进入近代资本主义工业社会。城乡分离是在没有外来因素冲击下发生的自然过程，分离时间十分漫长。而在中国，只是在鸦片战争后，随着外国资本入侵，近代城市的迅速崛起，城市和乡村才发生了突变性的分离。如英国的伦敦经过了数百年才成为一个近代化大工业城市，而上海只是在短短的数十年间就由一个小城镇变为与落后的乡村相对立的大都市。所以，近代中国的城乡分离是在资本—帝国主义的暴力强制下突发进行的，分离时间显得十分短暂和仓促。

社会经济发展本应是一个自然的演进过程。近代中国城乡分离由外来暴力强制带来的突变，产生的必然是一种畸形的状态。西方城乡分离的结果之一是城市成为独立的资本主义工业城市。近代中国城市则受控于外国资本主义和本国封建主义，内部结构和外部环境异常复杂。西方城乡分离的结果之二是乡村农业日益纳入以城市为先导的资本主义体系中，成为资本主义文明的组成部分。近代中国的城乡分离不仅未能将乡村农业纳入近代资本主义体系，近代中国仍然停留在农业占主导地位的传统框架中而且具有近代文明的城市也被置于传统经济、政治体制的控制之下，其发展受到严重束缚和扭曲。

近代中国城乡分离进程似与古代相同，都是一种经暴力强制而发生的突变。但古代中国的城乡分离是秦始皇统一中国后以政权力量强制定型的，其后果是城市的政治功能更为突出，成为与乡村经济体相对立的政治性城市。近代中国城乡分离是在资本—帝国主义武力入侵下，以经济力量促使城乡发生分离的。其结果是城市由单一性政治城市转变为经济功能日益突出并具有资本主义经济性质的城市，由此与仍停留在传统状态下的乡村相对立，城乡间的差别格外突出。

第二节　近代社会的城乡关系

近代社会：过渡性和不稳态

进入近代社会以后，随着城乡的新的分离，必然造成传统城乡关系格局的变化。这种变化则是在半殖民地半封建社会形态下进行的。

毛泽东指出："帝国主义列强侵略中国，在一方面促使中国封建社会解体，促使中国发生了资本主义因素，把一个封建社会变成了一个半封建的社会；但是在另一方面，它们又残酷地统治了中国，把一个独立的中国变成了一个半殖民地和殖民地的中国。”① 这种半殖民地半封建社会的突出特点是过渡性和不稳态。

半殖民地半封建社会不是一种独立的完整社会形态。它是由外国资本主义入侵造成传统社会的崩溃而又未能建立起得以完整取代传统社会的新社会之间的一种过渡性质的社会。半殖民地指原来的独立民族国家受外国入侵造成政治、经济和外交被资本—帝国主义控制，独立地位受到严重损害的国家。半殖民地的“半”字，即“过渡形式”“中间形式”，指一种国家形式的过渡性质。半封建社会则是指原来的完整的封建社会由于外国资本主义入侵和本国资本主义发展，而造成传统封建社会解体和资本主义因素生长过程中的一种中间过渡状态。半封建的“半”也是指“过渡形式”“中间形式”，是一种过渡性社会。

作为一种过渡性社会，半殖民地半封建社会充满新与旧、传统与现代、进步与落后因素相互并存、激烈撞击的矛盾。这种社会与古代中国经常发生的王朝更替带来的社会变化有重大区别，它是经济、政治和文化结构发生了部分质变的社会。在经济方面，除了强大的封建主义经济外，还有近代资本主义经济；除存在大量的传统农业和手工业外，还出现了近代工商业。在政治方面，除总体上仍然是封建主义专制政治外，也有某些近代资本主义民主政治的形式，还出现了某些未来社会主义政治的萌芽形式。在文化方面，除主要存在封建主义文化外，还有资本主义和新民主主义文化。

半殖民地半封建社会作为过渡性质的社会，必然表现为不稳定状态，社会矛盾特别突出和尖锐，最主要的是中华民族与帝国主义的矛盾、人民大众与封建主义的矛盾。受这两大矛盾影响，近代中国的100多年时间一直处于四分五裂、战乱不断的不稳定状态，缺乏强大的一体性整合力量。但是，与古代社会王朝更替时期的不稳态不同，近代中国的不稳态是在新与旧、革命与反革命因素的相互竞争、此消彼长，

---

① 《毛泽东选集》第2卷，人民出版社，1991，第630页。

且总趋势是向一种全新社会形态转变的状态。如毛泽东所概括的："帝国主义和中国封建主义相结合，把中国变为半殖民地和殖民地的过程，也就是中国人民反抗帝国主义及其走狗的过程。"① 从中国与外国关系看，资本—帝国主义一步步侵略中国的过程，也是中国人民不甘屈服，愈来愈强烈地反抗帝国主义的过程，中国因此未完全沦为殖民地。从社会形态转变看，随着资产阶级力量壮大和人民的强烈反抗，延续了2000多年的封建王朝被摧毁；随着无产阶级领导的，人民大众的新民主主义革命的发展，摧毁了帝国主义、封建主义和官僚资本主义统治，建立了人民民主专政的中华人民共和国。

城市和乡村：一体与分化的变动

在古代中国，城市和乡村具有一体性趋向。但是，这种一体性趋向是以强大的国家政权将政治性城市和经济性乡村整合为一体的，而不是经济社会的有机结合。尽管大小城市均匀分布在各个地方，但上层社会居住的城市却以傲然蔑视的态度俯视乡村，对乡村发号施令；而在社会底层的乡村眼里，城市显得十分遥远和陌生。进入近代社会以来，城乡一体性趋向则出现了重大变化，城市和乡村开始作为两个经济有机体互相依存和影响。

近代城市的一个突出特点是经济功能的凸显，由此促使城市与乡村的经济社会交往。城市要从乡村获得原料和劳力，产品要向乡村销售。对于具有经济特质的城市来说，不能再只是对乡村傲然蔑视和发号施令，而必须依赖乡村这一不可缺少的市场。由于自然经济趋于解体，乡村所需的部分消费品和生产资料要从城市获得，产品要向城市销售。对于那些与商品市场联系较紧密的乡村农民来说，城市不再是遥远陌生和可有可无的，而是必须与之交往联系和不可或缺的。因此，近代中国城乡的一体性开始具有经济社会有机联系的性质，主要为经济而非政治的整合而成。受经济联系影响，城市和乡村在政治、文化、

① 《毛泽东选集》第2卷，人民出版社，1991，第632页。

社会生活和人口流动等方面的相互影响也愈来愈密切。特别是在过渡性和不稳态社会下，国家政权的强制整合乏力，传统的城乡界限被突破，二者不再是完全封闭的组织体系，愈来愈趋于一体化。

进入近代社会以后，不仅城乡呈现一体化趋向，而且城乡分化的具体内容和特点也出现了变动。在古代，城乡分化主要表现为一个社会的政治与经济的分化，行使政治统治权的城市与生产社会财富的乡村相对立。近代的城乡分化则由于城市的经济功能突出和经济性质不同，经济社会出现了根本性的差距。

从生产力水平看，乡村基本上仍然以传统的手工农业为基础，城市则主要以近代机器工业为基础。乡村因此尚局限在农业文明的框架中，城市已进入近代工业文明。

从经济形态看，封建主义性质的经济在乡村占主导地位，资本主义经济比重很小，整个近代中国农业资本主义成分在5%左右徘徊。在城市则是资本主义经济占主导地位。

从经济发展水平看，随着经济发展，人口、资本、财富和需求愈来愈集中于城市。由于近代社会的过渡性和不稳态，乡村地主阶级将大量财富转移到城市。由此造成城市的畸形繁荣和乡村的衰落凋败。

从社会文明程度看，由于城市的特殊地位和经济发展，其政治、文化和社会生活发生了一系列变化。特别是城市的开放状态，能够直接和迅速地接受世界先进事物。分散落后的乡村却难以和发达开放的城市相比，变化较小。

因此，近代中国城乡虽然由于经济社会的有机联系呈现出新的一体化趋向，但相互之间的分化和差别也愈来愈大，在社会历史发展中的地位也有了新的变化。如亨廷顿所说："现代化的一套新兴的内部基础结构缩小了城乡差别，但并没有消灭它。差别依然是本质性的。""城乡变为不同的民族，彼此有着格格不入的生活方式。"①

---

① 〔美〕塞缪尔·P. 亨廷顿：《变化社会中的政治秩序》，王冠华、刘为等译，上海人民出版社，2008，第55页。

城市：近代历史的先导

在工业革命浪潮开始席卷西欧时，马克思就充分估计了伴随工业革命而崛起的城市的重要地位和历史作用，认为：“现代的［历史］是乡村城市化，而不像在古代那样，是城市乡村化。”① 与乡村作为古代历史的出发点不同，城市则是近代历史的先导。

这主要在于，工业化和生产的商品化、社会化、现代化既是古代社会向现代社会转变的突出标志，又是推动这种转变的基本动力。而城市化则是工业化和生产的商品化、社会化、现代化的必然产物，又是其必要条件。以研究发展中国家问题著名的美国学者塞缪尔·亨廷顿由此断言：“城市的发展是衡量现代化的尺度。”②

与主要依赖人的自然力量的农业不同，工业是以超自然的机器力量为基础的。这种超自然的力量可以促使人们将分散的人口、资金、生产资料等生产要素高度集中在一起，并通过市场和社会交往把一个个生产单位紧密联系起来，在市场竞争中推动技术的现代化，从而创造出巨大的生产力，形成以机器大生产为基础的近代城市。正是依靠工业化创造的巨大生产力，迫使曾作为古代历史出发点的乡村服从城市的统治，城市成为历史的先导，支配和影响着乡村，造成乡村城市化的趋势。马克思恩格斯在《共产党宣言》中从各个方面概述了这一历史进程：资产阶级创立了规模巨大的城市，使城市人口比农村人口大大增加。因而使很大一部分居民脱离了乡村生产的愚昧状态，并一天天地消灭生产资料、财产和人口的分散状态。由此造成“资产阶级在它的不到一百年的阶级统治中所创造的生产力，比过去一切世代创造的全部生产力还要多，还要大”③。近代历史可以说是城市不断战胜乡村并日益成为社会先导的历史。“现代化改变了城市的性质，打破了

---

① 《马克思恩格斯选集》第2卷，人民出版社，2012，第733页。

② 〔美〕塞缪尔·P. 亨廷顿：《变化社会中的政治秩序》，王冠华、刘为等译，上海人民出版社，2008，第55页。

③ 《马克思恩格斯选集》第1卷，人民出版社，2012，第405页。

城乡之间的平衡。经济活动在城市骤然增加起来，导致了新兴社会集团的出现并使旧的社会集团滋长出新的社会意识。”①

近代中国城市虽然是在半殖民地半封建社会框架下生长、发展起来的，但它一经出现，就以其独特的历史地位发挥社会先导作用。

首先，近代城市的崛起，标志着中国出现了前所未有的新的社会生产力、新的阶级力量和新的社会文明，促使社会发生了部分质变。费正清主编的《剑桥中国晚清史》一书曾这样描述到，由于外国资本主义的冲击，“在那些和外部世界市场有密切关系的城市的经济中产生了程度不同的‘现代’部分。和这种经济发展有关的是，社会发生了变化，产生了诸如买办、工资劳动者和城市无产阶级这样一些新的集团。而且，由于各种西方制度的‘示范影响’以及和外部世界交往的增长，社会变动过程必然在本地居民中发生，它逐渐破坏了他们传统的态度和信仰，同时提出了新的价值观、新的希望和新的行动方式”。②上述因素为中国社会由传统向现代的转变提供了必要条件，使中国得以突破传统社会改朝换代的局限性，向一种新型社会过渡。城市正是实现这种社会更替的先导。

其次，近代城市的崛起，促使乡村自然经济的解体，是乡村社会由古代向近代转变的重要条件，并为整个社会的转变提供了一定基础。

中国古代封建社会之所以根深蒂固，深层原因是强大的乡村自然经济。只是到了近代，外国和本国资本主义向乡村渗透和影响，乡村自然经济才趋于解体。这种渗透和影响则是凭借城市进行的。

一方面，外国和本国的资本主义势力凭借城市和乡村倾销廉价的商品，获取原料，将乡村生产纳入商品化、社会化的轨道，乡村社会由封闭走向开放。江南一带乡村自然经济解体程度较高，与这一地区有众多近代城市密切相关。通观近代中国，凡是近代城市发达的地区，

---

① 〔美〕塞缪尔·P. 亨廷顿：《变化社会中的政治秩序》，王冠华、刘为等译，上海人民出版社，2008，第 56 页。

② 〔美〕费正清、刘广京编《剑桥中国晚清史》，中国社会科学院历史研究编译室译，中国社会科学出版社，1985，第 314 页。

乡村自然经济解体愈明显，反之亦然。

另一方面，随着自然经济解体，乡村社会由封闭走向开放，城市先进的生产力、先进的阶级力量和先进的社会文明会影响落后的乡村，不仅将许多乡村人口直接吸收到城市，而且促使乡村效仿城市，实现社会形态的转变。凡是近代城市较发达的地区，乡村社会转变愈明显，如江南沿海和交通发达地区，反之，乡村社会的转变十分微小。

而乡村的自然经济解体和向近代社会的转变，又为整个中国社会的变革提供了基础条件，造成传统封建社会无法再以原样延续下去。延续2000多年的封建帝制的崩溃和中华民国的建立，以及1949年中华人民共和国的成立都反映了这一历史趋向。

乡村：近代社会转变的基础

近代城市作为历史先导，代表着近代中国社会发展的方向。但是，在近代中国，乡村仍然居于特别重要的地位，是整个社会转变的基础或决定性力量。这是由近代中国特殊的历史和国情决定的。

在西欧，封建社会向资本主义社会的转变历史，就是城市资产阶级战胜乡村封建主阶级的历史，是城市逐步统治乡村的历史，也是乡村的城市化过程。如英国的城市人口所占比例从1800年的26%，到1900年时就上升为70%，田园式国家变为城市化国家。而近代中国是在外国入侵下发生突变的。在外国侵略者和本国统治者的压抑下，资本主义得不到正常发展。从总体上看，伴随资本主义发展崛起的近代城市的数量还相当少，基本上局限于东南沿海地区，并由于战乱不断处于风雨飘摇、忽盛忽衰的不稳定状态中。同时，城市作为外国资本主义入侵的桥头堡和本国统治的据点，呈畸形发展，商业性、消费性大于生产性，无法像西方工业城市那样将大量的农民吸收到城市，加速乡村的城市化。因此，近代中国仍然是农村人口和农业经济占主导地位的传统落后的农业国家。到1949年中华人民共和国成立之前，现代工业产值仅占总产值的10%，城市人口也只占总人口的10%。人口众多的乡村因此成为整个社会转变的基础或决定性力量。

而近代乡村社会又具有特别突出的传统色彩，基本停留在传统封建社会的框架下。在西方国家，乡村城市化的后果，一是将大量的乡村人口卷入城市，城市人口比例高于乡村；二是乡村纳入资本主义体系，整个社会转变为以城市资产阶级占主导地位的资本主义社会。而在近代中国，资本—帝国主义入侵中国的主要目的是掠夺，特别是掠夺来自广阔乡村的农产品。出于掠夺需要，它们不仅无意于促使乡村由封建形态向近代资本主义形态转变，反而希望乡村仍保留旧的落后状态。本国统治者为维护其统治，从广大乡村获到赋税和兵源，更不愿意改变乡村传统形态。资本—帝国主义和本国统治者、剥削阶级的多方面残酷剥夺，更是严重地阻碍着乡村自然经济的大规模和进一步解体，转变为资本主义农业，使乡村社会只能在旧的框架下挣扎。

所以，在近代中国，一方面，乡村农业仍然是国民经济的主要部门，乡村人口仍居绝大多数；另一方面，乡村基本上属传统的封建性质。由此就决定了古代社会向近代社会的转变不可能是资本主义社会，而只能是封建半封建社会。以孙中山为首的资产阶级革命力量推翻了封建王朝而无法建立起资本主义社会，只能由封建色彩很浓的旧军阀取而代之；国民党取得国家政权后虽然包裹着资本主义形式，实质仍然是封建主义，深刻的社会经济根源就在于作为整个社会基础的乡村仍然停留在传统的框架下。也正因为如此，才会发生要求改变半殖民地半封建社会性质的新民主主义革命。革命的道路则是“农村包围城市”。如亨廷顿所说：“在东方型革命中，他们在偏僻的农村打响战争，向中心推进，最后夺取对首都的控制。”① 费正清在中国革命后，反思了美国政府对华政策失败时，认为，“当时我们美国人接触到的那个现代中国，是轻敷在古老文明表面的一层粉饰。在这层粉饰下，旧中国

① 〔美〕塞缪尔·P. 亨廷顿：《变化社会中的政治秩序》，王冠华、刘为等译，上海人民出版社，2008，第226页。

仍在半个大陆的农村里继续存在。”“我们误认为中国现代那层虚饰的薄盖就是中国生活的全部。”① 费正清的认识无疑是深刻的。

城乡关系格局：旧框架与新变化

在古代中国，城乡关系的基本格局是：城市在政治上统治乡村，在经济上剥夺乡村。进入近代社会以后，城市和乡村的性质、功能和地位都发生了一些变化。但是，从总体上看，城乡关系格局仍然停留在旧的框架下，只是在这一框架下出现了某些新的变化。

在近代中国，帝国主义、封建主义和官僚资本主义居统治地位，城市仍然是统治者对乡村地方行使统治权的政治堡垒。

资本—帝国主义对中国入侵是从城市开始的。其目的一是直接影响和控制居于城市的中国的统治者，二是将城市作为进一步掠夺侵占广大乡村地区的桥头堡。本国的统治者仍然利用传统的城乡格局行使统治权。而且大量的乡村统治者也纷纷流入较为安全的城市。如毛泽东在《湖南农民运动考察报告》中所说的：乡村“重要的土豪劣绅，在农民运动发达县份，几乎都跑光了，结果等于被驱逐。他们中间，头等的跑到上海，次等的跑到汉口，三等的跑到长沙，四等的跑到县城”②。

所以，近代中国城市的政治功能仍然十分突出，古代社会形成的自上而下，分布均匀，以利于行使统治权的城市体系无甚变化。本国或外国的统治者都是利用这一体系对广大乡村地方行使统治权的，城市仍然是专制统治的堡垒。即使像上海一类新崛起的城市，其政治功能也较明显，不仅是资本—帝国主义经济上侵略中国的中心，而且是在政治上影响、渗透和控制中国的基地。当然，与古代城市的人口主要是统治阶级成员不同，近代城市由于工商业发展，大量居住着非统治阶级的成员，其数量已大大超过统治阶级。但这并没有改变统治者

---

① 〔美〕费正清：《美国与中国》（第四版），张理京译，马清槐校，商务印书馆，1987。

② 《毛泽东选集》第1卷，人民出版社，1991，第25页。

依赖城市统治乡村的基本格局，城乡关系仍然是不平等的统治与被统治的关系。

与城市对乡村的政治统治关系相一致的是城市对乡村的经济剥夺关系。

同古代社会一样，近代中国的统治阶级也主要是以与城市寓为一体的政治统治权对乡村进行无偿和强制性剥夺。而且由于王朝腐败、军阀割据、外国入侵、战乱不断，统治者以强制性的暴力剥夺农民尤为严重，给乡村带来了灾难性后果。

与古代社会有所不同的是，经济剥削成为近代中国城市对乡村进行剥夺的重要手段之一。在近代，城市对乡村的剥夺不仅有居住在城市的统治阶级利用政治权力从乡村获得地租、赋税、劳役、兵役等，而且有城市的剥削阶级利用经济的手段从乡村获得利息和利润。由于近代乡村自然经济趋于解体，农产品的商品化程度提高，乡村愈来愈依靠市场和城市。城市的高利贷者利用乡村农民资金不足，以高利贷方式从农民那里获得高额利息。城市工商资产阶级利用生产和流通优势及工农产品剪刀差从乡村农民那里获得高额利润。而经济上占主导地位的外国势力和本国官僚资本主义更是利用其经济垄断地位，极力压低农产品价格，残酷剥削农民。

这种统治与被统治、剥削与被剥削的关系不仅使近代中国的城市和乡村仍然构成了社会结构中不平等的两极，而且两极分化更为突出，形成了尖锐的城乡对立关系，表现为严重的发展不平衡状态，即以下叙述所概括的："在近代，少数城市畸形发展，人口大增，游资充斥，近代工厂、交通设施、大中小学、电影院相继出现，商店林立，银行众多，少数富人生活近代化，呈现繁荣景象。农村经济陷于慢性危机之中，生产萎缩，资金枯竭，高利贷盛行，破产流亡者不计其数，无以为生，一片凄凉。近代化的城市生活与中世纪的农村生活相对立。用机器生产的城市工业与用手工劳动的农村农业相对立。以资本主义经济为基础的城市经济与以封建主义经济为基础的农村经济相对立。外国侵略者、城居大地主、大高利贷者、银行家、政府机关和官僚们所在的城市与贫苦农民居住的农村相对立。利润、利息、地租、赋税的主要集中地城市与赋税、地租、利润的主要来源地农村相对立。这些都是城乡经济发展不平衡的表现。这种不平衡的实质是城市掠夺乡村。少数大城市的畸形发展，是以广大农村的衰败为基础、为代价的。城乡之间的矛盾是对抗的矛盾。”① 近代中国的城市和乡村政治社会发展正是在这样一种经济社会发展不平衡的基础上展开的，因而极具不平衡、不一致、相对立、相冲突的特点。

① 赵德馨主编《中国近代国民经济史教程》，高等教育出版社，1988，第414页。

第六章
近代城市的政治社会状况及特点

第一节　城市的社会分层与政治关系

资本、权力、职业：社会分层的三维视野

与古代城市不同，近代城市的经济功能日益突出，且基本纳入资本主义体系。对资本的占有成为划分城市社会成员的主要和基本标准。

在近代中国，资本原始积累和资本主义产生与近代城市崛起是紧相伴随、寓为一体、同时出现的。首先，外国资本主义为获得超额利润，清王朝以及一些地主、商人、官僚和买办为维护统治或获取利益而投资于近代工商业，使资本迅速集中到有利于发展工商业的城市，城市出现了对资本的占有者。其次，一方面，城市工商业发展需要大量劳动者；另一方面，自然经济解体造成大量破产农民流向城市，加上受先进技术冲击大量破产的城市手工业者成为不占有生产资料而靠出卖劳动力为生的雇佣劳动者。这样，围绕对资本的占有关系形成利益相对立的两大阶级，并成为近代城市居民中的主要成分。

值得注意的是，在近代中国，政治权力资源的占有仍然是城市社会分层的重要标准。这是因为，与西欧近代建立的是纯粹形态的资本

主义社会不同，中国近代社会是半殖民地半封建社会。除了资本这一基本因素外，具有垄断性强制性的政治权力在资源和财富的占有和分配过程中仍然居于重要地位，只是表现形式和特点与过去有所不同而已。

首先，资本—帝国主义是以军事暴力强行打开中国大门的，必然要以不平等条约和直接的军事占领获得政治特权，并在资源和财富的占有和分配过程中居于特殊地位。这种地位在城市表现得尤为突出。其次，封建主义性质的国家政权不仅对封建主义乡村，而且对资本主义经济性质的城市行使统治权。城市不仅存在一个专门行使政治权力的社会群体，而且它还利用其特殊的政治权力支配着财富和资源的占有和分配过程。近代资本主义首先和占主导地位的是与政治权力结合的官僚资本主义。而那些与政治特权缺乏联系的资本经常面临破产的威胁，生存和发展条件大为不利。对政治权力的占有与否因此成为近代中国城市社会分层的重要标准。

随着古代社会向近代社会的转变，职业在城市社会分层中的地位愈显重要。其一，与古代城市相比，近代城市的功能日益多样化，特别是近代经济、文化、社会功能日益突出，从而促使行使这些功能的社会成员的多样化。这就需要根据人们从事的职业活动加以社会分层。如在经济方面，有直接从事生产的产业工人，有从事管理活动的职员；在文化方面，有从事教育活动的教师，从事文化活动的编辑、记者、演员；在社会方面，有律师、医生，还有车夫、侍者等。其二，与古代城市不同，近代城市存在一个失去生产资料、主要通过出卖劳动力为生的社会群体。在经济竞争规律和大量破产农民涌入城市的影响下，城市存在一个庞大的没有或失去职业的失业群体。其生活条件与其他有稳定职业收入者有很大不同。因此，有什么职业以及有无职业成为社会分层的重要标准。

资本、权力、职业作为社会分层标准主要是从经济即资源和财富的占有和分配以及人们的生活来源和状况的角度出发的。与此同时，一些非经济因素，诸如社会声望也是社会中的不可忽视的标准。

处于新旧交替时期的近代城市，功能多样化，特别是经济、文化功能突出，社会声望的评价尺度发生了一些变化。社会声望的优越地位不再只是为政治统治者所垄断，拥有资本和文化者的社会地位大为提高。如工商业者不再是一种低贱的职业，许多大官僚和地主的子女不是只让后代读书做官，而是读书经商。随着科举考试的废除，获取功名并紧紧依附于官府的旧知识分子的社会声望日渐低落。接受了新知识，并主要依靠智力为社会服务的近代知识分子的社会地位大为提高，这一点在近代城市出现了一个庞大的从事体力劳动、知识较少的群体的条件下显得尤为突出。

另外，传统的社会声望尺度仍然有很大影响。例如，尽管官僚特权阶层在法律方面的特权规定逐步取消，但仍是一个社会声望较高的阶层。而那些从事娼妓等特殊服务业的人虽然在法律上不再被视为贱民，其社会地位仍然十分低下，是一个受歧视、被贬抑的下等社会阶层。

阶级突出、层次繁多的社会成员体系

在古代中国，土地是基本的生产资料，社会成员被分为利益根本对立的地主阶级和农民阶级。它们主要居住于乡村。城市则居住着地主阶级的政治代表，官与民主要是政治地位的差别，而非两大经济利益根本对立的阶级。在近代，资本是城市社会分层的基本标准，社会成员分裂为资产阶级和无产阶级两大经济利益根本对立的阶级。阶级性在近代城市社会成员体系中的地位日益突出。

但是，近代中国不是西欧那样的纯粹资本主义社会，而是半殖民地半封建社会。这一社会性质必然反映到城市社会成员结构中，使其具有层次繁多的特点。这与近代西欧城市社会成员主要为资产阶级和无产阶级两大阶级是不同的。例如，在资产阶级中存在与资本—帝国主义紧密联系的买办资产阶级和与封建主义国家政权紧密联系的官僚资产阶级。这两个层次在近代西欧资产阶级体系中是不存在的。

在近代中国城市，主要存在以下阶级和阶层。

从资本的占有关系看，有资产阶级和无产阶级这两大阶级。他们不仅人数较多，而且由于与先进的生产力和生产关系联系，成为城市占主导地位且相互对立的阶级。

资产阶级是占有生产资料并剥削工人剩余价值的阶级。在近代中国，资产阶级又突出表现为官僚买办资产阶级和民族资产阶级两个大的阶层。

买办资产阶级是中国最初的资产阶级。它是直接服务并依附于资本—帝国主义，具有买办性质的资产阶级，即买办阶级。毛泽东指出："为了侵略的必要，帝国主义给中国造成了买办制度。"① 适应外国侵略势力的需要，买办得以产生并扩大。他们出于自身利益，早在19世纪60年代就成立了买办人公会、买办联谊会组织，形成一个独特的社会集团。这一集团由于依附并服务于享有特权地位的外国势力，通过买办活动积累了巨额财富，并投资于近代工商业和金融业，最终形成买办资产阶级。因此，买办阶级"完全是国际资产阶级的附庸，其生存和发展，是附属于帝国主义的"②。当然，在过渡性和不稳态的近代社会，买办阶级分化较快，其中的一部分转化和分化为官僚化买办，特别是与国民党政权紧密联系，成为官僚买办阶级；还有一部分则转变为民族资产阶级。

官僚资产阶级则是与国家政治权力相结合的资产阶级。19世纪后半期，清朝洋务派官僚集团的"官办""官督商办""官商合办"的资本主义性质的近代企业，是中国最早的官僚资本主义经济，这些大官僚便是最早的官僚资产阶级。辛亥革命后，不仅早期官僚资本主义企业转到执掌政治权力的军阀手中，而且军阀还将以强势获得的巨额财富投资于近代工商业、金融业，形成新的官僚资产阶级。1927年后，资本与国家政权全面结合而形成了国家垄断资本主义，产生了直接依靠国家政权迅速发展起来的官僚资产阶级。

---

① 《毛泽东选集》第4卷，人民出版社，1991，第1484页。

② 《毛泽东选集》第1卷，人民出版社，1991，第3~4页。

官僚资产阶级一开始产生就与买办阶级紧密结合，具有买办性质。最初的官僚资产阶级有相当部分就是由买办分子转化而来。辛亥革命后的旧军阀和国民党政权为了获得资本—帝国主义的支持，更是直接成为资本—帝国主义的代理人，其官僚资本带有浓厚的买办色彩。

所以，在近代中国，与资本—帝国主义和封建主义的紧密结合相一致的是买办资本与官僚资本的紧密结合，形成了一个官僚买办资产阶级。这个阶级具有突出的特权性和垄断性，集中了大量资本，是大资产阶级。

民族资产阶级是与资本—帝国主义和本国政权的直接联系较少，独立性较强的资产阶级。这一阶级出现较晚。直到19世纪末20世纪初，随着民族资本主义的发展，它才逐步成为一个较大的社会集团。由于民族资本主义是在资本—帝国主义和官僚买办资本主义的夹缝中求得生存发展的，民族资产阶级不可能在经济上居特权垄断地位，使资本大量迅速集中，不仅资本数量较小，而且极不稳定。毛泽东因此称之为“中产阶级”。

与资产阶级在利益上根本对立的是不占有生产资料，主要靠出卖雇佣劳动为生的无产阶级。无产阶级的主体是产业工人，主要来源于破产农民和手工业者，且产生较早，增加较快，到20世纪30年代已达250万~300万人。毛泽东指出：“中国无产阶级的发生和发展，不但是伴随中国民族资产阶级的发生和发展而来，而且是伴随帝国主义在中国直接地经营企业而来。所以，中国无产阶级的很大一部分较之中国资产阶级的年龄和资格更老些，因而它的社会力量和社会基础也更广大些。”① 城市无产阶级还包括相当数量的小工业和手工业工人及商店店员。由于近代工业不甚发达和商业功能特别突出，这一阶层在近代中国城市居民中占相当比例，到20世纪30年代，他们大约有1200万人，远远高于产业工人，但较为分散。

---

① 《毛泽东选集》第2卷，人民出版社，1991，第627页。

除了资产阶级和无产阶级这两大阶级外，城市还存在一个小资产阶级。根据毛泽东的分析，这一阶级既不同于资产阶级，也不同于无产阶级，是一个中间性阶级，主要包括以下几个群体：（1）知识分子和青年学生。由于缺乏相对独立的经济基础，他们不是一个独立的阶级或阶层，但又是一个特殊的社会群体。他们大多出身地主和资产阶级家庭，拥有特殊和专门知识，依靠或将以智力劳动为生，虽也有失业失学威胁，但生活条件比一般体力劳动者较优越和稳定，社会声望较高，因此其大多数可归为小资产阶级。（2）小商人。他们一般不雇佣店员，或者只雇佣少数店员，开设小规模商店，既是小生产者，也是劳动者。（3）手工业者。他们有生产手段，不雇工或者只雇佣一两个学徒或助手。他们数量较大，特别是在近代工业不甚发达的中小城市，是人数众多的一个社会群体。（4）自由职业者。诸如医生、律师等自由职业者依靠其特殊才能获得生活来源，不剥削他人或对他人只有轻微剥削，其经济地位类似手工业者，但社会声望较高。

如果根据对政治权力资源的占有标准，可分为占有较多或垄断政治权力资源的社会群体和不占有或占有较少政治权力资源的社会群体。前者包括资本—帝国主义在华的代理人、官僚买办资产阶级、军阀、官僚等。其中又可分为垄断政治权力资源的大买办、大官僚、大军阀和一般官僚、买办两个层次。后者包括民族资产阶级、无产阶级和广大的小资产阶级及其他劳动者。这一群体又可分为若干层次。如民族资产阶级有可能以一定经济力量占有少量政治权力资源，无产阶级和广大劳动群众则没有这种可能。

如果根据职业活动标准，城市社会成员除了有产业工人、小工业和手工业工人、手工业者、店员、小商人、自由职业者等一些职业群体外，还存在两个特殊的群体。其一是管理者群体。其中又包括从事经济管理活动的职员和从事政治管理活动的政府员工，如一般警察、办事员。从经济地位看，他们是介于剥削阶级和被剥削阶级之间的阶层，但由于与经济政治居主导地位的阶级有紧密联系，有较强的依附性，地位比一般人高，因而又不能与小资产阶级简单地相提并论，是一个介于上层社会和下层社会之间的特殊职业群体。其二是没有稳定或正当职业的游民群体，由于失业或根本无法就业而产生，来源大多为破产农民和失业工人。他们中的许多人迫于没有任何正当谋生手段，只得以非正常的职业生活，如成为流氓、乞丐、娼妓、迷信职业者等。近代城市游民的数量较多，他们成为一个特殊的社会群体。这一群体的人员较杂，无正当职业，社会声望较低，甚至为社会所歧视，处于城市社会最底层。

政治关系的变化与实质

随着城市向近代转变，社会成员体系有了新的变化，社会成员间的政治关系也发生了一些新变化。

首先，政治关系的官本位色彩有所淡化，普通民众的政治地位有所上升。随着传统社会崩溃，特别是封建王朝统治的推翻，专制官僚集团的特权垄断地位有所动摇，一般民众初步取得了一些法律形式上的享有国家权利、参与政治生活的民主权利，逐渐由古代臣民向近代公民转变。

晚清王朝迫于压力，拟改封建专制政体为君主立宪政体。在覆亡前制定的《钦定宪法大纲》和颁布的《宪法重大信条十九条》中提出“大权统于朝廷，庶政公诸舆论”，并出现了参与立宪的“国民”这一新名称，准许民众有“言论、著作、出版、集会、结社”自由，甚至有选举权。晚清的新刑律则取消了因“官秩”“良贱”而在刑罚适用上的差别，出现了某些法律形式上的平等迹象。辛亥革命推翻了封建王朝，建立了中华民国，更是受资本主义民主政治影响，从法律上确定了人民的主权和平等地位。1912 年公布的《中华民国临时约法》第一次明文规定：“中华民国，由中华人民组织之”，“中华民国之主权，属于国民全体”，“中华民国人民，一律平等，无种族、阶级、宗教之区别”。约法还规定了人民享有人身、居住、迁徙、言论、出版、集会、结社、通信、信教等自由和选举、被选举、考试、请愿、陈诉、诉讼等权利。辛亥革命后的北洋军阀政权和国民党政权所颁布的宪法基本上保留了以上主要精神。

上述法律形式的变化虽然是全社会性的，但在已基本纳入近代资本主义经济体系，且受西方民主文化影响较大的城市表现得较为突出。1912年颁布的《中华民国临时约法》实际上主要反映了城市资产阶级的政治要求。

其次，政治关系的等级统治性向阶级统治性转变。在主要作为政治实体的城市，对政治权力资源的占有是社会分层的主要标准，政治关系突出表现为等级性。近代城市的经济社会功能突出，资本的占有成为社会分层的基本标准，阶级对立关系凸显，政治关系主要表现为阶级统治，虽然这种统治具有半殖民地半封建色彩，反映为官僚买办资产阶级的统治。

近代城市的政治关系虽然出现了前所未有的新变化，但仍然局限在旧的格局里，即政治权力为极少数人所垄断，一般民众无法享有实际的政治权力和政治权利。

在近代西方国家，随着资产阶级民主政治的建立，实行资产阶级的整个阶级统治。而在半殖民地半封建社会的近代中国，帝国主义、封建主义凭借政治经济特权和实力垄断着政治权力资源，成为主要压迫者。北洋军阀和国民党政权虽然迫于压力，抄袭西方民主，从法律条文上规定了普通民众的主权地位和民主权利，但实际上根本不可能实现。这种状况在城市便突出表现为与帝国主义、封建主义有紧密联系的官僚资产阶级居统治地位，不仅劳动大众，而且连民族资产阶级也处于被统治被压迫地位。如毛泽东分析的："在中国的民族资产阶级，主要是中等资产阶级……基本上还没有掌握过政权，而受当政的大地主大资产阶级的反动政策所限制。"①

阶级地位的明朗化和复杂性

在私有制社会，政治关系的实质是阶级对阶级的统治关系。但在

① 《毛泽东选集》第2卷，人民出版社，1991，第640页。

古代中国城市，阶级界限远不如等级界限明确清晰，阶级统治关系为繁杂的等级地位关系所掩盖。而在近代城市，处于不同地位的阶级统治关系日益明朗化。

首先，近代城市的经济功能突出，社会成员主要以阶级的面目出现。各个阶级由于经济地位不同，利益分化、阶级界限清晰。建立在阶级利益根本对立基础上的阶级之间的统治关系因此趋于明朗。如作为被统治者的无产阶级首先是作为被剥削的、与资产阶级相对立的阶级存在的。

其次，近代城市的资产阶级和无产阶级是社会化大生产基础上产生的新的社会阶级，其阶级的自我意识和政治要求鲜明，阶级之间的地位差别和统治关系趋于明朗。资产阶级一产生，便提出了政治要求，希望争取到政治统治地位。19 世纪末的“百日维新”和 20 世纪初的辛亥革命都不同程度地折射出资产阶级的利益要求。由于机器大生产的集中性和与资产阶级经济利益的直接对立性，无产阶级一产生就有与农民所不同的阶级自我意识，意识到自身的被统治地位，并为改变这种地位而斗争。

但是，与近代西方国家不同，城市并不能简单划分为资产阶级和无产阶级，而存在与近代中国社会特点相关的众多复杂的阶层和社会群体，使城市不同阶级、阶层和社会群体的政治地位处于十分复杂的格局之下。

从政治统治者来看，外国势力和本国大资产阶级居统治地位，但具体表现形式有所不同。其一，在根据不平等条约划分的“租界”和外国势力以及日本帝国主义全面入侵时的城市里，外国侵略者居垄断性统治地位。其二，由于与不同的外国势力的结合，大资产阶级分为不同部分。它们在不同时期和不同地方的政治地位有所不同。如在日本侵华期间，大资产阶级中的亲日派在沿海城市取得部分统治权，欧美派则在内地城市保持着统治地位。

从居于被统治地位的阶级来看，民族资产阶级是一个十分特殊的阶级。一方面，民族资产阶级基本上没有获得国家政权，不仅在经济而且在政治上没有取得统治地位，并受统治阶级所压迫；另一方面，民族资产阶级具有一定经济实力，并在经济上与资本—帝国主义、封建主义和官僚资本主义有些联系，其政治地位在特定时期和特定地方有所上升。如清朝末年的宪政改革，辛亥革命之初和国民党政权建立之初，民族资产阶级的政治地位均得以提高。同时，民族资产阶级和工人阶级相对立，他们往往主动求助于政治统治势力压迫工人阶级。

小资产阶级介于资产阶级和无产阶级之间。他们虽和无产阶级一样同属被统治阶级，但其经济地位较无产阶级高，有一定既得利益，在作为一个被压迫阶级反抗统治者方面，与无产阶级有所不同。即使是在无产阶级中，产业工人虽数量较少，但由于与先进生产力紧密联系且高度集中，最具有阶级地位的自我意识；小工业和手工业雇佣劳动者虽人数较多，却由于落后和分散的生产，缺乏作为一个被统治被压迫阶级的自我意识。

管理者和游民这两个特殊群体的存在，使近代城市阶级地位关系更趋复杂。职员、警察、政府一般公务人员在经济和政治地位方面比一般民众高，有的甚至是政治统治者的工具，但与统治阶级毕竟有所区别。游民群体的经济社会地位较低，但其中的某些成员有可能与统治者发生紧密联系，成为横行一时或一地的强势力，如近代上海以黄金荣、杜月笙为代表的帮会势力。

第二节　城市的社会结构与权力体系

城乡分治与合治

在中国，城市始终具有高度集中性。但是，与古代城市功能单一的集中性相比，近代城市则表现为多种社会功能和社会要素的集中。首先是经济功能突出，城市日益成为相对独立和有较强辐射力的经济中心。如上海作为近代世界大都市之一，经济中心地位特别突出，政治中心地位相对较弱，“除本市范围以外，从未行使任何行政机能”。[①]与作为近代经济中心相适应，城市相应成为近代文化和社会生活中心，集聚着先进的文明因素，日益成为与乡村有着鲜明差异的社会有机体，城市地方事务迅速增多。

伴随近代城市的社会结构与功能的变化，城市的治理方式也有所变化，出现了城乡分治的趋向。在清王朝后期，广州开辟为商埠，社会结构发生变化，城市地方事务逐渐增多，传统的城乡合治的政治体制愈来愈不适应有效行使于广州地方的统治权，清政府只得经常由王朝委派钦差大臣处理广州地方事务。鸦片战争以后，大批近代城市崛起，城乡分离的态势日益明显，清王朝不可能再以派钦差大臣的方式处理日渐增多的城市事务。晚清王朝开始改城乡合治为城乡分治。1909 年，清朝在拟行预备立宪和地方自治的同时，颁布了《城镇乡地方自治章程》，在中国历史上第一次以法律形式将城镇区域与乡村区域区别开来。该章程以城镇、乡村分治为原则，规定府、厅、州、县治所驻地城厢为“城”，城厢外的市镇、村庄、屯集、人口满 5 万者为“镇”，不满者为“乡”。同时对自治的含义、城镇议事会、城镇董事会和自治监督等做了规定，城乡因此形成不同的行政系统。

北洋军阀控制中华民国中央政权以后，于 1921 年先后颁布了《市自治制》和《市自治制施行细则》，在法律形式上确立了市为区域性自治团体，实行相对独立的政治体制。其要点为：市的地位被确定为自治团体，市为“法人”，首都、省会、商埠、县治城厢以至满 1 万人以上的城镇区域设市；按城镇的不同地位，划分特别市和普通市，前者地位相当于县，后者隶属于县。中央和县政府分别行使监督权。将市明确规定为区域自治团体的体制突破了“城”、“镇”或“市”为县以下基层行政建制的旧模式，城市的政治地位进一步提高，独立性更突出。但是，北洋军阀始终未能控制全国，这一体制未能在全国范围内生效。

① 〔美〕罗兹·墨菲：《上海——现代中国的钥匙》，上海社会科学院历史研究所编译，上海人民出版社，1986，第 2 页。

1928年以后，随着南京国民政府的建立，才逐步形成了一套较完善的城乡分治体制，并得以在全国推行。1928年和1930年，南京国民政府先后颁布了《特别市组织法》和《市组织法》，规定：首都、人口100万以上者及政治、经济、文化有特别情形者为直隶于中央行政院的“院辖市”；省会、人口在20万以上者，以及在政治、经济、文化上地位重要者为隶属于省政府的“省辖市”。至1947年，国民政府辖建制市69个，包括南京、上海、北平、青岛、汉口、西安、重庆、广州、沈阳等12个院辖市，以及南昌、蚌埠、杭州、徐州等57个省辖市。

城市经济、文化和社会生活中心功能的突出和独立性增强，使其得以一个相对独立的行政单位存在，并实行与乡村有所不同的治理方式，形成城乡分治的趋向。但是，近代城市的政治功能虽然十分突出，绝大多数城市仍然是统治者对全国和地方行使统治权的堡垒。而且由于城市的近代化和对乡村地区的辐射力度愈来愈大，统治者更加重视城市的政治中心功能。周谷城对此有过精辟的分析，认为：“国际资本主义的入侵使中国的都市发展加速，同时也使中国的农村加速崩溃。军阀于此恰恰看明白了这个趋势，相率由农村向都市上进展。原来军队是靠田赋而生存的，靠农村而生存的。但国际资本主义的势力使都市一天一天的富起来了，有大工厂，有大商场，有大银行，有极优越的税收机关。……军阀若得了繁盛的都市，占了工商的中心，既可以向银行借债，又可以到税收机关拿钱，更可以向工商资本家勒索。而田赋无论如何加重，总比不上都市上的现金来得容易。此所以军阀都要夺取都市，甚至要争得海口也。”① 在近代，不仅军阀，而且帝国主义、国民党政权无不注重统治城市，强化城市的政治中心功能。

因此，近代城市在国家政治体制中的地位的变化，并不是适应城市特点，促进其经济社会发展，而是统治者为有效地对城市行使统治权，并通过控制城市，更有效地统治广大乡村地方。近代中国城市的

① 周谷城：《中国社会史论》（下），齐鲁书社，1988，第426~427页。

绝大多数是中央和地方政府所在地。一个城市及其周围的乡村地区共同隶属于自上而下的行政权力体系，城市和乡村区域在政治权力资源的配置方面的实际差别并不太大。像上海这样不行使市以外乡村地方的行政管理权的城市，为数很少。如果从这一方面看，近代中国城市的治理方式又具有城乡合治的特征。

外国势力的管治

由于资本—帝国主义的入侵，近代中国沦为国家主权受到严重损害的半殖民地。城市则是外国势力入侵中国的桥头堡和基地。外国侵略者通过不平等条约和直接占领的方式，在一些城市和城市的部分地区直接行使殖民统治权，并建立其相应的权力体系，形成中国领土内的城市由中国政府和外国势力分别统治，并形成不同权力体系的政治体制。这一体制主要有以下三种模式。

第一，外国侵略者根据不平等条约在中国通商口岸城市划出一部分土地作为其直接管理辖制的租界。1845 年，英国引用中英《虎门条约》中关于英人得在五口租地、建屋的条款，将上海的一部分地区划分为英人租借居留的地方。此为外国在中国强占“租界”之始。19 世纪 50 年代以后，外国侵略者排斥了中国政府在上海租界行使行政、司法、警察、收税等权力，在租界内制定法律，设立政权机构、捕房和监狱，驻扎军队和设武装组织，建立了一整套殖民统治管理体制，各个国家的租界成为一个个“国中之国”。随着外国侵略势力的扩张，租界界地不断扩大，数目日益增多。英、美、德、法、日等国先后在上海、广州、厦门、福州、天津、镇江、汉口、九江、芜湖、重庆、杭州、沙市、长沙等城市设立了租界。

第二，完全为外国侵略势力所控制的租借地，形成殖民统治城市。1898 年，德国根据《中德租界条约》租借青岛 99 年，青岛的殖民统治权为德国行使。1914 年青岛又为日本所独占。大连、哈尔滨先后为沙俄、日本所侵占。在这些城市里，立法、行政、司法、警察等权力全部为外国侵略者所行使。

第三，日本侵略者凭借军事武力而独霸的沦陷区城市。它们不只是某一地的某一城，而且是许多地方的许多城市。1932 年日本独占东北地区的城市。1938 年后，华北、华中、华南地区的大部分城市也为日本所侵占。日本侵略者对这些城市行使殖民统治权，并通过扶植伪中央政权和地方政府对沦陷区城市加以统一管治。

如果就城市的实际统治权而言，近代中国出现了由中国政府和外国势力分别管治某一城市或城市某一地方的状况。但是，近代中国始终未沦为完全的殖民地，一直是形式上的主权国家。外国势力对所辖制的地方只有某些治权，而无最终所有权。租界和租借地城市是外国势力强迫中国政府租借出去的，最终必须归还。第二次世界大战期间和战后，租界和租借地城市先后被收回。同时，租界和租借地城市也必须受到中国法律的制约，而且中国政府对租界拥有实际的治理权，只是由于外国侵略者凭借强势，不受中国法律约制，并排斥中国政府的治理权，这些地方的统治权完全为其垄断。即使是沦陷区城市完全为外国势力所独占，但也从未取得合法统治地位，为中国政府所不承认。

民主形式与专制实体的强权统治

进入近代社会以后，统治阶级已难以再沿袭绝对君主专制统治方式。即使是晚清王朝也被迫向近代西方民主制度学习，拟在政治体制方面作某种程度改革。辛亥革命后，专制主义皇权日益不得人心，民主观念迅速流传。特别是以孙中山为首的资产阶级革命派力图按照资产阶级民主原则建立国家体制。军阀统治和国民党统治在法律形式上也不得不标榜民主政治。而在资本主义经济相对发达和民主观念传播较多的城市，由于实行城乡分治，不仅其政治地位得以提高，在权力体系的民主形式方面也较为突出一些。主要表现为与过去的自上而下的集权统治、权力的一元化和人民没有任何政治权利所不同的自治、权力的分立和人民选举三个方面。

1909 年晚清王朝颁布的《城镇乡地方自治章程》是在预备立宪和实行地方自治的政治背景下出台的，规定城镇为自治团体，设议事会和董事会。辛亥革命后由江苏省议会公布的《江苏暂行市乡制》在民主政治方面迈出了一大步。规定市设作为立法机构的议事会和作为行政机构的董事会，市议员由市民选举。1921 年北洋军阀政府公布的《市自治制》等条文规定，作为一级政权的市为自治团体，设市自治会为议决机关，自治公所为执行机关，市自治会由市民选出的会员组成，作为市自治会代表的市长除京都由中央政府任命外，其他皆由市自治会就居民中具有相应资格者选举。国民党统治期间也有类似的法律条文规定。

但是，以上规定大多只停留在纸面上，只是表面形式，实际上实行的则是专制主义统治。而且在阶级和社会矛盾特别尖锐的近代社会，统治者不仅凭借军事强力获取统治权，同时实行强权统治。这种专制主义强权统治在作为政治中心的城市表现得尤为突出，与法律形式上的民主精神的冲突也格外明显。

近代统治者赋予城市的自治权抄袭的是西方政治体制。在西方，城市自治不仅指城市在国家中的地位，而且是城市市民共同管理城市的民主形式。特别是在近代，城市自治与资本主义国家的民主体制是一致的。而在近代中国的专制主义强权统治下，城市自治要么根本无法实行，要么完全扭曲变形。晚清王朝将城镇作为县政权管辖下的自治团体，是与传统体制下的保甲组织的性质相类似的。军阀统治时期虽然赋予作为一级政权的市的自治权，实际上往往成为军阀割据统治的代名词。

由西方抄袭来的权力分立和民主选举的实际命运与城市自治相同。在专制主义强权统治下，市立法机关只是一种摆设，要么受到自上而下的强权控制，要么成为少数政客争权夺利的场所，实际作用很小。北洋军阀统治时期，城市的自治会大多为地方上的旧官僚、富商、社会名流等上层人士争权夺利的场所，直接为军阀强势所操纵。国民党统治时期，市参议会的法律地位很低，实际权力为市政府把持，市政府的主要成员大多为自上而下的任命。这种体制不仅在实际上而且在形式上都集中反映了专制主义强权统治，市民大众的民主选举更是成为空谈。近代中国的国家统治者频繁更迭，统治者忙于以强势夺取政权和巩固政权，民众根本不可能以选举的方式行使民主权利。辛亥革命后很少举行正式的城市市民选举，即使少有的几次也多为统治者所操纵。

而在资本—帝国主义统治的城市和地方，中国民众不仅实际上，而且连法律形式上的政治权利都没有，根本无权参与本地政治。

基层自治：受控、失控与同化

在近代社会，随着城市社会日趋复杂，社会公共事务迅速增多，基层社会生活中社会成员自我管理基层事务的自治倾向日益突出，成为城市权力体系中不可忽视的组成部分。近代城市的基层自治可分为以下两大类。

第一类是直接受政府控制的基层自治，主要发挥政治治理方面的功能。

在中国，任何统治者无不将权力的触角延伸于社会生活的最基层，将整个社会置于统治权之下。进入近代社会以后，城市在国家政治生活中的地位上升，统治者为有效行使统治权，除了实行城乡分治，将城市作为一个单独的政治实体加以管理外，还非常重视受政府直接控制的基层自治。最为典型的是 1930 年国民政府颁布的《市组织法》，对基层自治做了详细的规定。根据该组织法，市划分为区、坊、闾、邻，5 户为邻，5 邻为闾，20 闾为坊，10 坊为区。邻和闾为基层自治组织，由邻民会议和闾民会议行使自治权，并选出邻长和闾长。坊是介于邻、闾和区之间，兼行政和自治功能的组织。坊的权力机构是坊民大会，坊长由坊民大会选出，并设以坊长为首的坊公所为常设机构。1933 年，国民党政府为进一步加强对城市社会的控制，将乡村基层的保甲组织体制搬到城市，市内体制改“市以下为区，区之内编为保甲”。区为市政府的派出机构，保甲为基层自治组织。这一体制一直沿袭到 1949 年。

当然，在半殖民地半封建社会的动荡时代，特别是在社会结构异常复杂的城市，为政府控制的基层自治组织未能发挥什么实际功能，民众通过基层自治组织行使自治权更不可能。统治者主要依靠行政权力和暴力机构实行强权统治。

第二类是间接为政府控制，有较强独立性的基层自治，主要发挥经济和社会生活管理的功能，容易出现行政权力难以控制或不受控制的倾向，其形式有商业行会和帮会等。

由于城市社会生活的复杂化，特别是经济社会生活中心的功能增强，自上而下的单一行政权力愈来愈难于实施有效统治。一些社会成员为维护发展自身利益，通过一定纽带形成一种自我管理内部事务的自治性基层组织。这种组织一般为经济和社会性质。早在明、清时期，随着城市工商经济的发展，一些从不同地方涌向城市的商人根据同乡、家族关系组成行会组织，自我管理内部事务，保护行会成员的利益。“凭借于宗族和乡籍关系，这些组织成功地在异地环境中，保住了自己的行当免遭外人染指。由于意识到与整个城市社区的隔膜，以及对行会帮派的依赖，各个成员紧密地与他们的这种组织保持一致。”由罗兹曼主编的《中国的现代化》一书在分析鸦片战争前后中国社会组织变化时，进一步指出：“发端于明、膨胀于清的会馆以及把同一省籍、府籍的人结合在一起的各种商业组织，成为中国城市商业生活顶层的主宰。”①

鸦片战争后，城市的工商业组织无论是数量还是质量都发生了突出变化。一方面，数量迅速增加。仅 1864～1894 年的 30 年间，10 省 24 个城市中就有商业行会 107 个。② 而且这些组织愈来愈相异于封建社会经济结构。另一方面，传统的政治体制和迅速更迭着的上层统治者愈来愈难于对迅速增多的工商业组织实施有效控制，致使这些组织团体日益失控，其独立性、自治倾向及政治作为在一定时间和地方显得十分突出。如辛亥革命时期的苏州商会通过市民公社这一社会基层组织，在一定程度上控制了市政建设与管理权，在基层社会事务管理中发挥出了重要作用。③

① 〔美〕吉尔伯特·罗兹曼主编《中国的现代化》，国家社会科学基金“比较现代化”课题组译，江苏人民出版社，1988，第 22 页。

② 参见赵德馨主编《中国近代国民经济史教程》，高等教育出版社，1988，第 414 页。

③ 参见朱英《清末商会与辛亥革命》，《华中师范大学学报》（人文社会科学版）1988 年第 5 期。

在近代社会，国家权力体系更难以控制的是暴力性质的帮会组织。帮会是古代社会向近代社会转变中城市经济社会发展处于无政府状态过程产生的一种畸形社会组织。帮会组织为谋求利益以暴力强占的方式占据城市的某些社区地方，行使管治权，成为实际的统治者。特别是伴随清王朝统治权威的流失和崩溃，社会缺乏强有力的整合力量，帮会势力在城市，特别是通商口岸城市恶性膨胀，基本失控，甚至连政府要有效行使统治权也需求助于帮会势力。近代上海最为典型。作为近代中国最大通商口岸的上海基本上是在没有政府强力统一控制下发展的，帮会势力也最为活跃和强大，出现了以黄金荣、杜月笙等为首的大帮会势力。这些势力不受政府权力和法律约束，在其范围内行使管治权，形成一种畸形的基层自治。

近代城市产生的经济组织团体和帮会势力虽然较少受政府权威直接控制，甚至失控，但它们也很容易为统治体系所同化，为政府权威所间接控制。因为它们的存在和对某些社区地方及事务管理权的行使是以社会统治更替和无政府状态为条件的。一方面，伴随社会统治权威的建立，必然要对其加以控制和同化。另一方面，在半殖民地半封建社会土壤上生长起来的这种自治权也很容易被纳入整个社会的统治体系之中。特别是帮会势力是封建性很强，并以谋取私利为主要目的的组织团体，很容易被纳入统治体系，为统治者服务。如近代上海的帮会势力先后为外国侵略者和国民党政权所收买和利用，协助建立和行使城市地方统治权。

第三节　城市的社会秩序与政治控制

急剧变动与高度混乱的城市社会

从社会秩序来看，半殖民地半封建社会的近代中国的一个突出特点，就是处于传统的社会平衡被打破的变动和新的社会平衡始终未能形成的混乱状态之中。这种动与乱的状况又最为集中地体现于近代城市社会，表现出急剧变动和高度混乱的特点。

第一，中国由较完整的封建社会向半殖民地半封建社会的转变最先也最为集中地反映于城市，城市的变化最为明显，新与旧、传统与现代因素相互并存，并发生着激烈的碰撞，城市社会失去传统的平衡，处于严重的不稳定的过渡状态中。

第二，半殖民地半封建社会的社会和阶级矛盾特别尖锐和复杂，而这种矛盾又突出和集中地体现于城市社会。帝国主义将城市作为入侵中国的桥头堡，帝国主义与中华民族的矛盾在城市社会反映得格外强烈。近代资本主义经济首先并主要存在于城市，资本主义和封建主义的矛盾十分尖锐。近代城市日益成为一个独立的经济社会有机体，产生和存在大量城市社会特有的矛盾和问题，如资产阶级和无产阶级的矛盾、城市失业问题、犯罪问题、人口急剧膨胀而带来的生存环境恶化等问题。这些矛盾、冲突和问题的存在反映了城市社会正处于急剧变动之中，同时也表明要在城市建立新的社会平衡异常艰难。

第三，进入近代社会以后，一方面，城市的数量、性质、功能、作用发生了重大变化，在国家政治生活中的地位更加重要，成为各种政治势力竞争角逐之地；另一方面，随着封建王朝的崩溃，各种矛盾十分尖锐，社会缺乏强有力的整合力量，迅速实现城市在急剧转变中的平衡。在近代中国，各种政治势力无不将争夺城市作为重要政治目标，城市的统治者不断更迭。封建王朝崩溃后，军阀蜂起，争城夺地，随后国民党统治取而代之，与此相伴的是外国侵略者的入侵和占领。对城市的不断争夺必然打破原来的平衡，使社会趋于动荡混乱；而不断更迭的统治权又无法进行迅速有效的整合，建立起新的社会平衡，甚至出于掠夺的需要而加剧混乱。

近代城市社会处于急剧变化和高度混乱之中。但这并不意味着城市完全处于失控的无政府无组织状态。相反，统治者为有效行使统治权，都力图对城市社会进行强有力的控制，以建立起符合强权统治的权威和秩序。只是在控制的形式、方法和手段方面有近代社会所具有的特点。

暴力机器的高压强制

近代中国没有西方国家那样的民主制度，统治权的更迭主要是以暴力方式进行的。统治者以军事武力获得对城市的统治权后，面对急剧变动和高度混乱的城市社会，必然首先和主要依靠强大的暴力机器巩固和维持统治，建立起强权统治权威和秩序。这种高压强制的暴力机器和组织主要有以下几类。

（1）军队。军队是最具有威慑力、强制性的暴力组织，成为统治者在动乱中的城市建立统治权威和秩序的主要手段之一。晚清王朝建立的新军有相当部分驻扎在京城及其他重要城市，并直接用于维系王朝权威和秩序。晚清王朝崩溃以后，军阀势力以军事武力占领城市，实行军事独裁和恐怖统治。如 1915 年，日本为独占中国向北洋军阀袁世凯提出了“二十一条”后，上海、北京、汉口、沈阳等城市纷纷举行罢工、示威等反对活动。袁世凯则一概斥之为“排外之观念”，“为野蛮无知之举动”，以军事武力的方式“严加取缔”“严拿惩办”。军阀势力还经常采取军事戒严和军事管制的方式在城市实施强力控制。1927 年国民党新军阀刚获得南方地区的统治权，便以强大的军事武装对上海、广州、长沙等南方许多城市的工人运动和革命力量进行了残酷的镇压，死伤者成千上万。

外国侵略者也经常通过军队对作为其入侵中国的桥头堡和基地的城市实施高压强制，极其野蛮地镇压中华民族的反抗。这在日本全面入侵中国时格外突出。如日本侵略者为将上海作为侵略华南地区的大本营，在上海驻扎大量军队，建立了“上海防军司令部”，使这个繁盛的商业都市成了一座恐怖的军营。

（2）警察。警察是近代城市的产物。古代城市虽然也有维护秩序的官府差役，但尚未形成一种相对独立的组织性力量。进入近代以后，随着城市社会的复杂化和矛盾特别突出，统治者建立了专门用于对城市社会实施日常性控制，维系治安秩序的警察组织。它也是一种强制性力量，并往往直接由军队充任或与军队紧密配合，暴力强迫色彩很浓。

（3）宪兵。与警察有所不同，宪兵组织一般享有极大的权力，装备和组织精锐严密，负有在矛盾特别尖锐的非常时期以强力手段恢复和维护统治权威和秩序的使命。国民党实行法西斯统治和日本侵略者入侵中国期间，都在一些重要城市建立了强大的宪兵组织。如国民党驻北京的宪兵三团曾是镇压北京地区爱国民主运动最凶恶的力量。上海沦陷后，日军宪兵在上海实施了十分残酷的控制。

（4）特务。早在明、清时期，王朝的特务组织就猖獗于城市。在近代，统治者更是建立了庞大和严密的特务组织，以监督和镇压日益活跃的反对力量。国民党获得统治权以后，其特务机构在上海、南京等重要城市设立有“特别区”，在中等城市设有“特别组”，形成一个以全国各大中城市为据点的特务网络。日本入侵中国以后，在其占领区的城市建立了庞大且异常残酷的特务系统。如上海日伪汉奸特务组织“七十六号”在镇压反日活动、维护日伪统治秩序方面特别凶残。

（5）帮会势力。近代城市的帮会势力特别活跃，且具有突出的暴力和牟利性，经常被统治者利用来控制社会。如在日本侵华期间，上海的一些流氓帮会成为日本侵略者组织所谓“地方维持会”的得力帮凶。由于帮会势力往往是独霸一地的“地头蛇”，在协助统治者进行政治控制的过程中能够发挥出特有的功效。

政权组织的人身监控

进入近代社会后，封建王朝的崩溃使传统的政权组织控制体系趋于瓦解。不断更迭的军阀统治未能建立起新的政权组织控制体系。而国民党取得统治权后很快将传统的政权组织控制体系从乡村搬到城市。根据1930年国民政府公布的《市组织法》，城市基层组织具有明显的自治性，主要是民众参与基层社会事务管理的组织。但1933年国民党政权则将城市的基层组织改为从乡村搬来的保甲制。这种体制的突出特点是强化了对人身活动和自由的限制，政治控制的功能大大高于甚至完全取代了民众参与政治的功能。

日本侵略者入侵中国后，更是利用他们比其他外国侵略者熟悉得多的中国传统政权组织系统来实施政治控制。这种控制由于与暴力机器的恐怖统治相配合，对人身的严密而残酷的监控意义格外突出。仅以上海市为例。1942 年，日本侵略者为强化上海的治安统治秩序，强迫上海市公共租界工部局在租界这一从未进行过户口登记的地方迅速实施登记。登记法规定，如有误报或漏报，均将处以重罚或驱逐出境，外来旅客须保单；凡非正当职业而无居沪之必要者，一律强制回乡。户口登记完毕后，发放市民证和通行证。只有凭市民证和通行证才能正常活动，否则加以严惩。在此基础上还建立起保甲制度。公共租界分 A、B 两大区，共辖 7 个“总联保”，32 个“联保”，400“保”，4854 个甲，共计 913514 人。保甲之内的户口有“户口表”，将每户人口的姓名、籍贯、性别、年龄等一一填入表内，粘贴在墙上，以备随时核对。保甲制与连坐法相配：一人有事，全户连坐；一户有事，全甲连坐。[①] 日本宪兵更是经常闯入民宅进行检查和搜捕。

专制独裁的法律控制

随着封建王朝趋于崩溃，近代统治者在法律形式上不得不肯定人民享有某些自由和民主权利，同时又采取了种种苛刻的法律手段严格限制人民的自由和权利，实施专制独裁的法律控制。这种状况在急剧变化着的城市社会表现得尤为突出。

为了维护摇摇欲坠的统治权威，晚清王朝除颁布刑律外，还颁布了一系列主要针对城市的单行法规，如《结社集会律》《违警律》《暂定京师调查户口规则》《调查户口执行法》等。规定凡“秘密结社，潜谋不法者”一律禁止。北洋军阀统治时期制定的《暂行新刑律》《戒严法》《治安警察法》《预戒法》等法律更是直接用于对城市社会的强权控制的。如规定：“从事同一业务工人同盟罢工者”为“妨害秩序罪”，从犯和首犯都要处重刑。未成年人、妇女、小学教员、学校学

① 参见陶菊隐《孤岛见闻——抗战时期的上海》，上海人民出版社，1979，第 141 ~ 144 页。

生、军人等不得加入政治结社，或举行政治集会，甚至不涉及政治的集会、屋外集合、集体游戏也在禁止和取缔之列。国民党统治期间，针对城市工人和其他劳动者反对法西斯独裁统治的活动，实行严刑峻法，制定了大量维系独裁统治权威和秩序的法律法规。如《暂行反革命治罪法》《危害民国紧急治罪法》《维持治安紧急办法》《戒严法》《维持社会秩序暂行办法》等。

与此同时，统治者还经常以各种名义进行随意性的法律制裁。如1946年，就在所谓“国民大会”讨论标榜“保障民权”的《中华民国宪法》条文的时期，军警宪兵以“维持社会秩序”“避免紧急危难”为名，在上海屠杀了大批摊贩，在广州一夜之间逮捕了3000人。国民党统治时期还经常对所谓“政治犯”实行秘密审判，进行特别残酷的镇压。军事、特务机关直接插手控制司法审判权，以促使有力地镇压和打击进步力量和革命运动。

党团政治组织控制

作为阶级利益代表的政党是近代社会的产物。国民党最初产生并主要活动于城市。当它通过武力取得国家政权以后，实行排斥任何政党公开竞争的一党专制独裁，在全国建立起以绝对服从和信仰为纽带的党及隶属于党的三民主义青年团组织体系，并利用这一组织体系实施自上而下的政治控制，以维系国民党一党专制统治权威和秩序。这种控制在作为政治中心的城市表现得尤为突出。

与衰弱的清王朝和拥兵自重的军阀势力相比，国民党的整合力量强大得多。当它取得统治权以后，一方面自中央到地方建立起自上而下的行政权力体系，另一方面自中央到地方建立起自上而下的党的组织系统，以保证各级政权组织绝对服从一党独裁统治。国民党在各重要城市都设有市党部，有的市还设有区党部。国民党还建立了专门的中央组织部“党务调查处”（后更名为“中国国民党中央执行委员会调查统计局”）的特务组织，以对各级政权组织进行严密的监控。

国民党取得政权以后，提出“一个党”“一个领袖”“一个主义”，并通过庞大的党团和外围组织网络，控制人们的思想、信仰和行动，以绝对服从和信仰国民党一党统治权威和秩序。如城市的青年学生运动十分活跃，成为国民党专制统治的心腹之患和眼中钉。为此，国民党不仅直接采取高压手段，而且通过庞大的党团及外围组织加以控制。从 20 世纪 30 年代起，各大中学校建立起三民主义青年团组织，并加强对学生运动的渗透。三青团骨干分子在学校制造风潮，迫使不听命的教职员离职。对于学生则采取拉、打、骗等手段，将思想倾向与三民主义一致的学生拉入三青团组织；以欺骗宣传或利诱的方法促使中间青年加入三青团；对进步学生则采取各种手段加以迫害和打击，甚至通过校方、军警特务予以除名、逮捕。

思想和舆论控制

随着封建王朝的崩溃，几千年来的思想一统局面被打破，新思想新文化迅速涌现，同时出现了大量诸如报纸、书刊、广播等近代化大众传播媒介，很容易形成具有强大社会压力的社会舆论。这种状况在作为文化中心的近代城市表现得尤为突出。统治者以强力进行思想和舆论控制，使之成为对城市社会实施政治控制的重要内容。

首先，以专制权力压制不利于专制统治秩序的思想和舆论。鸦片战争后，不满和反对专制统治的思想与日俱增，并通过近代化传播工具广为流传，形成强大的社会舆论，引起晚清王朝的极大恐慌，力图以强力压制。如 1903 年，在上海租界出版的《苏报》发表和推荐了邹容的《革命军》和章炳麟《驳康有为论革命书》等宣传资产阶级革命的文章，清政府勾结租界工部局将邹、章二人抓捕入狱，《苏报》被封。军阀势力则经常以武力强制查封报馆，钳制言论。仅在袁世凯称帝期间，北京在辛亥革命时的近百家报纸仅存 20 家，上海只有 5 家，汉口仅有 2 家。国民党取得统治权以后，更是全面系统地钳制思想和舆论。1931 年国民党政府颁布的《危害民国紧急治罪法》规定：凡以文字、图画、演说进行革命宣传者或接受上述文字图画演说的宣传并转告他人者处十年以上徒刑、无期徒刑或死刑。仅 20 世纪 30 年代国民党进行文化“围剿”中就先后颁布了《出版法》《宣传品审查标准》《图书杂志审查办法》，制定和施行《邮电检查规则》《取缔反动文艺书籍一览》《取缔社会科学反动书籍一览》等。迫害有进步和民主思想者，查封报刊，捣毁书店，销毁书籍成为经常之事。

帝国主义特别是日本入侵中国以后，更是以极其严厉的措施钳制不利于殖民统治权威和秩序的思想和舆论。日伪当局强令占领区内不得悬挂中国地图，不得使用“中华”字样，对带有中华民族意识的书刊一律禁绝，反日抗日言论更在绝对禁止之列。

进入日益开放的近代社会以后，统治者清楚仅仅依靠暴力压制思想舆论远远不够，还必须大力灌输有利于专制统治的思想，并形成主导性社会舆论。近代统治者运用这一控制手段时的一个重要特点就是利用古代中国有利于专制统治的思想文化，抵消进步思想文化的影响。如晚清王朝倡导“中学为体，西学为用”。袁世凯政府倡导“保存国粹”，尊孔读经。国民党政权在进行文化“围剿”的同时，发起了“民族之复兴”的“文化建设运动”，提倡尊孔复古，发扬中国“固有道德”，以封建伦理整治人心。连日本侵略者也大肆宣扬“忠君爱国”“忠孝仁爱”“王道政治”等封建思想。

日本侵略者为实现永占中国的企图，特别重视奴化思想的宣传教育，以电影、戏剧、小说、教科书、标语等多种形式宣扬所谓“中日亲善”“共存共荣”“大东亚新秩序”“中日提携”等，以造就大批俯首帖耳的顺民。即毛泽东指出的：“在精神上，摧残中国人民的民族意识。在太阳旗下，每个中国人只能当顺民，做牛马，不许有一丝一毫的中国气。”①

权力经济的强制和约束

在近代中国，统治者利用其政治特权在经济上居垄断统治地位，形成殖民主义和官僚资本主义这样的特殊的权力经济形态。它既是统

① 《毛泽东选集》第2卷，人民出版社，1991，第455页。

治者实施统治的经济基础，同时又发挥着政治控制功能，强制和约束人们服从统治权威秩序。

其一，限制民族资产阶级的发展。民族资本主义经济作为一种相对独立的经济，必然要受到统治者的排挤、约束和限制。国民党取得政权以后，官僚资本主义急剧膨胀，并实施绞杀民族工商业的“建设计划”，对国民经济的主要部门加以垄断。抗日战争期间，国民党政权实行统制经济，造成大批民间工商业破产，官僚资本恶性膨胀。民族工商业要得以生存必须依赖和服从官僚资本和政权控制。外国侵略者也利用其政治特权地位，极力摧残和打击民族资产阶级。如日本侵占上海以后，实行统制经济，垄断一切重要物资的控制权，造成大批民族工商业倒闭。

其二，以暴力压制和约束工人。在近代中国，工人不仅要受到一般经济上的“饥饿纪律”的约束，而且要受野蛮的“棍棒纪律”的强制。在权力经济形态下的工人，受暴力压制和约束最为严重和直接。在清政府举办的工矿企业中，一般都驻有军队。工厂与兵营相似，官员以皮鞭、棍棒、军法控制压迫工人。野蛮的封建把头制一直延续到人民政权建立才被废除。日本入侵中国以后，出于掠夺的需要，更是以极其野蛮的方式压迫工人，工人连任何人身自由和生存权利都没有。如在山西大同矿区，日军用刺刀和皮鞭强迫矿工在井下每天工作十五六个小时，还建立了矿警队、监察队、密探队、狼狗队镇压矿工的反抗，成批被折磨得丧失劳动能力的矿工被活活地拉到荒山幽谷里饿死，造成一座座白骨累累的“万人坑”。①

其三，强制性控制民众的基本生活来源。日本侵华期间，出于掠夺和巩固军事专制统治需要，对最基本的生活资料——粮食实行统制，在日本人监督下实施配给。配给数量之少，远远不够糊口，以至上海、广州、北京等城市经常饿死人，甚至出现“人吃人”的惨景。20 世纪

① 参见刘惠吾、刘学照编《日本帝国主义侵华史略》，华东师范大学出版社，1984，第 161 页。

40 年代后期，国民党为发动内战，在许多城市实行粮食配给制，以致在北京、南京、上海、苏州、杭州等 56 个城市爆发了“向炮口要饭吃”的反饥饿大示威，在 38 个城市发生了抢米风潮。

权力经济的强制和约束虽然为巩固和维持专制统治权威和秩序提供了直接的经济基础，起到了一定的政治控制作用，但它带来的后果必然是经济崩溃和民不聊生，民众连基本的生存都得不到保障，从而激起社会强烈的反抗。这也是近代社会的统治者根本无法建立稳定的统治权威和秩序的根本原因之一。

第四节　城市的社会意识与政治文化

政治认同危机：拼盘文化

马克思在《中国革命和欧洲革命》一文中深刻指出：“与外界完全隔绝曾是保存旧中国的首要条件，而当这种隔绝状态通过英国而为暴力所打破的时候，接踵而来的必然是解体的过程，正如小心保存在密闭棺材里的木乃伊一接触新鲜空气便必然要解体一样。”① 在古代中国，专制统治之所以得以长期维持，即使受到巨大冲击也能很快重建，重要原因就是处于封闭状态下的人们对专制统治观念的自觉认同。伴随近代社会的急剧转变，传统的价值观念动摇了：在外国入侵的冲击下，人们不得不在世界大背景下重新审视曾被视为“居天地之中”的中国的地位；在近代工业文明浪潮的拍打下，人们不得不重新审视长期被视为最发达的古老农业文明；在西方国家远涉重洋强迫至高无上的清王朝签下丧权辱国条约的悲愤中，人们不得不重新审视传统神圣的专制统治权威。置身外国与中国、古代与近代、传统与现实的巨大碰撞之间，人们不知所措，产生了严重的政治认同危机。

政治认同危机必然造成各种社会意识和政治文化的多元并存，相

① 《马克思恩格斯选集》第 1 卷，人民出版社，2012，第 780 ~ 781 页。

互竞争，力图填补由社会急剧转变造成的巨大精神空间，形成犹如各种菜肴随意放在一个盘中的拼盘式文化。这种拼盘文化主要是由外来文化和近代文明的冲击造成的。外国对中国的入侵，既有物质的层面，也包括精神的层面，以向中国输入精神鸦片，形成殖民文化来巩固其殖民统治。近代中国的有识之士还主动引进和介绍被认为是进步的外来文化，特别是近代民主、自由观念。外来文化因此蜂拥而至，并形成与深深植根于社会心理深层的本土和传统文化并存竞争之势。

多元文化的并存竞争之势在城市社会的表现尤为突出。这首先在于，外来文化与外来资本入侵一样，是在沿江沿海的城市先登陆的，并对进入近代的城市有着广泛影响。而具有强大封闭性的乡村不仅顽强抵御外来资本的入侵，而且顽强抗拒外来文化的冲击。特别是许多城市直接由于外国入侵而崛起，城市的崛起过程也就是外来文化的进入和近代文化的生长过程。上海最为典型，其成为外来文化和近代文化的最集中的汇聚地。其次，城市长期以来是国家和地方的政治和文化中心，是本土文化和古代文化的集聚之地。进入近代后，城市成为外来文化和本土文化、近代文化和古代文化碰撞最激烈之地。这种现象在近代北京尤为明显。最后，近代城市生长出大量与古代社会迥然不同的新因素，政治认同危机格外突出，新思想新文化较容易被吸收并得到迅速传播。

政治文化的表层变迁与深层传统

鸦片战争以后，中国陷入严重的政治认同危机之中，传统专制统治权威急剧流失，与此相应的则是民主自由观念的产生和广为流行，引起政治文化的重大变迁。这一变迁首先和突出地反映于城市社会，开创了崭新的政治社会风气。

早在19世纪末，康有为、梁启超、谭嗣同、严复等维新派在广州、上海、南京、长沙、天津、北京等城市招生讲学，主办报刊，建立学会，大胆批判被视为“祖宗成法”的封建专制制度，主张冲破封建主义的一切罗网，介绍和宣传近代民主、自由、人权观念，给沉闷的中国注入一股新鲜空气，直接推动了戊戌变法运动。20 世纪初，留学生蔡元培、章炳麟、邹容等人在上海等南方城市设立学堂，编辑教科书，举办书刊社和演讲会，宣传资产阶级民主自由学说，鼓吹革命，在各地城市产生很大影响，直至流传到清王朝驻扎在各地城市的“新军”中，为辛亥革命提供了直接的思想文化基础。辛亥革命后在北京、上海首先突起并得到许多城市响应的新文化运动，激烈批判封建文化，提倡科学与民主，开创了一代社会风气，直接推动了 1919 年的爱国民主运动。

民主自由的新政治文化流行过程，也就是传统专制文化权威的流失过程。例如，随着封建王朝的崩溃，作为专制王朝统治权象征的都城宫殿文化不再像过去那样具有至高至尊性和封闭性神秘性，而愈来愈具有平民化和开放性的特点。北京皇家宫殿的变迁最为典型。辛亥革命后，没有哪个统治者不将民主法治作为华丽的外衣披上，袁世凯复辟帝制很快遭到世人唾弃，群起反对。一味消极顺从、缺乏政治效能感的平民开始积极参与政治，政治主动性大为提高。尽管统治者实行专制独裁统治，但具有民主自由观念的新型城市市民的反专制反压迫的斗争此起彼伏，从未停息。

伴随近代社会的急剧转变，城市的政治文化发生了突出的变迁，但这种变迁同时也受到了强大的抑制，使其仅停留在某些社会表面，传统专制形态的政治文化仍占主导地位，并深深地植根于社会心理结构中。

这首先在于，近代城市数量在总体上并不多，处在具有强大渗透力的封建主义文化的包围之中。近代城市仍然是专制统治的堡垒，统治者无不采取强制和高压措施抑制和中断民主进步文化的传播。外国侵略者入侵中国后并不是主动地将先进文化输入中国，带来的大量是有利于殖民主义统治的文化。特别是日本帝国主义更是将殖民主义文化与中国本土的封建主义文化结合起来，形成畸形的专制殖民文化。这种文化对城市社会的影响更为直接和广泛。如近代上海几乎一直浸泡在殖民专制文化之中。

在西方，近代民主政治文化是伴随资产阶级成长占主导地位的。而在近代中国，资本主义不发达，特别是民族资产阶级力量软弱，民主自由观念不是深深植根于社会经济结构自然生长出来的，而主要是由外国引进的，其影响大多停留在表层的情绪和态度，未能扎根于深层的社会心理结构。不仅一般民众，即使那些接受近代民主观念较多的精英人物，其深层心理也沉淀着大量的传统政治文化因素。

近代中国一直处于外国入侵和本国专制独裁统治之下，民众参与政治不是民主制度下的自觉参与，其在相当程度上是由于生存威胁而迫不得已的反抗。受到特定历史时代制约，城市民众积极参与政治的态度一般尚停留在“官逼民反”的传统政治文化层面。

合法性危机：活跃的意识形态文化

在西方国家由中世纪社会向近代社会的转变中，传统的封建统治权威日益丧失合法性基础，资产阶级思想家提出了一系列新的政治理想和原则，为行将到来的资产阶级革命和资本主义制度的建立提供了基本的政治文化框架。而中国向近代社会的转变是在外国入侵后突然发生的。由此形成的半殖民地半封建社会只是一种中间状态、过渡性质的社会，统治权威的合法性危机特别频繁和尖锐。特别是辛亥革命失败后，在中国建立资产阶级共和国的政治梦想趋于破灭，合法性危机进一步加剧，中国应该建立什么社会制度的有关政治理想的意识形态一直是中国知识界给予特别关注的热点。意识形态成为近代政治文化最主要和最核心的内容，在作为政治和文化中心的城市尤为活跃。

辛亥革命失败以后，伴随“新文化运动”和“五四运动”的是思想解放运动。而“五四运动”后，在北京、天津、上海等文化较发达的城市，更是兴起了一股追寻新的政治理想的热潮，各种探索改造社会方案的社团大量涌现，各种主义层出不穷。除了资产阶级民主主义思想外，许多知识分子开始改变走资本主义道路的理想，出现了一个介绍和宣传社会主义的高潮。其中，既有马克思、恩格斯创立的科学社会主义，也包括其他各种流派的社会主义，如施蒂纳的“无政府主义”，蒲鲁东的“社会无政府主义”，巴枯宁的“团体无政府主义”，克鲁泡特金的“无政府共产主义”和“无政府工团主义”；有武者小路实笃的“新村主义”，欧文等人的“合作主义”，托尔斯泰的“泛劳动主义”以及潘蒂等人的“基尔特社会主义”；还有伯恩施坦、考茨基的“改良主义”。西方现代资产阶级改良主义在城市知识界也广为扩散。特别是以李大钊、陈独秀等人为代表分别在北京和上海系统介绍和宣传马克思列宁主义思想。毛泽东、蔡和森等人则在湖南长沙组织了宣传布尔什维主义的新民学会。经过这样一场广泛的政治理想探索，逐渐形成两种主要意识形态：一是包含一切旧的文化因素的封建主义和殖民主义文化；二是包含一切进步因素，以马克思主义为指导的新民主主义文化。这两种意识形态相互斗争，一直延续至中华人民共和国的成立。因此，在作为政治和文化中心的城市产生和存在的意识形态文化对包括乡村社会在内的近代中国产生了重大影响。

政治文化的群体透视与分析

在近代城市存在众多的阶级阶层，其政治情感、政治认识和政治态度不甚一样，形成了不同社会群体的政治文化。这种与主导政治文化所不同的亚文化，是近代城市政治文化的有机组成部分，且能够反映其特有的内容。

在近代社会，民族和阶级矛盾特别尖锐，反对帝国主义和封建主义压迫的民主革命是社会的主要任务。因此，近代城市各社会群体的政治文化突出地表现在对待革命的政治态度和相应的政治品性方面。主要有以下几类。

（一）民族资产阶级的双重性政治文化

民族资产阶级作为介于上层统治阶级和下层劳动人民之间的“中间阶级”，一方面积极参与革命，甚至希望按照自己的要求改造社会，辛亥革命便反映了这一要求；另一方面，民族资产阶级的力量特别弱小，并与帝国主义和封建主义有千丝万缕的联系。他们不仅不能承担将反帝反封建的民主革命进行到底的领导使命，而且在革命中经常表现出动摇性、妥协性。特别是当受其经济剥削的无产阶级积极参与并领导革命时，他们甚至还反对革命。

民族资产阶级的政治品性也具有双重性。一方面，作为具有独立经济利益的阶级，向往和要求民主自由和平等；另一方面，他们大多刚由买办、官僚和地主转化而来，其政治文化中包含许多殖民主义和封建主义成分，表现出双重政治人格。以近代都市生活为题材的《子夜》《雷雨》等文艺作品，即深刻生动地描绘出近代民族资本家的双重政治人格。

（二）工人阶级的政治文化

工人阶级是近代中国崭新的劳动者阶级。与传统的劳动阶级——农民相比，其政治文化有以下两个突出特点。

首先，阶级意识强烈，有共同的政治理想。与分散和作为小私有者的农民不同，工人阶级高度集中，且一无所有，能够形成一个具有共同利益联系的阶级，并由于阶级地位的低下而具有强烈的阶级自我意识，要求从根本上改变现存的剥削压迫制度。其次，有较高的政治主动性和效能感。由于与先进的生产力联系和雇佣关系，工人阶级意识到只能依靠自己的联合和斗争才能改变其命运，比较容易接受和形成“从来就没有救世主，要改变世界全靠我们自己”的主动性政治文化。

同时，与民族资产阶级的软弱性、动摇性和妥协性相比，工人阶级革命最彻底，最坚决。所以，近代工人不仅一产生就开始了不满和反抗剥削压迫的斗争，而且担负起领导民主革命进行到底的伟大使命。

由于近代工人阶级产生的历史不长，大多为破产农民转化而来，文化水平较低，受农民意识影响较多，工人阶级中的不少成员还保留了一些传统政治文化因素。

（三）知识分子的政治文化

和古代知识分子一样，近代知识分子的政治感觉特别敏锐，政治责任感、使命感特别强烈。但是，近代知识分子的性质、地位和数量都发生了突出变化，其政治文化具有新的时代内容和特点。

古代知识分子虽然也积极参与政治，但从根本上是为了维护封建正统秩序。近代知识分子不仅不再维护传统秩序，反而以否定和反对传统秩序为使命，政治独立意识和革命态度特别明显。从批判“祖宗成法”，要求变法维新，到以革命推翻清王朝统治，直至推翻帝国主义和封建主义压迫，建立人民民主国家，几乎都是知识分子首先提出来的。

近代知识分子生活在内忧外患最为严重的危机时期，对新思想、新文化接受较多，群体政治自觉意识十分强烈，不断发出“中华民族到了最危险的时候”的吼声，并通过广泛的宣传和鼓动，以唤起全民族的政治危机意识和社会变革要求，发挥出独特的政治作用。如毛泽东在《中国革命和中国共产党》一文中所说，他们“富于政治感觉，他们在现阶段的中国革命中常常起着先锋的和桥梁的作用。辛亥革命前的留学生运动，一九一九年的五四运动，一九二五年的五卅运动，一九三五年的一二九运动，就是显明的例证”①。亨廷顿也认为：“学生和知识分子在中国政治中起着关键的作用。”②

处于社会上层的古代知识分子对下层劳动人民是持鄙视态度的。而在近代，先进的知识分子愈来愈充分地认识到下层劳动人民的历史作用，“能够和工农一道，参加和拥护革命”③。五四运动以后，以李大钊等人为代表的知识分子振聋发聩地提出了“劳工神圣”的口号，以毛泽东等人为代表的知识分子更是直接深入工农大众中，发动民众，进行革命。

由于近代中国处于急剧变革中，知识分子作为缺乏独立经济基础的群体，其政治态度的分化十分迅速。如 1927 年大革命失败以后，以毛泽东为代表的少数先进知识分子与工农群众结合，继续推进革命，相当部分的知识分子则陷入空虚、动摇和彷徨之中，在政治上消沉，甚至转入统治阶级的阵营。近代社会的急剧转变使知识分子的政治文

① 《毛泽东选集》第 2 卷，人民出版社，1991，第 641 页。

② 〔美〕塞缪尔·P. 亨廷顿：《变化社会中的政治秩序》，王冠华、刘为等译，上海人民出版社，2008，第 224 页。

③ 《毛泽东选集》第 2 卷，人民出版社，1991，第 641 页。

化品性具有明显的新旧交替时代的特点，既有接受先进思想最多、进步的一面；又有在传统文化“酱缸”中浸泡最久，夹杂许多传统因素的一面。

（四）一般市民的政治文化

小商小贩、手工业者、店员等城市一般市民作为劳动者，受统治者的残酷压迫，有较强的革命性和斗争性，如经常以罢市罢工的方式反对统治者的压迫。但与同样是劳动者的工人阶级相比，分散的状态使他们缺乏高度的群体政治自觉意识和主动性，需要“在他们中进行革命的宣传工作和组织工作”①；由于有一定的私人利益，他们的政治态度不如工人阶级甚至知识分子那样坚决、彻底，往往患得患失，胆小怕事，即既怕官，又怕革命，或怀疑革命能否成功。②

第五节　城市的社会矛盾与政治活动

社会矛盾的复杂化与尖锐性

近代中国作为过渡性的半殖民地半封建社会，矛盾特别复杂和尖锐。这种状况又特别明显地反映于城市社会。

首先，随着近代城市的经济、文化和社会功能日益突出，除了政治上的统治与被统治关系外，存在大量基于经济利益不同的剥削与被剥削关系，社会矛盾大为复杂化。如资产阶级和无产阶级的阶级矛盾，经常面临失业和失学威胁的近代知识分子与统治阶级的矛盾等，都是历史上前所未有的新矛盾。

近代城市是在外国入侵后畸形地生长起来的，加上统治者的残酷压迫，城市问题特别突出。主要有：物价不稳和飞涨造成的生活波动问题，如1948年上海批发物价1月至8月上涨了50～100倍；严重失

① 《毛泽东选集》第2卷，人民出版社，1991，第642页。

② 《毛泽东选集》第2卷，人民出版社，1991，第642页。

业问题，如1947年，上海失业半失业工人达200万，重庆18万，青岛7万，昆明6万；社会犯罪问题，1928年广州的犯罪率为2.25%，汉口高达4.18%[①]；生活条件和环境特别恶劣问题，北京的“龙须沟”和上海的棚户区作为劳动人民生活居住区，其条件和环境之恶劣使人难以想象。这一系列严重社会问题的存在，加剧了城市社会矛盾。

其次，近代中国资本主义尚处于原始积累阶段，特别是资本—帝国主义以掠夺为主，中国工人在其成长过程中“不仅苦于资本主义生产的发展，而且苦于资本主义生产的不发展”[②]，除受一般资本的残酷剥削外，还受专制统治者的直接压迫，阶级矛盾异常复杂和尖锐。

最后，近代城市仍然是统治者压迫剥削乡村的政治堡垒。一方面，统治者必然要采取高压措施维系城市统治秩序，压迫与被压迫的矛盾十分突出。另一方面，大量的乡村社会矛盾特别集中地汇聚到城市，造成城市矛盾的进一步复杂化和尖锐化。20世纪二三十年代，江南许多乡村地主流向城市，直接凭借政治权力强制性剥削和压迫农民，引起农民强烈反抗。这种阶级冲突便具有明显的跨城乡性。

阶级斗争的异常活跃和政治性特别突出

如果说古代城市的政治活动主要表现为统治体系内部的斗争，那么，近代城市的政治活动则主要表现为被剥削、被压迫阶级反对剥削压迫阶级的阶级斗争，且阶级斗争异常活跃。因为近代中国的帝国主义、封建主义和官僚资本主义与中国人民大众的矛盾首先并突出反映于城市社会，而伴随近代城市崛起产生的新的阶级和阶层，富有政治主动性和积极性，强烈反抗统治阶级的剥削和压迫。

外国侵略者首先是从城市进入中国并以城市为进一步侵略中国的桥头堡。中国人民反对外国侵略的斗争首先在城市展开并持续不断。早在1842年，广州地区就出现由手工业工人和店员组成的“街约乡

① 参见周谷城《中国社会史论》（上），齐鲁书社，1988，第499～502页。

② 《马克思恩格斯选集》第4卷，人民出版社，2012，第322页。

勇”和爱国知识分子领导的反对侵略者入城的斗争。20 世纪初期，上海、广州、汉口、天津等城市开展了大规模的抵制美货日货的斗争。随着先进的知识分子和工人阶级及其政党的产生，反对帝国主义的斗争更为猛烈。

新兴的资产阶级和无产阶级崛起后，直接提出了自己的政治要求，使城市的阶级斗争具有崭新的革命性内容。如果说 19 世纪末的戊戌变法是代表资产阶级上层要求变法改革以满足资本主义发展需要的斗争，那么，辛亥革命则是代表中下层资产阶级和广大人民要求反对封建王朝的斗争。无产阶级由于受压迫最深，一诞生就开展了各种形式的阶级斗争。特别是在无产阶级政党的领导下，工人运动迅速蓬勃兴起。

近代中国城市的阶级斗争不仅十分活跃，且政治性特别突出。因为近代中国人民主要面临的是帝国主义和封建主义的压迫和剥削，任何阶级斗争都不能不与反对帝国主义压迫和剥削的政治斗争联系在一起，直至以推翻帝国主义和封建主义统治为目的。19 世纪广州人民反入城斗争和第二次鸦片战争后各主要城市的反洋教斗争都是由外国侵略者横行霸道、肆意妄为引起的。诸如抵制外国货等斗争从形式上看是经济斗争，实质上也是反对外国侵略的政治斗争。

在西欧国家，城市的资产阶级生长发育了数百年时间，才提出了以资本主义制度取代封建制度的要求。而在近代中国，由于帝国主义和封建制度的压迫特别严重，资产阶级兴起不久就提出了自己的政治要求，开展相应的政治斗争。民族资产阶级只是在 19 世纪七八十年代才形成一定的社会力量，90 年代就兴起了反映上层资产阶级要求的戊戌变法运动。20 世纪初，民族资产阶级刚作为一个阶级登上历史舞台，便爆发了推翻封建王朝的辛亥革命。

在近代资本主义国家，无产阶级的阶级斗争大多经历了一个要求提高工资、改善待遇而进行捣毁机器、罢工等的经济斗争阶段，经济斗争在阶级斗争中占有突出地位。近代中国工人由于主要并直接受帝国主义和封建主义压迫，阶级斗争一开始就有政治性特点，政治斗争占主导地位。19 世纪后半期早期工人阶级斗争主要是反对人身压迫，争取基本人权的斗争。“中国工人阶级，自第一次世界大战以来，就开始以自觉的姿态，为中国的独立、解放而斗争”①，工人运动风起云涌，政治性大罢工持续不断，工人阶级成为将民主革命进行到底的领导阶级。

参与和反对：政治活动的形式与性质

进入近代社会以后，随着封建专制的崩溃，人民大众开始在法律形式上享有一些参与国家政治生活的民主权利。从晚清王朝一直到国民党政权的宪法条文，都有关于人民参与选举和被选举、结社、游行、示威、言论、出版、集会、罢工等自由和权利的规定。

但是，近代国家政治制度仍具有专制独裁性质，人民群众根本不可能以合法的民主形式参与政治生活。近代中国也进行过几次选举，但大多是在刺刀威逼下进行的，不仅一般民众，即使社会上层分子也往往是非自主性参与。北洋军阀时期经常以刺刀和金钱支配“选举”。1948 年国民党统治下进行的唯一一次“民选”国大，几乎全部为国民党及派系势力所操纵。为此，天津的一个“民选”代表曾抬棺材到“国大”会堂，另有十人到会堂绝食。更重要的是，人民大众和帝国主义、封建主义的矛盾特别尖锐，只有推翻帝国主义和封建主义统治，中华民族和人民才能得到解放，真正享有民主权利，其政治活动因此具有突出的反对统治压迫的性质。这种政治活动自然为统治者所不允许。

在近代城市，人民反对统治压迫的政治活动形式主要有以下几种。

（1）言论、著作、报刊等舆论宣传动员活动。思想解放是社会变革的前奏。近代知识分子和青年学生特别重视以言论、著作、报刊等形式唤起全体民众的觉悟，进行广泛的舆论宣传动员。戊戌变法、辛亥革命、五四运动等都与这种宣传动员所提供的思想和舆论准备紧密相关。（2）罢工、罢课、罢市。工人做工，学生上课，市民从事市场

① 《毛泽东选集》第 3 卷，人民出版社，1991，第 1081 页。

经营是近代城市社会正常运转的标志。城市人民经常以罢工、罢课、罢市的方式反对统治者，直接影响社会秩序的稳定，甚至造成整个城市的瘫痪，对统治权威有相当程度的威胁。五四运动期间，“三罢”运动汇聚一起，引起统治者极大恐慌。（3）请愿、集会、游行、示威。这类活动一般有公开的斗争口号，有较多人参加，有组织，有领导，能够在人口集中和作为政治中心的城市产生广泛的影响和震撼性。统治者为此无不采取严厉的手段限制和镇压。（4）暴力行动和武装斗争。在近代中国，人民群众不仅无法实际享有民主权利，而且受到统治者残酷的暴力压迫，因而只能以暴力行动和武装斗争的形式反对统治者。如孙中山等革命派多次在南方城市发动和举行武装起义。1926～1927年，为配合北伐战争，上海工人举行了三次武装起义。这种暴力性质的政治活动对统治权威最具有威胁性，是近代社会矛盾特别尖锐状况的必然表现。

组织性政治活动：政治组织的崛起与角色作用

古代中国也有过市民反抗统治者的政治活动，但自发性被迫性色彩很浓，重要原因便是没有也不可能有政治组织的领导。进入近代社会以后，特别是新的阶级力量的出现，反映和代表阶级利益要求的政治组织迅速崛起，并扮演着领导角色，使城市的政治活动愈来愈具有组织性特点，自觉性和能动性也日益明显，这对统治权威构成了强有力的挑战。

1895年，上层资产阶级要求变法维新的呼声日强，以康有为为代表的维新派认为仅靠个人和联名上书请愿难以形成持久和强大的政治力量，从而提出了“合群”的主张，即通过建立政治组织集结群体政治能量。在康有为和梁启超的推动下，北京发起和组织了“强学会”，谭嗣同、唐才常在长沙创立了“南学会”，以此集结变法力量，为戊戌变法提供了直接的组织和领导准备。

20世纪初，随着民族资本主义发展和近代知识分子的产生，相继出现了许多资产阶级革命团体。如长沙以爱国知识分子为主的华兴会，武昌以青年进步军人为主的科学补习所，上海的光复会等。在此基础上，孙中山倡导建立了中国第一个资产阶级政党——同盟会。同盟会有明确的政治纲领和组织机构，主要活动于城市，如在上海、重庆、烟台、香港、汉口设有五个支部。在同盟会的发动、组织和领导下，各地城市起义接连不断，直到1911年武昌起义打响辛亥革命第一枪，推翻了封建帝制。辛亥革命后，由同盟会改组的国民党在反对军阀统治的斗争中继续发挥着重要作用。

1919年五四运动时期，一批接受了马克思主义的知识分子充分认识到工人阶级的力量，在上海、北京、广州、武汉、济南、长沙等城市发起和组织了共产主义小组，并在工人阶级中进行广泛的宣传和组织工作，积极开展工人运动。在此基础上，1921年在上海建立了工人阶级政党——中国共产党。早期共产党的活动范围主要在城市，特别是在工人阶级较集中的南方城市，主要任务是开展工人运动、青年运动和妇女运动，并在此过程中建立了由共产党领导或支持的工会、青年团和妇女联合会等群众性政治团体。这些团体在发动、组织和领导群众性政治活动中发挥出重要的作用。如1922年京汉铁路全路有16个工会，组织起来的工人达3万多。1923年2月在郑州成立总工会，发动、组织和领导了反对军阀统治的全路工人总罢工。直到1927年国民党叛变革命并实行专制独裁，共产党才将工作重点转入乡村，继续领导中国的民主革命直至彻底胜利。毛泽东因此指出："自从有了中国共产党，中国革命的面目就焕然一新了。"①

社会群体政治行为的比较分析

在近代城市，各个社会群体的阶级地位、政治意识有所不同，在政治活动中所扮演的政治行为角色不甚一样，甚至有较大差别。

知识分子在反对统治者的政治活动中扮演着直接的发动者、领导者和组织者的角色，发挥着重要作用。这是因为近代社会大众普遍处

① 《毛泽东选集》第4卷，人民出版社，1991，第1357页。

于文化水平较低的状态，知识分子有一定文化知识，能够迅速接受新思想，对政治更敏锐，更有远见，得以在反帝反封建的斗争中发挥先锋队作用。戊戌变法、辛亥革命、五四运动、“一二·九”运动及20世纪40年代后期城市人民反饥饿反迫害反内战运动，都是由进步的知识分子发动、领导和组织的。

但知识分子特别是作为近代知识分子主体的青年学生没有独立的经济基础，缺乏相对的稳定性，其政治行为往往难以持久，缺乏坚定性。如1925年的“五卅运动”中，上海组成罢工、罢课、罢市联合战线。当商人率先停止罢市不久，因暑假到来，学生纷纷离校，罢课无实际意义，工人被孤立，只有改变策略转而复工。

富于组织性、纪律性，革命最彻底、最坚决的工人阶级则在反帝反封建活动中扮演着中坚地位的角色，发挥着决定性作用。如五四运动和“一二·九”运动都为青年学生所发起，但很快受到统治者的严厉镇压，运动成效不明显。在工人阶级的参与和积极支持下，运动才发展到新的阶段，成为具有广泛性的群众运动，形成强大的政治压力，取得了明显的成效。

资产阶级在反帝反封建斗争中扮演着特殊角色。作为近代新兴的阶级，它一形成就希图发挥领导阶级的作用。但由于天生的软弱性，它难以担负起领导革命的使命，往往只是在不得已的情况下才参加革命活动，并很容易动摇和妥协。1905年上海商务总会发起和领导了抵制美货运动，但迫于帝国主义和清政府的压力，民族资产阶级动摇了，致使这一运动半途而废。1919年五四运动中，在学生挨户动员和痛切要求及店员的积极支持下，商人才同意罢市。罢市后他们又摇摆不定，不少人试图违背罢市协议，提前开市。

第七章
近代乡村的政治社会状况及特点

第一节　乡村的社会分层与政治关系

土地、权势、资本：社会分层的三维视野

在乡村，土地始终是社会成员赖以生存、发展的最基本的生产资料。对土地的占有状况同样是近代乡村社会分层最基本的标准。

西方国家进入近代社会是伴随土地关系的变革和乡村的资本主义化而进行的。而在近代中国，外国入侵虽然造成了乡村自然经济趋于瓦解，但不可能触及在中国延续了几千年之久的封建土地占有制度，而且“帝国主义到处致力于保持资本主义前期的一切剥削形式（特别是在乡村），并使之永久化”①。本国统治者更不可能主动和真正改变作为其生存基础的这一制度，并力图加以维系和巩固之。而城市的民族资本主义的力量十分弱小，加上从未获得国家政权，不可能以强大的力量摧毁乡村固有的土地制度，将乡村纳入资本主义体系。因此，在近代中国，传统的土地制仍然延续下来，在乡村生产关系中占主导地

① 《毛泽东选集》第2卷，人民出版社，1991，第629页。

位，是划分乡村社会成员的基本标准。

政治权力不仅仍然是近代乡村社会分层的重要尺度，而且居于十分突出的地位。由于外国入侵和清王朝的崩溃，乡村和整个中国社会一样陷于大动荡中，以特殊的强制力为基础的政治权势在资源和财富的占有和分配过程中发挥着重要作用，引起土地占有状况的迅速变化。首先，外国侵略势力渗透到乡村，出现了凭借政治权势占有土地的“洋地主”和汉奸地主等。其次，拥兵自重的军阀势力大量占有土地。如清王朝的“官田”大多为军阀势力所占有。袁世凯在河南，陈炯明在广东，张作霖在东北，赵恒惕在湖南，刘湘、刘文辉在四川都占有大片土地。最后，乡村地方一些强势人物依靠强权、暴力大肆占有兼并土地，成为独霸一方的土豪劣绅。与此相应的则是没有权势者的大量破产，失去土地，形成乡村社会愈益贫困的一极。

在近代乡村，资本主义经济虽然比重很小，而且有浓厚的封建色彩，但它毕竟是乡村社会从未有过的一种崭新的生产关系，且代表着先进的生产力。资本雇佣关系因此成为乡村社会分层的一个不可忽视的标准。

作为古代乡村社会分层重要标准的社会声望在近代的地位则有所下降。首先，近代社会是一个过渡性不稳定的非常态社会，乡村固有的组织结构受到重大破坏和冲击，宗族势力影响减弱，对资源和财富的占有和分配及社会地位的取得，主要依靠强有力的政治和经济势力。其次，清王朝末期废除了延续上千年的科举制，乡村士人通过科举考试进入官僚体系从而提高家族地位的道路不复存在。近代知识分子主要活动于城市，与乡村社会日渐疏远。作为社会声望来源之一的学识在社会分层中不再居于明显地位。当然，由于近代乡村尚停留在传统社会框架下，宗族和学识所带来的社会声望对于社会分层仍然有一定影响。

多极多层、急剧分化的社会成员体系

在古代，封建土地占有关系是划分乡村社会成员的基本标准，并由于政治权力和社会声望等因素的影响，社会成员划分为地主阶级和农民阶级两极以及多种层次。而在近代，除了封建土地占有关系外，还出现了资本雇佣关系，并由于商品经济的渗透、政治权势等因素的影响，社会成员呈现多极多层的态势。

由于封建土地制度仍居主导地位，乡村社会成员仍然主要划分为地主和农民这两个阶级。地主阶级占有较多土地，人数较少，在乡村总人口中约占5%。这与古代情况大致相似。但地主阶级中的层次则趋于复杂化，具有近代社会的特点。

首先，地主阶级内部的分化差别突出。一些人依靠政治权势和强力能够在很短时间内获得大量土地，成为占有大量土地的大地主，如官僚军阀地主和地方豪强地主。另外一些与权势缺乏紧密联系的地主，占有土地较少，甚至在土地强占和兼并过程中失去和减少土地。因此，与少数大地主相并存的是大量的小地主。

其次，由于商品经济的渗透，城乡经济联系愈益紧密，许多地主不仅主要依靠土地剥削获得收入，而且将资金投向利润较大的工商业和高利贷，具有很强的兼业性，成为地主兼工商业者或兼高利贷者，即兼业地主。但从总体上看，近代乡村的商品经济不甚发达，大量存在的还是仅靠土地剥削为生的土地主。

与地主阶级相对应的农民阶级仍然是一个占有土地较少或不占有土地而人口较多的阶级。但和地主阶级的状况一样，农民阶级也处于剧烈的分化过程中，可分为众多经济地位不同的层次。

毛泽东认为，近代“农民这个名称所包括的内容，主要地是指贫农和中农”①。中农占乡村总人口的20%左右，占有少量土地，自己劳动，在经济上一般能自给自足，相当于古代的自耕农。而中农中也在不断分化，经济地位有明显差别。根据毛泽东《中国社会各阶级的分析》一文的考察，中农可分为上、中、下三个层次。上中农一般能自给自足，年成丰收时有些许盈余，有时利用一点雇佣劳动或放点小债，

① 《毛泽东选集》第2卷，人民出版社，1991，第644页。

进行轻微的剥削，又被称为有余钱剩米的富裕中农。一般中农大体可自给自足，生活相对稳定。下中农土地较少，往往还需租佃部分土地才能维持生活，因此又称之为半自耕农。近代中农阶层的地位很不稳定，分化迅速，总的趋势是下中农增多，并很容易下降为贫雇农。

贫农占农村人口的60%～70%，是人数最多的阶层。贫农没有土地或土地相当不足，主要依靠租佃地主的土地为生，相当于古代佃农，经济地位比中农低。贫农中又可分为两个层次。一是有较充足的农具或一定资金的贫农，一般年景可勉强维持生活；二是既无充足的农具又无资金的贫农，歉收年景必须靠出卖部分劳动力为生，与雇农接近。贫农的分化也很迅速，极少数可能上升为中农，相当部分则会沦落为雇农。

总的来看，近代乡村社会成员的分化特别突出，除了地主阶级和农民阶级两大阶级的分化外，各阶级的内部分化也很明显，基本趋势是向两个极端分化，即极少数人占有土地愈来愈多，愈来愈富；绝大多数人占有土地愈来愈少，愈来愈穷，中间层次的成员日益减少。

根据对资本的占有，乡村社会成员可分为以下两个阶级及多种层次。其一是占有资本的乡村资产阶级。其中可分三个部分：一是土地所有者将土地雇工经营而本人不劳动或只指挥生产或也参加附带劳动的经营地主。其经营的土地约占全国总耕地的5%，多在北方。二是富农。主要特点是除自己参加劳动外，收入的大部分为雇工剥削；因有余钱，一般还发放高利贷或兼营商业，有的还出租少量土地，剥削佃农。富农占总农户的6%左右，其土地占全国耕地总面积的18%左右，南方居多，是中国农业资本主义经济成分的主要部分。三是租地农场主和林牧垦殖企业主。他们是较为完全的农村资产阶级，但人数很少，且经常陷于破产。

其二是不占有资本，主要靠出卖劳动力为生的乡村无产阶级，即长工、月工、零工形式的雇农。雇农无土地、无农具，亦无资金，只能以出卖劳动力为生。由于近代乡村的衰败，雇农的劳动时间长，工资少，待遇薄，职业不安定，经济地位低下，成为最贫穷也最不稳定的阶层。

在近代，乡村资本主义经济不仅数量少，且有较浓厚的传统社会色彩。如富农大多出租土地、放高利贷，有的甚至直接转化为地主。雇农作为乡村无产阶级与传统农民相近，甚至兼具双重身份，尚未完全形成像城市无产阶级那样的独立性阶级。

近代乡村还存在一个数量不小的游民阶层，主要是失去土地又无正常谋生手段的破产农民，特别是由于雇农缺乏正常的生活手段和稳定的生活来源，毛泽东曾将他们称为“人类生活中最不安定者”[①]。其中的一部分流向城市，另一部分则容易沦为以抢劫为生的乡村土匪。

统治与被统治：变化及特点

近代中国是半殖民地半封建社会。而乡村社会的封建性更为突出。乡村成员主要分裂为地主和农民两大对立阶级，并分别在政治上居统治与被统治地位，基本的政治关系没有什么实质性变化。但与古代社会相比，近代乡村的政治关系也发生了某些变化，具有新的时代内容和特点。

其一，包括农民在内的乡村社会成员在法律形式上的政治地位有所上升，具有某些法律形式上的民主权利。虽然与城市民众相比，乡村居民特别是农民更不可能实际享有民主权利，但从法律形式上肯定农民的政治权利和平等地位，毕竟是一个新变化。从晚清王朝到国民党政权制定的宪法条文都有相应的规定。在特定历史时期，农民有可能根据这些条文规定争取使其政治地位得到某种程度的提高。20 世纪 20 年代中期的大革命时期，湖南一些地方的农民就以“平等”、“自由”和“三民主义”等宪法原则抵制和反抗乡绅和警察的欺压。[②] 这在古代社会是不可想象的。

其二，经济地位和政治地位的一致性发生了变化，最为突出的是

① 《毛泽东选集》第 1 卷，人民出版社，1991，第 8 页。

② 参见《毛泽东选集》第 1 卷，人民出版社，1991，第 34～35 页。

富农的地位。富农是乡村中的一个新兴的阶级，具有一定的经济实力。但在政治上和城市民族资产阶级一样，未能取得统治地位，且经常受到与政治权势相联系的封建地主阶级的压制和排挤。这也是富农容易向地主阶级转变的重要原因。

其三，阶级对立更为突出，压迫与被压迫关系更为直接。在近代社会，随着自然经济的解体和商品经济的渗透，乡村社会的家族功能有所减弱，基于经济利益直接对立基础上的阶级对立关系明显地凸显出来。同时，许多乡村地主流向城市或直接居住在城市，凭借国家政权对农民进行强力剥削，阶级压迫与被压迫关系格外直接和突出。

其四，政治关系很不稳定。首先，在不稳态的近代社会，乡村社会成员的经济地位上升愈来愈依靠权势，而权势的获得和占有经常发生变化。由此引起经济地位的升降迅速，造成政治地位的不稳。如清王朝的覆亡，大批地主家道中落，军阀强势地主蜂起。随着军阀势力的衰败，许多军阀强势地主的财产迅速减少。其次，外国侵略势力的入侵导致乡村政治关系不稳，且趋于复杂化。毛泽东曾分析过日本侵略者全面入侵中国期间地主阶级的变化。一部分大地主跟着一部分大资产阶级（投降派）投降日本侵略者，成为汉奸地主；另一部分大地主跟着另一部分大资产阶级（顽固派）则没有投降并在一定程度上反对日本侵略势力；而许多中小地主出身的开明绅士，即带有爱国倾向的地主不仅没有投降日本侵略势力，反而受其压迫，从而有反对日本侵略势力的积极性。[①] 应该看到，在残酷的民族压迫下，地主和农民往往同处于被统治地位。这也是近代乡村政治关系的一个突出特点。

革命根据地对传统社会框架的突破

近代民主革命先驱孙中山在制定民主革命纲领时力主“平均地权”和“耕者有其田”。但由于孙中山去世后国民党叛变革命，民主革命的这一重要任务没有在乡村实际进行。只是随着中国共产党将工作重点

---

① 参见《毛泽东选集》第2卷，人民出版社，1991，第638页。

由城市转向乡村，在乡村建立革命根据地，才蓬勃开展反对封建地主制度的土地革命和土地改革以及实行减租减息，引起乡村社会分层和政治关系的革命性变化，突破了传统社会的基本框架。

首先，在革命根据地，伴随传统封建地主土地占有制的改变，由土地占有极度不均引起的社会成员两极分化的状况得以改变。主要表现为：（1）贫雇农作为封建制度剥削最甚的阶级和土地制度变革的依靠力量，分得了土地和农具，变革前的债务被取消，或者租息有所减少，经济地位上升显著。贫雇农户数下降，占有的土地增加。（2）中农作为受一般封建剥削的对象和土地变革的团结对象，不仅原有的经济地位得以巩固，而且有所上升。由于一些贫雇农上升为中农和一些富农下降为中农，使中农的户数及占有的土地都大为增加。如抗日战争期间的晋察冀边区乡村，中农和占有的土地数量均占农村人口和土地总数的一半。[①]（3）富农作为具有部分封建性的阶级和土地制度变革中的限制对象，经济地位略有下降，不仅户数且占有的土地都有所减少。（4）地主作为封建剥削阶级和土地改革中的打击对象，经济地位大为削弱，其户数和占有土地数都大为减少。因此，在进行了土地制度变革的革命根据地，社会成员体系由过去的10%的地主富农、20%的中农、70%的贫雇农的金字塔形结构，向地主和贫雇农这两极减少、中农增多的结构转变，为在乡村形成新型的社会成员体系奠定了基础。

其次，在革命根据地，社会成员间的政治关系发生了突出的变化。革命根据地是中国共产党及其领导的军队在一定地方通过武装斗争推翻封建政权，建立革命政权的生存和发展基地。在革命根据地建立的工农民主政权使广大农民在政治上翻了身，成为当家做主的主人，其政治地位得到了根本性改变。特别是在建立工农民主政权的同时进行了封建剥削制度的变革，从经济基础上保证了农民的当家做主的政治地位。这与近代国家统治者虽然在法律形式上赋予农民主权地位，但根本未触及传统封建土地制度，农民不可能实际享有主权地位的状况

① 《中共土地政策在晋察冀边区之实施》，《解放日报》1944年4月23日。

是完全不同的。

由于革命根据地是在残酷的革命战争时期形成的，这就决定了革命根据地的社会成员体系和政治关系的变化尚不具有普遍性和连续性。如20世纪30年代的革命根据地主要建立在江西、湖南、湖北等一些离中心城市较远的乡村地方。从30年代中期到40年代后期，这些地方的革命根据地不复存在，已发生重大变化的社会成员体系和政治关系又基本回复到原状。但是，革命根据地的变化并不是毫无意义的，相反，它充分显示出乡村社会分层与政治关系必然将发生历史性变革的大趋势。

第二节　乡村的社会结构与权力体系

传统社会结构的崩溃与近代走向

进入近代社会以后，随着自然经济的解体，特别是作为重要组织纽带的家族关系受到破坏，乡村社会的分散性特别突出，组织性大为削弱，传统社会结构趋于崩溃。

近代自然经济解体的重要结果是打破了乡村长期以来与外界不发生经济交往的封闭状态，使乡村不仅与外界的经济交往增多，而且受其影响，乡村社会内部的经济利益关系得以突出。但是，中国进入近代社会不是社会内部因素发展的直接结果，而是在外国资本主义入侵后突然发生的。外国入侵造成的自然经济解体只是打破了乡村的封闭状态，没有也不可能改变传统的以一家一户为单位的生产方式和土地占有关系。乡村经济利益关系的凸显不仅没有使传统乡村的分散性发生变化，反而更趋分散。

自然经济解体还使造成乡村自我封闭的重要因素——具有自组织功能的血缘家族关系趋于松弛。例如，在乡村社会成员出于个体需要与外界发生交往联系的同时就突破了具有人身依附性的家族关系，不再为家庭宗族所局限和界定。而外国势力的入侵和本国统治者的不断更迭以及相伴随的残酷剥削和压迫，更是对乡村的家族关系进行了摧毁。一方面造成乡村的迅速衰败，使乡村的家族关系和正常生产生活受到破坏。首先是残酷的剥削引起土地荒芜，饥民遍地，大批农民流离失所，妻离子散。其次是战乱不断，许多农民被征调服役，家人长期离散，作为乡村最基本的社会组织单位的家庭受到破坏。另一方面，广大农民反对外国侵略势力和本国统治者的斗争也格外频繁和激烈，其必然会使乡村家族关系受到强烈冲击。而具有自组织功能的家族关系的破坏，将造成乡村社会因独立和对立的经济利益关系的突出更趋分散，传统的社会结构趋于崩溃。

这种崩溃与古代王朝更替时期的社会崩溃相似，即基本的生产方式和社会结构并没有改变。但它毕竟发生于近代社会，具有新的历史特点。这就使近代乡村在传统社会崩溃的过程中开始出现一些新的社会因素。从生产力看，除仍然大量沿用传统生产手段外，还出现了零星的近代生产力因素，如机械、化学肥料的应用。从经济形态看，除自然经济仍然占主导地位外，还出现了商品经济。从生产关系看，除大量存在的仍然是封建主义成分外，还有了少量资本主义因素，出现了一些新的阶级力量。从上层建筑看，除封建主义的政治和文化仍占主导地位外，也受到了近代政治和文化的影响。乡村的社会生活和社会心理也因为封闭状态的突破而出现了一些新因素。大量的传统社会因素与少量新因素相互并存，使近代乡村社会结构比以往任何时候都要复杂得多。

保甲制的松弛与重建：自治形式下统治权的强化

乡村是整个社会的基础。自宋代以来，历代王朝大都沿用北宋开始的具有自治特点的保甲制，利用家族关系和伦理道德对乡村社会实行间接统治。进入近代社会以后，随着乡村传统社会结构趋于崩溃，保甲制也日趋松弛，统治者愈来愈难以有效行使统治权。这在晚清王朝和北洋军阀时期尤为突出。这也是晚清王朝和北洋军阀统治加速覆亡的重要原因。因此，自近代以来，“所有的中央和地方政权，都企图将国家权力伸入社会基层，不论其目的如何，它们都相信这些新延伸的政权机构是控制乡村社会的最有效的手段”。①

在此背景下，当国民党获得国家政权以后，为了巩固其统治，迅速着手重建和推行保甲制。1932 年，南京国民政府派大军“围剿”中国工农红军和革命根据地，与武力进攻相结合，在这些地方重建保甲制，随后推行到国民党统治区。在此过程中，国民党政府先后公布了《县各级组织纲要》《各县保甲整编办法》《乡（镇）组织暂行条例》，保甲制得以系统化，成为国民党对乡村社会行使统治权的基本制度。其基本框架为：确认县和乡（镇）两级政权组织，县为法人，乡（镇）为治人。乡（镇）之内编为保甲。原则上 10 户为 1 甲，10 甲为 1 保。保设办公处，保长受乡（镇）长监督指挥，办理本保自治事项及县政府委办事项。甲设甲长，受保长督导。由此形成了一套上下结合的严密政权组织体系。

日本侵略者入侵中国以后，为了巩固其长久统治，也曾利用传统的保甲制，加以重建和强化，建立起乡村地方的政权组织体系。1933 年，伪满政府在东北地区公布《暂行保甲法》，据此在城乡地方编组保甲，居民 10 户为牌，牌上为甲，甲上为保。1941 年，乡村居民又组成屯、牌。汪精卫伪政权在其范围内也建立和推行了保甲制。

在近代社会，由于以一家一户为单位的生产方式和家族组织结构没有改变，保甲制的重建以此为基础，试图运用传统的统治形式有效行使统治权。因此，近代的保甲制和古代一样，具有乡村基层自治的特点。而且在重建保甲制的过程中，还照搬西方地方自治制度，以法律法规的形式明确规定了县以下的乡（镇）为地方基层自治团体，乡（镇）编制内的保甲组织更具有自治组织的特点。

但是，近代保甲制的重建是在社会急剧动荡、矛盾特别尖锐的社会背景下进行的。统治者重建保甲制的目的是有效统治乡村。因此，

---

① 〔美〕杜赞奇：《文化、权力与国家：1900～1942 年的华北农村》，王福明译，江苏人民出版社，2003，第 2 页。

保甲制虽然是在自治形式下重建的，但实际结果不是地方自治的加强，而是自上而下的政治统治权的强化。由此使“人归于户，户归于甲，甲归于保，保统甲，甲统各户而及于个人，不许个人游离于无所归属”[①]。李德芳因此认为：“南京国民政府在乡村由推行自治到实行保甲的过程，实际上就是国家行政权力不断向乡村社会深入的过程。这标志着其乡村社会治理理念发生了改变，即由对现代自治制度的追求变成了对国家传统行政管理方式的青睐。”[②]

首先，保甲组织被严密纳入自上而下的行政权力的监控体系之中。国民党政府抗日战争时期的乡村地方基层统治体系最为典型。家庭是最基本的组织单位。甲长由户长会议产生，由保办公处报乡（镇）公所备案，并受保长监控。保长则受乡（镇）长监控。乡（镇）受县政府指挥。国家统治权自上而下由县到乡（镇），经过保甲组织，一直延伸到每个家庭，形成了一套由县长到乡（镇）长、保长、甲长、户长的严密行政权力监控体系，将每户每人都置于国家统治权之下。

其次，权力集中，实行政治、教育、军事三位一体的统治。古代乡村的政治、教育、军事权一般分别为不同的人所执掌。在近代，一方面传统的家族关系受到冲击，乡村社会的分散性突出；另一方面，统治者亟须加强对乡村地方的有效统治，因此实行权力高度集中统一的统治体制。在国民党统治时期，乡（镇）长兼任乡（镇）中心学校校长及作为乡（镇）武装组织的国民兵队队长，保长兼国民学校校长及保国民兵队队长，甲长类推，形成政治、教育、军事三位一体、权力高度集中的体制。

再次，通过保甲组织的“党化”、“特务化”和“警察化”，实施全面严密控制，保证保甲组织高度服从国民党独裁统治。国民党政权在重建保甲制过程中，一方面大力在保甲中发展国民党组织，将保甲长发展为国民党员；另一方面要求国民党员积极参加保甲组织。保甲

---

① 隋玠夫：《新县制基层组织中的三位一体》，《新政治》1940 年第 4 卷第 4 期。

② 李德芳：《民国乡村自治问题研究》，人民出版社，2001，第 163 页。

长无论是否国民党员，都要经过慎重的选择和严格的训练，绝对忠诚国民党，并与国民党特务机关和警察机关保持密切联系，忠实地执行国民党的政策和法令①，形成广泛的动员和严密的监控体系。国民党政权能够建立起比旧军阀势力较巩固的统治权，与这一乡村基层政权体系密切相关。

民主自治外观与地方土劣势力的扩张

伴随封建王朝的崩溃，近代国家政治体制发生了一些变化。这些变化虽然主要限于国家上层和城市社会，但乡村社会也受到一定影响，主要表现为乡村居民得以在法律形式上享有和行使民主自治权。如国民党政权在重建和实施保甲制的过程中，一方面规定县以下的组织为自治团体，另一方面设置相应的“民意机关”，保证乡村各级组织和权力充分体现“民意”。具体表现为：自下而上，甲有居民会议，讨论和决定本甲重要事务，负责选举或罢免管理日常事务的甲长。保有保民大会，讨论和决定本保重要事务，负责选举或罢免管理日常事务的保长、副保长及乡（镇）民代表大会代表。乡民在保甲范围行使直接的民主自治权，在乡（镇）层次行使间接民主自治权。

但是，与近代国家统治名为民主实为专制一样，近代乡村的民主自治更是远远停留在法律条令的一纸空文上，一般乡民不仅不能享有和行使民主自治权，而且专制强势统治更甚，实际的统治权为日益扩张的地方土劣势力所把持。

近代社会处于既定权威迅速流失的急剧变革和高度混乱状态中，乡村基层社会日渐失去国家控制，趋于无序。乱世强势生。乡村地方的土豪、劣绅、地痞、流氓等凭借雄厚的经济实力和暴力恶行横行乡里，欺压日趋分散孤立的一般乡民，自动成为乡村地方的实际统治者。而且由于国家失控，其权势迅速扩张，成为独霸一方的“乡里王”。

在清王朝覆亡后的军阀势力和国民党政府建立乡村统治权威过程

---

① 参见陈瑞云《现代中国政府：1919～1949》，吉林文史出版社，1988，第321～322页。

中，一方面他们本身就是乡村土劣势力的政治代表，必然要以这些势力为统治基础；另一方面也不得不利用已成为实际统治者的土劣势力，将其统治权合法化。北洋军阀政府时期，乡村的区公所、村公所及闾长、邻长大多为土劣势力所把持。造成地方治理土劣化的重要原因与国家政权建设中的迅速扩大税收摊派有密切关系。美国学者杜赞奇利用大量实地调查资料研究了近代中国基层政权建设与农民税收的相关性。他说："从国家政权建设的角度来看，推行乡制是成功还是失败了呢？此举确实达到了某些国家目的，如催征钱粮、清丈土地，使国家行政机构得到加强。但同时，为完成这一任务而往往迫使乡村领袖与村民对立，结果使得正直之人'退位'，地痞恶棍充斥于乡村政权，这使国家政权在民众中的威信更为降低，实际这是一种'内卷化'的政权扩张"，即税收增加与行政效力递减的反差。①

国民党统治也未能解决这种国家政权建设内卷化的问题，其乡村保甲长大多也为土劣分子。20 世纪 30 年代的四川省政府训令所属各县政府，"凡各乡间旧时原有乡长镇长"，不问是否已推为保长，"一律改充该乡镇之联保主任"，结果"为旧日一般把持乡镇之土劣，重加保障"②。这些土劣势力凭借国家权力和地方权势，在乡下横行霸道，为所欲为。毛泽东在《湖南农民运动考察报告》一文中谈到，乡村政权基本为土豪劣绅所把持。他们利用高度垄断在手中的政权、军事权、财政权和司法权，随意压迫民众。"这样的机关里的劣绅，简直是乡里王。农民对政府如总统、督军、县长等还比较不留心，这班乡里王才真正是他们的'长上'，他们鼻子里哼一声，农民晓得这是要十分注意的。"③ 至于乡民行使民主自治权力的"民意机构"则只能是一种徒有虚名的摆设。这是因为任何政治形式都建立在一定经济社会基础之上，近代乡村的基本经济制度没有改变，地主豪绅在经济社会方面仍居主

---

① 〔美〕杜赞奇：《文化、权力与国家：1900～1942 年的华北农村》，王福明译，江苏人民出版社，2003，第 162 页。

② 参见陈瑞云《现代中国政府：1919～1949》，吉林文史出版社，1988，第 318～319 页。

③ 《毛泽东选集》第 1 卷，人民出版社，1991，第 28 页。

导地位。而且国家统治者代表其利益，为其获得和占有统治权提供种种便利条件。例如，法律条文只是一般规定保甲长应为保民会议、甲居民会议等“民意机构”直接选举，但又规定了被选举人所应具备的财产、学识、声望、担任公职、办理地方事务等资格，最后只是那些地方豪绅名流才可能当选，“民意机构”根本无法体现民意。同时，由于保甲长管理日常事务，集各种权力于一身，“民意机构”只是在召开有关甲居民会议、保民会议时才显示出它的存在，实际上起不到什么作用。而且，在近代乡村，一般农民的基本生活都毫无保障，并日益孤立分散，不可能过问政事。“民意机构”实际为土劣势力把持，成为他们在“民意”的名义下实行强势统治的点缀。

工农民主政权下的农民权力

在近代乡村，由于社会阶级矛盾激化，农民不堪压迫，奋起反抗，展开了夺取地主阶级政权的斗争。特别是在中国共产党领导下的革命根据地，建立了工农民主政权，使几千年以来受政治压迫的农民得以翻身，行使当家做主的民主权利，乡村的权力体系发生了历史性变革。

20 世纪 20 年代中期，由于共产党的积极组织宣传和参与领导，农民运动蓬勃兴起。在反对封建地主阶级的斗争中，农民团结起来，并形成自己的组织，即农民协会。农民运动把“几千年封建地主的特权，打得个落花流水。地主的体面威风扫地以尽”。地主权力既倒，农会便成了唯一的权力机关，真正做到了人们所谓“一切权力归农会”，农会“乃是乡村的民主势力起来打翻乡村的封建势力”过程中产生的农民自己的权力机构。①

而随着共产党将工作重点转入乡村，在革命根据地建立了工农民主政权，农民的民主权利则得以制度化。工农民主政权“属于工人、农民、红色战士及一切劳苦民众”，实行各级工农兵代表大会，即苏维埃制。乡苏维埃是乡村基层政权机关，由全乡选民选出的代表组成。

---

① 《毛泽东选集》第 1 卷，人民出版社，1991，第 15 页。

乡苏维埃代表在乡以下的基层社会中活动，直接反映和代表乡民意愿和利益。乡代表会议和每个代表都必须接受选民监督，向选民报告工作，接受选民的批评建议。抗日战争时期的民主政府的阶级基础虽然有所扩大，但本质上仍然是工农民主政权，农民在这一政权下行使当家做主的权利。

在反对封建地主阶级压迫的斗争中形成的农民权力，不仅具有多数人统治的民主形式，而且具有实际内容，能在实际生活中具体体现出来。

首先，在农民运动中和工农民主政权下形成的农民权力，与推翻地主阶级压迫，改变封建生产关系紧相伴随，并以此为基础。农民在反封建斗争中分得了土地，在经济上翻了身，为他们实际享有和行使民主权利提供了经济基础。在此基础上形成的权力组织是农民自己的，而且农民在工农民主政权下力图通过参与民主选举和民主监督活动，保证各级权力组织及其领导人真正代表农民利益，为农民服务，而不是旧制度下那种欺压在百姓头上的“土皇帝”“乡里王”。如抗日战争时期，陕西安塞县某行政村主任在征收“救国公粮”时，私心太重，分配负担不公，自己千方百计少出公粮，让群众多出。后经过村民大会将其撤换。①

其次，农民权力是在旧的封建权力被推翻的过程中形成的。中国共产党居领导地位的工农民主政权不仅从法律制度上保证广大农民充分享有民主权利，而且为其实际享有和行使民主权利创造具体条件。如抗日战争时期，根据地进行了多次民主选举。最初，由于历史原因，农民还不习惯于行使这一民主权力。中国共产党为此积极引导广大农民在实践中学习运用民主权力，深入群众指导选举，使根据地的农民参选率一般都达 80% 以上。

在反对封建阶级压迫中形成的农民权力是一种新型的权力。这种权力与古代农民反封建压迫中形成的权力必然会蜕变为封建专制权力不同。

① 参见陈瑞云《现代中国政府：1919～1949》，吉林文史出版社，1988，第 427 页。

在先进的工人阶级政党——中国共产党的影响和工农民主政权的制度保证下，它能够延续保持其民主的性质。与近代国家统治体系下的民主自治外观和地主豪绅实行强势统治的状况不同，这种权力是民主形式和实际内容的统一。它体现着乡村社会权力体系变革的历史趋向。

第三节　乡村的社会秩序与政治控制

失控与动乱的乡村社会

在作为一个农业社会的中国，社会底层的乡村远离高高在上的统治者，并由于其自组织功能，国家对乡村实行间接控制，形成家、乡、国一体化、相对稳定的社会秩序。但是，处于社会最底层的乡村蕴含着最深刻的社会矛盾，也最容易失去控制，陷于无秩序的动乱中，古代以来中国社会的动乱无不自乡村始。在古代社会向近代社会的转变中，乡村也是最早失去控制和陷于动乱中的。近代社会的不稳态虽然明显反映于城市上层，但更深刻地孕育于乡村下层。

事实上，早在鸦片战争以前，由于乡村人口增多，土地兼并愈演愈烈，乡村社会矛盾日益尖锐，加上封建政权的腐败，农民的反抗斗争此起彼伏，乡村开始呈现失控和动乱。如 18 世纪到 19 世纪初，北方的白莲教、南方的天地会等民间秘密结社在乡村十分活跃，地区性农民起义风起云涌。只是在鸦片战争以前，封建国家权威尚未受到严重冲击，家乡国一体化的社会秩序在大多数地方基本保持。

鸦片战争则导致乡村迅速失控和陷于动乱。一方面，由于鸦片战争的失败，清王朝割地赔款，将沉重的经济负担转嫁给乡村农民，矛盾加速激化；另一方面，清王朝的失败使国体大损，强大的权威迅速流失。农民起义很快由地区性发展到全国性推翻清王朝的太平天国运动。太平天国虽然失败了，但清王朝已根本无力解决蕴藏在乡村的深刻社会矛盾，清王朝愈来愈失去对乡村的有效控制。

辛亥革命以后，帝制倾覆，北洋军阀和国民党先后成为国家统治者。但这仅仅是上层统治权的更迭，乡村的失控动乱状况并没有改变。相反，在具有神圣合法性的帝制倾覆以后，新的统治者并不能以真正解决社会矛盾的行为来取得合法性基础的状况下，乡村社会进一步失控和动乱。而外国侵略者的入侵，特别是后来的日本侵略者全面入侵中国，其统治更难在具有浓厚的民族主义传统的乡村获得合法性，由此进一步加剧了乡村的失控和动乱。

在以上社会历史背景下，近代乡村的失控与动乱具有以下几方面的突出特点。

首先，国家失去对乡村的有效控制，造成地方土劣势力蜂起。国家上层与乡村下层的纽带日益脆弱，在乡村社会内部的家族关系受到损害的情况下，拥有政治、经济、军事、文化强势的地方土劣势力日益扩张。一方面，难以有效控制乡村社会的上层统治者愈来愈依靠地方土劣势力征收赋税和劳役，地方土劣势力因此实力倍增，甚至为谋求私利与国家分庭抗礼；另一方面，地方土劣势力又利用国家统治权强制和随意压迫一般乡民，造成乡村社会矛盾的进一步激化。具有强烈自私性的地方土劣势力的扩张，严重削弱了国家与乡村下层的直接联系，出现国家权力的真空，地方势力为所欲为，各行其是，使乡村陷于无序和混乱。

其次，由于帝国主义、本国国家和地方封建统治势力以及城市资本主义的多重压迫和剥削，广大农民连最基本的生存也无法保障，反抗斗争格外激烈。在激烈的民族和阶级斗争中，乡村既定秩序和平衡自然很容易打破，且难以很快恢复。

最后，近代中国正处于社会的急剧变革中。近代社会的动乱不再是过去那种没有什么新因素增长的王朝更替的周期性动乱，而是新与旧、传统与现代、革命与反革命因素此消彼长，彼此较量竞争中的社会动乱。近代乡村的失控和动乱正是在这一历史背景下展现的。而当社会出现了新因素以后，再以传统的方式建立统治权威和秩序是相当困难的。这也是军阀势力和国民党政权取代旧统治后无法像古代王朝更替能很快在乡村建立起权威和秩序的重要原因之一。

权威和秩序的重建与一元控制主体

近代中国仍然是一个农民占人口绝大多数的农业国家。任何统治者要对整个中国社会有效行使统治权，都不能不对乡村社会进行有效的控制，在广阔的乡村社会建立其统治权威和秩序。所以，在近代乡村社会，一方面是日益失控和动乱，另一方面是统治者力图重建其权威和秩序。

清王朝后期，以曾国藩等人为代表的封建官僚利用传统社会根深蒂固的家族、邻里关系兴办团练，以此为镇压太平天国的军事力量。太平天国失败以后，清王朝重用曾国藩一类受传统封建文化熏陶甚深的士—官僚，力图通过植根中国乡土社会深层的传统家族关系和地方自治形式在乡村重建权威和秩序，并出现过一段短暂的稳定时期，即所谓“同治中兴”。然而，清王朝由于已相当腐朽，不可能解决乡村社会矛盾，且其日益依靠地方土劣势力，重建权威秩序的努力也因此收效甚微。帝制倾覆后的军阀势力忙于填补国家上层权力的真空，争夺势力范围，始终未能建立起全国性统治，因而谈不上对乡村社会的全面控制。只是在国民党取得国家政权以后，为巩固和扩大统治，开始试图在乡村重建国家统治权威和秩序。

鸦片战争后，外国势力入侵中国，也试图在乡村社会建立起统治权威和秩序。伴随大量外国商品向城乡倾销，外国宗教势力由城市向乡村渗透。由于西方宗教文化与深深植根于乡村社会的中国传统文化的格格不入，特别是外国势力入侵后造成乡村经济的衰败，广大乡村地区开展了抵制和反对外国宗教势力的斗争，其顶峰是义和团运动。在这之后，外国势力一直未能在乡村建立起统治权威和秩序。直到20世纪30年代，日本入侵中国并希图永远独霸中国后，才开始系统地在中国广大乡村地区建立统治权威和秩序。

因此，从时间上看，统治者在乡村重建权威秩序都主要发生于20世纪30年代。而在此时，中国乡村社会传统的家、乡、国一体化的秩序受到严重破坏，父权、族权、神权等传统控制主体的控制力趋于疲软。同时，乡村社会的新因素日益活跃，农民的反抗意识和反抗斗争愈为强烈。因此，统治者主要是依靠政治权力对乡村社会实施旨在建立统治权威和秩序的政治控制，其控制主体突出表现为政权主体的一元性。

军事强力控制："围剿"与"扫荡"

近代乡村处于长期失控和动乱中，政治统治权在乡村趋于空洞化。不断更迭的统治者为了在乡村迅速建立起统治权威和秩序，首先是以军事强力征服的方式建立统治权并以军事强力加以维系，由此实施强有力的政治控制。

20 世纪 20 年代中期，国民党由于中国共产党的配合和广大人民，包括农民的支持，在国民革命中不断地战胜军阀势力，取得部分地区的统治权。但国民党很快背叛革命，并在帝国主义的支持下，实行一党专制独裁，建立了封建主义和官僚资本主义的国家政权。曾与之配合的中国共产党不得不走向乡村，在乡村发动和依靠农民建立革命根据地，继续推进反封建制度的民主革命。仅仅取得了上层国家统治权的国民党为了在乡村社会建立和巩固统治权威和秩序，首先以强大的军事力量对根据地进行"围剿"，以在这些地方重新恢复统治地位。

1931～1933 年，国民党先后调集大批军队对江西、鄂豫皖等革命根据地发动了五次军事"围剿"。特别是第五次"围剿"中，国民党集结了近百万军队向仅有数百万人口的根据地发动了大规模进攻。在强大的军事进攻的压力下，由于中共党内"左"倾路线的错误，"反围剿"失败，根据地先后丢失，红军被迫撤退转移。

国民党军队进入根据地以后，实行了极其野蛮的高压恐怖镇压和统治。瑞金县被杀害 12 万人，平江县被杀害 13 万多人，宁都县有 8300 多户被杀绝，闽西被杀绝的有 4 万多户。鄂豫皖根据地的新县至麻城、罗田一带，80 里内的村庄被杀光，成为一片荒凉的无人区。国民党还组织"靖卫团""铲共团""还乡团""义勇队""清乡委员会"等，建立地方武装，纠集地方土劣势力反攻倒算，恢复和重建统治权威和秩序。在此过程中，实行“树砍光、屋烧光、人杀光”的恐怖措施，大规模地烧山、封山、砍山、并村、移民，村村筑碉堡，处处设据点，实施暴力强权控制。

在国民党军事“围剿”革命根据地的同时，日本帝国主义开始大举入侵并试图永远独占中国。作为后起的资本主义国家并走上了军国主义道路的日本，对中国的入侵主要依靠的不是资本和文化，而是军事强占。日本的全面和武力入侵必然激起中国人民的强烈反抗。最为持久和难以征服的反抗力量来自广阔的乡村社会，特别是由中国共产党组织和领导的广大农民及其武装力量。为此，日本在以军事武力入侵中国的过程中，以城市为堡垒，层层向广阔的乡村社会推进，试图以最野蛮的军事强力实施高压恐怖控制，建立和维系统治权威和秩序。

从 20 世纪 30 年代开始，日本侵略者先后以军事武力侵占中国的东北、华北和华南地区，并对广大乡村地区实施残酷的军事“扫荡”。在“扫荡”中，实行烧光、抢杀、杀光的“三光”政策，成千上万个村庄被烧毁，成千上万的中国人被杀害。在军事“扫荡”活跃在乡村社会的抗日力量的同时，日本侵略者以刺刀扶植地方伪政权，建立日伪地方武装，以军事强力维系其统治权威和秩序。在华北地区，日本侵略者普遍修筑封锁沟墙和碉堡，实行所谓“绝缘政策”，强迫集家并村，制造“无人区”和由日伪军直接控制的“人圈”。

“人圈”内的人不能与外界接触，不准种十里外的土地。“人圈”内有严密的敌特组织，经常对人民实行“大检举”，以“思想犯”“政治犯”“通匪犯”“运输犯”等名目任意加以残害。在华南地区，日伪在以军事强力进行大规模的“清乡”“扫荡”过程中，在“清乡”地区建立以竹篱、木栅、铁丝网等构成的“隔绝膜”，进行残酷和严密的“肃清战”。

“管教养卫”融为一体的政权组织控制

很明显，统治者要想完全以军事强力控制的方式在广阔和分散的乡村社会建立和巩固统治权威和秩序，是难以办到的。因此，与高压恐怖的军事强力控制紧相配合的是自上而下、严密系统的政权组织控制。

20 世纪 30 年代初，国民党的强大军事“围剿”一开始，就视“编查保甲与编练壮丁，实为组织民众与训练民众以充实自己力量重要之关键”。从保甲制的重建起始看，国民党政权主要是试图利用直接隶属国民党地方政权组织的保甲制度，在乡村迅速建立起统治权威和秩序。保甲制度的政治控制意义远远高于甚至完全取代了民主自治意义。其典型表现是，国民党给保甲组织规定了“管教养卫”一体化的基本原则，以将社会成员严密置于其控制体系下。

所谓“管”，即清查户口，稽查出入境的居民，监视居民言行；强制实行“连坐法”，各户之间相互监视，一户犯罪，株连各户；强行订立《保甲规约》，规定人民所必须承担的各种义务。

所谓“教”，即进行强制性的思想灌输和教育。一是进行绝对服从国民党统治和国民党领袖独裁的“党化”教育。如 1941 年国民党政府在《乡（镇）组织暂行条例》中规定：“凡县公民应赴本乡（镇）公所举行宣誓，经登记后有依本条例及其他法令所定，行使选举、罢免、创制、复决之权。”誓词是：“×××，誓以至诚，奉行三民主义，拥护国民政府，服从最高统帅，履行公民应尽之义务，分担抗战建国之大业，谨誓。”二是提倡和弘扬深深植根于乡村社会之中的传统伦理观念，将人心维系在封建伦理的框架内，重建在家孝父，在乡敬长，在国忠于国民党领袖的家—乡—国一体化的社会秩序。1934 年，国民党发起了使国民的所有生活都合乎“礼义廉耻”道德的新生活运动，并通过各级政权和保甲组织在乡村广泛推行，强迫民众“依照准则，切实施行”。

所谓“养”，即摊派各种苛捐杂税，进行公开合法的敲诈，为强权统治提供经济基础。

所谓“卫”，即将地方政权与地方武装结合起来，通过乡、保、甲建立和组织地方武装（民团），分区分期实行集训，搜捕革命者，并组织保甲内青壮年，组成壮丁队，修筑碉堡、公路，以保证国民党政权迅速有效的控制。

国民党政权规定的“管教养卫”融为一体的原则，大大扩张了保甲制度的政治控制功能。虽然这种控制收到了某些短期性成效，但更加窒息了乡村的生命活力，不仅未能建立起持久稳固的统治权威和秩序，反而激起了更强烈的反抗。

日本侵略者入侵中国后以保甲制度实施政治控制，也包含“管教养卫”的内容，以此推行“治安强化运动”。“管”包括严密施行身份证办法和户口调查；推行“连坐法”，强化连坐联保；设立受日伪严格监视控制的“联合乡”“集团村”“清乡地区”。“教”主要是进行欺骗宣传，宣扬所谓“日满一家”“共存共荣”“王道乐土”，建立发展日伪支配的“群众团体”，以期掌握“民心”。“养”主要是实行横征暴敛，达到所谓“以战养战”的目的。如太平洋战争爆发后，河北省农村每年缴纳的捐税占日伪收入的 80% 以上。“卫”就是建立和扩大“自卫团”等地方武装。自卫团体壮丁白天做苦役，晚上值勤巡逻。

日本侵略者所推行的保甲制度，政治控制意义更为突出，更依靠军事强力的支撑和维护。这种高压恐怖的政权组织控制理所当然地受到了抗日力量和广大农民的强烈反抗和抵制，收效甚微。20 世纪 40 年代初，伪华北政务委员会委员长王揖唐也不得不承认，广大农民对于建立保甲组织和实行“连坐法”在内的“治安强化运动”的推行“并不认真”。

第四节　乡村的社会意识与政治文化

前所未有的文化震荡：封闭状态的突破

鸦片战争以后，由于西方国家的入侵和清王朝的战败，中国的社会意识与政治文化产生了激烈的震荡和变化。最为突出的，一是对中国固有的传统文化形态和君主专制制度产生了怀疑，二是主动地介绍和学习西方的社会意识与政治文化。但是，这种震荡和变化在相当长时间内尚停留在城市和知识界，未进入中国的最底层和最广阔的乡村社会。相反，当西方文化伴随野蛮的侵略由城市向乡村渗透时，其受到了乡村社会最顽强的抵制。这就是19世纪后期各地出现的反洋教斗争。这一斗争的最高峰是1900年兴起的反对外国侵略但又具有排外主义倾向的义和团运动。

但是，在近代文明的冲击下，乡村社会意识和政治文化的封闭状态最终被突破，发生了前所未有的震荡和变化。

首先，古代乡村文化的封闭性建立在自我封闭的小农自然经济基础上。乡村社会成员无须与外界发生经济社会交往，长年累月生活在一乡一土，形成封闭内向的文化圈。进入近代社会以后，乡村的自然经济逐步解体，商品经济日趋活跃，乡村与外界的经济社会交往增多，新的文化因素随之进入乡村社会，乡村对外界文化冲击的抗拒力日渐减弱。这种状况在江南沿海和工商业发达的城市附近的乡村表现得尤为突出。所以，近代乡村地方的反洋教斗争和后来的义和团运动主要发生在商品经济不太活跃、乡土文化的封闭性还较牢固的偏远地方和北方地区。随着近代社会发展，小农自然经济解体愈甚，乡村受外界文化的冲击愈大，其文化震荡愈强。

其次，古代乡村文化的封闭格局还在于它与整个国家的文化处于同构状态。鸦片战争后，虽然由于清王朝的腐败在农民中逐渐失去合法性，且农民发动了诸如太平天国这样的起义以摧毁清王朝，但其文化并没有突破封建形态，仍然崇拜至高无上的皇权。如太平天国建立的天朝政权和“扶清灭洋”的义和团起义。而在义和团失败以后，清王朝完全沦为帝国主义的工具，其统治的合法性权威在乡村社会迅速流失。特别是辛亥革命推翻了帝制以及国家意识形态的转型，打破了乡村文化与国家文化的同构状态，为乡村文化突破传统格局提供了外部条件。更重要的是，在城市社会首先兴起的反对封建主义和帝国主义的民主主义革命与广大农民的根本利益和政治要求是一致的，使乡村文化的封闭性得以全面深刻地突破，大量的新文化由城市进入乡村社会，乡村文化形态发生了历史上前所未有的剧烈震荡。

民主革命对封建文化的冲击和荡涤

在近代西欧国家，随着乡村城市化和乡村资本主义的生长，乡村文化融合和转变为资本主义形态。而在半殖民地半封建社会的近代中国，城市资本主义力量非常弱小，乡村封建势力特别强大。近代中国反封建主义的民主革命必然是包括占总人口80%以上的广大农民在内的国民革命。20世纪20年代，伴随城市社会反封建统治的民主革命再次高涨的同时，乡村的民主革命也日益兴起。它不仅大大打击了乡村的封建统治阶级，而且对乡村根深蒂固的旧文化给予了猛烈冲击和荡涤。

与传统的只反对王朝不反对封建制度的农民起义不同，近代农民革命直接反对封建制度，为此必然以新的社会意识和政治文化为思想武器，这就是与封建主义文化相对立的民主主义文化。在近代社会，一方面，随着城乡交往的增多，城市产生的民主主义文化对乡村社会发生影响。另一方面，农民革命是在整个社会的民主革命的大背景和进步的革命力量的动员宣传下进行的。民主革命对封建文化的冲击和荡涤首先就表现为作为革命主体的农民自身的文化转型。

毛泽东在《湖南农民运动考察报告》一文中对农民革命兴起后造成的农民自身的文化转型进行了生动的描述。在20世纪20年代广泛兴起的农民革命中，民主的革命的文化迅速传播于穷乡僻壤的男女老少之中。“打倒帝国主义，打倒军阀，打倒贪官污吏，打倒土豪劣绅，这几个政治口号，真是不翼而飞，飞到无数乡村的青年壮年老头子小孩子妇女们的面前，一直钻进他们的脑子里去，又从他们的脑子里流到了他们的嘴上。”① 更重要的是，在农民革命中，农民不再是简单地打倒，而开始以新的政治文化为反对封建势力的思想武器。毛泽东描绘道：“孙中山先生的那篇遗嘱，乡下农民也有些晓得念了。他们从那篇遗嘱里取出了‘自由’、‘平等’、‘三民主义’、‘不平等条约’这些

① 《毛泽东选集》第1卷，人民出版社，1991，第34页。

名词，颇生硬地应用在他们的生活上。一个绅士模样的人在路上碰了一个农民，那绅士摆格不肯让路，那农民便愤然说：'土豪劣绅！晓得三民主义吗?'长沙近郊菜园农民进城卖菜，老被警察欺负。现在，农民可找到武器了，这武器就是三民主义。当警察打骂卖菜农民时，农民便立即抬出三民主义以相抵制，警察没有话说。"① 虽然农民接受的民主文化还处于十分简单的层次，运用得往往也非常生硬，但这说明农民在革命中使自己的灵魂得到了荡涤和重塑。这对数千年一直浸泡在传统政治文化中的农民来说，是一个非常了不起的飞跃。

封建文化是封建政治统治赖以存在的重要条件。农民革命在推翻封建地主阶级统治的过程中，必然要冲击和荡涤旧的封建文化，改变既存的政治文化环境。

首先，革命冲击和荡涤了地主、官府压迫农民天经地义、神圣不可动摇的传统政治信念。在长期封建历史上，地主、官府压迫农民是天经地义、不可动摇的。传统的农民起义虽然也打击地主、官府压迫势力，却无法改变这种压迫关系及相应的政治文化。而在近代乡村的民主势力起来推翻乡村封建势力的农民革命中，不仅要求改变封建压迫关系，而且冲击着相应的政治文化。毛泽东对此描述道："一切从前为绅士们看不起的人，一切被绅士们打在泥沟里，在社会上没有了立足地位，没有了发言权的人，现在居然伸起头来了。不但伸起头，而且掌权了。"② 这种以传统眼光看来大逆不道的现象，在革命中则被视为理所当然的了。

在长期历史上，农民惧怕乡绅，更惧怕以暴力为支柱的官府。官府权威的神圣光环却在革命中被打破。在农民运动兴起的乡村地方，"警备队、警察、差役，一概敛迹，不敢下乡敲诈。从前乡里人怕城里人，现在城里人怕乡里人。尤其是县政府豢养的警察、警备队、差役这班恶狗，他们怕下乡，下乡也不敢再敲诈。"③ 在革命根据地，工农

① 《毛泽东选集》第1卷，人民出版社，1991，第34～35页。

② 《毛泽东选集》第1卷，人民出版社，1991，第18页。

③ 《毛泽东选集》第1卷，人民出版社，1991，第31页。

政权的建立，对农民惧怕官府的传统意识冲击更大。林语堂曾这样描绘："共产主义对社会生活的改变如此之大，一个农民可以直接到行政长官那里去，把自己的竹子扁担靠在衙门的墙上，面对面地与长官谈话，就象和平常人谈话一样。这种思想在红区已根深蒂固，以至于国民党官员接管一些这样的地区之后，不得不放弃他们自己以前的衙门作风，象共产党官员那样和农民谈话。"①

其次，革命冲击和荡涤了作为封建政治文化基础的家族主义、迷信意识。农民革命首先推翻作为一切权力基干的地主政权。"地主政权既被打翻，族权、神权、夫权便一概跟着动摇起来。"② 与此相应，则是对家族主义和迷信意识的冲击。毛泽东叙述道："农民运动一起，许多地方，妇女跟着组织了乡村女界联合会，妇女抬头的机会已到，夫权便一天一天地动摇起来。""农会势盛地方，族长及祠款经管人不敢再压迫族下子孙"，压迫束缚人的族规族习被破坏。革命动摇了长期以来"信八字望走好运，信风水望坟山贯气"、请菩萨、敬神灵等迷信意识的神圣性。③

总之，反对封建势力的农民革命风暴的所到之处，都对根深蒂固的封建文化给予了极大冲击和荡涤。这是前所未有的。

新型民主文化的启蒙与生长

在近代乡村，伴随农民革命，一方面是旧的封建文化受到极大冲击和荡涤，另一方面是新型的民主主义文化的启蒙与生长。这除了革命本身的作用外，还依靠民主革命的领导力量有意识地影响、传播和宣传。

作为民主革命领导力量的中国共产党一成立，除了集中力量在城市进行动员，开展工人运动以外，还深入社会最底层的乡村进行民主革命的动员宣传，开展农民运动。1924 年，孙中山领导的国民党确定

---

① 林语堂：《中国人》，浙江人民出版社，1988，第 169 页。
② 《毛泽东选集》第 1 卷，人民出版社，1991，第 31 页。
③ 《毛泽东选集》第 1 卷，人民出版社，1991，第 32、31 页。

了扶助农工的政策，在中国共产党的协助下，广州、武昌等城市建立了农民运动讲习所，通过讲习宣传，培养干部，将民主主义文化传递到乡村社会，发动农民运动。农民运动兴起后，进一步扩大了民主主义文化的传播和宣传范围。在农民运动兴起的地方，普及政治宣传成为共产党领导农民运动和农民协会的重要任务。毛泽东描述说："很简单的一些标语、图画和讲演，使得农民如同每个都进过一下子政治学校一样，收效非常之广而速。"①

1927 年后，中国共产党将工作重点由城市向农村转移，在领导农民推翻封建势力的同时，广泛深入地进行宣传教育，将新民主主义文化传递到最底层的乡村社会。首先是兴办教育，扫除文盲，将农民从几千年以来的愚昧状态中解放出来，为其接受进步的政治文化奠定基础。据 1933 年的统计，在中央革命根据地的 1900 多个乡中，共有夜校 6400 多所，学生 94500 多人，② 识字组之类的文化学习组织更为普遍。中国共产党和各级工农民主政权还通过政治学校、书刊、各种文艺形式普及宣传民主革命思想。

20 世纪 30 年代后期，抗日战争爆发，大批城市知识分子来到抗日革命根据地，为将进步的民主文化广泛传递到乡村社会提供了更有利的条件。由于中国共产党愈来愈充分地意识到中国民主革命的本质是农民革命，必须走以农村包围城市的道路，更加重视在农民中间进行广泛深入的民主革命的动员宣传教育。毛泽东为此多次发出了知识分子与工农相结合的号召，发表了《在延安文艺座谈会上的讲话》，号召知识分子深入工农民众中，创造出得以有效服务于民主革命的文艺作品，以此进行广泛的动员宣传教育。这之后创作的诸如《兄妹开荒》《白毛女》《血泪仇》《小二黑结婚》《李有才板话》等文艺作品，以其负载的反封建的民主思想内容和通俗易懂的形式产生了广泛影响。

毫无疑问，没有民主革命领导力量广泛持久的宣传教育，新型的

---

① 《毛泽东选集》第 1 卷，人民出版社，1991，第 35 页。

② 参见王桧林主编《中国现代史》，高等教育出版社，1989，第 383 页。

民主文化很难在封建文化根深蒂固的乡村社会启蒙发育和生长起来，也难以为民主革命创造主体条件。

传统封建文化的复兴与失败

进入近代社会，特别是民主革命兴起后，乡村社会意识和政治文化发生了明显的变化。但这种变化尚是表层的局部的。首先，近代乡村自然经济解体只是打破了不与外界交往的封闭状态，传统的封建生产关系没有根本改变。乡村社会对民主文化的接受主要来自外部影响，而非内部社会经济结构变化的结果。其次，农民运动，特别是中国共产党领导的农民革命只是在局部乡村地方发生，全国大部分乡村地方的封建文化传统仍然根深蒂固。正是在这种情况下，国民党政权和日本侵略势力都曾力图复兴传统封建政治文化，以在全社会特别是在广阔分散的乡村社会建立和巩固统治权的合法权威。

从 20 世纪 20 年代后期国民党获得统治权起，就一直将复兴受近代文明冲击而动摇的传统封建文化作为重要任务，并在全国掀起了一股与近代民主主义浪潮格格不入的“尊孔复古”的逆流。以蒋介石的名义发表的《中国之命运》一书认为，封建社会的“父子、夫妇、兄弟、朋友之道，上下尊卑、男女长幼之序”“实为社会生活不变的常理”，提出要“发扬民族固有的精神”，恢复“我国固有的伦理”。该书还特别指出：“中国古来建设国家的程序，由身而家而族，则系之于血统；由族而保甲而乡社，则合之以互助。由乡社以至县与省，以构成我们国家大一统的组织。”为此，国民党政权在乡村地方重建保甲制的同时，力图复兴以家族伦理道德为核心的传统封建文化。

受中国传统文化影响很深的日本入侵中国以后，也力图在重建保甲制的过程中复兴传统的封建文化，提出“恢复东方精神文明”“振兴儒教”，以建立和巩固统治权威。

应该看到，相对城市而言，传统封建文化的复兴在乡村社会的影响较大一些。但是，这种复兴最终只能归于失败。因为反对帝国主义和反对封建主义是近代历史的主旋律，与此相应的必然是民主主义文化的勃兴。同时，封建文化与封建基础相适应。而封建经济基础正是近代乡村社会日益衰败和动荡不安的主要根源。试图通过不触及和变革封建经济基础，而是复兴封建文化维系人心，巩固统治权威已不可能。特别是自上而下伴随军事强力的文化复兴，必然要受到具有强烈反帝反封建要求的农民的抵制和反对。所以，统治者发起的文化复兴不可能达到预期目的。

第五节　乡村的社会矛盾与政治活动

乡村的衰败与矛盾的尖锐化

中国社会由盛到衰，社会矛盾由缓和到尖锐，首先最深刻地反映于乡村。清王朝建立之初的 100 多年时间，由于明末农民起义对封建势力的猛烈扫荡和早期清王朝的重农抑商政策，乡村社会有所恢复和兴盛。但正如中国历代王朝无法超越由盛到衰的命运一样，以 19 世纪中叶乾隆盛世为转折点，中国社会趋于衰败，其突出表现就是王朝和地主对农民剥夺程度的提高以及人口压力的增大，乡村自耕农大量破产，流民迅速增加，社会矛盾加剧，北方的白莲教、南方的天地会等反对清王朝统治的民间秘密结社十分活跃，地区性农民起义不断出现。虽然清王朝以武力将这些起义一一扑灭，但乡村社会矛盾继续存在并发展着。

19 世纪鸦片战争爆发后，乡村社会矛盾迅速尖锐化，乡村衰败速度急剧加快。其重要原因就是农民要承受空前的多重压迫和剥削。

首先是外国侵略者的压迫剥削。周谷城认为："历史上的势力几千年以来就在破坏乡村。帝国主义的势力侵入，乃与历史的势力相结合，加速度地破坏乡村。"[①] 帝国主义不仅通过不平等的交换从经济上剥削农民，而且强迫要求战败的中国政府予以经济赔偿。巨额的赔款负担

① 周谷城：《中国社会史论》（下），齐鲁书社，1988，第 577 页。

又为政府转嫁给农民。马克思对此分析道：“中国在1840年战争失败后被迫付给英国的赔款，大量的非生产性的鸦片消费、鸦片贸易所引起的金银外流、外国竞争对本国生产的破坏性影响、国家行政机关的腐化，这一切造成了两个后果：旧税更重更难负担，旧税之外又加新税。”① 而日本全面入侵中国后进行的直接掠夺和军事压迫，更使乡村陷于绝境，广大农民面临日益深重的生存危机。

其次，封建统治者在中外战争中的不断失败，并没有遏制其腐败进程，反而更趋腐朽不堪。如慈禧太后公然动用海军巨款修建享乐之地。王朝腐朽造成的沉重财政负担得由农民承受。辛亥革命后虽然推翻了帝制，但随之而起的北洋军阀势力和国民党政权，一方面屡屡发动争夺和巩固统治权的大规模内战，严重破坏了乡村社会生产力；另一方面内战所需的兵源和财源主要取自乡村。乡村的贫困和衰败在所难免。

再次，在近代社会，国家对乡村的控制衰微，填补权力真空的则是地方土劣势力。乱世之下，地方土劣势力肆无忌惮地剥夺分散软弱的农民。如利用强势霸占土地；随意提高地租率；改变对稳定的租佃关系为随市场价格变化的租佃关系，发放高利贷并以此兼并土地；不受任何约束地欺压农民等。

最后，城市商人和资本主义势力的剥削。城市商人利用城乡经济交往的混乱状况和农民对市场经济的陌生，以贱买贵卖等方式剥削农民。城市工业资本主义势力为积累资金，不仅剥削雇佣工人的剩余价值，而且以工农业产品不等价交换的方式剥削农民。

在空前残酷的压迫剥削下，乡村迅速衰败，社会矛盾急剧尖锐。其主要表现为土地兼并问题日益严重，大批农民破产，流民迅速增多，社会两极分化加快，无数农民陷于生活绝境。据周谷城估计，仅在20世纪初期，由于天灾人祸陷于生存危机的灾民多达1亿以上，占全国总人口的1/4。②

---

① 《马克思恩格斯选集》第1卷，人民出版社，2012，第780页。

② 参见周谷城《中国社会史论》（下），齐鲁书社，1988，第572～578页。

被遗弃的乡村与农民反抗的兴起

近代乡村的衰败和社会矛盾的尖锐化，使乡村问题日益严重，成为制约中国社会生存发展的重要因素。但是，一方面，国家统治者日益丧失或缺乏解决乡村问题的能力；另一方面，乡村问题并没有得到国家统治者的重视，乡村因此日益成为被遗弃的下层社会。

鸦片战争前，虽然乡村问题开始出现，但清王朝尚有一些解决问题的主动性和能力。鸦片战争后，清王朝穷于应付外国入侵和全力对付太平天国起义，加上上层统治的矛盾腐败，已无能力解决乡村问题。虽然太平天国被镇压之后，曾国藩等一些官员试图进行某种程度的改良，以缓和矛盾，但实际收效甚微。随之，清王朝将重点转向兴办工业，一批官僚精英也投入兴办工商业的洋务运动中。其结果是城市的畸形成长，乡村继续衰败。

辛亥革命前后，虽然以孙中山为代表的资产阶级民主革命力量在其纲领和政策中提出了解决乡村问题的主张，如“耕者有其田”“平均地权”“民生主义”等，但当时的民主革命力量主要集中于武装推翻封建统治，其活动舞台主要在城市，也未能通过获得全国统治权来实施以上主张。

辛亥革命后，统治权为地主军阀势力所控制。一方面，它们本来就以乡村土劣势力为基础；另一方面，地主军阀势力崛起后忙于攻城占地，其活动舞台主要在作为统治权象征的城市，根本不可能去解决日益严重的乡村问题。

国民党获得全国统治权以后，一方面将力量集中于城市，使城市成为巩固和行使其统治权的堡垒；另一方面背离了早期“耕者有其田”和“平均地权”的主张，忙于依靠地方土劣势力在乡村建立统治权威，没有也不可能以有效措施去解决乡村问题。与城市资本主义经济有所发展，出现了短暂繁荣相对比的是，乡村陷入不可自拔的危机中。而乡村越为上层统治阶级所遗弃，社会矛盾越趋尖锐，农民为生存所迫，反抗越强烈，并由频繁的农民起义发展为席卷全国的农民革命。

在近代，乡村农民的政治活动主要表现为反叛统治秩序的暴力斗争。由于非常态近代社会的阶级矛盾异常尖锐，农民“告官无门”，在统治秩序内向政府表达利益要求的可能性相当小。而地方土劣势力的为所欲为，使基层自治活动根本不可能进行。近代农民只有以反叛统治秩序的形式表达利益要求，反抗残酷的压迫和剥削。

早在18世纪末和19世纪初，农民起义便十分活跃。只是地方局限性较大，反抗斗争的矛盾尚未直接指向清王朝。鸦片战争后，社会矛盾迅速激化，“天朝帝国万世长存的迷信破了产”①，不堪负担的破产农民的暴动不断出现。据官书《清实录》记载，1843~1850年，大小不同的武装暴动不下70起。特别是受鸦片战争直接冲击，且民族矛盾与阶级矛盾交织在一起的长江以南地区的矛盾格外尖锐，不断爆发农民起义，直至在洪秀全领导下形成横扫南方数省，斗争矛头直指清王朝的太平天国起义。

太平天国起义虽然失败，但社会矛盾依然存在且继续发展着。特别是帝国主义势力由南向北扩展，从城市推向农村，社会矛盾日益加剧，农民的生存环境受到严重威胁。首先，19世纪后期，帝国主义加紧修筑侵占中国所需的铁路。其后果正如恩格斯指出的：“中国的铁路意味着中国小农经济和家庭工业的整个基础的破坏；……亿万居民将陷于无法生存的境地。”② 由于修筑铁路，许多田地房屋遭破坏，大批农民无家可归；大量洋货倾销，加速农民和手工业者的破产；原有的运河航线被废弃，造成庞大的失业大军。加上甲午战争后，清政府进一步腐朽，水利失修，灾害频繁，负担加重，农民生活更趋贫困。而伴随帝国主义政治、经济侵略势力的深入，其宗教侵略活动扩展到乡村地方。上述矛盾在华北地区特别突出，不断引发农民暴动，最后形成规模巨大的义和团运动。

义和团运动失败以后，由于帝国主义侵略和国内封建势力的压迫

---

① 《马克思恩格所选集》第1卷，人民出版社，2012，第779页。

② 《马克思恩格斯文集》第10卷，人民出版社，2009，第636页。

剥削，社会矛盾进一步发展。辛亥革命后，一方面，连年的军阀混战，给乡村社会造成极大破坏；另一方面，资产阶级民主革命的力量不断增长，其影响由城市向乡村扩展，从而在南方兴起了反对封建势力的农民运动。中国共产党将工作重心由城市转向乡村后，更是直接领导和发动了广泛深入的农民革命。

纵观近代农民的反抗斗争，可以看出如下特点。

其一，由于矛盾特别尖锐，农民的反抗斗争次数多、规模大，且呈周期性。鸦片战争不久便爆发了席卷南方地区的太平天国起义；仅过了三十多年，爆发了轰轰烈烈的义和团运动；再二十多年，兴起了农民运动和农民革命，其斗争一浪盖过一浪，一波超过一波。

其二，农民反抗斗争的矛头直指帝国主义和建主义，政治性特别突出。如果说太平天国起义的直接打击对象是腐朽的封建王朝，那么，随着帝国主义入侵的深入和民族危机的加剧，义和团运动则将斗争矛头直指帝国主义，而20世纪二三十年代兴起的农民运动和农民革命则将帝国主义和封建主义同时列为反对对象。

其三，近代农民的反抗受外来势力的冲击和民主革命领导力量的影响较大。太平天国和义和团运动先后在南方和北方爆发，与帝国主义势力由南方向北方扩展直接相关。20世纪二三十年代的农民运动和农民革命主要在民主革命领导力量较活跃的南方兴起。随着中国共产党由南向北的战略转移，日本侵略者自北方向南方全面入侵中国，农民的反抗斗争在北方尤为活跃。

农民起义与农民革命之比较

近代社会农民的反抗斗争此起彼伏，一浪高过一浪，从太平天国起义到义和团运动，最后发展为中国共产党领导的农民革命。近代前期的农民起义与后期的农民革命，既有相似之处，又有根本性区别。

近代农民起义和农民革命都是半殖民地半封建社会的历史大背景下发生发展的，它们的基本方面是相同的。第一，它们发生的最深刻根源都是日益激化和尖锐的社会矛盾，广大农民面临日益严重的生存危机。第二，它们的打击对象主要是帝国主义和封建主义势力。第三，它们都为争取中华民族独立和中国社会发展起到或多或少、或大或小的积极作用。

但是，以中国共产党诞生为标志，这之前的农民反抗斗争基本上属传统的农民起义的范畴，而这之后的农民革命则属于新民主主义革命的范畴，它们之间有明显区别。主要是它们发生于不同的历史时代背景下。

前期的农民反抗出现于19世纪中后期和20世纪初。在这一时期，虽然由于帝国主义入侵，中国进入了近代半殖民地半封建社会。但是新的生产力、新的生产关系、新的阶级以及先进的政党都尚在初步萌生之中，并主要限于近代城市，还不足以对全社会，特别是广阔的乡村社会发生明显影响。因此，尽管这一时期的太平天国和义和团运动等农民反抗与古代农民起义有所不同，具有近代特有的内容和形式，但和传统农民起义一样，仍然是基于生存危机的被迫反抗，并且由于缺少先进文明的影响，只能停留在传统农民起义的基本框架内。

20世纪20年代兴起的农民革命则产生于新的历史时期。此时，工业生产有了相当规模；资本主义生产关系不仅在城市占主导地位，而且渗透到乡村；出现了一个完整的资产阶级，有了一支数百万人的产业工人队伍，并产生了以马克思主义为指导的工人阶级政党——中国共产党。所有这些都必然会对包括乡村在内的中国社会发生重要影响。特别是中国共产党一成立就以在乡村发动农民运动为己任，给落后愚昧的乡村注入了崭新的生命活力，促使农民的反抗斗争发展为在中国共产党领导下的反对帝国主义和封建主义的新式农民革命。正如历史学家巴林顿·摩尔指出的："依靠农民阶级本身，是永远无力实现一场革命的。"①

因此，近代前期的农民起义与后期的农民革命的主要区别，首先

① 〔美〕巴林顿·摩尔：《民主和专制的社会起源》，拓夫、张东东等译，华夏出版社，1987，第389页。

就在于领导力量的不同。前期的农民起义基本为农民和农民知识分子领导。尽管他们开始具有传统农民所没有的新的思想文化，但其基本思想仍停留在传统架构内，没有也不可能提出与古代农民起义明显不同的纲领口号。太平天国的纲领口号实质是传统均平理想的再现。义和团运动反对帝国主义，但带有盲目狭隘的排外倾向和皇权主义意识。由于没有先进的领导力量，近代前期的农民反抗无法超越自身的历史局限性，这也是最终都不免趋于失败的重要原因。

后期的农民革命则由先进的中国共产党领导。作为中国共产党指导思想的马克思主义是受压迫受剥削的人民获得解放的学说，能够得到中国社会受苦难最深的广大农民的积极认同；作为工业文明时代产生的先进意识形态，它能够超越农业文明传统的局限，为乡村社会注入新的生命活力。因此，中国共产党领导下的农民革命一方面充分反映和表达了农民的政治要求，另一方面又能超越农民自身的历史局限，将农民的反抗斗争升华到一个崭新的高度，即革命不仅仅是打击剥削和压迫势力，更重要的是改变旧的生产关系和政治制度。只有这样才能从根本上解决日益尖锐的乡村问题，使古老的被遗弃的乡村获得新的生命活力，纳入新的文明体系。历史进程也证实了这一点。

由于时代背景和领导力量的不同，近代前期的农民起义和后期的农民革命在具体的政治活动形式方面也有很大差别。

早期的农民反抗具有相当程度的自发性。太平天国起义虽然在广西一些乡村地方进行了组织和发动，但范围十分有限，基本上是一方起事，八方响应。义和团运动的自发性就更为突出，未形成统一的领导核心和组织系统。这也是义和团运动在发展过程中逐渐为清王朝所控制的重要原因。后期的农民革命则具有相当程度的自觉性。首先是中国共产党人和先进分子自觉地进入乡村发动农民革命。其次是农民反抗兴起后，中国共产党及时予以指导。由于中国共产党是一个有明确指导思想的全国性政党，农民革命有统一的领导核心和组织系统，能够形成独立、强大和持久的革命力量。

近代前期的乡村地方尚处于清王朝的统一控制下，农民的反抗斗争主要依靠宗教迷信和秘密结社的方式进行组织和发动。20 世纪 20 年代以后，国家对乡村地方的控制无力，农民反抗斗争的领导力量是以先进思想为指导的政党，乡村地方间的联系也较为紧密，因此后期的农民革命是先进的公开的政治团体加以发动和组织的。如 20 世纪 20 年代中期在南方许多乡村地方兴起的农民运动，由于受到中国共产党的影响，在打击和推翻封建势力的过程中，农民建立了自己的政治团体——农会组织，成为农民反抗斗争的直接领导者和组织者。毛泽东因此认为，将农民组织在农会里，“是所以使一切土豪劣绅贪官污吏孤立，使社会惊为前后两个世界，使农村造成大革命的原因。”①

近代前期的农民起义主要是打击压迫和剥削势力，局限于攻城略地，因此未能立足于乡村建立稳固的根据地。如“太平军‘实际上始终被围困在城市里’，而他们的敌人，即儒家的上层士绅则仍控制着农村，并终于动员了农村的力量来反对他们”②。后期的农民革命不仅仅是打击压迫剥削势力，而且从根本上变革旧的经济和政治制度。革命首先立足于最基层的乡村，进行土地革命和建立革命政权，形成稳固的根据地，不断巩固和扩大革命成果，最后取得了革命胜利。

乡村改良运动的试验与瓦解

由于乡村的被遗弃，乡村问题日益严重，引起有识之士的广泛关注和重视。中国共产党认为乡村问题的核心是土地问题，是几千年形成的土地制度，只有从根本上变革旧的经济、政治制度，才能解决乡村问题。与此同时，还有一些知识分子也将注意力由城市转向乡村，希图通过不改变基本的经济政治制度的改良主义方式解决乡村问题，并进行了一系列的实地试验。1935 年前后，从事乡村改良活动的单位达 100 多个，人员 2000 多，其中影响最大的是梁漱溟

① 《毛泽东选集》第 1 卷，人民出版社，1991，第 23 页。

② 参见〔美〕费正清《美国与中国》（第四版），张理京译，马清槐校，商务印书馆，1987，第 135 页。

等人推行的“乡村建设运动”和晏阳初倡导的“农村建设”及“平民教育”试验。

与20世纪初期许多知识分子崇尚工业文明和沉醉都市生活有所不同，梁漱溟较早地意识到城乡日益扩大的差别和乡村问题的严重性。但他不同意中国共产党在乡村发动和领导的农民运动和土地革命斗争，而主张和推行改良的“乡村建设运动”。

梁漱溟1928年提出“乡治”主张，1931年完成了其“乡村建设理论”。他认为中国只有职业而没有阶级之分，因此只有建设而没有革命对象。中国的问题虽然包含经济政治问题，但实则是文化失调问题，其出路是改良文化而不是革命。而中国固有的优良文化在城市受到严重破坏，在乡村尚受到较完备的保留。解决中国特别是乡村问题的根本办法就是进行乡村建设。“乡村建设运动，是近些年来的乡村破坏而激起来的救济乡村运动。”“乡村建设运动，实是乡村自救运动。”“乡村建设运动，实为吾民族社会重建一新组织构造之运动。”①

梁漱溟的主张得到上层统治者的赞赏和支持。从20世纪30年代初始，他带领一些学生在山东邹平等地推行“乡村建设运动”。其主要内容如下。

（1）建立“乡农学校”。即在村建立“村学”，在乡建立“乡学”，将学校与政权机构合为一体，以取代过去的行政管理机构。其“意在组织乡村，却不想以硬性的法令规定其组织间的分际关系，而想养成一种新礼俗，形著其组织关系于柔性的习惯之上”②。美国学者艾恺认为：“梁希望通过村学乡学来根除农民苦难的根源：官僚主义统治，而代之以与农民发生联系的政府，这种联系是以一种学校的组织形式和乡建干部作教师充当媒介的。”③ 通过政校合一的村学乡学，促使农民

① 梁漱溟：《乡村建设理论》，上海人民出版社，2011，第9、13、20页。

② 〔美〕艾恺：《最后一个儒家——梁漱溟与现代中国的困境》，郑大华等译，湖南人民出版社，1988，第256页。

③ 〔美〕艾恺：《最后一个儒家——梁漱溟与现代中国的困境》，郑大华等译，湖南人民出版社，1988，第256页。

参与公共事业，培育集体主义精神，提高农民的文化知识水平，加强农民与政府间的联系，克服几千年以来官府自上而下对乡村发号施令的弊端。

（2）建立“乡村自卫组织”。在近代乡村，盗匪问题特别严重，山东地方更甚。由地方绅士所控制的武装拿从人民身上征收来的税款，却与盗匪勾结，根本不能尽维持乡村治安之责。在梁漱溟推行“乡村建设运动”中，着手组建新的平民自卫队。通过新的政府对乡民进行武装训练和指导，建立地方农民自卫武装组织。

（3）建立“合作社”。其目的是“利用合作社形式来增加生产……建立一个资本由大家共同支配、享受和占有的经济制度”。合作社既有助于克服分散的农民弱小的问题，增加生产，又能使分配社会化、平等化，避免农民陷于极度贫困的境地。

（4）建立增加道德的地方组织。为改变乡村的恶习，提高公民的道德水平，村学乡学还鼓励村民们按照相互劝诫和监督的“乡约”，建立增进道德的地方组织，如“乡村改进会”和“忠义社”，目的在于清除那些“有害而落后的习俗”，如服鸦片或缠足等，同时致力于提高民众的道德风尚。

和梁漱溟不同，晏阳初是一个较为“西化”的知识分子，致力于“教育救国”。1923 年，晏阳初在北平建立了中华平民教育促进会总会，在城市倡导识字运动。从 1930 年起，由城市“识字运动”转向“农村建设”，在河北定县进行“平民教育”试验。以晏阳初为代表的“平民教育派”认为：“愚、穷、弱、私”是中国目前的“大患”，是“中国人生活上的四种基本缺点”，是中国社会的根本问题。其根源是“中国教育不能普及”，特别是广大农民“没有受教育的机会”。由此主张用教育手段来改革社会，“复兴农村”，“复兴中国”。实施“文艺、生计、卫生、公民”“四大教育”，“以文艺教育救愚，以生计教育救穷，以卫生教育救弱，以公民教育救私”。其目的是改造人，“使中国人，尤其是最大多数的农民，人人都富有知识力、生产力、强健力与团结力”，“能自养、自卫、自立而成为人，那中国民族便立刻可以复兴。”①

从20世纪30年代起，晏阳初等人在国民党政府的支持下，在河北定县进行平民教育试验和“县政建设试验”。他们将学术研究与政权建设融为一体，将农民组织为“公民服务团”，规定团员要随时接受训练，严守纪律，以培育公民精神。他们在定县乡村大力倡导扫盲、卫生、改进农作物品种、改良栽培方法和改良家畜，试验新法制作火腿及熏肉等，进行了许多帮助农民提高文化知识水平和改良技术等工作。

梁漱溟、晏阳初等人意识到近代以来由于乡村的被遗弃和乡村问题的严重性，希图走出一条既不同于国民党维持乡村既存制度，又不同于共产党以革命改变制度的第三条道路，即改良主义道路来解决乡村问题，并身体力行进行了艰苦的实地试验，也取得一定效果，形成了一种新的社会和政治运动。但是，这一改良活动的效果十分有限，既不可能解决乡村问题，更不可能由此解决中国问题。

首先，这种改良活动没有认识到近代中国的根本问题是帝国主义和封建主义的压迫剥削，乡村问题的核心是土地问题。改良活动的倡导者把某些现象看成问题的根源，其改良措施也只能停留在改变某些现象方面，效果且不易巩固，甚至渐趋瓦解。晏阳初等人推行的“定县试验”的结果，除极少数人因大量经费资助获得某些利益外，绝大多数农民的生活不仅没有改变，反而更“穷”了。随着日本帝国主义的入侵，梁漱溟在山东推行的“乡村建设运动”迅速趋于瓦解，其乡村自卫组织既不能保家，也无法卫国，而中国共产党领导下的农民军队却对日本帝国主义进行了顽强抵抗。

其次，由于改良运动没有也不可能从根本上改变剥削和压迫制度这一广大农民陷于贫困落后的根源，它虽然得到了上层统治者的认可和支持，却无法激起下层农民的热情和向往。没有前者，改良运动一天也无法支持，而没有后者，它又无法达到真正目的。其一是缺乏动力，难以将广大农民动员到运动中来。梁漱溟曾为之感叹乡村建设运

---

① 宋恩荣编《晏阳初文集》，教育科学出版社，1989，第120页。

动的两大难处：即“高谈社会改造而依附政权”，“号称乡村运动而乡村不动”①。其二是改良运动的结果往往是旧瓶装新酒，实际意义不大。如“乡村建设运动”试图通过学校和政权一体化的村学乡学来加强农民和政府的联系，由于未根本打击地方乡绅势力，学校仍为乡绅把持，农民照样不可能与政府发生紧密联系。反观中国共产党领导下的中国革命，由于进行土地革命，农民分得土地，解决了农民最基本的生存来源问题，农民因此积极参与革命。同时，农民革命大大打击了封建势力，所建立起来的政权是与人民有紧密联系的真正的人民政权。所以，只有中国共产党领导下的农民革命才有可能从根本上解决严重的乡村问题。“乡村建设运动”的倡导者梁漱溟在1949年民主革命胜利以后也承认了这一事实。

① 梁漱溟：《乡村建设理论》，上海人民出版社，2011，第402页。

第八章 城市与乡村政治对近代社会发展的影响

第一节　城乡政治格局对近代社会的影响

城乡差别扩大与社会的分裂动荡混乱

在美国学者亨廷顿看来："现代化带来的一个至关重要的后果便是城乡差距。这一差距确实是正在经历着迅速的社会和经济变革的国家所具有的一个极为突出的政治特点，是这些国家不安定的主要根源。"[①]这一问题在中国尤其突出。中国社会由古代向近代的转变，不是社会内部经济发展的自然结果，而主要是由外国资本主义入侵造成的。进入近代社会以后，不仅传统的城市统治和剥夺乡村的政治格局及相应的城乡对立差别延续下来，而且城乡对立更为突出，差别进一步扩大，分裂为两个有鲜明特点的社会实体。这一状况则加剧了近代中国社会的动荡和混乱，严重制约着中国社会的发展。

其一，城市统治乡村的政治格局使城市仍然成为政权的象征和控制乡村地方的堡垒，统治者无不以争夺和控制城市为首要目标，并破

---

① 〔美〕塞缪尔·P. 亨廷顿：《变化社会中的政治秩序》，王冠华、刘为等译，上海人民出版社，2008，第55页。

坏城市社会的发展。

帝国主义入侵中国是以占领城市开始的。为使城市成为进一步入侵和控制中国的桥头堡和大本营，它们将资本投向城市，对乡村则实行直接掠夺，造成城乡的明显差别。而在对城市的侵占和控制过程中，它们又严重地破坏着城市文明。如日本帝国主义入侵中国时对工商业较发达的江南城市进行了毁灭性的破坏，仅在南京城就屠杀了30多万人，上海的民族工商业则迅速衰败。

近代中国的国家权力经常更迭。特别是清王朝覆亡以后，纷纷崛起的军阀势力力图填补权力真空和扩大势力范围，形成连年的军阀混战。军阀战争争夺的首要目标就是经济地位迅速上升的城市。战争的结果一是严重破坏城市文明，二是为重建和巩固城市统治堡垒，更残酷地剥夺乡村，加剧着社会的动荡混乱。国民党是通过战争，首先夺取城市而获得全国统治权，并主要依靠大中城市实现控制的。为巩固其统治基础，极力发展国家垄断资本和抑制城市民族资本造成官僚资本化的畸形繁荣和民族工商业的日益凋败的状况，使城市经济社会的正常发展受到影响。

其二，近代中国虽然出现了一些近代城市，但仍然是一个农业占主导地位的国家。与近代西方国家主要依靠众多城市带动乡村进入现代社会不同，中国少量的近代化城市根本难以带动乡村的发展。而且，帝国主义、封建主义和官僚资本主义对乡村的无止境剥夺，根本不考虑发展乡村，使乡村处于被近代文明所遗弃的地位，陷入极度的贫困、落后和愚昧之中。这正是造成一个农业人口占80%以上的中国社会动荡混乱的最深刻根源。

其三，在古代，统治者是通过政治性城市控制经济性的乡村实现政治社会稳定的。而在近代，城市的经济特性大为突出，特别是城市出现了新型的文明因素。统治者不仅很难使城市成为维系专制统治权的堡垒，而且城市本身也生长出反对统治者的强大力量。统治者因此难以通过城市将统治权传递到乡村地方，实行强而有效的政治控制。广阔的乡村得不到有效的国家控制，必然会使整个社会处于动荡混乱中，既导致土劣盗匪的蜂起，又更加激起来自下层社会的广大农民的强烈反抗，从而孕育着一场深刻的社会历史变革。

社会变革中的都市突破与绿色崛起

近代社会的分裂动荡和混乱意味着：传统的秩序与平衡被打破，统治者再也不能按照旧的方式进行统治，下层人民群众再也不愿意按旧的方式生活下去。整个社会正处于历史性的社会变革中。在这一社会变革中，近代城市首先实现对传统社会的突破，起着领导作用，被遗弃的乡村的“绿色崛起”则起着决定性作用。

在古代社会，城市的基本功能是政治统治。作为专制统治堡垒的城市在社会变革中发挥的作用不大。即使是明清时期的市民运动对王朝统治的威胁也很小。但是，进入近代社会以后，城市的性质发生了变化。帝国主义和封建主义出于入侵中国和维系统治的需要，造成工商业迅速发展，城市首先突破传统社会框架，进入近代文明社会。而城市的发展和近代化又在客观上造就了帝国主义和封建主义统治的掘墓人，这就是新的阶级力量和具有新思想新文化的人。如帝国主义投资建厂和清王朝兴办工业，造就了最早的城市工人阶级。这一阶级一产生就成为帝国主义和封建主义的反对力量。在外国资本刺激和清王朝重视实业的推动下，随着民族资本主义发展而生长出一个民族资产阶级。尽管它与帝国主义和封建主义有紧密联系，但由于其特殊利益，又是帝国主义和封建主义的异己力量。特别是传统封闭状态突破后，城市首先受到新思想新文化的冲击，造就了一大批新兴的反对者，对传统统治秩序构成了强有力的挑战。19 世纪末和 20 世纪初，大批知识青年出国留学，清政府出于巩固统治的需要，也派出大批留学生。正是这些受新思想新文化熏陶的青年，成为清王朝最坚决的反叛者。清王朝自己训练的新军，则成了清王朝的埋葬者。

美国著名发展政治学家亨廷顿深刻分析了传统社会崩溃时新兴城市的历史作用，认为：“现代化改变了城市的性质，打破了城乡之间平衡。"[1] 新兴城市的崛起，不仅使以封建主义乡村为基础的统治者再难以利用城市行使统治权，而且由于新兴力量的壮大，直接威胁和反抗传统统治者，构成了"都市的突破"，在社会变革中发挥先导作用。在近代中国，正是受近代文明影响最大的城市知识分子最先觉悟到传统王朝统治的不合理，提出了维新改革的主张。正是与近代工业文明紧密相连的城市资产阶级和无产阶级及其政党，先后承担了领导人民群众反对帝国主义和封建主义，推动社会变革的先锋队责任。如果没有近代新兴的城市及新的阶级力量和新的思想文化，近代社会的变革就不可能突破王朝更替的窠臼。

而在新兴城市首先突破传统社会框架的同时，广阔的乡村也被卷进历史变革中，即亨廷顿所说的"绿色的崛起"[2]。一方面，传统的封闭的自然经济被打破，农民与外部社会的经济交往增多；另一方面，农民也开始被卷进或介入国家政治生活。而在农民人口占多数的国家里，广大农民的政治介入对于政治发展和社会变革具有重要作用。特别是近代中国乡村在帝国主义、封建主义和资本主义的多重压迫剥夺下，一直处于被遗弃地位，日益衰败，孕育和积聚着极大的反抗力量。鸦片战争前，乡村就积聚着反对清王朝的力量。战后，由于帝国主义入侵和清王朝加紧对乡村的剥夺，乡村的反抗此起彼伏，最终爆发了席卷半个中国、长达十多年的太平天国起义。起义虽然失败，但它对清王朝的打击迫使王朝作出了一定程度的改革，即所谓"同治中兴"。19 世纪末期，农民的反抗斗争连续不断，特别是伴随帝国主义的深入，爆发了轰轰烈烈的义和团运动。义和团运动虽然失败，但它在客观上迫使清王朝继续因镇压戊戌变法而中断的改革。而这一系列改革或松动促成了一系列近代城市的兴起，为清王朝的覆亡准备了革命性力量。广大农民的反抗还大大打击了封建统治势力，从根本上动摇了封建王

---

① 〔美〕塞缪尔·P. 亨廷顿：《变化社会中的政治秩序》，王冠华、刘为等译，上海人民出版社，2008，第 56 页。

② 〔美〕塞缪尔·P. 亨廷顿：《变化社会中的政治秩序》，王冠华、刘为等译，上海人民出版社，2008，第 56 页。

朝赖以生存和统治的基础，清王朝的覆亡因此在所难免。

而在清王朝被推翻之前，一些进步的知识分子和革命志士试图主要依托城市进行自上而下的改革或武装暴动，改变现存的统治秩序，但由于没有得到民众特别是占人口绝大多数的广大农民的响应和支持，都归于失败。以康有为、梁启超为代表的维新派在城市进行的变法维新运动，仅存百日。以孙中山为代表的革命党人发动了包括辛亥革命在内的一系列城市起义，但都归于失败，或革命果实被窃取。毛泽东为此曾指出："国民革命需要一个大的农村变动。辛亥革命没有这个变动，所以失败了。"①

当然，"都市的突破"和"绿色的崛起"在近代社会变革中的作用是相辅相成、交相辉映的。没有后者，则不可能动摇数千年封建统治的强大基础；没有前者，就无法孕育具有新生命的少年中国，引导社会向崭新的目标迈进。由美国著名汉学家费正清主持编写的《剑桥中国晚清史》在分析城市和乡村在清王朝覆亡和废除帝制这一历史变革中的作用时，对此做了较为精当的评论，认为："倘若没有民众的压力长期把清王朝的元气耗尽，那些暴发户、年轻军官和活跃在大都市里的知识分子，有可能推翻清王朝吗？可是最终还不是靠少年中国的猛击一掌才迫使清帝退位的吗？……辛亥革命作为一次城市起义，被视为鸦片战争之后发生空前变化的产物，被看作是那些背弃古老的农业帝国而转向西方以寻求建立政治组织和发展新技术的城市化精英人士脑力劳动的成果。不过，尽管民国此时已掌握在新的社会精英人士手中，但迫使它诞生的清朝的灭亡却是全国农村中深刻的运动逐渐取得成功的结果。"②

城乡对立与新民主主义社会的历史走向

近代社会是由古代封建社会向新的社会形态转变的过渡时期。近

---

① 《毛泽东选集》第1卷，人民出版社，1991，第16页。

② 〔美〕费正清、刘广京编《剑桥中国晚清史》（下），中国社会科学院历史研究所编译室译，中国社会科学出版社，1985，第667页。

代中国将走向何种社会受诸多历史条件的制约。近代特有的城乡政治格局及在此基础上的城乡尖锐对立则是重要制约因素之一。亨廷顿认为："城乡区别就是社会最现代和最传统部分的区别。处于现代化之中的社会里政治的一个基本问题就是找到填补这一差距的方式，通过政治手段重新创造被现代化摧毁了的那种社会统一性。"① 这是近代以来的中国必然面对，也必须解决的基本问题。

西欧国家的近代历史走向为封建社会向资本主义社会的转型。其重要原因是早在封建社会内部的一些新兴城市发育出了资本主义因素。随着这些因素的生长，市民阶级（城市资产阶级）力量不断扩大，逐渐推动了民族国家的形成，并在国家权力结构中占据愈来愈重要的地位。资产阶级随之利用国家权力和经济优势，统治和剥夺乡村，并通过对外掠夺，其力量迅速扩张，最终将封建形态的乡村纳入城市资本主义体系，封建主阶级和农民阶级在工业化、城市化中逐渐消灭，整个社会结构转变为资本主义。

东方中国的历史和社会结构与西欧国家有很大差异。鸦片战争前，中国是一个完全的农业国家和封建专制主义社会。城市主要是专制统治堡垒，虽曾萌发了资本主义因素，但受到强大的国家整合力量的抑制。城乡关系主要是政治统治和经济剥夺关系。传统社会内部未能为未来社会提供足够的新因素。长期的封建历史进程是由于外国资本入侵突然发生断裂的。其结果是中国成了一个畸形的、过渡性的、中间状态的半殖民地半封建社会。传统社会的两大阶级——地主阶级和农民阶级以原有形态延续下来，基本的社会结构没有改变。所不同的是，由于近代城市的崛起，逐渐生长出一个新兴的民族资产阶级，并提出了政治社会变革要求，这就是以孙中山为代表的资产阶级民主主义者对资本主义社会的追求。

但是，民族资产阶级是在帝国主义和封建主义的夹缝中求得生存

---

① 〔美〕塞缪尔·P. 亨廷顿：《变化社会中的政治秩序》，王冠华、刘为等译，上海人民出版社，2008，第56页。

发展的，其力量十分弱小。具有强大实力的帝国主义由于自身掠夺的需要，不可能让中国的民族资产阶级迅速成长而与其竞争；扎根于广阔乡村的封建主义势力对城市资本主义构成强大的抑制力。城市资产阶级不仅经济力量弱小，而且很难像中世纪西欧国家那样逐步在国家权力结构中占主导地位。由城市新兴力量发动的辛亥革命的果实却为袁世凯为首的封建军阀势力所窃取。城市资产阶级不可能通过强大的国家权力战胜扎根于乡村的强大封建势力，将广阔的乡村纳入城市资本主义体系，将中国导入西方那样的资本主义社会。

由于力量弱小，仅靠资产阶级根本不可能实现社会的革命性转变，而必须依靠占中国人口大多数且受压迫最深、反抗性最强的工人和农民阶级，特别是后者。一方面，近代中国仍然是一个农业占主导地位的社会，农民占总人口的80%以上。在城市统治和剥削乡村的格局下，处于社会最底层的农民生活异常悲惨，受压迫剥削最深。另一方面，与近代西欧国家的农民被视为消极性阶级不同，中国农民有着强烈的反抗精神，在社会变革中具有至关重要的作用。孙中山去世前不久才深刻意识到“唤起民众”的重要性，主张实行“扶助农工”的政策。

但是，在近代城市统治和剥削乡村的格局下，城市资产阶级为了在帝国主义和封建主义夹缝中求得生存和发展，不仅以最原始的方式残酷地剥削工人，而且利用各种方式残酷地剥削分散和软弱的个体农民，形成城市资产阶级与乡村农民尖锐的利益对立关系。这种关系不仅使资产阶级不可能联合农民，反而促使它追随统治者镇压农民。1927年国民党右派发动政变后一段时间的情形正是如此。由此也证明了城市民族资产阶级难以成为近代中国历史的主导力量，并将中国导入资本主义社会。近代中国的历史走向只能是通过由工人阶级领导的新民主主义革命，建立与社会主义紧相联系的新民主主义社会。

工人阶级得以成为近代中国历史的主导力量，除了它革命最坚决、最彻底和为先进的政党领导外，还在于它能联合和动员决定近代中国历史命运的基本力量——众多且富有反抗性的农民。近代中国的城市工人阶级和广大乡村农民不仅同受帝国主义、封建主义和资本主义的压迫剥削，有共同的利益，而且与农民有着其他国家所没有的紧密联系，他们大多刚由农民转变而来。近代城市统治乡村的政治格局及城乡对立是城市统治势力和资本与乡村农民之间的对立。这种对立不仅没有像19世纪法国那样将城市工人与乡村农民隔离疏远，反而使受共同统治者压迫的工农联合在一起，形成牢固的工农联盟，汇聚成强大的革命力量。而由工人阶级及其政党领导的，广大农民为主体的新民主主义革命的必然结果便是新民主主义社会。

城市统治乡村与农村包围城市的革命之路

建立与社会主义而非资本主义紧密相连的新民主主义社会，是近代中国的历史走向。但与俄国通过城市武装起义取得革命胜利的道路不同，中国革命只能采取以农村包围城市的方式，通过长期的武装斗争取得胜利。这一道路选择与近代中国城市统治乡村的政治格局紧密相关。

毫无疑问，城市是政治、经济和文化的中心区域，通过城市的斗争，直接获得国家政权，然后将革命传递到广大的乡村地区，必然会大大缩短革命的历史进程。像俄国1917年十月革命的“震撼世界的十天”一样。但是，近代中国却缺乏直接通过城市起义夺取国家政权的条件。

这首先在于，几千年以来形成了城市统治乡村的政治格局一直延续下来，城市作为统治堡垒，统治力量十分集中和异常强大。如1927年国民党获得国家统治权以后，建立了200万人的军队，常备军数量之多超过当时世界任何一个国家。国民党庞大的军队和严密的警察、宪兵和党务系统都主要部署在中心城市和交通要道，以此构成对全国的政治统治。因此，在统治势力异常强大的城市发动起义，马上会遭受到残酷的镇压和剿杀。

与此同时，在几千年的历史上，广阔的乡村始终是国家统治权力薄弱地带，国家权力难以对乡村实行直接有效的控制。特别是近代以来，联结国家和农民的地方乡绅势力受到严重打击。统治者不得不更加依靠国家强权控制。但是，即使是国民党200万军队也不可能对包括数亿农民在内的广阔的乡村进行直接有效的统治。在广阔的乡村，统治者的力量较城市薄弱得多。这就为革命力量留下了回旋的余地和生存发展的空间，使革命得以通过在乡村积蓄和发展力量，经过长时期的斗争，以农村包围城市而获取革命胜利。

其次，在近代中国，城市的政治统治功能仍然十分突出，城市经济在整个社会经济中不居主导地位，城市工人阶级等革命力量较为弱小。工人的总数仅有数百万，仅占全国总人口的极小部分，而且分布在各个不同地方的城市。为数不多的城市革命力量很难与强大的统治力量抗衡。而农民却占了全国人口的绝大多数，且受到残酷压迫剥削，“农民问题，就成了中国革命的基本问题，农民的力量，是中国革命的主要力量。”① 中国的民主革命实际上是农民革命，中国的武装斗争实质上是农民战争。广大农民所在的乡村地方理所当然地成为中国民主革命走向胜利的主要战略基地，“也就是要以乡村为中心”②。

最后，在近代西方国家，城市首先在经济上统治乡村，乡村依赖城市。城市之头一断，乡村之四肢就不能生存。城市对乡村的政治统治是建立在经济统治基础上的。而在近代中国，“城市虽带着领导性质，但不能完全统制乡村，因为城市太小，乡村太大，广大的人力物力在乡村不在城市。”③ 城市对乡村的政治统治不是建立在经济统治基础上，而是以强大的国家权力机器对乡村实施控制和剥夺。同时，由于广阔的乡村尚未被纳入以城市为主导的资本主义商品经济体系之中，具有相当程度的自给自足性，革命在乡村脱离城市的情况下还有可能相对独立地存在下去；相反，一旦乡村革命化了，统治者即使占据城市，也无法再通过剥夺乡村维系其生存。这样，如果首先将乡村建成先进的革命阵地，就可以给统治者以致命打击。

当然，作为民主革命领导力量的中国共产党只是随着对包括近代城乡政治格局在内的中国国情的正确认识，才逐步选择了以农村包围城市的革命道路。

---

① 《毛泽东选集》第2卷，人民出版社，1991，第692页。

② 参见《周恩来选集》上卷，江苏人民出版社，1980，第179页。

③ 《毛泽东军事文集》第2卷，军事科学出版社、中央文献出版社，1993，第396~397页。

作为城市工人阶级的政党和由进步的城市知识分子发起成立的中国共产党，虽然比较早地注意到了乡村农民问题，但在相当长的时间里将工作重点放在城市。特别是早期共产党领导人照搬马克思主义和俄国革命的模式，形成了“城市中心论”的指导思想。直到1927年国民党叛变革命，城市作为专制统治堡垒，其统治势力异常强大时，共产党领导人还继续以城市为中心，试图通过城市武装暴动夺取政权。如1927年先后发动了南昌起义、长沙暴动和广州起义等。这些武装斗争虽然取得了一定程度的胜利，但胜利的成果却未能巩固下来。城市起义的失败促使共产党领导人，特别是对乡村较熟悉，对农民问题有较深刻认识的毛泽东等人探索和寻求新的革命道路，并通过在江西创建革命根据地，逐渐选择了以乡村为中心和农村包围城市的革命道路。毛泽东在《中国革命与中国共产党》一文中明确指出：“因为强大的帝国主义及其在中国的反动同盟军，总是长期地占据着中国的中心城市，如果革命的队伍不愿意和帝国主义及其走狗妥协，而要坚持地奋斗下去，如果革命的队伍要准备积蓄和锻炼自己的力量，并避免在力量不够的时候和强大的敌人作决定胜负的战斗，那就必须把落后的农村造成先进的巩固的根据地，造成军事上、政治上、经济上、文化上的伟大的革命阵地，借以反对利用城市进攻农村区域的凶恶敌人，借以在长期战斗中逐步地争取革命的全部胜利。”[①] 中国革命正是沿着这样一条以农村包围城市的道路而取得了胜利。如亨廷顿所说：“得农村者得天下。”[②]

第二节　城乡政治形态对近代社会的影响

城市革命性因素的生长及城市的领导角色

在西欧国家，由于封建城市生长出了一个新型的市民阶级（资产

① 《毛泽东选集》第2卷，人民出版社，1991，第635页。

② 〔美〕塞缪尔·P. 亨廷顿：《变化社会中的政治秩序》，王冠华、刘为等译，上海人民出版社，2008，第241页。

阶级），发育出新型的市民文化，并通过不间断的资产阶级反对封建主阶级的新型阶级斗争，推动了传统社会向近代资本主义社会的转变。空气使人自由的城市在社会变革中充当领导角色。而在古代中国，作为专制统治的堡垒，城市的空气使人窒息，严重抑制着革命性因素的生长，传统社会得以长期延续。只是外国入侵造成中国封建历史进程的突然中断才使这一状况有所改变。

历史往往是以悖论形式发展的。帝国主义入侵中国的主要目的是掠夺，将中国变成依附于它们的殖民地。但是，由于所挟带的工业文明，其客观后果是加速了中国传统封建社会的解体，为中国社会历史变革提供了客观条件。突出的表现就是新兴的近代城市的崛起。而与近代城市形成过程紧相伴随的是，得以推动和引发社会变革的革命性因素的生长和发育，长期以来严格控制在封建专制结构内的城市政治社会状况发生了重大变化。

其一是新兴阶级力量的生长并登上了历史舞台。帝国主义投资办厂和清王朝兴办工业，使中国产生了前所未有的产业无产阶级。随着城市民族资本主义的发展，无产阶级队伍进一步扩大。国民党统治时期的民族资本主义有所萎缩，国家垄断资本主义大为扩张。无产阶级队伍不仅没有缩小，反而更趋集中。由于外国入侵和清王朝政策的改变，社会流动不再是城市商人向官僚地主转变，而是官僚地主向资本占有者转变，从而在城市逐渐发育出一个民族资产阶级。以上两大阶级一出现就成为传统社会的异己力量，并力图挣脱传统社会枷锁的束缚。

其二是新型的民主主义文化的生长并提供了新的社会理想。外国入侵打破了中国长期以来的封闭状态，长期具有无上优越感的“中央王国”不敌挟带近代工业文明的“夷人”，极大地动摇了传统王朝统治的合法性。而伴随新兴阶级的成长，必然会提出相应的政治要求。由此促使与封建主义根本对立的民主主义文化的生长，并从城市向乡村扩散，为社会变革提供着崭新的政治蓝图。

其三是城市无产阶级和资产阶级一登上历史舞台就展开了新型的

和连续不断的阶级斗争。它不同于农民迫于生存而反对统治压迫的斗争，而是代表先进生产关系的阶级为实现社会制度的根本变革进行的社会政治革命。

正是由于城市革命性因素的生长，为中国的社会变革提供了可能。近代社会变革包含两个基本走向：一是作为封建主义物质基础的传统农业社会向近现代工业社会的转变；二是传统封建主义社会向民主主义社会的转变。作为已发育出革命性因素的城市则在这一双重社会变革中发挥着领导角色作用。

城市革命性的生长，促进新型工业文明的发展。最为突出的是作为城市革命的辛亥革命推翻帝制后，封建主义羁绊受到猛烈冲击，新兴的资产阶级在政治上得以发挥一定影响，加上欧美国家因世界大战暂时放松了对中国的侵略，使中国的工业出现了前所未有的发展：（1）厂矿单位与投资总额迅速增长。1914～1919 年，中国资本新设厂矿 379 家。以棉纺织业为例：1915 年有工厂 12 家，纱锭 544000 余枚，1919 年工厂增加到 29 家，纱锭 659000 枚。全国面粉厂由 1913 年的 40 多家发展到 120 余家。（2）工业的分布由沿海向内地扩展，并形成了一些工业中心区域。（3）产业结构有了变化，除重工业有了一定增长外，一些新的工业部门得以出现和加强。（4）经营管理有了较大改进，出现了一些较大的工商业集团。这一时期因此被称为近代中国工商业发展的“黄金时期”①，初步奠定了中国工业体系的基础。尽管近代工业在整个国民经济中所占比例不大，但它代表和引导中国经济社会的历史走向，并严重侵袭着传统封建主义的经济基础。

城市革命性因素的生长，使城市新兴力量成为反对帝国主义和封建主义统治，实现社会的根本性变革的先导。在近代中国，尽管近代城市为数不多，新兴的阶级力量不大，民主主义思想出现和传播不久，新型的阶级斗争时间不长，但正是这些革命性因素的生长，为整个中

① 参见赵德馨主编《中国近代国民经济史教程》，高等教育出版社，1988，第 139～143 页。

国社会的变革带来了崭新的希望和活力，得以走向崭新的社会。正是作为城市革命的辛亥革命，导致延续几千年的帝制的覆亡，建立了民主共和国。虽然封建军阀曾试图复辟帝制，但由于缺乏合法性基础而破灭，正是由于城市工人阶级及其政党的领导，蓬勃的农民反抗才得以发展为一场从根本上改变封建制度的农民革命。正如亨廷顿所说："政治越是变为城市化的政治，它就越加不稳定。"①

城市革命性因素的抑制与社会变革重心移至乡村

在近代中国，城市生长出革命性因素，使它得以在社会变革中充当领导角色。但是，由于城市统治乡村的政治格局没有改变，帝国主义和封建主义势力为维系其统治，必然首先巩固城市这一统治堡垒，对城市的革命性因素加以强有力的抑制，阻止城市在社会变革中发挥先导作用。

19 世纪后期到 20 世纪初期，由于清王朝中央权威的迅速流失和随之而起的军阀势力始终未能以强有力手段统一中国，专制主义压制有所松动。特别是以辛亥革命为标志的民主革命对封建势力的打击和城市资产阶级在政治上具有一定影响力，使城市的革命性因素得以迅速增长，到 20 年代初已形成相当势力。虽然新兴城市尚不多，城市革命性因素生长的时间尚不长，但构成了对帝国主义和封建主义统治的直接威胁。特别是城市的革命运动开始向乡村扩展，农民运动迅速兴起，引起了统治者的极大恐慌。

所以，国民党叛变革命后，为获得和巩固统治权，首先就是以强大的军事政治权力抑制城市革命性因素，特别是镇压最具有威胁性的工人运动。1927 年国民党叛变革命的开端便是镇压上海的工人运动，随后在武汉、长沙、南昌等革命较为活跃的南方城市进行了一系列的残酷镇压活动。同时，国民党以当时世界上最为庞大的常备军队、庞

① 〔美〕塞缪尔·P. 亨廷顿：《变化社会中的政治秩序》，王冠华、刘为等译，上海人民出版社，2008，第 57 页。

大严密的国民党党团组织和法西斯特务系统对城市进行强有力的专制控制。正因为如此，20世纪20年代后期中共领导的数次城市武装起义均告失败。国民党为巩固统治地位，随之又极力排斥和压抑曾随其镇压工人运动的城市资产阶级，利用所垄断的国家权力大力发展带有强烈封建官僚和买办色彩的国家垄断资本主义，融垄断经济和专制政治为一体，对城市工人阶级和中小资产阶级实行强有力的压制。

国民党政权对城市的强有力的专制控制，严重抑制了城市革命性因素的生长，使稍显生机的城市迅速陷于专制统治的恐怖状态中。由此必然影响城市的进步作用，延缓中国社会变革的历史进程。

20世纪30年代，世界资本主义面临严重危机，西方国家无暇东顾，甚至被迫交出某些特权。日本侵占东北以后，激起全国人民的反对，掀起了大规模的抵制日货的运动。这为中国的工业发展提供了比第一次世界大战期间更为有利的环境。但是，这一时期除了作为国民党统治基础的国家垄断资本主义工商业有了较快的发展外，民族工商业不仅没有得到应有的发展，反而相对萎缩，没有出现第一次世界大战期间那样的“黄金时期”。

城市革命性因素在推动民主主义革命中的影响也相对缩小。20世纪20年代上半期，民族资产阶级作为一个新兴的阶级在资产阶级民主革命中发挥过重要作用。而在30年代，在国民党政权的排挤压制下，其政治作为日渐缩小，最终成为一个政治上微不足道的阶级。20年代，城市的工人运动、妇女运动、学生运动和市民运动十分活跃，产生了重要的政治影响。进入30年代，由于国民党政权的严厉镇压和强力控制，再未出现20年代那样的局面。如20年代以后城市工人运动很少独立展开，规模和影响也较小。

1937～1945年，日本侵略者全面入侵中国。为巩固其殖民统治，日本侵略者对所占领的城市实行了极为残酷的法西斯统治，城市的革命性因素受到严重摧残和压制，城市政治陷于法西斯军事专制形态，极大地削弱了城市的进步作用，大大延缓了中国社会的发展与变革。

其一是城市民族工商业受到摧毁性打击。如日本占领的华北、华东、华中、华南广大地区，战前集中了中国工业的80%。上海、无锡、天津、广州、武汉等5大城市，占全国工厂的50%。日本军队对中国城市进行野蛮的破坏，使工业生产力受到严重损失。仅上海就毁坏工厂2270家。在日占领区，民族工商业几乎没有生存发展的可能。到1945年，上海华资工厂的生产实际已停顿。

其二是城市的革命力量受到严重打击。如大批在中国政治舞台上发挥着先锋作用的进步知识分子被迫从城市转移到乡村，从而削弱了城市在反对帝国主义和封建主义的革命中的影响力。

所以，与20世纪前20多年相比，20世纪20年代后期一直到40年代中期，城市在近代社会变革中所发挥的作用日渐缩小，直到40年代后期才有所回升。近代中国社会变革的重心便历史地由城市移向乡村。

社会变革重心由城市移向乡村是半殖民地半封建社会的性质所决定的。由于帝国主义和封建主义的强大抑制，中国不可能通过城市革命性因素的生长，促使城市冲破专制压迫，并将革命性因素扩展到乡村，从而实现整个社会的转型。首先，帝国主义和官僚资本主义控制着经济命脉，使城市民族资本的发展受到严重抑制，主要限于流通领域。到1936年，中国私人资本中的商业和金融业资本共占81.53%，由此大大限制了民族资产阶级的政治影响力。其次，在近代中国，农业占国民经济的60%以上，农村人口占全国人口的80%以上，封建主义在农村占统治地位。一方面，广大农民在多种压迫下陷于日益严重的生存危机中，商品购买力极其有限，使一个世界上人口最多的国家，其国内市场异常狭小，国内资本主义工业发展的余地不大，由农业社会向工业社会转变受到严重阻碍。另一方面，由于乡村封建主义土壤异常深厚，新兴的政治力量很容易蜕变为封建主义的政治代表，如1927年后的国民党，并利用深深植根于乡村的封建主义力量打击和抑制城市革命因素。20世纪30年代的国民党政权由于维系乡村传统的制度，得以从乡村获得大量兵源，建立起数量庞大的常备军队。没有这样一支庞大的常备军，是很难抑制住蓬勃的城市革命性因素的。

上述历史条件决定了近代中国社会变革的重心必然将从城市移向乡村。只有首先从社会底层摧毁数千年延续下来的封建主义制度，使广大农民得以解放，日益衰败的乡村才有可能复兴，为中国的工业化提供所需的资金和市场；同时也可釜底抽薪，使封建主义国家政权失去赖以生存的基础，并通过动员和组织农民推翻帝国主义、封建主义和官僚资本主义统治，实现整个社会制度的根本性变革，城市的革命性因素也可随之得到解放。

乡村政治封闭性的打破及新活力的注入

近代中国社会变革的重心由城市移向乡村，而乡村也有可能承担起这一历史使命。其重要原因是传统乡村政治的封闭性被打破及新活力的注入。

在古代中国，随着封建社会发展，一方面是新的社会因素在城镇生长并向古老的乡村渗透；另一方面是乡村的家族性和区域性色彩更加浓厚，乡村政治的封闭性更为突出，严重隔绝着新因素向乡村扩展，大大延缓了中国社会的变革进程。进入近代社会以后，乡村政治的封闭性被打破。首先是封闭的自然经济的解体侵蚀着封闭的乡村政治的经济基础。其次是乡村的经济利益对立和阶级对立关系日益突出，宗族关系有所削弱。最后是城市的经济功能突出，城乡的经济有机联系较过去紧密得多。近代乡村由封闭走向开放，大大减小了封闭的乡村政治阻碍革命性因素渗透的屏障作用，使古老、封闭的乡村得以注入新的活力。

其一，资本主义生产关系由城市向乡村渗透。尽管这一新的生产关系在乡村经济结构中只占很小比重，但它毕竟在古老的中国土地上出现，使封建主义生产关系完全主宰乡村社会的统一状况得以改变，为乡村由传统农业社会向近现代农业社会转变提供了某种可能。

其二，也是最重要的是，城市产生的新型阶级、新型政治文化和新型阶级斗争广泛深刻地影响着农村，将古老的农村卷入近代社会变革的历史潮流中，并得以在中国民主革命中充当决定性的角色。首先，城市无产阶级与乡村农民有着世界上其他国家少有的紧密联系，先进的无产阶级可以以其特有的阶级意识和政治理想影响农民，使广大农民得以超越自身的历史局限性，成为社会变革的历史主体力量。其次，由于帝国主义和封建主义异常强大，并是全体人民共同的敌人，这促使城市的先进阶级力量主动谋求广大农民的支持，以进步的思想文化影响乡村，并结成与农民的联盟，发动和支持乡村农民反对封建主义的斗争。20 世纪 20 年代上半期，作为城市资产阶级政党的国民党在孙中山先生的领导下实行扶助农工的政策。作为城市工人阶级政党的中国共产党更是积极地向乡村传播进步的民主文化，推动了农民运动的蓬勃开展。在中国共产党逐步将工作重心由城市转向乡村后，使革命性因素迅速在乡村生长蔓延，掀起了一场深刻的农民革命。日本全面入侵中国后，大批城市进步知识青年来到作为抗日根据地的乡村，为新思想、新文化在乡村的广泛传播提供了更有利的条件。在城市进步因素的影响下，“农民不仅开始意识到自己正在受苦，也意识到能够想办法来改变自己的苦境。没有什么比这种意识更具革命性的了。”① 亨廷顿专门评价说：由于产生于城市的中国共产党的领导，“在这时，伴随着每次革命而发生的农民起义在历史上就首次成为一支有组织和有纪律的队伍，并由一个具有高度意识和表达能力的职业革命知识分子集团来领导。”②

所以，正是由于乡村政治的封闭性被打破和新活力的注入，古老的乡村得以成为反对帝国主义和封建主义统治的战略基地，广大农民反对压迫和剥削势力的斗争发展成为前所未有的农民革命，直接推动了新民主主义革命的胜利。

乡村政治变革为社会变革提供坚实基础

古老的乡村得以在近代社会变革中扮演着重要的甚至是决定性的

① 〔美〕塞缪尔·P. 亨廷顿：《变化社会中的政治秩序》，王冠华、刘为等译，上海人民出版社，2008，第 245 页。

② 〔美〕塞缪尔·P. 亨廷顿：《变化社会中的政治秩序》，王冠华、刘为等译，上海人民出版社，2008，第 250 页。

角色，不仅在于乡村政治的封闭性的打破和新活力的注入，而且在于由此带来的乡村政治的重大变革，使变革了的乡村为近代社会变革提供了坚实基础。

进入近代社会以后，随着封建主义生产关系日益腐朽和乡村的被遗弃，广大农民面临着日益严重的生存危机，乡村孕育着巨大的革命潜力。但是，在辛亥革命以前，城市的革命性因素尚较微弱，对乡村的影响较小，农民的反抗斗争不能不带有相当程度的历史局限性。辛亥革命，特别是中国共产党成立以后，城市的革命性因素迅速生长，对乡村的影响急剧扩大，使古老的乡村蕴藏的巨大革命潜力得到了充分的开发，农民反对封建主义势力的斗争进入了崭新的阶段，这就是不仅停留在对封建势力的打击，更重要的是改变沿袭数千年的封建剥削和压迫制度，使乡村政治发生了前所未有的变革，被纳入民主主义的体系内。乡村政治的重大变革又为整个中国社会的变革提供了坚实的基础。

乡村政治变革对统治乡村数千年的封建主义进行了有力的荡涤，为古老传统的农业社会向现代社会的转变提供了可能。在西欧国家，主要是通过城市强大的资本主义力量摧毁封建主义基础，从而将乡村纳入近代文明体系，并实现整个社会的转型。而在近代中国，城市民族资产阶级十分弱小，且与封建主义有千丝万缕的联系，根本不可能去摧毁深深扎根于乡村的封建主义。封建主义的强大存在正是中国社会难以向现代文明社会转变的重要障碍。这一障碍只有依靠占全国人口大多数的广大农民从底层挖掘封建主义的根基才有可能清除。

近代中国国情决定了中国民主革命只能走《农村包围城市》的道路，而乡村政治变革则为民主革命提供了巩固的根据地。乡村政治变革严重打击了长期占统治地位的封建主义势力，农民第一次成为土地的主人，成为政治社会的主人，生产力得到解放。日益衰败的乡村经济社会的恢复和发展，为使乡村成为巩固的革命根据地奠定了较为坚实的基础。由于统治者力量异常强大，革命根据地大多建立在较为偏僻、贫穷的乡村地区。如 20 世纪 30 年代中央革命根据地位于江西、湖南、福建等省交界的偏僻山乡。自20世纪30年代后期起，革命根据地的主要区域位于陕西、甘肃、宁夏交界的贫寒地区。但这些地区由于发生了重大的政治变革，解放了生产力，从而为民主革命提供了十分必要的人力、物力资源。

此外，与革命性因素受到强有力抑制，专制政治统治日益加强的城市相比，经过民主革命洗礼的乡村成为中国民主政治的希望之地。正因为如此，20世纪30年代后期，大批城市进步青年不满城市军事专制统治，纷纷走向其心目中的圣地——位居偏僻、落后乡村的革命根据地。所以，近代乡村政治的历史性变革可以说是整个中国政治社会变革并走向民主化的起点和雏形。

下　篇

当代城市与乡村政治社会

（1949～1992）

第九章
当代社会的城乡分离与城乡关系

第一节　当代社会的城乡变化及城乡差别

社会主义制度建立与现代化建设

与特别漫长的古代历史相比，中国近代的历史又显得相当短暂。从1840年鸦片战争爆发到1949年中华人民共和国的成立才100多年历史。由于挟带着工业文明的西方国家入侵，中国由发育得相当完备的古代封建社会变为半殖民地半封建的近代社会。又由于强大的帝国主义和封建主义势力的压迫，中国不可能像西方国家那样转变为发达的工业化的资本主义国家。通过反对帝国主义和封建主义压迫的斗争，建立与社会主义前途紧密相连的新民主主义社会便成为近代中国的必然选择。

在中国共产党领导下，中国人民经过艰苦卓绝的斗争，终于取得了新民主主义革命的胜利，从而结束了半殖民地半封建社会的近代历史，中国进入了一个崭新的历史时期，发生了翻天覆地的变化。美国著名中国学家费正清评价说："1949年以来的中国革命，从其牵涉到的人数或从其变革的广度和速度来说，是历史上最大的一次。”①

1949 年中华人民共和国成立后，中国社会的基本走向和发生的深刻历史性变革主要表现为以下两个方面。

一是由新民主主义社会过渡到社会主义社会，建立起了社会主义制度。

由中国共产党领导人民大众反对帝国主义和封建主义统治的新民主主义革命，既不同于资产阶级的旧民主主义革命，又不同于社会主义革命，革命胜利后所建立的是新民主主义社会。但新民主主义社会只是一个包含多种互不相同因素的过渡性社会，它的发展趋势必然是社会主义社会。为此，中国共产党于 1952 年提出了由新民主主义社会向社会主义过渡的总路线，即在一个相当长的时期内，逐步实现国家的社会主义工业化，并逐步实现国家对农业、对手工业和对资本主义工商业的社会主义改造。

社会主义改造的根本任务就是将长期以来形成的，并导致中国社会停滞落后的生产资料私有制改变为有利于社会化生产的生产资料公有制，使公有制经济在整个社会经济结构中占主导地位，并促使社会的上层建筑进一步发生根本性变革。从 1953 年到 1956 年，中国绝大部分地区基本上完成了社会主义改造，社会主义制度基本建立，实现了中国社会制度的深刻的历史性变革。

二是进行经济恢复和重建，并开始在社会主义制度下的现代化建设。

西方国家由封建社会进入资本主义社会紧紧伴随着工业化进程，并在强大的工业文明的推动下由传统社会变为现代社会。而在近代中国，由于帝国主义的掠夺和本国封建主义的抑制，工业化进程十分缓慢，国家不仅没有强大起来，反而积贫积弱，成为饱受列强欺凌的“东亚病夫”。特别是长期内乱和日本帝国主义全面入侵，使本来就落

① 〔美〕费正清：《美国与中国》（第四版），张理京译，马清槐校，商务印书馆，1987，第 259 页。

后的中国经济社会遭到毁灭性破坏。1949 年中华人民共和国成立时，历史遗留下来的只是“一穷二白”和久经战乱破坏的社会景象。因此，在和平环境下，全力进行经济恢复和建设，并在社会主义制度下进行现代化建设，将贫穷落后的中国变为独立富强的现代文明的中国，便成为中国人民和当代中国社会的历史追求和必然选择。

新民主主义革命胜利之时，中国共产党就及时提出了恢复和重建中国经济的任务，特别是迅速扭转了城市经济急剧恶化的状况，经济得以恢复和走上正轨。中国共产党提出的过渡时期的总路线的两个方面，便包括社会主义的工业化。1956 年中共八大则明确提出全国人民的主要任务是集中发展社会生产力，将中国建设成为社会主义现代化强国。

随着社会主义制度的建立和现代化建设，当代中国发生了深刻的历史性变革。主要包括建立和巩固了以工人阶级领导的，以工农联盟为基础的人民民主专政的国家政权；实现和巩固了全国范围（除台湾等岛屿外）的国家统一，根本改变了旧中国四分五裂的局面；维护了国家安全和独立，改变了受外国欺辱的历史；建立和发展了社会主义经济，国家经济取得重大成就，整个社会正在由贫穷落后的社会向现代文明社会转变。

当然，新中国成立的时间尚不长，当代中国的历史性转变还只是迈出了开始的一步。直到 1978 年中国共产党十一届三中全会以后，党和国家的工作重点才真正转向社会主义现代化建设。20 世纪 80 年代以来，改革开放为中国社会主义注入了巨大的生命活力，促使中国社会继续发生着深刻的变化。

而伴随社会主义制度的建立和现代化建设，当代中国的城市和乡村也发生了重大变化，并具有这一时代所包含的历史特点。

新型的现代城市体系的形成

在近代中国，与日益衰败的古老乡村相比，城市得到了较为突出的发展。但半殖民地半封建社会使城市发展呈畸形状态，并受到多种限制和不断破坏。因此，中华人民共和国成立之初首先面临的是城市经济社会的恢复。随着城市的复苏，特别是工业化进程的起步，城市发生了突出的变化，开始形成新型的现代城市体系。

首先是城市发展迅速，城市人口增长较快。近代中国虽然出现了一批近代城市，但城市的总体发展速度不快，城市人口始终在总人口的5%～10%徘徊，大大落后于同时期城镇人口达28.8%的世界平均水平。新中国成立后，城市得到了较为迅速的发展。1949年，全国5万人口以上的城市有168个，城市人口达5765万，占全国总人口的10.6%。到1985年，全国10万人口以上的城市达353个，城市人口达38244万，城市人口增加5.63倍。

其次，城市经济发展迅速，由消费型转变为生产型。长期以来，城市主要是政治功能突出的寄生性消费性城市。在近代，这一状况并没有根本改变。朱德为此指出："旧中国的城市，特别是大城市，其'繁荣'是帝国主义殖民地经济的'繁荣'，是建筑在封建剥削基础上搜刮农民膏血的'繁荣'，要把这种城市转变成为新民主主义的城市，生产的城市。"① 毛泽东在新中国成立前夕也强调，"将消费的城市变成生产的城市了，人民政权才能巩固起来。"② 通过对畸形的旧城市的改造，特别是工业化建设，城市的生产性日益突出，出现了一大批新型工业城市，建立了独立的城市工业体系，城市经济在国民经济中的比重日益提高。1949年，工业产值仅占国民经济总产值的30%，1983年则上升为66.1%，增加1倍多，中国已由农业国逐步转变为工业国。

再次，旧的不合理的城市布局逐步趋于合理。到1987年，全国计有353个城市，其中东部地区129个，中部地区144个，西部地区80个，而且中西部地区出现了如武汉、重庆、西安、兰州、宝鸡等一批现代工业城市。基本上改变了旧中国东西部、沿海与内地城市分布极不合理和发展极不平衡的状况。

---

① 《朱德选集》，人民出版社，1983，第265页。

② 《毛泽东选集》第4卷，人民出版社，1991，第1428页。

最后，城市的经济社会性质发生了根本性的变化，由半殖民地半封建城市转变为社会主义新型城市，特别是经过社会主义改造以后，社会主义全民所有制成为城市占主导地位的经济形式，而且全民所有制经济主要集中于城市。

当然，由于新中国成立的历史不长，加上社会主义进程中出现了一些失误，城市发展受到一定影响，城市化程度尚不高。由传统社会向现代社会转变的一个重要标志是从事传统农业的乡村人口逐渐减少，社会成员逐步被纳入现代城市和工业文明体系。在当代中国，城市人口虽然由 1949 年的 5000 多万增加到 1984 年的 3 亿多，但主要是城市人口的自然增长，其增长幅度达 80% 以上，乡村人口转化为城市人口的只占很小部分。尽管伴随改革开放进程，农村人口的城市化比例迅速提高，但农村人口的总体数量仍然相当庞大。

乡村的历史性变革及新型乡村

近代中国，与少数城市的畸形发展和“繁荣”相比较的是，广大乡村的日益衰落和凋敝。不从根本上改变长期历史以来的封建主义生产关系，乡村便没有发展的可能。中国共产党在领导新民主主义革命中，首先在革命根据地的乡村进行推翻封建制度的土地改革运动。随着民主革命的胜利，土地改革运动很快在全国范围广泛展开，为乡村的全面复兴和发展提供了基本的社会条件。

土地制度改革使农民获得了他们长期以来最缺乏和最需要的土地，建立了人民政权，大大解放了生产力。但传统的一家一户分散经营的个体经济尚未改变。个体农民的分散性和弱小性，一方面限制了农业生产力的进一步发展，另一方面还有可能导致重新出现两极分化，使农民再次失去土地。为此，从 1953 年开始，在遵循自愿互利、典型示范和国家帮助的原则基础上，通过由临时互助组和常年互助组，发展到半社会主义性质的初级农业生产合作社，再发展到高级农业生产合作社，逐步将分散、个体的农民纳入有组织的体系中，这在乡村社会化的进程中迈出了重要一步，并且进一步促进了农业生产的发展。

1978 年十一届三中全会以后，不仅党和国家的工作重心转移到经济建设，而且在乡村进行了包括实行家庭承包制在内的一系列改革，使农业生产和乡村发展出现了新的转机。

总之，1949 年中华人民共和国成立以后，古老的乡村发生了历史性变革，传统的乡村社会正在向新型的现代乡村社会转变。突出表现为以下两个方面。

其一，不仅从根本上推翻了几千年以来的封建剥削和压迫制度，而且分散、孤立的个体农民自然经济正在发生重大变革，广大的农民和古老的乡村纳入了现代文明体系之中。

其二，农业生产得到恢复和发展，传统的农业开始向现代农业转变。农业生产受大自然的严重制约。1949 年后，在国家的领导和组织下进行了大规模的农田水利建设，为农业生产提供了可靠的保障。机械、化肥、新的栽培技术等现代生产力因素进入农业生产。农业的经济结构正在由单一的粮食生产向农林牧副渔和农工商综合发展的方向转变。特别是 1979 年以来大量乡镇企业的崛起，为乡村通过自我积累迅速改变贫穷落后的状况注入了巨大活力。自给半自给经济向商品经济转变，促进了农业生产的社会化，使古老的乡村开始有机地融合于开放的现代文明体系中。

当代城市与乡村的差别及特点

在科学社会主义创始人马克思、恩格斯看来，与资本主义发展紧相伴随的工业化和城市化，将为消灭长期历史以来形成的城乡差别提供物质前提；随着社会主义对资本主义的取代，将不再存在城乡差别问题。

然而，我国的社会主义是在一个十分落后的旧中国基础上建立起来的。新旧社会交替不是由于生产力的巨大发展而对旧的生产关系的突破，而是不首先变革旧的生产关系，生产力根本没有任何发展的可能。所以，中国虽然进入了社会主义社会，但长期历史上形成的落后的生产力状况不可能在短时间消除，尚不能不经过一个相当长时间的社会主义初级阶段，去实现别的国家在资本主义条件下实现的工业化和生产的商品化、社会化、现代化。与此相适应，乡村的城市化程度尚不高，虽然城市有相当程度的发展，但乡村人口仍然占全国总人口的2/3，城市和乡村仍然是两个相对独立的地域单位。

在社会主义初级阶段，“突出的景象是：十亿多人口，八亿在农村，基本上还是用手工工具搞饭吃；一部分现代化工业，同大量落后于现代水平几十年甚至上百年的工业，同时存在；一部分经济比较发达的地区，同广大不发达地区和贫困地区，同时存在；少量具有世界先进水平的科学技术，同普遍的科技水平不高，文盲半文盲还占人口近四分之一的状况，同时存在。生产力的落后，决定了在生产关系方面，发展社会主义公有制所必需的生产社会化程度还很低，商品经济和国内市场很不发达，自然经济和半自然经济占相当比重，社会主义经济制度还不成熟不完善；在上层建筑方面，建设高度社会主义民主政治所必需的一系列经济文化条件很不充分，封建主义、资本主义腐朽思想和小生产习惯势力在社会上还有广泛影响”①。由此表明，在整个社会主义初级阶段，突出的特点是传统与现代、落后与先进的因素并存的二元结构。其在地域上的突出表现就是城乡差别在短时期难以消除，在一定时间内还可能有所扩大，形成相对先进的城市与相对落后的乡村二元并存的格局。这是当代中国最基本的国情之一。

当代城市和乡村的差别突出表现为生产力水平方面。城市占主导地位的是与机器大工业和现代科学技术紧密相连的现代化、社会化大生产，生产力水平较为先进。而在广阔的乡村，占主导地位的仍然是依靠畜力和人力进行的生产，生产力水平较落后，农业生产的社会化和商品化程度较低。城市和乡村在文化水平上也有较大差别。城市集中了现代文化机构和设施，城市居民接受现代文明的条件较优越，文化知识水平较高。乡村的文化教育则较为落后，长期历史上形成的乡村居民的愚昧状态未能根本改变，占全国总人口1/4的文盲半文盲主要为乡村居民。经济文化的差异又反映于上层建筑方面。城市建设民主政治所必需的一系列经

① 《改革开放三十年重要文献选编》，人民出版社，2008，第475页。

济文化条件较为充分一些，乡村则不太充分。城市在建立现代精神文明体系方面的基础雄厚一些，同时受现代西方文明影响较多一些；乡村建设现代精神文明较为困难，受传统文化的影响较多。

城乡差别是一定历史条件下的产物。当代中国的城乡差别有其鲜明的社会时代特点。

一方面，当代中国城乡差别是长期历史以来形成，而不是社会主义制度所固有的；而且社会主义还必须为最终消灭城乡差别不断创造条件。因此，社会主义条件下存在的城乡差别是在共同发展过程中存在的一定距离，而与历史上城乡一盛一衰的对立和差别根本不同。新中国成立后，在城市得到长足发展的同时，乡村也发生了前所未有的变化，特别是 1978 年以后，少数发达地区的乡村已跨入现代文明阶段，与城市的差别大为缩小。在社会主义条件下，城乡差别不断缩小是社会发展的总趋势。

另一方面，在现代化建设的一定时期，城乡差别在某些方面和某种程度上还有扩大的可能。这是因为人口、资金、技术、需求集中的城市为工业化和生产的商品化、社会化、现代化提供的空间地域条件较为优越一些，更容易进入现代文明社会。而要使广阔、分散的乡村社会迅速进入现代文明社会则困难得多。由此就会出现乡村在绝对发展方面有较大进步，但在与城市相比的相对发展方面与城市的差别还有可能扩大的现象。如在城市开始运用世界最先进的计算机技术进行生产的同时，许多乡村地区还沿用着古老的手工生产方式。这种由社会生产发展不平衡造成的某些方面和某种程度的城乡差别在一定时期有其历史必然性。

第二节　当代社会的城乡关系

整体性与变迁中的当代社会

由于特殊的世情和国情，中国不具备西欧国家由封建社会进入资本主义社会的历史条件，而只能由封建社会变为半殖民地半封建社会。后者只是一种过渡性、中间状态的畸形社会，而非完整的社会形态。只是随着新民主主义革命的胜利，并经过新民主主义阶段，建立了社会主义社会，才进入完整的社会形态。

社会主义是一个相对独立完整的社会。在当代中国，经过社会主义改造和社会主义建设，社会主义公有制经济在社会经济生活中居主导地位，建立了以无产阶级及其政党领导的、以工农联盟为基础的人民民主专政的国家政权；确立了马克思主义在社会意识形态领域中的主导地位；剥削制度和剥削阶级已经消灭；实现了国家统一和民族团结。所有这些，一方面说明当代中国已进入独立完整的社会主义社会，另一方面表明中国结束了长期历史以来的分裂、动荡和混乱状况，并消除了造成分裂动荡混乱的阶级对立和阶级压迫这一根本原因，社会得以整合为一个历史上前所未有的统一集中的有机整体，发生了历史性的巨大变化。

当代中国社会不仅具有统一集中的整体特征，而且处于不断的变迁中。首先，中国并不是直接由资本主义社会进入社会主义社会的，而是从半殖民地半封建社会，经过新民主主义社会的过渡阶段才进入社会主义社会。1949 年中华人民共和国成立后的相当一段时间，还必须完成民主革命所需要完成的任务。其次，中国的社会主义不是建立在发达资本主义，而是经济文化十分落后的基础上，必须经过一个相当长的历史阶段，去实现别的国家在资本主义条件下实现的工业化和生产的商品化、社会化和现代化，社会主义建设进程要显得格外漫长和艰巨。最后，社会主义社会并不是一成不变的东西，它必然要经历一个相当长时间的自我完善的发展过程。特别是当代中国不仅经济文化基础较落后，而且由于种种原因，在发展过程中形成了一套不适应生产力发展的体制，主要表现为过分集中的计划经济体制，使社会发展缺乏应有的生机活力。这就要求不断地改革和调整不适应生产力发展要求的生产关系和上层建筑的某些方面和某些环节，使社会主义在改革中自我完善和自我发展。所有这些都构成了一个正处在巨大变化和不断变迁之中的当代中国社会。

当代中国的城乡关系正是在以上社会时代背景下形成和变化的，具有相应的社会时代内容和特点。

城市与乡村：由分离趋于一体

在古代中国，城市和乡村具有一体性趋向。但这种一体性是国家权力的强制整合而成的，而非相互间的有机融合。政治性城市和经济社会有机体的乡村虽然共存于专制社会共同体内，但相互间存在不可逾越的鸿沟，彼此分离和尖锐对立。在近代中国，城乡间有了一定程度的经济交往，但传统的城乡格局没有根本改变，与畸形繁荣的城市相对比的是日益衰败的乡村，城乡分离更为突出和深刻。而在当代中国，城市和乡村这两个历史上严重分离的共同体愈来愈趋于有机的一体。

这首先在于，在社会主义社会，长期历史上居支配地位的私有制和阶级对立、阶级压迫状况不复存在，消除了造成城乡分离的社会制度根源。城市不再是统治阶级用于压迫和剥夺乡村的统治堡垒，而是和乡村处于平等地位的社会有机体，二者相对独立但彼此平等、相互依存，由此填平了长期历史上由阶级压迫和阶级对立造成的不可逾越的鸿沟。

社会主义同时为城市和乡村的共同发展提供了可能。在消灭了阶级对立和阶级压迫的社会主义社会，城市的发展繁荣不再像旧社会那样建立在对乡村的无情和无偿剥夺的基础上。长期历史上处于被剥夺地位的乡村不仅有了自我发展的可能，而且有可能得到在文明进程中居领先地位的城市的支持，以加速改变贫穷落后和愚昧状况，缩小城乡差别，最终使城市和乡村融为一体。例如，1949 年以来，乡村的农业机械和现代农业技术从无到有，为乡村改变传统的农业生产，接近工业化程度较高的城市迈出了重要一步。社会主义公有制建立后，将城市和乡村联为一个不可分割、相互依存的经济整体。社会主义市场经济的发展则使城乡在平等交往中互惠互利，共同发展。而农村工业的迅速崛起，不仅为乡村自我发展提供了巨大的活力，而且将大批传统农民卷入现代文明大潮中，推动合乎中国国情的乡村城市化进程。

所以，在社会主义现代化进程中，长期历史上形成的相互严重分离的城市和乡村将日益趋于一体。当然，城乡由分离趋于一体，只是就社会制度和社会发展提供的可能条件和一般趋势而言的。城乡的一体化将是一个十分漫长的过程。在相当长时间内，城市和乡村还不能不作为有较大差别的不同的社会有机体同时存在，并在社会发展中居于不同的历史方位。

城市与乡村在当代社会进程中的历史方位

近代以来的历史也就是乡村城市化，即城市作为社会发展先导的历史。但是，在半殖民地半封建社会的近代中国，城市的历史先导作用受到强力抑制，使社会变革的重心不能不移至经济文化较落后的乡村。只是进入社会主义的当代中国，“城市是人民的经济、政治和精神生活的中心，是进步的主要动力”[①]，才有可能成为现实。

这首先取决于城市在国家政治生活中的主导地位。自国家产生以来，城市在国家政治生活中便居主导地位。这在中国历史上表现得尤为突出。由于帝国主义和封建主义势力在城市异常强大，中国民主革命的重心不能不移至乡村，但革命的最终目标是夺取城市，摧毁帝国主义和封建专制主义的统治堡垒，获得全国性政权，并利用新的国家权力继续推进社会变革。新中国成立后，城市中心和领导作用迅速凸显。在新民主主义革命胜利前夕，毛泽东就及时指出了城市的重要性，并要求不失时机地将党的工作重心由乡村迅速向城市转移。他在中共七届二中全会上指出：“从一九二七年到现在，我们的工作重点是在乡村，在乡村聚集力量，用乡村包围城市，然后取得城市。采取这样一种工作方式的时期现在已经完结。从现在起，开始了由城市到乡村并

① 《列宁全集》第23卷，人民出版社，2017，第358页。

由城市领导乡村的时期。党的工作重心由乡村移到了城市。”① 没有这样一种新的转移，不首先将城市变为人民民主专政国家政权的领导基地，要实现整个社会的变革是不可能的。

城市本身的变化及性质也决定了它在社会主义和现代化进程中的中心和领导地位。1984 年公布的《中共中央关于经济体制改革的决定》指出：“城市是我国经济、政治、科学技术、文化教育的中心，是现代工业和工人阶级集中的地方，在社会主义现代化建设中起着主导的作用。”

城市在政治上发挥着领导作用。人民民主专政国家政权是以从中央到地方的各级城市为依托实施职能的，党和国家的领导机构设置于城市，使之成为某一地方或全国人民政治活动的中心。城市建设民主政治所必需的一系列经济文化条件较充分一些，能够对乡村起到引导作用。

城市在经济上起着主导和辐射作用。工业化是当代中国发展的主要任务和必然趋势。与乡村相比，城市的工业化程度较高，城市工业日益在国民经济中居主导地位，为社会主义现代化提供着强大的物质基础，并以先进的商品化、社会化和现代化的生产方式对乡村经济社会发展起强大的辐射作用。没有现代城市对乡村的强大辐射力，乡村仅靠自身是难以迅速摆脱贫困落后状况的。如当代中国较为发达的乡村大多为紧靠城市或与城市有较为紧密经济联系的地方。那些远离城市或与城市经济联系较少的乡村，经济发展相对缓慢得多。

城市在文化和社会生活方面具有吸引作用。城市的集中性、开放性和先进的生产方式，使其文化和社会生活能够较快地走向现代文明。城市文明的发展必然吸引着乡村迅速向现代文明迈进。如 1978 年以来，随着乡村经济的发展和与城市的交往日益广泛频繁，乡村的文化和社会生活方式的某些方面正以前所未有的速度接近城市。

在社会主义和现代化进程中，城市的先导作用将日益突出。但是，

① 《毛泽东选集》第 4 卷，人民出版社，1991，第 1426～1427 页。

在当代中国，乡村的地位也十分重要，在一定意义上决定着社会主义和现代化进程的速度。

这是因为，与城市人口比例大大高于乡村的发达国家相比，当代中国的乡村人口比例仍然很高。具有众多人口的乡村不仅在民主革命时期，而且在社会主义建设时期也居于举足轻重的地位。毛泽东在民主革命胜利前夕强调党的工作重心必须由乡村转移到城市的同时，指出，“城乡必须兼顾，必须使城市工作和乡村工作，使工人和农民，使工业和农业，紧密地联系起来。决不可以丢掉乡村，仅顾城市，如果这样想，那是完全错误的。”①

这是因为，占总人口大多数的乡村状况是中国最基本的国情之一，决定了中国所处的历史方位和发展进程。长期历史形成的贫穷、落后、愚昧的乡村状况决定了中国民主革命必须立足于乡村，又决定了革命胜利以后建立起来的社会主义只能是处于初级阶段的社会主义，而这正是党和国家制定路线方针政策的基本依据，并直接制约着社会主义现代化建设进程。如果没有占人口大多数的乡村摆脱贫穷、落后和愚昧状况，富强、民主、文明的社会主义现代化强国就不可能建成。乡村状况的改变可以说是衡量当代中国社会文明进程的主要尺度之一。所以，在社会主义建设中，不仅不应忽视乡村，丢掉乡村，反而应高度重视乡村，支持乡村。

更重要的是，广阔的乡村并不是历史的消极被动物，它本身也蕴含着推动历史发展的巨大能量。不仅古代、近代是这样，在当代中国也是如此。

首先，长期以来，农民为改变恶劣的生存环境，有着其他国家农民少有的创造性和积极性，一旦被引向正确轨道将会转换为历史前进的巨大动力。20 世纪 50 年代初中期，正是由于广大农民蕴含着社会主义积极性，对农业的社会主义改造才有可能在经济不受影响的情况下迅速得以实现。1978 年以来，正是由于安徽省的农民率先迈出了改革

① 《毛泽东选集》第 4 卷，人民出版社，1991，第 1427 页。

的第一步，改革大潮由此席卷中国。中国的改革正是由于从农村始，从而为改革的深化奠定了良好的基础。这一点也是苏联等国家难以比拟的。

其次，没有广大乡村农民的支持配合，城市工人阶级的领导作用就无从体现，人民民主专政的国家政权也难以巩固。与欧洲国家不同，中国革命虽然是由无产阶级及其政党领导的，但建立在广大乡村农民的积极参与和支持的基础上，没有牢固的工农联盟，革命不可能取得成功。同样，革命胜利以后，没有牢固的工农联盟，工人阶级领导的人民民主专政的国家政权也难以巩固。

最后，广阔的乡村为工业化和城市发展提供人力、资金和市场，成为国民经济的基础。当代中国既属于社会主义社会，又属于发展中国家。中国不可能像早期资本主义国家那样通过掠夺殖民地积聚工业化所需的大量资金和人力，资金和人力只能主要来自乡村的支持。中国是一个世界上人口最多的国家，不可能像一些小国那样可以依赖进口为生，只能依靠乡村为众多人口提供基本的消费品。作为后发现代化国家，也不可能完全通过国外市场支撑经济的发展，而只能主要依靠国内市场，特别是具有相当潜力的广阔的乡村市场。所以，在当代中国，没有乡村，城市不仅缺少发展的动力，连生存都显困难。新中国成立后，从 1952 年到 1957 年，由于乡村的发展，为工业化和城市发展提供了较好的基础。1959～1961 年，乡村发展遇到严重困难，城市发展随之萎缩。1978 年以后，只是随着乡村重新获得活力，城市的长足发展才有可能。由此可见，中国工业化和城市发展的命运与乡村发展息息相关，只能是共存共荣。

新型的变化中的城乡关系

一直到 1949 年以前，中国的城乡关系都表现为城市统治和剥夺乡村的关系。只是随着中华人民共和国的成立，这种沿袭了几千年之久的城乡关系格局才得以根本性地改变，形成城乡平等互助的新型关系。

这首先在于1949年革命胜利以后建立的国家是工人阶级领导的、以工农联盟为基础的人民民主专政国家。包括城市居民和乡村居民在内的全体人民都是中华人民共和国平等的公民，居于平等的政治地位。在国家政治生活中，工人阶级虽然居于领导地位，但这种地位建立在工人阶级和农民阶级政治平等的联盟的基础上。城市和乡村的政治平等是社会主义新型城乡关系的本质特点。

其次，旧社会的城市统治和剥夺乡村的关系是建立在私有制和阶级利益根本对立基础上的。社会主义消灭了剥削和压迫制度，生产资料公有制占主导地位，由此消除了城市统治和剥夺乡村的经济和社会基础。社会主义虽然还存在阶级和阶级差别，并主要表现为生活于城市的工人阶级与生活于乡村的农民阶级之间的差别。但这种差别不是经济利益根本对立，而是根本利益一致基础上的差别。城乡关系不再是剥夺与被剥夺，而是相互支持、相互帮助的关系。

与旧社会城乡分离主要为阶级社会政治统治需要引起所不同，当代中国的城乡分离主要为社会分工所引起。由于农业和工商业的分工，并实行市场经济，城市和乡村成为两个具有相对独立经济利益和差别的有机体。城乡的互助关系又主要表现为经济利益上的互利关系。城市和乡村通过平等的交换保证对方的利益获得相应的满足，从而实现共同和协调发展。

在社会主义社会，城市和乡村的政治平等与经济互助互利关系是相辅相成、互为条件的。没有政治平等，经济社会的互助互利就不可能实现；没有经济社会的互助互利，政治平等就缺乏实际内容和存在基础。

城乡平等互助的新型关系，是就人民民主专政和社会主义制度的本质规定而言的，它将随着社会的发展日益广泛深刻地体现在现实生活中。但是，在社会主义产生发展的不同历史时期，这种关系的具体内容和表现形式有所不同，而且处于不断变化之中。

从政治方面看。虽然国家法律规定了中华人民共和国公民的平等地位，但在相当长的时间里，为了在一个农业人口尚占多数的国家里保证工人阶级的领导地位，城市居民和乡村居民在具体享有政治权利方面又将有所差别。

在经济社会方面。社会主义的城乡关系是互助互利、共同发展的关系。但在一定时期内，城乡的发展和利益的实现呈不平衡状态。在社会主义工业化起步初期，国家将不能不优先促进工业和城市的发展，并从乡村获得工业和城市发展所需要的资金和人力。在这一时期，乡村的发展相对城市较为缓慢，在经济利益方面有可能作出一定牺牲。如长期以来存在的工农产品价格的“剪刀差”就不可能在短时间内得到消除，从而使农民的利益受到一定损失。随着经济社会发展，城市和工业则应努力支持和帮助农村，使城乡的发展和利益的实现日趋平衡。

第十章 当代城市的政治社会状况及特点

第一节　城市的社会分层与政治关系

以职业分工为主的社会分层尺度

1949 年以后，城市的性质出现了根本性变革。城市的社会成员也随着新民主主义社会向社会主义社会的转变和社会主义的发展而发生了重大变化。城市社会分层的尺度相应地发生着变化。

最为突出的变化是职业分工取代资本而成为当代中国城市社会分层的主要尺度。

在马克思主义看来，劳动分工是划分社会成员的基础，只是在生产资料私有制社会里，劳动分工具有阶级对立的性质。由于对生产资料的占有不同，一部分人被迫从事某一劳动活动，另一部分人从事另一活动或脱离生产劳动，社会成员因此分裂为经济利益对立的阶级。但分工和阶级划分始终是紧密联系的，“分工的规律就是阶级划分的基础。”① 在近代中国，城市的经济社会功能突出，劳动分工为资本占有

① 《马克思恩格斯选集》第 3 卷，人民出版社，2012，第 669 页。

关系所决定，资本因此成为社会分层的主要标准。

根据科学社会主义创始人马克思、恩格斯的设想，无产阶级通过社会主义革命推翻资产阶级统治，建立生产资料公有制和社会主义社会，作为社会分层主要标准的资本及根据资本占有关系而划分的资产阶级和无产阶级将不复存在。但是，近代中国属于半殖民地半封建社会，必须首先通过新民主主义革命建立新民主主义社会，然后经过一定历史时期，进行生产资料私有制改造的社会主义革命，建立社会主义社会。所以，在当代中国，资本占有关系是逐步分阶段消灭的。新民主主义革命胜利之初，在新的国家政权之下，将官僚资本没收为国有，对民族资本则采取利用、限制和改造的政策，资本占有关系的统治地位大为动摇，但仍然存在。从 1952 年开始对城市资本主义工商业进行社会主义改造，到 1956 年这一任务基本完成，生产资料公有制成为占据主导地位的经济形式，资本占有关系基本被消灭，不再是划分社会成员的主要标准。

但是，社会主义社会只是消灭了生产资料私有制度，而不可能消灭劳动分工本身，而且随着社会发展，社会劳动分工还会愈来愈细。同时，在社会主义社会里，凡是有劳动能力的人，都需通过从事某一职业劳动获取生活资料，劳动既是谋生的手段，又开始向生活的需要过渡。由于从事不同的职业活动，社会成员被划分为不同的阶级和群体。只是这种阶级和群体不再具有旧社会经济利益根本对立的性质。所以，在社会主义社会，职业分工愈来愈成为占主导地位的城市社会分层尺度。①

但是，职业分工作为社会分层尺度不仅仅在于衡量人们从事不同职业活动而产生的社会成员划分，更重要的是这种划分与人们的经济收入、政治社会地位及社会意识的差别紧密联系。特别是在社会主义初级阶段，这种联系更为明显。主要表现为由于不同的所有制形式、

① 参见庞树奇、仇立平《我国社会现阶段阶级阶层结构研究初探》，《社会学研究》1989 年第 3 期。

不同的职业活动性质及商品经济等复杂因素的制约，社会成员在根本利益一致的基础上又有特殊的具体利益，由此会形成一定的利益群体。虽然利益群体既相对稳定，又经常变化，但它反映了现阶段社会成员之间存在的差别，是社会分层中不可忽视的问题。

20 世纪 80 年代以来，随着经济发展和经济政策的调整，私营经济有所发展，出现了一些中外合资、外资企业，形成了新的资本占有关系。但是这种关系与旧社会有明显不同。首先，私营经济和中外合资、外资企业等经济形式不占主导地位，并受社会主义公有制和社会主义国家的制约。加上这些经济形式较分散，由资本占有带来的社会分化不明显和不稳定，没有也很难形成独立和完整的两大对立阶级。资本作为社会分层标准，既没有过去那种地位，也不具有原来的意义。

对立阶级的消灭与多层次的社会成员体系

工人阶级和资产阶级是近代中国城市主要和对立的两大阶级。中华人民共和国成立后，这两大阶级的状况发生了根本性变化。首先，民主革命胜利之时，官僚资本被没收为国有，占主导地位的官僚资产阶级随之不复存在，相当数量的工人阶级摆脱了资本的剥削和压迫，成为与生产资料相结合的劳动者。其次，1949 ~ 1956 年，由于对民族资本实行利用、限制和改造的政策，城市尚存在较完整的资产阶级和工人阶级。但是阶级状况和旧社会有很大区别。主要表现为在人民民主专政的国家政权和国营经济开始居主导地位的情况下，资产阶级的力量受到限制，工人阶级的利益得到一定保护。最后，随着对城市资本主义工商业的社会主义改造，资产阶级作为一个完整的阶级已不复存在，这一阶级的绝大多数成员转变为社会主义的劳动者。虽然由于赎买而不是没收政策，他们的收入和生活状况与其他群体有所不同，但已不再构成一个占有生产资料并剥削雇佣劳动的完整阶级了。与此相连，经济利益根本对立的阶级状况随之消除。

资产阶级消灭之后，工人阶级作为劳动者阶级并没有随之消灭，但是其性质和状况发生了巨大变化。工人阶级已不再是与生产资料相分离而靠出卖劳动力为生的雇佣劳动者阶级，而是与生产资料相结合，既是占有者又是生产者阶级。同时，工人阶级作为一个阶级的存在主要是相对从事农业活动的农民阶级而言的。这种阶级区分不是对生产资料的占有不同，而主要是与生产力状况相联系的所有制形式和职业活动的不同。

因此，资产阶级作为完整阶级消灭之后，工人阶级成为城市社会中的一个单一阶级，阶级结构趋于单一化。而由于职业分工及与之联系的所有制形式、特殊利益等因素的不同，其又构成了一个多层次并往往交叉存在的社会成员体系。

(1) 工人阶级。主要从事工业及其他产业活动，是城市中人数最多的一个社会群体。相对农民阶级而言，工人阶级是一个单一的阶级，但其内部又可划分为众多的层次。如根据所有制形式，可分为全民所有制和集体所有制工人。中外合资、外资企业和私营企业工人也可视为工人阶级的一部分。根据行业分，可分为工业、交通运输业、商业、服务业及其他产业人员。根据工种分，可分技术类或非技术类工人。

(2) 知识分子阶层。指具有较高文化水平，主要从事脑力劳动者。相对旧社会的知识分子受占统治地位阶级的影响而言，知识分子属于社会主义占主导地位的工人阶级的一部分，主要服务于社会主义事业。但知识分子相对主要从事体力劳动者来说，又是一个特殊的阶层。他们主要分布集中于教育、科学、卫生、文化等对文化知识要求较高的部门，并包括在其他工作部门中的某些与知识分子特征相一致的社会成员。因此，知识分子是一个相对独立但交叉性较强的一个阶层。

(3) 领导和管理者阶层。主要指与一定权力资源联系较多并主要从事领导管理活动的成员。从为社会主义事业服务的标准来看，他们和工人阶级具有一致性；但从所从事的活动来看，他们一般从事领导活动或在领导机关工作，又构成了一个特殊的社会群体。他们除了主要分布集中于国家机关、党群组织等部门外，还可包括其他部门的领导和管理者，因此也是一个相对独立但交叉性较强的阶层。

(4) 个体劳动者和私营企业主阶层。个体劳动者是生产资料为个人所有和自食其力的独立经营者。私营企业主是生产资料个人所有并雇佣一定数量工人的阶层。他们的共同特征是生产资料个人所有，因而构成相对独立的社会群体。但是，在社会主义当代中国，个体经济和私营经济只是社会主义经济的组成部分，在国家法律法规下发展，从业人员接受社会主义国家法律的规范，他们已经不是传统社会意义上的完整阶级，而只是一个相对独立的社会阶层。

除以上阶级阶层外，当代城市还存在一些不稳定、边缘性社会群体，如暂时没有职业或无正当职业的社会群体、由乡村到城市从事第三产业活动的亦城亦乡的社会群体等。

政治关系的新格局及阶段性特点

1949 年中华人民共和国的成立是新民主主义革命胜利的结果。革命的性质决定了革命胜利后的政治关系。在革命重心由乡村移至城市和中华人民共和国成立前夕，毛泽东就在中共七届二中全会上阐明了革命后城市政治关系的基本轮廓，指出："必须全心全意地依靠工人阶级，团结其他劳动群众，争取知识分子，争取尽可能多的能够同我们合作的民族资产阶级分子及其代表人物站在我们方面，或者使他们保持中立，以便向帝国主义者、国民党、官僚资产阶级作坚决的斗争，一步一步地去战胜这些敌人。"① 1949 年新中国成立后的城市政治关系正是根据这一思路形成的。随着帝国主义、封建主义和官僚资本主义统治被推翻，长期历史上处于被压迫地位的工人阶级及其他劳动人民成为国家的主人，中华人民共和国的公民在政治地位上一律平等，社会政治关系发生了巨大的历史性变化，并由此构成了城市政治关系的崭新格局。但在中华人民共和国成立后的不同历史时期，城市政治关系又具有一些不同的具体内容和特点。

工人阶级和资产阶级之间的关系是 1949 ~ 1956 年城市政治关系中的主要关系，并具有这一时期的新的特点。首先，工人阶级已由过去

---

① 《毛泽东选集》第 4 卷，人民出版社，1991，第 1427 ~ 1428 页。

的被统治被压迫阶级上升为统治阶级和领导阶级，广大工人成为国家的主人，并是新的国家政权在城市的主要依靠力量。其政治地位发生了根本变化。但是，由于对民族工商业的社会主义改造尚未开始或没有完成，许多城市工人在经济上处于雇佣劳动者地位，这使其政治上的主人地位不能不受到一定影响。其次，1949 年以前，民族资产阶级虽然与工人阶级对立，但未在国家政权中居统治地位。同时，民族资本主义一定程度的发展有利于国计民生。因此，1949 年革命胜利以后，民族资产阶级没有成为革命对象而很快消灭，反而成为被争取和被团结对象，他们中的一些上层人士还成为新国家的领导成员。当然，随着人民政权的建立，特别是社会主义改造的开始，民族资产阶级的政治地位开始有所下降。主要表现为：在人民民主国家政权下，资产阶级再也不能像过去那样求助于国家政权力量的支持压迫工人；由于资本主义经济和社会主义经济的冲突，国家对资本主义实行限制改造政策，资产阶级的政治地位受到影响，以致在政治上还需求得处于经济雇佣地位的工人的支持。而在社会主义改造基本完成以后，资产阶级作为一个阶级被消灭，他们中的绝大多数转变为与劳动人民享有平等政治权利的公民。

随着社会主义制度的建立，城市的政治关系的基本内容和本质方面已表现为工人阶级及其他劳动人民之间的政治平等关系，绝大多数社会成员成为国家的平等公民。但由于历史原因和“左”倾思想及路线的冲击，1957～1978 年，非工人阶级群层的政治地位受到一定影响，在一定时期和一定程度上未能居于应有的地位。

其一是知识分子。在经济文化较落后的中国，知识分子是一个较为特殊的社会群体。1949 年以前，知识分子同其他劳动人民一样受到专制压迫，但生活条件较体力劳动者相对好一些，且受旧文化影响较深。1949 年革命胜利以后，知识分子也获得了政治解放，同时新社会急需知识人才，国家对知识分子非常重视。另外，为使其更好地服务于新社会，在知识分子中间开展了自我教育为中心的思想改造，即实行“团结、教育、改造”的政策。知识分子由此逐渐转变为工人阶级的一部分。

其二是领导干部。在人民民主专政国家里，领导干部和人民群众处于平等的地位。但在民主政治不完善的条件下，也会发生干部脱离群众，甚至凌驾于群众之上的官僚主义现象。1949 年革命胜利以后，中共中央开展了多次反对官僚主义的运动。

其三是非工人阶级的劳动者。由于资本主义不发达，近代中国城市除了存在资产阶级和无产阶级两大阶级外，还存在诸如小商小贩、手工业者等大批中间阶级。1949 年革命胜利以后，这批人成为团结的对象，并转变为社会主义的劳动者，成为国家平等的公民。

其四是原属于资本家及其代理人的成员。经过社会主义改造以后，资本家及其代理人的绝大多数已成为平等的社会主义公民和劳动者，享有平等的政治权利。但在 1957 年以后，这一群体的许多成员在实际享有政治权利方面受到影响。

1978 年以后，随着“左”的错误被纠正，中共中央明确宣布知识分子是工人阶级的一部分；彻底否定“文化大革命”；复查和平反了大量的冤假错案；改正了错划右派分子的案件；宣布原工商业者已改造为劳动者；把原为劳动者的小商小贩、手工业者与原资产阶级工商业者区别开来，[①] 各个群层的社会成员作为社会主义国家的公民在社会政治地位方面日趋平等，良好的政治关系格局得以恢复和形成。

新时期变动着的政治关系

1978 年以后，中国进入了社会主义现代化建设的新的历史时期。随着社会主义民主和法制的健全，全体公民的平等政治地位不仅得以较好地实现，而且有了较可靠的保障，社会政治关系正常协调发展。但是，社会的发展促使城市政治关系发生了新的变动，并存在以下一些有待正确处理的问题。

其一，市场经济的发展使人们开始关注自身的特殊利益，并形成

---

① 中共中央文献研究室编《中共中央关于建国以来党的若干历史问题的决议注释本》，人民出版社，1983，第 44 页。

在社会共同利益下要求满足具体特殊利益的群体。虽然这种群体经常变化，但又是一种相对稳定的客观存在。而在以经济建设为中心的时期，人们更关注将经济利益与政治地位结合起来，希望有实现和满足利益要求的平等权利和机会。这就需要经常调整利益关系，形成良好的利益机制，尽可能实现社会公正。特别是在市场经济条件下，需十分注意与权力资源联系较紧的成员以权谋私，成为凌驾于普通群众之上的特权者。城市作为领导机构集中和商品经济较为活跃之地，尤须注意这一点。

其二，在经济体制改革中，工人群众与领导管理者之间的关系发生了新的变化。新中国成立后，工人群众作为生产资料和企业的主人，从总体上看是没有问题的。但在实际生活中，工人群众又是直接的生产劳动者，处于被领导地位，并有可能与领导管理者发生矛盾。1978年后的城市经济体制改革中，随着所有权与经营权的分开和承包责任制的实行，这一矛盾凸显。在某些领导管理者看来，作为企业的经营者、承包人，就可以为所欲为，从而不尊重工人作为生产资料所有者所应享有的权利；在某些工人看来，自己作为“主人”就应该享有一切，忽视了作为生产劳动者所应该作出的劳动贡献，或者认为在改革中已沦为雇佣劳动者，主人翁意识更加淡漠，由此容易造成领导管理者和工人群众之间的矛盾。调适工人群众和领导管理者所具有的双重身份，是正确处理当代城市政治关系问题的重要内容之一。

其三，新时期出现了一些新的社会阶层，特别是个体劳动者和私营企业主。就在国家政治生活中的地位而言，他们和其他社会成员一样，享有平等的政治权利。但在实际生活中，如何确定其具体的政治地位仍然是一个需要解决的问题。一方面，个体劳动者和私营企业主在经济上已成为一个相对独立和较为稳定的阶层，但在政治上尚没有形成工人阶级的工会组织这样的组织团体，在表达利益要求和参与政治生活方面受到一定影响；另一方面，个体经济特别是私营经济是社会主义经济的一部分，同时又具有相对独立的利益，个体劳动者和私营企业主的政治地位的某些方面与工人阶级又不能不有所差别。

第二节　城市的社会结构与权力体系

城乡分离与分治

进入近代社会以后，由于城市社会结构渐趋复杂，城乡差别扩大，日益分离为两个明显不同的经济社会有机体，开始实行城乡分治的政治治理方式。但由于战乱不断，近代化城市较少，这种治理体制很不稳定，只有为数不多的城市采取的是相对独立的治理方式。直到1949年以后，城乡分治的体制才趋于稳定。

中国的新民主主义革命采取的是农村包围城市的革命道路，当革命的重点由乡村转向城市，特别是中心城市和大城市时，中国共产党为了管理不甚熟悉的城市，对有效治理城市十分重视，并采取了许多与乡村不同的管理方式和体制。一是在离革命根据地较近的城市直接建立了独立的市政权。如在华北重镇张家口市建立了市人民政府。二是在长期作为帝国主义封建主义统治堡垒的中心城市和大城市建立特殊的管理机构，如市军事管制委员会。

随着中华人民共和国的成立，特别是工业化进程的开始，城市的社会结构和地位进一步发生着深刻变化。首先是城市的经济社会功能大为突出，现代工业化程度迅速提高。如作为800年古都的北京，其政治性消费性特别突出，经济生产功能相对十分不足。1949年后，北京的经济生产功能迅速增强，成为现代化工业相当发达的城市。城市经济功能的增强又必然大大促进科学、文化、社会生活等其他社会因素的发展和进一步的集中。城市同时仍然是国家和地方的政治中心，发挥着政治领导功能。因此，随着社会发展，当代城市相对独立的社会因素日益增多，并更为集中，城市有机体相对于乡村有机体的异质性更为明显，地位也更为重要。为了对城市和乡村这两个不同的有机体进行有效管理，城乡分治的体制得以建立和健全。1955年发布的《国务院关于城乡划分标准的规定》和《国务院关于设置市、镇建制的规定》，对城乡界限和城市与市镇的界限作出了具体的划分，规定："常住人口在2000人以上，居民50%以上是非农业人口的居民区"为城镇，其中2万人口以上的中央和地方国家机构所在地及重要工商区为市，此外则为集镇。市为相对独立的行政单位，并设立专门的政权机构。以上规定不仅沿用了按人口和国家机构所在地划分城市和乡村的标准，而且突出了在工商区设立市和建立专门的市政机构的重要意义，这反映了当代中国城市社会结构变化特别是经济功能日益突出的实际状况。

当然，城乡分治是随着城乡分离状况变化而变化的。在新中国成立初期的相当长一段时间里，由于工业化程度不高，许多城市，特别是中小城市的现代经济功能尚不突出，城乡分治主要在一些大城市和中心城市实行，相当数量的中小城市隶属于地区或县这类主要管理乡村的地方机构之下，独立性尚不突出。而随着城市的经济功能的增强，出现了"地市分开"等状况，许多中小城市成为相对独立的行政单位。

城乡一体与合治

在近现代，城市和乡村作为两个不同的有机体分别以工业和农业为基础。在工业化初期，城市逐渐脱离乡村，城乡分离为两个不同的有机体。而随着工业化进程，城市的社会先导作用日益突出，乡村人口逐渐减少，并纳入现代化体系，呈现出城乡一体化趋向，治理方式也因此转变为以城市带动和管理附近乡村地方的城乡合治。许多发达国家便是采用这种治理方式。

当代中国的城乡发展和治理方式也具有以上现代化进程的一般特点。在新中国成立不久的工业化起步时期，主要采取城乡分治形式。虽然这一时期的城市也管辖一些附近郊区的乡村地方，但其范围十分有限，而且这些乡村地方的经济主要服务于城市。因此，这种城管郊体制尚不属于城乡合治的形式。一则此时许多城市的经济生产功能增弱，工业化程度较低，社会先导作用尚不突出；二则乡村的经济尚较落后，和城市的联系不甚紧密。

随着现代化建设，城市和乡村的状况发生了很大变化，除了相互分离的趋向外，还出现了一体化趋向。首先，城市的经济生产功能增强，工业化程度提高，日益成为一定地方的经济中心，具有较大的辐射力和吸引力。其次，乡村的经济有所发展，特别是生产的商品化和社会化程度提高，与城市的经济交往愈来愈密切，而城市的进一步发展也依赖于乡村的发展。城乡关系日益紧密、趋于一体的状况要求治理方式的相应变化。20世纪80年代以来，在一些地方出现了城乡合治的治理形式，即“市领导县”体制。主要有以下三类：（1）将附近相当数量的县划归大城市或中心城市管辖。如原四川省重庆市周围的十余县划归重庆市，使该市迅速成为世界上少有的千万人以上的大城市。(2）一些原来的地辖市与地区合并为一个行政单位，并改为市制。如湖北省原襄樊市与原襄樊地区合并，改为襄樊市。（3）一些经济较发达的县辖城镇改为市，并管辖原来的县地。如湖北省原沔阳县县城仙桃镇改为仙桃市，并管辖原沔阳县地方。上述体制的共同特点是将更多的乡村地方置于市的管辖下，以利于城乡交流，密切结合，以城市带动乡村，以乡村促进城市，获得共同发展。

民主集中领导体制及变化

1949年中华人民共和国成立以后，整个社会的权力体系都发生了根本的变化，即过去处于受压迫受奴役地位的人民成为国家和社会的主人，所有权力的基础都来自人民的授予。这种权力属人民民主的范畴，与过去凌驾于人民之上的专制权力根本不同。当然，人民当家作主并不意味每个人都执掌政治权力，尚须由少数先进分子代表人民的利益，集中人民的意愿，行使和执掌权力，形成一定的领导体制。

领导体制是按一定要求配置权力资源而形成的规范制度。它建立在一定的经济社会基础上，并适应一定社会发展的要求。在当代中国，城市领导体制具有集中性特征，即领导权力资源相对集中在某一组织团体或个人手中，实行统一集中的领导。这首先在于城市的生产社会化程度较高，社会因素较复杂且高度集中为一个相互联系、结构紧密的有机体，客观上要求实行集中统一领导。其次，城市是各级国家机构所在地和政治中心，在国家政治生活中居于重要地位，实行集中统一领导，有利于发挥政治中心功能，将国家领导权传递到广阔的乡村地方。在集中性领导体制下，城市社会内部的权力资源配置体系主要由以下三个方面构成。

（1）中国共产党的领导核心地位。民主革命胜利以后，中国共产党上升为执政党。她集中地反映和代表人民的利益和意志，领导和动员人民进行社会主义革命和社会主义建设，在社会权力体系中居领导核心地位。而在集中性的城市，中共的领导核心地位表现得尤为突出。不仅每个城市都有党的委员会，而且城市党委通过各级政府、各个部门、各个单位的党委会、党组及党委的下属组织发挥领导核心作用，以将党的路线方针政策迅速传递给社会。同时，各级政府、各个部门、各个单位的主要领导人也大多为中共党员，有利于有效地贯彻党的路线方针政策。通过实行民主集中制，具有统一严密的组织和纪律的党的系统，及时有效地传递贯彻路线方针政策，也是党得以成为领导核心的重要原因。

（2）代表人民利益贯彻党的路线的直接执掌和行使政治权力的政权组织系统，包括代议机构、行政机构和司法机构等。1949 年后，虽然城市政权组织的具体形式有所不同，但大致表现为：由人民群众选举产生市（包括市以下的区）人民代表大会为地方国家权力机构；由市（包括市以下的区）人民代表大会选举产生市（区）人民政府，后者为前者的执行机关和地方国家政权机关。市（区）政府下设立各个部门，直接管理政治、经济、文化、社会生活等各个方面。由于城市的所有制主要为国家所有制，政府的行政权可延伸到社会生活的各个方面和各个层次，实行集中统一的行政管理。

（3）城市社会成员所属的企事业单位的基层权力。新中国成立以后，各个企事业单位构成了城市社会的基本组织。这种组织融政治、经济、文化和社会生活为一体，每个人都隶属于某一单位。各个单位的领导行使领导权，对单位事务实行统一集中领导。单位领导大多为上级党组织或单位所属的政府机构任命。

基层民主自治权的发展及问题

在马克思主义政治学说看来，进入未来社会主义社会后，矗立在社会之上的国家权力将逐渐消失，人民将自主地管理社会事务。但是，中国是一个有着长期专制历史的国家，经济文化较落后，进入社会主义社会以后，不仅仍然需要国家，而且人民只能主要通过其代表间接地管理国家和社会事务。当然，随着社会主义民主制度的建立，人民根据法律规定自主地管理公共事务的民主自治权也得以逐步形成和发展。在当代中国城市，人民的民主自治权主要是通过居民委员会这一基层居民自治组织行使的，并构成了城市权力体系的有机组成部分。

中华人民共和国成立以后，废除了旧社会主要用于控制和束缚人民的基层保甲组织，在城市建立了居民委员会。早在新中国成立之初，由国民党政权控制下的基层保甲组织随国民党政权的倾覆而崩溃，而大量的基层社会事务又亟须有效治理，城市人民由此自发地组织起来管理一些基层社会事务。居民委员会因此在天津、上海等城市率先建立，随后受到人民政府的肯定和推广，并加以规范化。1954 年第一届全国人大四次会议颁布了《城市居民委员会组织条例》。该条例指出："为了加强城市中街道居民的组织和工作，增进居民的公共福利，在市辖区、不设区的市的人民委员会或者它的派出机关指导下，可以按照居住地区成立居民委员会。""居民委员会是群众自治性的组织。"居民委员会由此在全国城市普遍建立。

居民委员会是城市居民自主地参与管理居住地事务的基层自治组织，居民通过这一组织行使基层民主自治权。居民委员会不是国家政权机关，也不是政权机关的派出机构或下属机构。居民委员会的干部，包括居民小组长、居民委员会委员、正副主任，都由居民群众直接选举产生。居民委员会办理本居住地区居民的公共事务和公益事业，调解居民纠纷，协助维护社会治安，动员居民响应政府号召和遵守法律，向政府反映居民群众的意见和要求。它与政府的关系是"业务指导"

而不是直接的行政领导关系，并通过居民自愿制定的共同规范原则进行管理。所以，由居民委员会这一居民群众自治组织体现出来的民主自治权直接来自社会生活之中，是基层直接民主权。同时，这种权力建立在民主制度的基础上，受国家民主制度的保护，与国家民主相一致。这与旧社会保甲组织那种名为自治实为国家专制权力附属品的自治权是根本不同的。

随着社会的发展，城市居民通过居民委员会行使基层民主自治权日益广泛和深刻地体现在实际生活中。为了发展城市基层社会生活中的群众自治，加强城市居民自治组织的建设，1982 年宪法首次以国家根本大法的形式肯定了居民自治原则，随后又制定了有关城市居民委员会的专门法律，为居民群众依法行使民主自治权提供了良好的法律保障。

在相当长时间里，居民自治在城市基层治理中处于边缘地位。这是因为在计划经济时代，城市社会成员主要通过“单位制”加以组织，企事业单位包揽着员工的大部分事务，员工基本上不参与居民委员会的自治活动。20 世纪 90 年代，随着社会主义市场经济体制的建立，传统的“单位制”解体，企事业单位并不包揽员工的所有事务，员工相当数量的事务需要通过居民委员会处理。同时，还有大量人员并没有进入传统企事业单位之中，他们的生活与居民委员会的联系更为紧密。正是在这一背景下，1998 年开始推进城市社区建设，将原有的居民委员会整合为社区居民委员会，其内容和功能大大扩展。城市居民自治因此成为作为中国特色社会主义基本政治制度之一的基层群众自治的重要组成部分。①

当然，在城市居民通过居民委员会行使民主自治权的过程中，也存在一些需要解决的问题。其一是政权机关和居民自治组织之间的关系。在实际生活中，政府机构为了迅速有效地将其意志贯彻到

---

① 参见徐勇《论城市社区建设中的社区居民自治》，《华中师范大学学报》2001 年第 3 期；《培育自治：居民自治有效实现形式探索》，《东南学术》2014 年第 5 期。

社会生活基层，往往将居民委员会作为其下属机构对待，使之成为政府派出机构的办事机构，具有“行政化”倾向。居民委员会的自治性质受到影响。其二是集中统一领导与基层民主自治的关系。在强调党和政府的集中统一领导时，对基层民主自治有所忽视；在强调扩大基层民主自治权的时候，往往又忽视了接受党和政府的引导。其三是随着社会发展，城市居民的生活与所属职业单位的联系日益紧密，地域性的居民委员会在人们生活中的地位和吸引力日渐降低，这对于通过居民委员会行使民主自治权有着严重影响。城市居民愈来愈倾向通过地域性的基层政府来解决公共问题，表达自己的诉求，行使基层民主权力。

第三节 城市的社会秩序与政治控制

由动乱走向安定及建立新秩序

在近代中国，由于半殖民地半封建社会的过渡性和不稳态特点高度集中地反映于城市社会，城市长期处于动乱之中。只是随着中华人民共和国的成立，城市社会才得以从动乱走向安定，形成新型稳定的社会秩序。

这主要在于中华人民共和国成立后，为城市的安宁与稳定提供了基本的社会制度保障。首先，新民主主义革命推翻了帝国主义、封建主义和官僚资本主义统治，消除了造成社会动荡混乱的最根本原因。随着剥削阶级和剥削制度的消灭，阶级关系出现了新变化，社会矛盾由主要为阶级对抗转变成主要为人民内部矛盾，有利于社会的平衡。其次，与剥削制度和阶级对抗紧相伴随的城市问题得以缓解和消除，人民的基本生活得到保障。例如近代城市存在的严重失业、犯罪等问题在20世纪50年代得到有效解决，失业率和犯罪率都下降到历史的最低点，为使城市社会迅速从动乱走向安定提供了可靠的保证。最后，在当代中国，虽然城市社会结构日趋复杂，各种相对独立的因素逐渐增多，但在社会主义制度下，这些因素又具有高度的同一性。例如，任何因素的正常存在都必须以服从统一的国家法律规范为条件。社会主义公有制占主导地位和人民民主专政的国家政权所形成的强大整合力能对多种社会因素进行有效整合，实现社会各因素的相对平稳，以建立较为稳定的社会秩序。

当然，在社会主义条件下，稳定的社会秩序并不是自然而然形成的，仍然存在造成社会不稳定的因素。而且，随着社会的发展，还会出现一些新的矛盾和问题，并打破原来的社会平衡。这突出地表现为以下三个方面。

第一，社会主义社会仍然存在矛盾，不仅存在少数敌对分子与广大人民之间的对抗性矛盾，而且大量存在人民内部矛盾。社会成员不可能都与或始终与社会保持高度的一致性，因而存在社会冲突。而在社会结构复杂和人口高度集中的城市，矛盾也相对突出和集中。

第二，随着社会发展，还会产生一些新的城市问题。例如，20 世纪 50 年代，由于经济的恢复和工业化建设的开始，失业问题已基本解决。自 60 年代以来，由于城市人口的急剧增加，青年待业问题日益突出。50 年代的城市犯罪率较低，70 年代以来由于种种原因，犯罪率大为上升。而在现代化和城市化进程中，城市人口的文明素质愈来愈不适应迅速发展的城市文明进程。城市问题的存在是造成社会不稳定的重要原因。

第三，城市是政治、经济和文化中心，是国家政权机构所在地。一定地方和国家的社会矛盾和冲突往往首先集中和反映于城市社会，使城市的社会平衡与稳定更难以建立。

任何社会都需要建立较为稳定的社会秩序，也需要通过一定的政治控制方式来实现。社会主义社会也是如此。只是社会秩序和政治控制的性质、形式有所不同。在社会主义条件下，社会秩序与人民的根本利益是一致的。政治控制是为了更好地保护和实现人民的利益。对于政治、经济和文化中心的城市来说，建立稳定的社会秩序，实行有效的政治控制更具有特殊意义。

一致性的双重控制主体

在当代中国，对城市实施政治控制的主体来自两个方面。

一是党、政府和企事业单位。中国共产党作为唯一的执政党，不仅对整个社会进行政治领导，而且动员人民群众，调节社会利益和矛盾，进行社会整合，将全社会成员凝聚在党组织的周围，使社会沿着党的路线发展。政府是地方政权机构，具有强制性和权威性，直接担负建立权威秩序的职能。由于城市的领导体制高度集中统一，党和政府的领导直接延伸于社会生活基层，对社会的政治控制效能较为明显。这是因为党和政府的控制与企事业单位的控制联为一体。企事业单位隶属于上级党委和政府领导，执行上级党委和政府的指示，并根据自身的特点建立起单位内的工作、学习和社会生活的正常秩序，具有政治控制的功能。由于城市社会成员大量都隶属于政治、经济、文化和社会生活功能融为一体的职业单位，与所属单位有着十分紧密的联系，单位因此成为最为直接和有效的控制主体。

二是基层群众组织和团体。在当代中国，基层群众组织和团体既是群众参与民主管理、民主监督，行使民主权利的机构，又是群众进行自我教育，调节群众间的矛盾和冲突，动员群众服从党和政府领导，与社会保持一致的组织。因此，基层群众组织和团体也具有政治控制的功能，成为一种特殊的控制主体。在当代中国城市，几乎所有城市居民都归属于一定群众组织和团体，这类组织和团体具有广泛的群众性，在政治控制方面能够发挥出独特的作用。

以上两类政治控制主体的特点及控制形式虽然有所不同，但它们相互间又表现出高度的一致性。这种一致性是通过党的领导核心地位实现的。不仅政府机构或基层单位，而且群众性组织和团体也需接受党的政治领导。通过党的领导纽带把各个控制主体联系起来，围绕党的政治路线对社会实施控制，以此实现社会最大限度的一致性，建立和保持稳定的社会秩序。在当代中国的政治体系下，没有党作为全社会的整合力量，各个控制主体势必各自为政，难以发挥出整体控制效能，甚至导致失控。

随着经济社会发展和民众的权利意识的增长，社会矛盾复杂多样，人们的思想日益活跃，信息传递方式多样快捷，这一方面使城市社会空前活跃，另一方面也为城市通过政治控制建构秩序增加了难度，需要不断改进城市控制，进行有效治理。

以党组织为核心的思想政治教育网络

通过各种社会化手段将社会成员塑造为与社会基本制度保持高度一致的“政治人”，是有效地实施政治控制，形成稳定的社会秩序的重要形式。而在社会主义的当代中国，思想政治教育是政治社会化的主要形式。社会主义社会存在的矛盾大量的是人民内部矛盾，主要通过思想政治教育的方式解决。特别是在人口集中，社会因素的一致性较强，社会联系较为紧密的城市社会，思想政治教育的功能更为突出，并形成了广泛和强有力的思想政治教育网络。

在当代中国，思想政治教育主要是通过各种社会化手段对社会成员进行有关马克思主义、社会主义的思想教育，促使人们与党的路线方针和政策保持一致，以此实现社会的协调和稳定。因此，思想政治教育网络是以中国共产党组织为核心的。不仅各级党委都将思想政治教育作为重要任务，而且各级党委都设有专门的部门和机构，如党委宣传部，以保证思想政治教育的有效进行。围绕党组织形成的思想政治教育网络的覆盖面相当广泛。

（1）城市人口集中，组织性强，思想政治教育网络通过各级组织和团体延伸于社会生活的各个领域和各个层面。其一是通过各级、各部门和各单位的党委、党支部和党小组的组织系统进行思想政治教育。这种形式的教育以党员为主，并扩展到党外成员。其二是通过党领导下的政治组织和群众团体形成广泛的思想政治教育体系。前者有党组织直接领导下的中国共产主义青年团和中国少年先锋队。其重要功能是对广大青少年进行动员、教育和引导，以形成共产主义信仰和提高社会主义觉悟。工会、妇女联合会等群众性团体，也在党的领导下，且是实现党的任务的重要助手，具有对广大职工群众、妇女等社会成员进行思想政治教育的职能。如工会向来被称为“共产主义学校”。

（2）城市的社会化手段多，影响直接，思想政治教育网络可通过多种社会化手段对社会成员产生广泛和直接的影响。

与分散和较为落后的乡村相比，城市的社会化手段，如学校、大众传播媒介等较为发达。城市居民的识字率、报刊书籍、广播电视的拥有率均大大高于乡村，对知识信息的依赖也高于乡村。学校、大众传播媒介对社会成员的思想和行为的影响较为直接。在当代中国，德育是学校教育的重要内容，学校开设有专门的思想政治课程。大众传播媒介必须将党性和社会效益放在首位，直接或间接影响人们的思想行为，从而与社会主导价值倾向保持一致。

思想政治教育是中国共产党在民主革命时期形成的悠久传统。随着民主革命胜利和党的工作重心由乡村移至城市，逐步在城市形成了以各级党组织为核心的思想教育网络。特别是在新中国成立初期，为迅速使城市居民，主要是受旧思想文化影响较深的知识分子迅速与新社会的主导价值予以认同，开展了多次群众性的思想教育运动，收效显著。

思想政治教育作为政治社会化的重要手段，其内容和形式随着社会的发展而变化。20 世纪 80 年代以来，中国进入了社会主义现代化建设的新的历史时期，这既为进行有效的思想政治教育提供了有利条件，又提出了新的要求。特别是伴随改革开放和市场经济的发展，人们的思想观念日趋活跃，对特殊利益的追求日渐明显，如何通过思想政治教育对多样性的观念和利益倾向进行有效整合，促使人们与社会保持一致，已成为迫切需要解决的问题。

广泛而强有力的政权组织控制

随着中华人民共和国的成立和新旧制度的更替，以行政命令与服从、行政领导与执行关系为主要形式的政权组织控制在迅速建立新的权威和秩序，实现社会和谐与稳定方面有着特别重要的作用。

新中国成立初期，针对城市长期为帝国主义、封建主义和官僚资本主义的统治堡垒，并长期处于动乱之中的状况，在城市主要通过以军队首长任主要首长，党、政、军合为一体的军事管制委员会实施政权组织控制。这种控制的军事化色彩较重，具有极强的权威性，对于迅速镇压敌对分子的破坏，建立人民民主专政的统治权威，形成稳定的社会秩序，发挥了重要的作用。

随着人民民主专政的国家政权的进一步建设，特别是社会主义制度的建立，以及高度集中统一的领导体制的形成，城市政权组织的功能日趋完备，其控制系统逐渐完善，并一直延伸于社会生活的各个领域和各个层面。

企事业单位是城市社会的基本组织。各个单位一般都隶属于上级行政部门，接受上级行政部门的领导。城市的政权组织通过与各个单位的领导—执行关系将各个单位的社会成员置于政权组织系统之内。

城市的每个社会成员都居住在一定地域，城市的政权组织系统一直延伸于社会生活的最基层。在城市，除市人民政府外，大城市还设市以下的区人民政府。市（区）人民政府之下设有派出机构——街道办事处。街道办事处是最基层的行政组织，受 1958 年城市人民公社化运动的影响，一度成为一级基层政权。街道办事处一般根据城市居民居住的地段设立，存在于社会生活的最基层。街道办事处的辖区同专门负责维护社会秩序的政府公安部门下设的公安派出所的辖区相同，能够与管理居民户籍的派出所相配合，直接且有效地行使政权组织控制职能。

由居民住户和居民小组构成的居民委员会系统这一城市最基本的地域组织，虽然是居民自治组织，但要接受街道办事处的指导，行使政治的职能。居民委员会的重要任务之一就是开展居民自我教育，调解居民纠纷，协助社会治安，动员居民响应政府号召并遵守法律等。

在高度集中统一的领导体制下，具有领导—执行、命令—服从关系特点的政权组织控制不仅相当完备，而且卓有成效。它将所有社会成员动员到控制体系中来，上下结合，领导与群众结合，人民既是受控体，又是控制主体。这与旧社会少数人凌驾于社会之上，控制大多数社会成员是根本不同的。在当代中国，能在人口集中、社会结构复杂、流动性强的城市社会形成稳定且有活力的学习、工作和生活秩序，与新型而强有力的政治组织控制直接相关。

20 世纪 80 年代以来，中国进入社会主义现代化建设时期，政权组织控制也逐步克服偏差，步入正轨。但在新的历史时期，特别是随着经济体制改革，政权组织控制系统也需做相应调整，主要是对基层社会的有效调控问题。由于实行政企分开，各单位，特别是企业的自主权扩大，政府与企事业单位的命令—服从关系弱化，政府对各单位及所属人员的控制成效遇到许多问题。由于城市社会成员与职业单位的联系愈来愈紧密，与地域性组织，如街道办事处、居民委员会的联系日趋松散，地域性组织的控制作用有所减弱。随着社会发展，流动人口和闲杂人口大量增加，但缺乏有效的基层组织系统加以控制。20 世纪 80 年代以来，城市犯罪率上升，特别是流动人口和闲杂人口的犯罪比例扩大，与政权组织系统对基层社会生活的有效控制乏力紧密相关。

加强和完善法律规范控制

与乡村相比，城市人口多，异质性强，社会结构复杂，众多社会因素间既存在有机联系，又具有较强的独立性，发生社会冲突的可能远远高于乡村。这就需要以具有统一性、明确性、权威性的法律规范对社会各因素的活动范围、权利与义务、自由与职责等进行合理的界定，以维系社会的和谐与稳定。在城市社会，法律规范控制显得特别重要。

在当代中国整个政治控制系统之中，法律规范控制还显得较为薄弱。这主要是长期历史原因造成的。在长期专制社会的历史里，一方面城市的社会结构较简单，统治者主要采取行政控制手段；另一方面，即使实行法律规范控制，甚至以严刑峻法治之，但这种控制主要是用以压迫人民群众的，并具有官民不平等的特点，因而并不能保持长治久安。只是在中华人民共和国成立以后，不仅法律的性质发生了根本性变化，而且开始注重法律规范在调节社会利益和社会矛盾中的作用。除了颁布一系列有关法律规范条文外，还建立了较为完备并一直延伸于社会生活基层的司法系统。如城市基层居民生活的街道，设立有市（区）公安局（或公安分局）的派出机构——公安派出所。但是，由于新中国成立不久，城市社会亟待建立新的权威秩序，加上高度集中的领导体制，以直接的命令—服从关系为主的行政控制手段运用得较多一些，法律规范控制未能充分发挥独特的作用。

进入 20 世纪 80 年代以来，随着社会主义现代化建设，中国社会正在发生巨大的历史性变迁，由“礼俗型社会”向“法理型社会”转变。而城市的转变更为突出一些。在现代化进程中，城市的社会结构日趋复杂，价值观念多样化，社会因素的相对独立性增强，同时也加大了社会摩擦的系数，社会矛盾和社会冲突增多，因而特别需要统一性、明确性、强制性的法律规范形式对人们的利益关系、权利义务进行有效的调整和界定，以将社会矛盾和冲突控制在一定范围内。20 世纪 80 年代以来，虽然法律规范控制的作用愈来愈受到重视，但尚不足以适应社会发展的要求。一是法律规范尚不完善和健全，特别是适应城市社会特点的法律规范条文细则有待进一步确立。二是法律规范控制的权威性尚不够，其控制效能往往不如行政命令。而在社会转变时期，由于以思想政治教育和行政命令为主要手段的控制体系的功能相对萎缩，加强和完善法律规范控制，对于明确合理地界定和调整社会生活关系，避免失控和混乱，具有特别重要的意义。

第四节　城市的社会意识与政治文化

主导性与多样化的社会意识

在近代中国，由于帝国主义的入侵和专制统治的腐败，整个社会陷入深刻的政治认同危机之中，不同类型的思想文化繁杂并存。特别是在作为政治和文化中心的城市，更呈现出杂乱的拼盘文化式样，这反映了近代社会的过渡性和不稳态特点。只是随着中华人民共和国的成立才得以根本改变这种状况。

1949 年在全国取得胜利的新民主主义革命，是在中国共产党领导下推翻帝国主义、封建主义和官僚资本主义的革命。当革命从农村发展到城市，建立了人民民主专政的国家政权以后，作为中国共产党指导思想的马克思主义便上升为占统治地位的意识形态。而且，获得了革命胜利并为广大人民普遍拥护的中国共产党具有强大的权威能量，可以通过各种方式清除与马克思主义相对立的思想文化，或将各种思想文化整合于马克思主义的旗帜下。因此，新中国成立以后，马克思主义日益在社会意识中居主导性地位，并为广大人民所积极认同。这种状况在城市社会表现得尤为突出。

首先，虽然城市有着众多相对独立性的社会因素，社会结构复杂，但社会的组织程度高，各种社会因素具有较强的一致性，有利于迅速形成共同认同的主导意识形态。例如，城市的社会成员几乎都属于一定企事业单位，而所有单位都处于各级党组织领导之下。主导意识形态因此可以通过高度集中统一的单位和组织系统迅速传递给社会成员。这一点是分散的乡村难以比拟的。

其次，城市是政治和文化中心，并影响乡村社会，首先在城市确立主导性意识形态具有特别重要的意义。新中国成立之初和中共工作重心由乡村转入城市不久，为迅速清除旧的思想文化影响，确立马克思主义体系的主导地位，在城市知识界开展了一系列清除旧的思想文化的群众运动。这些运动对迅速统一思想，确立马克思主义的主导地位有着重要作用。

一方面，主导性的意识形态在城市的影响更广泛更深入，社会意识的一体性程度较高；另一方面，在具体的思想文化观念方面，城市社会又呈现明显的多样化势态。

这是因为，城市人口集中，人口的异质性较乡村强。虽然社会成员在主导意识形态倾向方面有高度的一致性，但具体的生活条件、生活环境、利益要求、文化水平的不同，会产生不同的思想意识和文化观念。例如城市中的工人、知识分子、干部、个体劳动者的思想文化状况便存在明显差异。同时，作为政治和文化中心，不同的思想文化信息必然更为集中和直接地反映于城市。当社会成员接受众多思想文化信息之后，必然形成各自特殊的思想观念倾向。特别是 20 世纪 80 年代以来，随着改革开放，与国外的交流愈来愈广泛，城市受外来思想文化影响较乡村更明显，思想文化更趋多样化。而对多样性的思想文化加以有效整合，以使之与国家意识形态相一致或不冲突，便成为城市社会意识发展所面临的一个新问题。

政治文化的历史性变迁及特点

随着中华人民共和国的成立和社会主义制度的建立，整个社会的政治文化发生了历史性变迁，这就是长期以来维护专制统治阶级利益的政治文化受到荡涤，人民当家做主的民主政治文化逐步得以形成。而在这一历史性变迁中，城市社会又表现出以下特点。

第一，城市不再是专制统治权威的象征。虽然新中国的城市仍然是政治中心，是各级政权机构的所在地，但它不具有阶级压迫和政治社会不平等的象征意义。城市是包括乡村居民在内的全体人民的城市，而不是少数统治者进行政治压迫的工具。对于乡村和乡村居民来讲，城市和城市居民不再是望而生畏的权威象征和高人一等的特权符号。

第二，渗透着专制特权等级文化色彩的城市区位格局得以根本改变，愈来愈具有人民性和开放性。例如，在近代上海，殖民主义者、官僚、资本家等少数人构成的特权阶层居住在条件较好的区域，广大劳动人民居住在生存条件十分恶劣的区域，不同区域之间，前者歧视后者，横亘着政治不平等的文化心理沟壑。新中国成立以后，一方面，不同社会群体的生存条件日趋一致；另一方面，即使不同群体相对集中居住在不同区域，并在生存条件方面存在一定差别，但不再是政治地位不平等的象征，更不允许存在区域之间的政治社会歧视。

第三，由于强大的专制权力的压迫和抑制，城市一般居民长期被排斥在国家政治生活之外，没有形成西方中世纪和近代城市居民主动积极参与政治生活的城市政治文化。只是随着新中国的成立，城市人民群众的政治主动性和积极性才得到前所未有的提高。

这主要是由于1949年革命胜利以后，广大人民群众获得了政治解放，成为国家和社会的主人。特别是作为城市主要社会群体的工人阶级上升为全社会的领导阶级，积极活跃在政治舞台上，表现出极大的政治热情和政治主动性。

新中国成立后，中国共产党的工作重心由乡村移至城市，并在城市建立了一套较完善的动员和组织系统，能够充分有效地激发和调动城市居民的政治热情和主动积极性。

城市作为政治和文化中心，与国家政治生活紧密联系，政治敏锐性和参与意识强，具有较高的政治主动性和积极性。

现代公民意识的确立与强化

社会成员作为享有法律规定的平等权利和义务的公民是伴随民主制度的生长而出现的。与此相适应，必然并需要形成与公民权利与义务紧密相连的公民自我意识，即公民意识。公民意识是现代政治文化的重要组成部分。

在长时期专制社会的历史上，所有社会成员都是皇帝属下的臣民，而非公民。只是随着近代社会民主制度的产生和建立，臣民才逐渐转变为公民，并萌生出相应的公民意识。在近代中国，民主制度和民主思想首先是在城市建立和传播的，与乡村居民相比，城市居民向公民的转变更明显一些。但是，近代中国民主制度并未体现于实际生活中，城市和乡村仍然置于专制压迫之下，人民群众享受不到实际的公民权利，也不能形成真正的公民意识。中华人民共和国成立后，广大人民群众不仅在法律上，而且在实际生活中享有公民权利，承担相应的公民义务，从而向真正的现代公民转变并在这一过程中开始确立起现代公民意识。

当然，从社会主义民主政治的要求看，人民群众的公民意识还不太强。首先是由于人民群众由被压迫被奴役的臣民向公民转变的时间尚不长。在法律上成为公民与在实际生活中自我意识到所充当的公民角色，并努力扮演这一角色并不是完全同步的，后者更为艰难一些。其次，由于多种原因，社会对于有意识地培养公民意识重视不够。如受高度集中的领导体制和接连不断的政治运动影响，人们往往习惯于听从上级动员和号召，在参与政治生活过程中缺乏应有的自主意识和理性判断能力。最后，在相当长的时间里，比较重视批判资本主义思想，包括资本主义民主思想，对肃清和防范封建主义影响注意不够，以致许多封建政治文化残余再生复活。公民意识的缺乏必然会扭曲社会的正常发展。

所以，随着社会发展和民主政治的建设，必须大力强化社会成员的公民意识。对于现代城市来说，有可能也应该更努力地促进公民意识的强化。其一，城市的经济、文化和社会发展水平为公民意识的萌生提供了较乡村更为优越的条件。其二，城市是政治中心，公民与国家政治生活的联系较为紧密。只有具备健全的公民意识，才能正常有效地参与政治生活。20 世纪 80 年代以来，城市居民在参与公共政治生活方面表现出前所未有的自主性和积极性。但由于相当数量的社会成员缺乏应有的法制观念、权利与义务相一致观念，以致造成政治行为的偏差。

多途径地形成公民政治文化

以强化公民意识为中心的公民政治文化建设，是社会主义民主政治建设的应有之义和迫切需要。在当代城市，通过以下几方面的途径塑造现代公民，形成公民政治文化，具有特殊的意义。①

（1）学校。学校系统地传播文化知识。当代中国的学校，特别是中学以上的学校主要集中在城市。城市居民的青少年时代主要在学校度过。与乡村相比，学校在对城市青少年人格的塑造过程中比家庭更为重要。通过学校教育，有利于奠定公民角色的人格基础。但在相当

① 参见徐勇、黄百炼《政治社会化与民主政治建设》，《福建论坛》1988 年第 4 期。

长的时间里，学校教育偏重于思想信仰方面，对培养和训练学生的公民意识和相应的基础品性方面有所忽视，所塑造的政治人格存在相当缺陷。改革开放以来，学校开始重视学生的公民政治文化教育。如开设了“公民”“法律常识”“政治常识”等课程，鼓励学生自主自立，为学生提供参与公共生活的渠道，以培养其公民参与政治所需要的基本知识和能力。

（2）大众传播媒介。日益发达的大众传播媒介广泛深刻地影响着当代城市居民生活，成为人们获取政治信息的主要渠道。[①] 大众传播媒介网络以各种方式使公众对国家和地方大政方针的决策过程等公共政治生活有较多的了解，有助于消除长期历史上的政治神秘感和封闭性，培养公民在知政的基础上积极参政的公民意识。

（3）政治组织和群众团体。由于城市的社会化程度高，组织性强，几乎绝大多数社会成员属于某些政治组织和群众团体。政治组织和群众团体具有明显的政治性和突出的群众性，在建设公民政治文化过程中也可以发挥重要作用。如工会、妇联、青年团通过组织其成员参与政治生活可以在实践过程中培养公民的参政意识和参政能力。

（4）职业单位。一方面，功能齐全的单位可以有意识地向所属成员输入传递公民政治文化。20 世纪 80 年代的全民普及法律知识的教育在城市就主要是通过各个企事业单位进行的。另一方面，单位成员可以通过多种渠道参与单位的公共生活，在这一过程中培养公民的自主意识和参与意识。

当代城市的思想文化日趋多样化，十分活跃，这有利于公民在多种信息的获取和选择中自主地参与政治生活，同时对形成理性的健全的公民政治文化要求更高。如城市的人口集中，从众心理和群体无意识对人们的政治感情和行为影响很大，容易造成一些社会成员在突发性事件的激发下迅速弱化其公民意识。20 世纪 80 年代以来，虽然进行了全国性的普法教育，且在城市更为深入一些，但在几次席卷全国城

---

① 参见闵琦《中国政治文化》，云南人民出版社，1989，第 227 页。

市的突发性事件中，都反映出城市社会成员的公民意识不强并容易受环境影响，使公民意识迅速弱化，呈现大量非理性政治行为的状况。所以，在城市公民政治文化建设中，对多样性思想文化进行有意识的整合，对群体政治行为进行合理的疏导，避免从众心理和集体无意识造成的负面影响，有着特殊的意义。

第五节　城市的社会矛盾与政治活动

社会矛盾变化及城市问题

1949 年前的近代中国，社会矛盾主要是全体人民与帝国主义、封建主义和官僚资本主义的矛盾。而在城市，还存在经济利益根本对立的资产阶级和无产阶级的矛盾。这些矛盾都具有阶级对抗性质。近代城市的政治活动主要表现为激烈的阶级斗争，且政治性特别突出。随着新中国的成立和帝国主义、封建主义及官僚资本主义统治的被推翻，城市里的民族资产阶级和无产阶级的矛盾迅速凸显。毛泽东因此认为，新中国成立初期的国内主要矛盾是资产阶级和无产阶级的矛盾，城市的政治活动也主要表现为工人阶级反对资产阶级的阶级斗争。

但是，这一时期的阶级矛盾状况及阶级斗争的形式特点都有了重大变化。首先，中华人民共和国成立后，工人阶级成为国家的主人和社会的领导阶级，工人得以在人民民主专政国家政权的保护和支持下进行反对资产阶级的斗争。这与近代社会工人反对资产阶级的斗争必然受到国家政权的压制根本不同。其次，在新民主主义社会向社会主义社会的过渡时期，国家对民族资本实行利用、限制和改造的政策，而不是迅即消灭。因此，工人反对资产阶级的斗争不仅表现为争取和保护自身利益，而且包括反对资产阶级破坏国家法律政策和正常秩序的行为。这与近代工人不仅反对资产阶级，更反对国家统治者的政治行为完全不同。

1956年社会主义改造基本完成以后，资产阶级作为一个完整的阶级不复存在，社会矛盾不再具有完整的阶级对抗性质。当然，社会主义社会仍然存在社会矛盾，除了存在人民与少量敌对分子的矛盾外，还存在大量的人民内部矛盾。特别是城市的社会群体较多，相互间存在一定具体利益冲突，社会矛盾较为复杂。

社会主义社会的矛盾状况与性质毕竟与旧社会有根本性区别。社会矛盾和社会问题解决的主要方式不再是一个阶级推翻另一个阶级统治的阶级斗争，而是全体人民在人民民主专政的国家政权下，通过自己的国家正确处理社会矛盾，有效解决社会问题。政治活动的主要形式是民主参与，即在社会主义民主和法制的轨道上，公民通过参与国家和社会事务管理的政治生活来保护和实现利益要求，促进社会矛盾的正确处理和社会问题的有效解决。

政治参与的三个层面及活动形式

在当代城市，公民的政治参与活动主要表现为以下三个层面。

（1）国家政治生活。在长期历史上，即使处于国家政治生活中心的城市，一般民众也被排斥在国家政治生活之外。在专制权力的强控制下，“莫谈国是”更成为城市市民的人生信条。新中国成立以后，人民群众不仅不被排斥，而且国家还创造条件促使公民积极参与国家政治生活。相对乡村而言，城市居民与国家政治生活联系较紧密，政治参与的条件较优越一些，对国家大事和世界大事的关心程度较高。

（2）地方政治生活。城市是人口集中、社会结构复杂，且又组织严密的地域有机体，并会产生城市特有的公共事务，即地方政治。相对国家政治而言，地方政治与市民的关系更为直接和密切。市民对地方政治的参与频率与程度更高一些。在近代中国，城市虽然数度被法律规定为政治自治团体，市民在形式上有了参与地方政治事务管理的权利。但在长期战乱和专制压迫下，这种权利根本不可能实际享有和行使。中华人民共和国成立后才为广大市民实际享有和行使参与地方事务管理的民主权利提供了可能。

（3）基层政治生活。包括两个方面：一是参与企事业单位事务的管理；二是参与地域性基层社会事务的自治活动。相对国家和地方来讲，职业单位和地域基层社会事务与市民的日常生活联系更为紧密，公民的参与频率和程度更高。这种政治参与通常又称为基层民主。

城市居民参与国家、地方和基层社会事务三个层面公共事务管理的活动形式主要有以下几种。

（1）选举。选举是社会成员通过投票方式选举其代表或被当选以直接或间接参与政治生活的政治行为，也是政治参与的一个主要形式。在国家和地方层面，选民通过选举各级人民代表大会的代表间接参与公共事务管理，在基层社会生活层面，社会成员通过选举领导或选举代表直接参与公共事务管理。

（2）参加政治组织和群众团体及政治活动。中国共产党及其直接领导的共青团、少年先锋队，各民主党派是政治性十分突出的组织，为人们参与各个层面的政治生活提供了渠道和条件。工会、妇联等群众性团体也有反映所代表成员的利益，参与各个层面政治生活的职能。特别是工会有着严密的，上至全国、下至最基层单位的组织系统，通过各级工会组织可以有效地参与各个层面的政治生活。由于城市社会的组织性强，因此通过政治组织和群众团体参与政治生活显得突出得多。如民主党派作为参政党在政治生活中发挥着独特的作用，但主要活跃于城市。

（3）利用大众传播媒介参与政治。在社会主义社会，大众传播媒介既是政治宣传、教育、动员的工具，又是公众表达政治意愿，了解政治过程，参与政治生活的重要渠道。特别是在城市，大众传播媒介较发达，公众的知识文化水平较高，能够较好地利用大众传播媒介参与政治生活。如通过广播、电视、报刊、书籍、网络发表其政治看法，提出政治意见，使领导部门了解民情，加强舆论监督等。

参与渠道的拓展与现阶段重点

大众政治参与是社会主义制度下人民政治活动的主要形式。在社会主义社会建立的初期，由于经济文化条件尚不发达，民主制度有待完善，公民意识还较淡薄，大众的政治参与程度尚不高。只有随着社会和政治发展，政治参与渠道的拓展，才能逐步提高参与的广度和深度。所以，政治参与本身是一个循序渐进分阶段进行的过程。在现阶段，城市公民政治参与渠道的拓展应着重以下几个方面。

从参与层面看，应着重于地方和基层社会事务的参与。地方和基层社会事务与市民的生活密切相关，直接涉及人们的切身利益。一般来讲，市民对地方和基层社会事务的参与频率和程度应高于国家层面。而且通过地方和基层事务的经常和直接参与，有利于培养基本的参与意识和素质，为参与更高层面的国家政治准备所需的主体条件。从民主化进程来看，大众政治参与大多是从地方和基层事务参与开始的。

但是，由于长期实行专制强权统治的历史影响，加上新中国成立后实行过分集中的领导体制，地方和基层单位缺乏相对独立性，社会成员与地方和基层社会的直接利益关系不甚密切，相对国家层面来讲，社会成员对地方和基层社会事务的参与显得很不充分。城市居民的国民意识往往强于市民意识，对国家大事的关心程度往往高于对地方和基层事务的关心。

因此，在社会主义现阶段，公众的政治参与除了在国家层面应由动员性参与向自主性或间接动员性参与转变外，需重心下移，大力加强地方和基层社会事务的管理。一方面，在地方和基层社会层面，大众参与所需要的主客观条件较充分一些。特别是城市人口集中，信息传递迅速，社会组织程度较高，有利于公众广泛深入地参与地方和基层社会事务管理。另一方面，随着20世纪80年代以来对过分集中的领导体制的改革，地方和基层组织的相对独立性日益增强，与社会成员的日常生活和切身利益联系愈益紧密，社会成员对地方和基层事务管理关心程度大为提高，由此需要大力拓展参与地方和基层事务管理的渠道。

从参与活动形式看，拓展参与渠道应注重使参与活动的制度化和参与形式的多样化。

中华人民共和国成立以来，人民群众越来越广泛深入地参与政治生活，但在使参与活动的制度化、规范化方面还有所欠缺。特别是20世纪80年代以来，人们的自主性参与意识越来越强，通过法律制度规范人们的参与活动，使人们在民主和法制的轨道上有效行使民主参与权利已成为当务之急。这一点在城市显得尤为迫切。

随着社会的发展，社会公共事务日益复杂，社会成员参与公共事务管理的热情和要求愈来愈高，参与活动形式应趋于多样化，使社会成员能及时反映和表达利益要求。20世纪80年代以来，一些城市地方和基层单位设立了“市长电话”“市长信箱”、行政首长接待日，政府经常定期召开新闻发布会，报刊开辟了“群众来信”，广播开辟了“听众热线”等栏目……这些形式都有利于群众与相关部门之间的及时沟通，大大拓展公众参与的广度和深度。

政治行为的社会群层比较

城市的社会结构和政治关系复杂，思想文化趋于多样性，人们的政治活动除具有共同性特点外，在实际生活过程中还表现出一定差异。这种差异主要表现为由不同时期的政治地位、利益要求、思想文化等因素的不同造成的社会群层具体政治行为方面的差别。

（1）工人阶级。新中国成立后，工人阶级成为领导阶级，中国共产党在城市的阶级路线是全心全意依靠工人阶级。工人阶级对党和国家的政治态度表现出高度的认同，积极参与各种政治活动。新中国成立后的历次政治运动中，工人阶级特别是产业工人都走在城市社会各群层的前头，成为主力军。

（2）知识分子。近代以来，知识分子既是社会政治舞台上十分活跃的力量，其具体表现又非常复杂，不同时期有不同特点。新中国成立以后，一方面，知识分子同其他劳动人民一样获得了解放，对新社会表现出高度的认同态度，积极参与政治生活。如以真诚的态度参加思想改造运动，在党的感召和引导下进行学术思想的自我批评，1957年初帮助党整风等。另一方面，从旧社会过来的知识分子在生活条件方面一般比其他劳动人民要好一些，受旧思想文化影响较深，党和国家在一段时间内对知识分子实行“团结、教育、改造”政策。20 世纪 80 年代以来，知识分子的政治态度日趋活跃，在自主参与政治生活方面表现得尤为突出。

（3）干部。新中国成立以后，干部既和人民群众一样，是平等的公民，又是国家和社会的领导者，从而在政治过程中扮演着十分特殊的角色。他们作为领导者、组织者和动员者，积极带头参加政治活动。

（4）个体劳动者。20 世纪 80 年代以来，个体劳动者成为城市的一个重要社会群体，从业人员上千万。他们的政治态度和政治行为突出表现为双重性。一方面，他们是经济体制改革的产物并获得较明显的实际利益，因而积极拥护党和国家的大政方针，踊跃参与政治生活。另一方面，在一段时间内，由于个体经济只能作为社会主义公有制经济的补充存在，个体劳动者较分散，其思想文化素质相对较低，在日常生活中对政治社会的认同程度往往不如其他社会成员高，对参与政治生活较为疏远和冷漠。

（5）新兴的经济体成员。进入 20 世纪 90 年代，随着社会主义市场经济体制的建立，相当一部分社会精英进入经济领域，创立和兴办新兴企业，或者成为新兴企业的经营者、管理者。他们有知识、有文化、懂经营、善管理，成为新兴的经济精英。这部分人在政治方面也表现出十分活跃的状态，许多人士通过人大、政协等组织，通过传播、网络等方式参与政治生活，发表政治意见。

第十一章
当代乡村的政治社会状况及特点

第一节　乡村的社会分层与政治关系

以土地关系变化为轴心：社会分层的新视野

中国革命不是社会生产力得到充分发展后发生的，而是不首先变革旧的制度，生产力没有发展的可能。1949 年革命胜利以后，乡村的基本生产方式历史地延续下来，土地依然是乡村社会成员赖以生存发展的基本生存资料。只是乡村社会成员与土地的关系发生了根本的变革。当代中国乡村的社会分层正是以土地关系变化为轴心展开的。

中国民主革命发生并取得胜利的重要原因之一就是旧中国不可能解决十分严重的农民与土地的关系问题。新民主主义革命时期，中国共产党在革命根据地进行土地改革，使农民与土地的关系发生了重大变化。1949 年革命胜利以后，很快进行全国性的土地改革。随着 1950 年颁布的《中华人民共和国土地改革法》的实施，开展了土地改革运动；由此废除了延续几千年的封建剥削制度。到 1952 年，全国约有 3 亿无地或少地的农民获得了 7 亿亩土地和其他生产资料，免除了每年向地主缴纳的大约700亿斤粮食的苛重的地租,[①] 农民与土地的关系发生了前所未有的变化。

将地主土地没收后分给无地或少地的农民还只是属于民主革命的范畴。虽然乡村社会成员与土地的关系在占有数量上发生了变化，但是土地的私人占有制度并没有改变，从而有可能使处于分散软弱状态的个体农民再次产生两极分化，造成传统土地关系的还原。为避免这种状况的发生，促使农业发展，为工业化建设提供财力、物力支持，土地改革基本完成以后，很快开展了农业的社会主义改造运动，其目的是实行农业的合作化和集体化，变土地等主要生产资料的个人占有为社会主义集体所有，乡村社会成员与土地的关系发生了进一步的历史性变革，并引起了乡村社会成员结构的重大变化。

对农业的社会主义改造是分阶段进行的。在不同阶段，土地关系状况有所不同。即使在社会主义改造基本完成以后的不同时期，乡村社会成员在土地集体所有的基础上对土地的使用权的使用状况也不一样。主要表现为1958~1978年实行的人民公社体制下，农民缺乏对土地的直接使用权；1978年后推行家庭联产承包责任制，农民使用土地的自主权大为增加。在这两个时期，乡村的社会分层有所差异。

变革着的土地关系成为当代中国乡村社会分层的轴心。这不仅在于乡村的经济基础的变化，而且引起乡村的政治、文化和社会的重大变化，从而大大突出了变革着的土地关系在社会分层中的地位。

在传统封建社会，封建土地所有制与专制国家权力、宗法社会结构呈一体化状态。由封建土地关系派生的和演化的权势和声望成为社会分层的重要尺度。而在当代中国，在消灭封建土地关系的同时，由于国家权力的人民性，通过与权力的紧密联系而成为特权阶层的可能性大为减少；由于集体化对传统宗法社会结构的巨大冲击，因宗族社会声望而成为特殊阶层的可能性也大为减小。当然，受长期历史和生

---

① 参见陈荷夫《土地与农民——中国土地革命的法律与政治》，辽宁人民出版社，1988，第137页。

产社会化程度不高的影响，权力和声望仍然具有一定影响。但这种影响不再具有充分的合法性基础，而受到国家和社会的约束和抑制。

随着乡村经济和社会的发展，一部分农业人口日渐脱离农业活动而从事工业或其他职业活动，他们与土地的关系因此而疏远。但由于当代中国城市难以容纳众多离土的农民，乡村人口的城市化进程受到相当限制，并具有自身特点。由此构成乡村非农业人口“离土不离乡”的格局。一方面，这些人口因不再从事农业活动而与土地疏远；另一方面，由于仍然保留土地权利而未完全转化为城市人口，或其家庭成员仍然从事农业活动，他们与土地仍然保持着一定联系，乡土仍然是其生存发展的基础。因此，乡村非农业人口的出现和“离土不离乡”的格局在引起乡村社会分层变化的同时，尚未突破基本的社会框架，在相当长时间里，土地关系将依然是乡村社会分层的基本尺度。

一极多层的社会成员体系及特点

中华人民共和国成立以后，乡村经历了土地改革和社会主义改造两大历史性转折。社会主义改造基本完成以后，又经历了实行集体统一经营的人民公社制和相对分散经营的家庭承包责任制两个历史时期。乡村社会成员体系在发生相应变化的同时，具有鲜明的阶段性特点。

土地改革前，乡村占主导地位的是封建生产关系，同时有少量的资本主义生产关系，构成多极多层的社会成员体系。新中国成立不久开展的土地改革主要是变革封建生产关系。土地改革的总路线是“依靠贫农、雇农，团结中农，中立富农，有步骤地有分别地消灭封建剥削制度，发展农业生产”①。根据这一总路线进行的土地改革引起了乡村社会成员体系的重大变化。

第一，土地改革的基本目标是废除地主阶级封建剥削的土地所有制，实行农民的土地所有制，其“基本内容，就是没收地主阶级的土

① 刘少奇:《关于土地改革问题的报告》,《刘少奇选集》下卷，人民出版社，1981，第43页。

地，分配给无地少地的农民”①。随着土地制度改革的完成，地主阶级作为一个阶级便被消灭，农民阶级作为一个阶级仍然存在，但与旧社会那种与地主阶级相对应的农民阶级已有很大的不同。特别是长期无地或少地的贫雇农的经济地位大为上升。

第二，土地改革实行“团结中农，中立富农”的政策。中农作为团结对象，其经济地位不仅没有受到冲击，而且因为其生产资料较为充足，有继续上升的趋势。富农经济是乡村中具有资本主义性质的经济。在新民主主义阶段，除了在城市保存民族资本主义经济外，在乡村土地改革中实行“保存富农经济”“中立富农”的政策，以促进经济的恢复和发展，从政治上孤立地主阶级。富农的经济地位呈现扩张和限制双重状况。一方面，由于占有较多的生产资料和雇工剥削的经营方式，其经济地位有可能上升；另一方面，在人民民主专政的国家里，与对城市资本主义实行“利用、限制、改造”的政策一样，乡村的富农经济受到一定限制。

土地改革完成不久，便开始了农业的社会主义改造，其主要内容是将土地等主要生产资料的个人所有变为集体所有。这是一次更为深刻的历史变革，并引起了乡村社会成员状况的进一步变化。首先，占农民总数60%～70%的贫下中农为改变其分散、软弱的经济状况，有实行集体化的积极要求，并成为农业合作社的主要成员。其次，中农，主要是上中农经过一段时间徘徊，也加入了农业合作社。最后，社会主义改造将直接消灭富农经济。为达到其目的并减少富农的反抗，对富农采取由限制到逐步消灭的政策。富农阶级作为乡村中最后一个剥削阶级随之被消灭。

对农业的社会主义改造基本完成以后，由于实行生产资料的集体所有制，在中国乡村消灭了历史上长期存在的对立阶级。乡村社会成员（包括经过劳动改造好的原地主和富农阶级的成员）都成为社会主

① 刘少奇：《关于土地改革问题的报告》，《刘少奇选集》下卷，人民出版社，1981，第32页。

义的集体农民，只存在农民阶级一个阶级。这时的农民阶级不是作为与剥削阶级相对应的阶级，而是由于生产资料公有制的具体形式和职业分工不同，作为工人阶级相对应的一个阶级而存在的。

农业的社会主义改造基本完成后紧接着由合作社向人民公社过渡，实行高度集中统一的经营管理。在这种体制下，农民的经济社会地位和状况差别不大，社会分化不明显，社会分层较简单。

随着社会的发展，特别是20世纪80年代以来开始进行的经济体制改革，农民阶级内部分化加快，社会分层日趋复杂，尤其是农民阶级内部的层次日渐增多。

从与生产资料的结合状况看。20世纪80年代以来乡村由人民公社体制过渡为家庭联产承包责任制。后者是建立在土地和农田基本设施公有基础上的分户经营、按户核算的社会主义经济成分，其特点是家庭为单位的经营。以这种方式从事生产活动的农民是乡村社会成员中的主要成分。在实行家庭承包制的同时，集体经济，主要是乡镇企业也得到迅速发展。乡镇企业的生产资料为集体所有；并实行企业单位的统一经营统一管理。以这种方式从事生产活动的人是乡村社会成员中一个新的群体。随着生产资料为个人所有的个体经济和私营经济在乡村出现和发展，个体劳动者及由私营经济分化出来的私营企业者和雇工显然是一个较为独特的阶层。

从职业活动看。以直接从事农业活动为主的农民仍然是乡村社会成员的主体，其在20世纪80年代占全国人口的70%以上。[①] 随着社会发展，乡村社会成员的非农业化趋势日益明显，相当部分的农业人口从农业活动中分离出来，从事非农业活动。特别是乡镇企业的职工已基本转变为乡村工人。那么，以是否直接从事农业活动为界，乡村社会成员明显分为两个不同层次。

在当代中国，经济关系的调整和非农业化趋势，将使乡村社会成

① 参见庞树奇、仇立平《我国现阶段阶级阶层结构研究初探》，《社会学研究》1989年第3期。

员体系的一极多层性愈益明显。但在现阶段，乡村社会尚处于向现代化乡村的转变之中，乡村社会成员的分化仅仅是开始，不同层次群体的界限表现出既清晰又模糊的特点。

家庭经营和集体经营两种方式，社会主义集体经济与个体经济和私营经济两种不同的所有制形式，农业活动和非农业活动两种职业分工，将乡村社会成员划分为不同的社会群体和层次，界限较为清晰。但是，乡村的基本组织单位是家庭。不同的经营方式、不同的所有制形式、不同的职业活动往往寓于一个家庭之内，社会分化融化在家庭统一体内，并趋于模糊。在乡村，以不同的经济形式劳动和不同的职业活动并不像城市社会严格固定，社会成员的兼营兼业性质十分突出。许多乡村社会成员农闲时在企业劳动，或从事其他非农业活动，成为企业职工或其他非农业劳动者；农忙时又在自己或家庭承包的土地上从事农业活动，成为以家庭经营方式进行劳动的农民。由此会模糊乡村社会成员不同阶层和群体的界限。

政治关系的重大变化与进程

1949 年胜利的新民主主义革命是一场来自乡村社会底层推动的革命。当这一革命的主要成果——中华人民共和国成立以后，乡村的政治关系发生了根本性变化。最突出的标志就是，长期以来处于中国社会最底层的农民获得了政治解放，不仅在法律名义上，而且开始实际成为国家和社会的主人，享有从未享有过的当家做主的民主权利。农民的翻身做主人具有以下两层含义：一是长期作为国家统治者的城市上层社会与乡村农民间的压迫剥夺关系不复存在，乡村农民和城市工人结成的联盟关系是人民民主专政国家政权的阶级基础；二是乡村本土的封建势力与农民的压迫剥削关系不复存在，农民成为乡村社会居主导性的阶级力量，乡村社会成员作为国家公民居平等的政治地位。

中华人民共和国成立后的不同历史时期，乡村政治关系的变化又表现出阶段性的特点。

当代中国乡村政治关系的变化是与生产关系的变化紧密伴随的。

亨廷顿对土地改革的政治效应颇有见地，他认为："土地改革不仅仅意味着农民经济福利的增加，它还涉及一场根本性的权力和地位的再分配，以及原先存在于地主和农民之间的基本社会关系的重新安排。"① 1949 年后在全国范围开展的土地改革是在新的国家政权发动和保护进行下的传统生产关系的变革，同时也引起了政治关系的重大变化，即农民的政治地位迅速上升，由过去受压迫剥削者成为国家政权予以支持保护和在乡村的依靠对象。如董必武所说："土地改革使劳动的农民真正成为农村的主人。"②

土地改革是根据"依靠贫农、雇农，团结中农，中立富农，有步骤地有分别地消灭封建剥削制度，发展农业生产"的总路线进行的，由此就规定了土改后的乡村各阶级阶层的政治关系格局。

（1）在传统社会受压迫剥削最甚、政治地位最为低下的广大贫农雇农成为国家的依靠对象，是乡村政治社会生活中居支配和主导地位的阶级力量。（2）中农作为团结对象同样享有土地改革的成果，即不再受来自地主阶级的压迫。在贫雇农尚未发动和未能充当主要政治角色的时期和地方，中农由于其特有的地位往往充当着领导角色。（3）富农作为中立对象，其经济意义是富农经济在一定程度上有利于恢复农业生产，政治意义是有利于孤立和打击地主。因此，对富农的中立是暂时的、有条件的、过渡性的，既允许其存在，又加以限制，其政治地位与经济地位呈反差状态。（4）地主阶级是土地改革的消灭对象。当然，这种消灭主要是废除地主阶级存在的经济社会基础，而不是简单地消灭地主本人。除了对极少数罪大恶极的恶霸地主及坚决反对土改的犯罪分子予以法律制裁外，对一般地主采取就地劳动监督改造。

农业的社会主义改造是继土地改革后又一次重大变革，并使乡村政治关系发生了新的变化。一方面，由于土地私有制改变为社会主义集体所有制，乡村社会成员除了少数地主和富农分子外，都成为社会

① 〔美〕塞缪尔·P. 亨廷顿：《变化社会中的政治秩序》，王冠华、刘为等译，上海人民出版社，2008，第 246 页。

② 《董必武选集》，人民出版社，1985，第 330 页。

主义集体经济组织的平等一员，政治关系不再具有阶级利益根本对立的性质。另一方面，土地改革后形成的政治关系的基本格局延续下来，并出现了一些新变化。首先是贫农和土改后出现的下中农作为集体化的先进分子和国家政权的主要依靠力量，继续在乡村政治生活中发挥主导作用。经过徘徊和动摇而加入集体化行列的中农成为新的集体经济组织的成员，但其政治地位与贫下中农有一定差异。其次是富农作为一个阶级被消灭。与土地改革时以直接没收地主土地的方式消灭地主阶级有所不同，消灭富农阶级的方式较为和缓一些。但富农显然是农业社会主义改造中所要打击的主要对象，如限制富农分子加入合作社等。特别是建立人民公社以后，原富农分子和原地主分子一样，成为管制监督下进行劳动改造的对象。

社会主义改造完成以后，乡村原来以土地私有制为基础的阶级阶层都不复存在。所谓贫农、下中农、中农、富农、地主等都只是历史遗留下来的阶级身份符号，而不具原来的意义。在一定历史时期，为了巩固新建立的经济基础和基层政权，紧紧依靠贫下中农，防止和打击原地主富农的反抗和破坏，阶级身份符号具有一定的积极意义。

干群关系突出与新的社会分化对政治关系的影响

随着社会主义制度的建立，全体人民作为国家公民居于平等地位，政治关系中的阶级压迫和阶级统治性质日渐消失，新型的平等的政治关系逐步形成。但在社会主义社会，特别是生产力不甚发达的社会主义初级阶段，还存在领导与被领导的关系，即干部与群众的关系。而在乡村，干群关系在政治关系中更具有特别突出的意义。

在当代中国，乡村主要实行社会主义集体所有制。一方面，它和城市主要实行社会主义全民所有制一样，同属于社会主义公有制范畴。因此，乡村的干部要代表国家的利益对乡村社会进行领导。另一方面，集体所有制与全民所有制毕竟有所区别，集体范围的具体利益更为突出。乡村的干部又必须有效地反映和代表集体群众的利益。特别是由于乡村的分散性，社会成员难以在国家政治生活中直接有效表达其利益要求时，干部的作用更加凸显。干部作为国家、集体、农民个人之间的枢纽点，作为国家和集体利益代表的双重角色，居于十分特殊的地位。干部与群众的关系因此成为乡村政治关系中最核心的组成部分。

社会主义制度建立后，消灭了私有制基础上的阶级分化和阶级压迫关系。但在社会主义现阶段，由于经济、政治和社会等因素，还会出现新的社会分化，形成有一定差异的社会群体。虽然这种分化和差异与旧社会的情况有根本区别，而且在人民民主专政的国家政权下，不会发展演化为旧社会那样的阶级差别和压迫关系，但它们的存在对乡村的政治关系不能不有所影响。一些社会群体有可能利用各种有利条件居于特殊的地位，获得满足其利益要求的较多机会，使平等的政治关系在一定程度上受到扭曲。如在人民公社体制下，实行集中统一经营，干部享有较多的支配权。在民主监督机制不健全的情况下，有可能出现干部利用特殊权力获得正当范围以外利益的现象。20 世纪 60 年代上半期为此开展了主要针对干部脱离群众，谋取私利的社会主义教育运动。[①] 80 年代以来，个体劳动者、私营企业主及其他经济社会地位较特殊的社会成员，有可能利用其特殊地位，在实际政治生活中发挥特殊作用，在一定程度上居主导性政治地位。当然，这种现象一般来说只是局部的、个别的，国家有能力加以合理解决。

第二节　乡村的社会结构与权力体系

乡村社会的组织性、开放性及复杂化

进入近代社会以后，由于自然经济的解体和战乱不断，乡村传统的社会结构趋于崩溃。其结果却是乡村农民更趋分散，更处于孤立无援的软弱地位。国民党试图以强力将乡村社会组织到国家体系中去，但在激烈的阶级矛盾和阶级斗争条件下根本不可能实现这一点。只是

① 参见《中共中央关于建国以来党的若干历史问题的决议》有关结论。

随着中华人民共和国的成立，乡村社会的高度分散性向组织性转变才得以在全国范围内进行。

这种历史性转变首先是由于人民民主专政的国家政权发挥了作用。在中国历史上，任何一个朝代的更替，王朝统治者都力图迅速将经过战乱处于高度分散状态的农民组织到国家政权的体系之下。但这种组织只是为了有效地对农民行使统治权，农民依然为被压迫对象，并很快由于个体经济的分散性而回复到传统的分散状态，构成与高度集中的城市上层社会格格不入的高度分散的下层社会。但 1949 年成立的中华人民共和国是以工人和农民的联盟为基础的，农民上升为国家的主人而非新的被压迫者。分散的个体农民无一例外地被组织在集中统一的国家体系内，农民所在的地域共同体成为国家的基本组织单位。特别是土地改革将地主的土地分给无地或少地的农民，并通过民主政权巩固和保护这一成果，使分散的个体农民与国家的联系更为紧密和牢固。

中华人民共和国的成立和土地改革，改变了传统的农民与国家之间的关系，在政治上农民与国家趋于一体，乡村向组织有序状态转变。为了巩固农民与国家的关系，改变传统的个体经济，土地改革后马上开展了对农业的社会主义改造。其中心内容就是将分散的个体农民在经济上组织起来，使乡村社会成员在民主政权和集体经济的共同基础上发生紧密的联系，由个体农民转变为社会主义集体农民。社会主义改造不仅从政治而且从经济上消除了造成乡村社会分散状态的基础，传统乡村的分散性得到重大改变。

社会结构的变化不仅与生产关系有关，更以生产力变化为基础。由于乡村的生产仍然沿用的是传统的手工劳动方式，生产的社会化程度较低，加上长期历史形成的小块土地经营方式，决定了乡村社会还不可能像建立在社会化大生产和高度集中基础上的城市社会那样具有高度的社会组织性。在相当长时间内，家庭仍然是乡村社会成员的基本生活单位。但在社会主义改造基本完成不久，由于“左”倾思想影响，很快推行“人民公社化运动”，试图通过国家政权的外力和群众运动的方式迅速提高乡村社会的组织程度，将原属于小集体和家庭且有相对独立性的农民组织到人民公社的高度集中统一的大集体内。人民公社虽然提高了乡村社会的组织程度，但这种组织具有浓厚的机械的人为的特性，不适应生产力发展，其解体也是不可避免的。[①] 1979 年以后，在乡村试行和推广家庭联产承包责任制，家庭成为基本的经营和生活单位，乡村社会的组织程度有所降低，但较适应现阶段生产力发展。随着生产力发展和生产的社会化，乡村社会将向更高层次的有机的组织体转化。

乡村社会由传统的小生产分散性向组织性转变的同时，传统的家族基础上的封闭性也开始向开放性转变。

首先，农民与国家的关系得以改变，由封闭的自然村民转变为开放的国家公民。在传统社会，农民虽然是国家的属民，但被排斥在国家政治生活之外，不可能作为平等的政治人存在于国家共同体内，只能是局限在血缘—地域村落范围内的村民。而中华人民共和国成立以后，农民作为国家的阶级基础，成为国家平等的公民，由此突破了传统的血缘—地域村落界限，与外部的国家生活发生着愈来愈多的交往。

其次，通过农业的社会主义改造，传统的以一家一户为单位的生产方式及其封闭性的家族社会结构发生了重大变化。农民作为平等的集体一员在超越了血缘家族关系的劳动集体内生活，与家族外的社会发生广泛的交往。

由于传统的自然经济尚未明显改变，乡村社会的开放性在相当程度只能局限在乡村社会内部。特别是在人民公社体制下，一方面，农民被组织在血缘家族关系日趋淡化的社会集体内，在乡村社会内部处于开放状态；另一方面，由于高度集中统一的组织体系，农民又被紧紧束缚在以地域为基础的公社共同体内，对乡村以外的社会呈封闭状态。实行家庭联产承包制以后，这种状况发生了相反趋向的变化。一

① 参见冉明权《农村组织系统的变迁：挑战和机会》，载发展研究所综合课题组《改革面临制度创新》，上海三联书店，1988。

方面，以家庭为单位的经营方式使农民在乡村社会内部的交往不如过去广泛直接，血缘家族联系有所强化，呈现出一定的封闭性趋向；另一方面，随着自然经济向商品经济的转变，乡村生产的社会化程度有所提高，人们不仅以新的形式，如经济契约联系等在乡村社会内部进行交往，更重要的是突破了地域限制，大大扩展了与乡村外部世界的交往，使乡村成为整个社会的有机部分，开始从根本上突破传统乡村的封闭结构。

当代中国正处于传统社会向现代社会的转变之中，社会结构日趋复杂。这一转变过程又突出地表现于乡村社会。一方面，随着经济社会发展，整个国家的社会结构趋于复杂化，这种状况必然会反映到基层的乡村社会。另一方面，乡村在遗留着许多传统社会因素的同时，又注入和出现了大量的现代社会因素，其经济、政治、文化和社会生活正处于新旧交替，各种因素同时并存的历史变迁中，社会复杂化程度大为提高。

领导体制的阶段性变化及特点

中华人民共和国成立以后，国家与农民的关系不再是统治与被统治，而是领导与被领导的关系。国家为了有效地对乡村社会行使领导权，必然要建立由各种权力因素构成的领导体制。在当代中国，乡村先后经历了土地改革和社会主义改造两次社会大变革及实行人民公社体制和家庭承包制两个历史时期。乡村领导体制也经历了相对集中到高度集中，再到新的相对集中的变化过程。

在土地改革和社会主义改造时期，乡村社会主要实行的是共产党组织领导下，各种权力要素发挥相对独立功能的相对集中的领导体制。

中华人民共和国成立之初，除了部分革命根据地外，还有相当部分的乡村地方刚刚解放。为了尽快有效地对这些地方行使领导权，发动农民反对封建势力，进行土地改革，主要采取从已解放的城市抽调部分人员组成由地方党委领导的土改工作队深入乡村基层社会开展土地改革运动。这时的土改工作队实际行使着领导权。与此同时，在土改工作队帮助下建立的主要由贫雇农先进分子组成的农民协会开始行使某些基层政权的职能，在乡村社会发挥一定的领导作用。

随着土地改革的深入开展和农业社会主义改造的很快开始，乡村逐步建立起较为稳定的、在党组织领导下其他权力因素发挥相对独立作用的相对集中的领导体制。首先，党组织由城市向下延伸到乡村地方。毛泽东在1951年中共中央政治局扩大会议决议要点中指出："乡村须在土改完毕始能吸收经过教育合于党员条件者建立党的支部"[①]。乡村的党组织是伴随土地改革运动的开展逐步建立起来的，并由于土改工作队撤离后而在乡村居领导核心地位，伴随党组织的建立，共青团、妇女联合会和民兵等政治性群众团体组织得以建立，并成为党组织的得力助手。其次，乡村的政权组织系统也逐步建立并走向规范化。1950年中央人民政府颁布了《乡（行政村）人民代表会议组织通则》、《乡（行政村）人民政府组织通则》和《关于健全乡政权组织的指示》等文件，规定了在民主基础上建立乡村基层政权的原则。[②] 1954年宪法则明确确定乡为国家在乡村的基层行政区划，乡政权是乡村基层政权。由人民选举产生的乡人民代表大会是乡的权力机关，乡人民委员会既是本级人民代表大会的执行机关，又是上一级人民委员会的下属机关，同时对二者负责。

这一时期领导体制的突出特点是：（1）党组织系统和政权组织系统刚刚建立，其影响力尚主要在乡一级层面，对村基层社会生活的影响尚不甚直接。如直到1956年中共八大才在党章中明确规定在乡以下建立党的基层组织。（2）在乡以下的基层社会，农民协会、互助组、合作社等政治经济组织发挥着重要作用。如农民协会既是村民自治组织，又是土地改革中的合法执行机关。合作社既是经济组织，又在乡政府领导下行使某些基层行政管理职能。（3）基层组织具有相对的独立性，乡和村之间的权责界限较分明，党组织和政府不直接管理经济。

① 《毛泽东文集》第6卷，人民出版社，1999，第146页。

② 参见杨学敏《我国农村基层人民政权建设的历史经验》，《政治学研究》1986年第1期。

总之，在这一时期的领导体制下，农民既被组织在国家体系之内，同时又具有相对的独立性，二者关系较为和谐。

20 世纪 80 年代以来，由于实行家庭联产承包责任制，乡村社会的领导体制由高度集中型向相对集中型转变。其一，乡村社会的组织系统由过去的垂直管理体制改变为相对独立和集中的管理体制。集体经营的集体经济组织和家庭经营的家庭单位在经济生活中有相对独立的自主权。其二，政权组织系统逐步加强和完善，发挥相对独立的领导作用。乡人民代表大会是乡的权力机关，乡人民政府行使行政管理职能，同时对乡人民代表大会和上级政府负责。其三，作为乡村群众自治性组织的村民委员会逐步建立，并在乡村社会基层生活中发挥着相对独立的领导作用。过去自上而下的党政领导系统在基层生活中的直接影响力有所减弱。因此，20 世纪 80 年代以来的乡村领导体制虽然和 50 年代有些相似，都表现为以党组织领导为核心、各种权力要素发挥相对独立作用的相对集中型，但由于社会发展和乡村社会结构的复杂化，又具有一些新的时代内容和特点，显现出多样化趋势。

社会转变时期领导权的有效运用

新中国成立后，乡村社会正在经历历史性的变革。要实现领导权的有效运用，必须适应转变中的乡村社会实际状况与发展趋势。

从中国历史上看，任何一个王朝的更替，最初都必须加强国家权力对乡村社会的直接统治，将权力的触角一直延伸于乡村基层社会。而 1949 年胜利的新民主主义革命根本不同于历史上的王朝更替，它不是简单的政权更迭，更重要的是彻底铲除长达数千年的封建势力。为了迅速稳定经过长期动乱的乡村社会，铲除强大的封建势力，国家采取自上而下、权力相对集中的领导体制，这有利于迅速将分散的农民组织到人民民主专政的国家和社会主义公有制体系中去，适应了新中国成立初期乡村社会变革的需要。

当然，应该看到，中国的革命不是生产力高度发达后引起的，而是不首先变革生产关系，生产力就没有发展的可能。这一点在乡村表现得尤为突出。而要改变乡村落后的生产力状况尚需一个相当长的时期。在主要使用手工劳动工具在分散的小块土地耕耘的生产方式基础上，家庭及由若干家庭相对集中聚合而成的村落在社会经济发展过程中仍有重要作用。那么，在社会主义改造基本完成以后，一方面，为了将分散的农民有效地组织起来，通过集体的力量促进农业发展，给正在起步的工业化提供强有力的支持，在乡村社会仍应继续实行权力相对集中的领导体制，而不能像历史上的封建王朝一旦得以巩固，便很快使乡村重新恢复分散状态。另一方面，根据乡村生产力的实际状况，在实行相对集中的领导权的同时，应注意发挥家庭、自然村落、经济合作体等基层组织的作用，实行指导性的间接领导方式。

20 世纪 80 年代以来，在经济上主要采取家庭承包责任制，充分发挥家庭和社区组织的作用，实行相对集中的领导体制。但乡村社会正处于新旧两种体制的转换和自然经济向商品经济转变，生产的社会化、现代化程度有所提高的重大历史变革时期，领导体制必然具有这一转型时期特有的矛盾，并需要随着经济社会的发展加以不断调整。

实行生产责任制，特别是向市场经济的转变过程中，家庭及其他经济社会组织的相对独立性增强，乡村社会成员的自由流动程度大为提高，自上而下的领导权在基层社会生活的实际影响较过去困难得多。在社会转变的新时期，必须再构造和加强领导权的权威基础。首先是发展壮大集体经济，以此加强国家和集体对农民的吸引力和凝聚力。其次要变单纯管理为服务—管理，通过为经济发展提供良好的社会化服务和正常的政治社会环境，获得农民的支持和拥护，实现对乡村基层社会的有效领导。

基层民主自治的形成及困境

在长期封建社会历史上，除了自上而下的国家行政权统治外，乡村社会还存在自我管理本社区事务的自治权。但这种自治权实际为乡村社会上层人士的士绅所把持，与专制性的国家权力处于同构状态。1949 年胜利的新民主主义革命不仅摧毁了传统的国家专制权力结构，而且摧毁了旧的国家专制权力的基础——乡村封建势力，长期受压迫的农民成为国家的主人，享有当家做主的权利。其重要表现之一就是农民自主地管理社区内的公共事务，行使自治权。这种自治权建立在人民享有平等政治权利的基础上，与人民共和国的国家权力同构，因而属于民主自治的范畴。

权力在任何时候都受一定时期社会经济状况和政治统治需要的制约。新中国成立后，乡村基层民主自治是逐步形成起来的。在土地改革和社会主义改造时期，为了迅速摧毁封建势力，将农民组织到新的国家和社会体系中去，自上而下的国家权力发挥了重大作用。与此同时，中国共产党和人民政府又积极支持广大翻身和组织起来的农民行使当家做主的权利，自主地管理社区公共事务，基层民主自治得以萌生。如土改时期的农民协会和社会主义改造中的互助组、合作社既与党和政府的领导相一致，又具有农民群众自主管理公共事务的民主自治的功能。1950 年政府公布的《农民协会组织通则》规定：农民协会是农民自愿结合的群众组织，是农村改革土地制度的合法执行机关。当然，在这一时期，乡村社会刚从长期的战乱动荡中走出，并处于生产关系的急剧变革中，基层民主自治的作为还很有限，更未制度化。在接踵而至的人民公社体制时期，受自上而下高度集中统一的领导体制影响，随着乡村社会自组织功能增强本应逐步扩大的基层自治权反而大为萎缩。

随着 20 世纪 80 年代以来乡村经济体制的改革，乡村基层民主自治权才得以逐步形成，并走向制度化、规范化。1982 年宪法根据民主自治原则重新构造了乡村基层组织。以村（原生产大队）为单位建立由村民选举产生的村民委员会，在村以下设村民小组（相当于原生产小队）。1987 年公布的《中华人民共和国村民委员会组织法（试行）》则明确规定了村民委员会为群众自治组织，是在党和政府领导下农民自主管理社区范围公共事务的群众自治组织，充分肯定了村民当家做主的民主自治权利。

将乡以下高度行政化的基层组织改变为具有突出自治性的组织体系，是乡村社会权力体系的一个重大变化。它标志着农民群众得以根据国家法律规范制度行使自我管理的民主权利，对于开发和调动农民的积极性、自主性和创造精神具有重要意义。但是，乡村基层权力体系的转变毕竟刚刚开始，且乡村经济社会正处于重大的历史变迁中，基层民主自治制度在实际运行过程中往往会不可避免地陷于转变时期特有的困境。

其一是行政化倾向与自治性组织的矛盾。村民委员会本来是村民自主管理内部事务的群众自治组织，但由于传统体制影响，党组织和政权组织在对乡村行使领导权时往往仍把其作为下属机构对待，忽视了村民委员会的自治性质，相互间的关系仍然表现为命令—服从关系，使群众自治组织具有行政化的倾向。另一方面，由于乡村社会结构的复杂化和正处于变化之中，自上而下的领导权必须一直延伸到最基层的乡村社会，这就需要相应的基层组织加以保证，村民委员会的行政职能在所难免。为了迅速有效地传递行政权力，村民委员会在沟通国家政权和农民之间的关系时也不能不带有一定的行政化倾向。所以，在村民委员会作为乡村基层社会主要组织的情况下，其自治性质和行政化倾向的矛盾将长期存在。

其二是过分自治化与党和政府领导的矛盾。村民委员会是在党和政府领导下的村民自治组织。但在实际生活中，由于村民的经济自主性大为增强，党和政府的领导权威弱化，村民自治往往被理解为不受党和政府领导的自我管理，具有过分自治化倾向。

而在由传统向现代社会变迁，农民的思想文化和民主素质较低的现阶段，没有党和政府的有效领导，村民自治很容易为传统因素所扭曲。所以，如何实现党和政府的有效领导与充分保证群众自主管理内部事务的自治权的相互关系，是乡村基层民主自治过程中所面临的一个突出问题。

其三是自治权的民主基础问题。当代中国乡村基层自治属民主政治的范畴，是民主性质的自治体制。但民主政治需要相应的经济社会基础。在现阶段，由于主要实行家庭经营，乡村的社会化服务体系不健全，村民在经济社会生活中往往不得不依赖亲戚、乡邻，形成较为紧密的血缘地缘联系，使传统的宗族、宗教性的自组织力量再生，并影响村民自治过程。如一些大姓首领、体现着传统精神的长者、经济地位较高者往往很容易被推选为村委会领导或起支配作用，另外一些村民却难以享受到应有的民主权利。此外，在家庭仍然为主要生产和生活单位时，家长在参与公共生活时有较大发言权，其他家庭成员难以平等参与公共生活，甚至被排除在公共生活之外。所以，不断扩大民主的经济社会基础，将是乡村基层民主自治长期所面临的重要问题。①

第三节　乡村的社会秩序与政治控制

新秩序的建立与社会稳定的保持

近代以来，处于最底层的乡村社会长期陷于失控和动乱之中。其基本原因是帝国主义、封建主义势力和城市资本的多重压迫剥削下乡村的衰败和贫困化。这也直接导致了以最底层的乡村社会为基础，自下而上的新民主主义革命的发生。革命的后果为结束乡村动乱提供了国家制度方面的条件，特别是经过土地改革和社会主义改造，农业得以恢复和发展，农民有效地整合到与国家和社会呈一体化状态的体系中，使乡村迅速从长期的动乱走向社会稳定。

随着中华人民共和国的成立、土地改革和农业的社会主义改造，乡村逐步建立起崭新的权威秩序。新秩序的最基本特点就是消灭了阶级压迫和剥削，乡村社会成员在国家、集体和个人利益趋于一致的基础上，与社会保持一致，使社会得以在相对稳定协调中发展。

这种建立在国家、集体、个人利益一致性基础上的秩序与古代家—乡—国一体化的传统秩序有质的区别。首先，传统秩序是以存在并维系阶级压迫和剥削为前提条件的，新秩序则是在消灭阶级压迫和

① 笔者于本书第一版出版后长期从事村民自治研究，出版了专著，并发表了一系列论文。主要可参见徐勇《中国农村村民自治》，华中师范大学出版社，1997；徐勇《中国农村村民自治（增订本）》，三联书店，2018。

剥削基础上建立的。其次，传统秩序下的社会稳定是没有发展的停滞状态，新秩序下的社会稳定是在社会发展中获得和保持相对稳定的。因此，尽管家—乡—国一体化的传统秩序能使乡村社会保持一定时期的相对稳定，但由于阶级利益冲突的日益加剧和社会的停滞，最终会引起反叛统治秩序的社会大动乱。新秩序则由于国家、集体和个人利益日趋一致和社会不断发展，有可能使社会得到长期稳定和平衡，不至于重蹈周期性动乱的覆辙。

人民民主政权和社会主义制度的建立为乡村社会的长治久安提供了基本条件，但不意味新的社会秩序可以自然而然地形成，社会已不存在不稳定的因素。首先，存在旧的剥削阶级的反抗和敌对分子对新秩序的破坏。这在土地改革和社会主义改造时期表现得尤为突出。其次，近代以来的乡村处于长期衰败之中。新社会虽然消除了城乡间的阶级对立，但仍存在城乡差别。乡村的经济落后状态如果得不到很快改变，也会影响社会稳定。再次，在当代中国，虽然国家、集体和个人利益从根本上说是一致的，但也有不一致甚至相冲突之处。特别是在实行家庭承包责任制和自然经济向商品经济的转变过程中，国家、集体和个人之间的利益关系需要及时加以调整，否则会造成冲突，使社会稳定受到影响。最后，乡村社会正处于传统社会向现代社会的重大变迁中，传统规范的约束力弱化，新的规范尚未建立和被普遍接受，加上社会发展中必然产生的一系列社会问题，都会造成社会的动荡不稳。所以，要使乡村社会保持长期稳定，形成正常和谐的社会秩序，除了努力消除产生不稳定因素的根源外，还需进行相应的政治控制。

社会转变中的有效控制：国家、社区及家庭作用

在长期封建社会历史上，为维系家—乡—国一体化秩序，通过国家、乡村社区和家庭的控制功能，进行将政权、族权、父权和神权合为一体的控制。这一控制体系与分散的小农自然经济和封建专制统治是一致的。新中国成立后，乡村社会发生了巨大的历史变革，不仅封建势力被推翻，而且长期处于分散状态的个体农民成为社会主义集体

农民。当代中国乡村的政治控制无论是性质还是形式都发生了根本性变化。但是，当代中国乡村正处于传统社会向现代社会的转变中，生产的社会化、现代化程度不高，还要实行生产资料集体所有和家庭经营经济形式，存在国家、集体和个人之间的矛盾。要实现对转变中的乡村社会的有效控制，必须根据经济社会发展状况，充分发挥国家、社区和家庭在政治控制过程中的作用。

新中国成立初期，为了推动土地改革，彻底摧毁封建势力，促进农业社会主义改造，将分散的个体农民组织到社会主义集体中来，在乡村建立起新的权威秩序，国家控制发挥了重要作用。只有通过自上而下一直延伸到乡村基层的党的组织系统和政权组织系统的强大动员、组织和强制性力量，才能保证和推进乡村社会既迅速又有秩序地实现重大历史变革。而在土地改革和合作化运动中形成的农民协会、合作社等社区组织由于其相对独立性和权威性，在基层社会生活中发挥着独特的控制作用。农民由于分得了土地或成为集体农民，与国家、集体保持着高度的一致，加上具有自组织性的家庭在日常生活中的地位较为重要，因此具有较强的自控能力。正是由于国家、社区和家庭在控制体系中发挥着各自应有的作用，控制趋向呈一致性，从而在新中国成立初期的重大转变中实现了有效的控制。

本来，随着乡村社会新的权威秩序的建立，社区和家庭在控制体系中的地位应较过去更为突出。但在实行高度集中统一的人民公社体制时期，与国家强控制相对比的是社区和家庭的控制能力迅速弱化。如在人民公社体制下，家庭不再是基本的生产单位，自组织性萎缩，对家庭成员的约束力减小。人民公社时期的国家强控制与单一的指令性的计划经济体制相一致。

20 世纪 80 年代以来，以推行家庭承包制为开端，乡村的经济体制和经济社会状况发生了重大变化。其突出表现就是农民有了较多自由自主活动的可能。在这一社会转变过程中，人民公社时期形成的以国家强控制为主的控制体系再难以发挥原有的控制效能，传统体制下造成的社区和家庭控制功能萎缩的状况很难迅速恢复和强化。那么，在国家、社区和家庭的控制功能都显得不足的情况下，农民的自由自主活动得不到有效的规范，难免会影响社会的协调和有秩序的发展，甚至出现一定程度的失控和无序状况。在80年代，乡村的经济得到了长足发展，但也出现了一些社会冲突和社会问题。如在人民公社体制下较少出现的社区间、家庭间的利益摩擦和冲突增多。国家强控制下受到严格禁止的迷信、赌博等违法违纪活动由于思想政治教育和政权组织限制的控制功能的萎缩而迅速复活，甚至大肆泛滥。

所以，要使乡村社会既具有充分的活力和持久的动力，又保持相对稳定和协调，形成正常的社会秩序，必须根据转变中的乡村实际状况，充分发挥国家、社区和家庭的作用，实现有效的控制。

在乡村由传统社会向现代社会转变的过程中，反映社会发展趋向的国家控制始终具有重要意义。没有以先进思想为指导的共产党组织的教育和动员，受传统生产方式制约的农民很难自觉地走向现代文明。没有党和政府组织的调节整合，社区、家庭之间的利益冲突也不可能自行有效解决。当然，国家控制的方式应由过去的以管为主向为乡村的经济社会发展提供引导、保证、调节和服务转变，控制手段应从过去的以行政命令为主向思想教育、行政命令、法律规范等手段综合运用转变。

20世纪80年代以来，行政权力不再一直延伸到乡村基层社会，乡以下主要根据民主自治原则建立社区组织。社区在乡村控制体系中的地位愈益重要。特别是村民委员会作为村民自治组织在基层日常生活中通过村民自愿和在党、政府组织指导下订立的村规民约，进行自我教育，自我约束，调解村民纠纷，规范村民行为，能够形成有效的控制力量。

1978年以后，主要实行家庭承包责任制。家庭成为农民生产和日常生活的基本单位，其自组织功能迅速增强，并对其成员有较强的约束力，构成了乡村控制体系的基础部分。通过形成良好的家庭风范，能够起到其他控制体系难以具有的特殊作用。如20世纪80年代以来在乡村开展的建设“双文明户”“文明家庭”活动，有力地保证和促进了乡村社会的和谐稳定。

控制主体行为的合理规范与整合

当代中国乡村正处于传统社会走向现代文明社会，从旧体制转换为新体制的历史变迁中。一方面，国家、社区和家庭在形成稳定的社会秩序的控制过程中发挥着重要作用。另一方面，在具体的控制过程中，控制主体的行为又有可能偏离社会发展要求和原则，出现控制偏差。因此，对控制主体的行为活动加以合理规范和有效整合，对于古老的乡村在相对稳定中实现历史变革具有特别重要的意义。

由于党和政府组织系统在对乡村社会的控制体系中居于特别重要的地位，对代表国家意志的控制主体的行为加以合理规范有利于建构农民与国家之间的正常关系，由此既保证国家意志的顺利贯彻，又能充分考虑到农民的实际状况和要求。这与古代专制社会国家对乡村无任何约束的压迫是根本不同的。

乡村社区组织作为国家和农民之间的中介环节，在控制体系中发挥着特殊作用。特别是在党和政府领导下根据民主原则建立起来的社区正式组织，对于促进乡村社会的稳定协调发展有重要意义。但乡村社区组织的特殊地位使其在控制活动中也有可能出现行为偏差。一方面，社区控制主体的权威基础来自乡村社会自身，出于社区和自身特殊利益的考虑，往往对国家意志采取实用主义态度，合乎其利益要求的就贯彻执行，否则就明顶暗抗。另一方面，少数控制主体由于其特殊地位，往往以执行国家意志和社区意志的名义，对农民采取压制态度，甚至成为“骑在一般村民头上”的“土皇帝”。特别是人民公社体制解体以后，社区的控制功能大大突出，但在家族、宗教等传统势力上升，民主监督机制不健全的情况下，比较容易出现这类现象，造成干群关系趋于紧张。而要防范和避免乡村社区上层人士的控制行为偏差，则需加强国家和村民上下结合的民主监督。

在当代中国乡村，家庭是最基本的组织单位。特别是实行承包责任制以后，家庭的相对独立性愈来愈突出。但家庭作为控制主体，与占主导地位的党和政府的控制系统的关系不甚紧密，利益的自我倾向较突出，其控制行为也非常容易出现偏差。首先，由于过分关注家庭的特殊利益，对国家和集体利益较为漠视，国家和社区的控制作用难以通过家庭加以实现。其次，当代乡村的家庭正在发生历史性变迁。一方面，许多家庭仍然沿用以父权为中心的家规家法进行家庭自我控制。这种控制方式已愈来愈不适应现代社会发展要求。另一方面，由于子女的经济地位和文化水平的上升，不愿再受传统家庭的约束，甚至以反叛的方式摆脱约束，造成家庭关系紧张和家庭矛盾增多。这两方面都不利于发挥家庭的控制作用。所以，根据社会发展要求，加强对农民的现代思想教育，建立文明的家庭风范，是防范家庭控制主体行为偏差的必要条件。

第四节　乡村的社会意识与政治文化

区域性封闭文化的变迁

在长期的封建社会历史上，由于一家一户分散的小农经济和农民与国家政治生活的隔绝，乡村的文化形态突出表现为区域性和封闭性。近代以来，这种状态虽然有所变化，但主要尚是外部冲击下的某些影响，传统文化形态改变不大。只是在中华人民共和国成立以后，乡村的区域性封闭文化才开始发生重大的历史变迁。

首先，中华人民共和国一成立就将工农联盟作为阶级基础，为改变广大农民因长期排斥在国家政治生活以外而造成的文化封闭状态提供了国家制度方面的基础。在土地改革运动中，农民依靠国家政权力量的支持，推翻封建势力的压迫，第一次将其命运与国家紧密联系起来，对党和政府产生了高度的认同感。而一直延伸于社会基层生活的党和政府组织系统将广大农民与外部世界联系起来，使农民有可能摆脱狭隘的社区政治共同体的局限，思想文化呈开放状态。

农业的社会主义改造使传统的个体农民变为社会主义集体农民，为从根本上改变由一家一户分散的个体经济造成的封闭的乡村文化状态提供了经济基础。农民的生产生活与集体社会紧密联系。这种集体不再是传统的建立在个体经济和血缘家族关系基础上、与外部社会隔绝而呈自我封闭性的社区组织，而是建立在生产资料集体所有和地缘关系基础上、与外部社会相通而呈开放状态的社区组织。生活在这种集体的农民开始超越一家一户、自家田头、村头炕头的局限，与外部世界进行着广泛的信息交流。

20 世纪 50 年代后期开始实行的人民公社体制对于乡村文化的变迁有着双重效应。一方面，高度集中统一的人民公社体制使农民得以进一步突破血缘和乡邻关系造成的狭隘界限，与国家生活的联系更为紧密。为了有效地进行自上而下的管理，信息传播媒介得到了迅速的发展。有线广播几乎延续到每个农民家庭。主要存在于农村的有线广播喇叭数，1949 年为 0.09 万只，1957 年为 94.1 万只，1965 年为 872.5 万只，到 1978 年时猛增到 11212 万只，比 1957 年增加了 100 多倍。[①]另一方面，由于传统的自然经济的影响和过分集中的体制制约，农民被局限在土地上，与外部社会的信息交流渠道过于单一，缺乏与乡村外部社会的横向信息交流。

20 世纪 80 年代以后，随着农村自然经济向商品经济的转变，农民不再只是局限于土地上，社会流动频率大大加快，与乡村外部世界的有机联系日益紧密。同时，伴随经济发展，农民的文化水平有所提高，信息渠道迅速扩大。特别是青年农民与只知田头村头的旧式农民有着明显区别，成为受外部文明影响愈来愈大，有知识、有文化的新式农民。广播电视、报刊书籍等信息载体愈来愈广泛深入农家村间。

当然，由于农业生产的社会化程度尚不高，实行家庭承包制后，农民的家庭联系和地域联系有所加强，对家族和社区的认同感较人民公社时期有明显强化趋势。这种认同感又有可能形成一种具有强大内部凝聚力和对外排斥性的区域封闭文化。如续家谱、修祠堂、认乡亲

---

① 国家统计局编《光辉的三十五年：1949～1984 统计资料》，中国统计出版社，1984，第 144 页。

等已演化成社会风气。这种文化与历史上的区域封闭文化有所不同，但带有传统的痕迹，是传统文化的折射，有可能阻隔农村与现代文明的交流。同时，相比较而言，乡村的文化知识水平还不高，不仅占全国总人口 1/4 的文盲绝大多数在乡村，而且在不断再生产出新的文盲。农民受大众传播媒介的影响也远远低于城市社会。[①] 所以，乡村文化的变迁将是一个长期的历史过程，并影响和制约着乡村政治文化的发展。

臣民到公民的角色转换及公民意识的萌生

在专制社会里只有臣服国家专制统治的臣民，而无享有民主权利的公民，表现为臣属政治文化。这种政治文化深刻地扎根于传统乡村社会土壤中，且十分难以改变。只是随着摧毁封建主义势力的新民主主义革命和改造小农经济的社会主义革命的胜利，乡村古老的臣属政治文化才发生了重大历史变迁，其重要表现就是广大农民由传统臣民向现代公民的角色转换及公民意识的萌生。

首先是自主意识的萌生。在长期封建社会历史上，农民被排斥在国家政治生活以外，没有任何政治权利，只能是绝对服从统治者意志、被驱使、被奴役、被支配的政治被动物，形成被动的臣民心态。新中国成立后，农民在政治上得以翻身解放，成为国家和社会的主人，享有当家做主的民主权利，由此表现出前所未有的政治主动性和积极性。土地改革时期，农民一反因长期受压迫形成的被动保守态度，积极参与反对封建势力的斗争。土地改革以后，农民又以极大的政治热情和主动精神参与社会主义改造。土地改革和农业的社会主义改造之所以能在短时期较为顺利地完成，与长期历史上处于社会最底层的千百万农民所迸发的高度政治主动性、积极性密切相关。没有这样的主动性、积极性，任何历史变革都难以在古老的乡村取得成功。而在参与土地改革和社会主义改造的过程中，农民逐步形成自主管理公共事务的公

① 参见闵琦《中国政治文化》，云南人民出版社，1989，第 220 页统计表。

民意识。

其次是平等意识的萌生。平等意识是现代公民文化的重要内容。在历史上，农民向往没有阶级等级局限的社会平等。但由于私有制的局限，这种平等理想往往表现为财富的均平意识抑或利己抑人的特权观念。新中国成立以后，全体人民一律平等的国家法律为平等意识在古老乡村的萌生奠定了制度基础。土地改革和社会主义改造消灭了剥削阶级和阶级压迫，农民成为社会主义集体组织中的平等一员。政治社会地位平等和对人压迫人的否定的现代平等意识在古老的乡村社会萌生。虽然由于多种原因，乡村中还存在封建等级残余现象，但已不具有传统社会的合法性基础。面对这种现象，农民会用朴素的语言表达其否定意识，认为在新社会不应该如此，而不是像过去那样予以认同。

最后是现代法律意识的萌生。由于乡村社会的封闭性，特别是封建社会的法律在本质上是为专制统治服务的，农民缺乏通过国家法律保护其利益和解决公共生活冲突的自我意识，即所谓“人情”“礼俗”大于“王法”。新中国成立以后，乡村社会的封闭状态被打破，特别是国家法律不再是维护少数剥削者利益，而是维护工人农民及其他劳动人民利益的。农民对国家法律持自觉认同意识，希望通过具有强制性的法律保护其利益和解决公共生活冲突。如土地改革时期，为推翻根深蒂固的封建宗法势力，争取和保护其利益，农民往往直接寻求国家法律的保护和支持。由于国家法律与农民的根本利益是一致的，体现着包括农民在内的全体人民的意志，农民对待国家法律的态度得以开始由不得不服从向自觉服从转变，国家法律至上的现代民主意识渐入人心。

当然，受经济发展和传统文化的影响，现代公民意识在古老乡村的确立，将是一个十分漫长的过程。

20 世纪 80 年代以来，现代公民意识在乡村的萌生有了突出的变化。首先是由于实行家庭承包责任制，农民在经济社会生活中有了较大的自主权，为强化自主意识提供了经济社会条件。其次是商品经济的发展极大地唤起和激发了农民的自主意识和积极主动精神，传统农民的保守消极心态在经济竞争大潮中受到强大冲击和荡涤。[①] 商品经济还促使农民在平等的商品交换中强化现代平等观念和通过法律保护其利益的现代法律观念。最后，农民的政治意识开始由感性层次向理性层次升华。80 年代以前，农民对政治社会的认同，主要建立在新社会使农民翻身解放的直观体验和对解放自己的领袖深切热爱和无限敬仰的感情之上。80 年代以来，农民开始运用理性认识选择其政治态度。如对某一政策指示不再是不管理解不理解都照办执行，而开始考虑这一政策是否合乎社会发展要求和本地实际情况。这种对政治社会的理性态度无疑会促使现代公民意识的真正确立。

转变时期民主文化建设面临的双重挑战

古老的乡村正经历着传统社会向现代社会转变的深刻历史变革。就政治文化变迁而言，乡村社会不仅要从根本上改变延续几千年之久的封建主义文化，而且要建立起与现代社会发展要求相适应的民主政治文化。在当代中国，乡村的民主文化建设正面临着传统文化影响和人们的民主意识尚不适应政治社会变迁的双重挑战。

中国有着长期的封建主义历史，乡村则是封建社会历史的出发点。封建主义政治文化深深植根于以小农经济为基础的乡村社会。相对城市来讲，民主主义文化对乡村的冲击和影响较小一些。加上近代统治者力图通过复兴传统文化来加强对乡村社会的控制，使传统文化在乡村社会有相当影响。

新中国成立以后，经过土地改革和社会主义改造，传统文化受到前所未有的冲击，其影响日益缩小。但是，由于农业生产力状况还较落后，生产的社会化程度尚不高，农民的文化知识水平较低，传统文化仍然有存在乃至复活再生的土壤。尽管农业社会主义改造基本完成

① 参见徐勇编著《走向现代文明——大变革中的中国社会生活方式》，华夏出版社，1987，第 38 ~40 页。

以后，由于实行人民公社体制和一个接一个的政治运动，传统文化的影响受到一定程度的抑制，但在落后的经济文化土壤上，传统文化仍然顽强地表现着。如即使在人民公社这种高度集中统一的组织群体里，传统的家族宗法观念仍然影响着人们的生活。

20 世纪 80 年代以来，随着实行家庭承包制，家族和乡邻社区在日常生活中的地位日益重要，与一家一户个体经济紧密相连的传统观念影响迅速凸显。首先是家族主义的抬头。人们对家族共同体及家族规范的认同甚至高于国家及国家法律。根据一项全国性调查，在农民的日常生活行为准则中，主要依据法律或政策的占 28.96%，主要依据伦理与人际关系的则占 68.63%，[①] 后者占比明显高于城市社会成员。有的地方甚至出现根据家族传统对“外乡人”“外姓人”予以歧视或处罚的现象。其次是封建迷信有所复活，往往将生活的转变归于或寄托于“神灵”“上天”，而不是国家政策和自身努力。人们修建庙宇，祭祀神灵的积极性和热情甚至高于修建学校、学习知识文化。[②] 最后是许多传统观念的盛行。如与个体经济相关的“重男轻女”“多子多福”“人多势大”“力大于理”“法不责众”等观念在农民的精神生活中尚居重要地位。传统文化影响的存在显然制约乡村民主文化的建设。

与中国有着大量封建传统相映照的是，民主传统却十分缺乏。这一点在古老的乡村表现得也尤为突出。由于经济文化的落后和传统文化的影响，民主文化的形成并深深植根于头脑显得格外困难，与迅速变化着的政治社会不相适应，甚至发生冲突。政治社会变迁愈快，这种冲突就愈明显。20 世纪 80 年代以来，农民深感“自由了”，能够自由自主地活动。但是，由于缺乏现代的自由观，许多农民对“自由”的理解尚停留在“想干什么就干什么”“想怎样就怎样”的传统农民的“自由观”的层面上，从而导致越轨行为大量出现。实行村民自治制度，本是农民行使当家做主权利的重要渠道和保证。但由于许多农民是从传

① 参见闵琦《中国政治文化》，云南人民出版社，1989，第 189 页。

② 参见徐勇编著《走向现代文明——大变革中的中国社会生活方式》，华夏出版社，1987，第 41 ~42 页。

统家庭当家做主而不是从现代公共民主生活要求理解，这一制度在实践中经常被扭曲，失去其民主的灵魂。

所以，在古老的乡村由传统社会向现代社会的转变中，民主文化建设必须迅速适应民主制度建设。否则，民主制度只能在实际生活中变为失去其真谛的摆设。正如著名现代化理论研究者英格尔斯所说："完善的现代制度以及伴随而来的指导大纲，管理守则，本身是一些空的躯壳。如果一个国家的人民缺乏一种能赋予这些制度以真实生命力的广泛的现代心理基础，如果执行和运用着这些现代制度的人，自身还没有从心理、思想、态度和行为方式上都经历一个向现代化的转变，失败和畸形发展的悲剧结局是不可避免的。"① 在民主政治制度日益健全完善的当代中国，如何使广大农民从传统的政治人转变为现代政治人，消除传统文化影响，是乡村民主文化建设面临的严峻挑战。

第五节　乡村的社会矛盾与政治活动

矛盾的转变及干群矛盾的凸显

在长期的封建社会历史上，乡村社会矛盾的核心问题是农民与土地的关系。围绕这一核心，农民阶级和地主阶级形成尖锐的阶级对立，具体表现为两个层面：一是作为国家编户的农民与作为地主阶级政治代表的王朝官府的矛盾，二是作为被剥削者的农民与作为剥削者的地主的矛盾。这两种矛盾都属于对抗性的阶级矛盾。1949 年中华人民共和国成立以后，乡村的社会矛盾发生了根本性变化。

中华人民共和国随着以农民为主体的新民主主义革命胜利而成立，以工农联盟为阶级基础。由此从根本上改变了长期历史上国家政权与农民之间的压迫与被压迫的关系。国家不仅不再是压迫农民的工具，而且是保护农民利益，支持农民当家做主的力量，国家和农民间的对

① 殷陆君编译《人的现代化》，四川人民出版社，1985，第 4 页。

抗性矛盾不复存在。经过土地改革以后，地主阶级作为一个阶级被消灭，长期历史上受压迫和剥削的农民成为乡村社会占主导地位的力量。特别是经过农业的社会主义改造，农民由过去的小私有者转变为社会主义平等的集体农民，为避免新的阶级分化和阶级对抗提供了根本性基础。伴随这一历史变革过程的是，近代以来乡村日益走向衰败的贫困化趋势得到有效遏制，农业经济迅速恢复和发展，农民的生活状况有了很大改变，基本上实现了农民千百年梦寐以求的温饱生活。

当然，社会主义仍然是充满矛盾的社会。当代中国乡村也还存在社会矛盾和社会问题，只是矛盾和问题的性质和内容与过去不同。

在当代中国乡村，主要实行的是生产资料的集体所有制，存在作为全体人民根本利益代表的国家、体现农民集体利益的集体及具有相对独立的个人利益的农民三者之间的利益关系。这三者的利益从根本上说是一致的，但也会产生一定的矛盾和冲突。特别是在当代中国正处于农业社会向工业社会的转变中，工业化需要的资金积累和人力资源主要来自乡村。在这一过程中，国家同乡村集体及农民之间的利益摩擦较多，容易引起冲突。这在20世纪50年代较为明显。如“大跃进”运动中，抽调农村劳力，平调农村资财，征购过头粮，国家和农民的关系较紧张。[①] 而在自然经济向商品经济的转变过程中，作为利益主体的集体和农民个人对自身利益的追求日益强烈，也容易引起国家、集体和个人三者之间的利益冲突。这在20世纪80年代较为明显。

当代乡村的社会矛盾主要是由国家、集体和个人之间利益的不一致引起的，并在实际生活中具体和集中表现为干部和群众之间的矛盾。

这是因为，在乡村行使领导权的干部扮演着双重角色。一方面，干部代表国家意志将国家权力传递到乡村社会，必须严格执行和贯彻上级方针和政策，保证国家意志和利益的实现；另一方面，他们又生

---

① 参见中共中央文献研究室编《关于建国以来党的若干历史问题的决议注释本》，人民出版社，1983，第305～310页。

活在乡村社会，必须反映和代表集体和农民的利益要求。因此，当国家与乡村共同体和农民的利益关系不一致、不平衡时，矛盾的焦点便集中在干部和群众的关系上，造成干群矛盾的凸显。

在社会主义社会，干部行使的领导权来源于人民，应是为人民服务的工具，而不是谋私利的手段。但在现阶段，社会主义民主和法制不健全，乡村社会尤为突出。在干部处于国家和农民的中介的特殊地位情况下，少数干部有可能利用国家的监督权鞭长莫及和农民的监督权软弱无力的缺陷以权谋私，欺上压下，横行乡里，致使干群关系紧张甚至尖锐的对立。

当代乡村正处于传统社会走向现代社会的急剧变迁中，会不断出现和引起一些社会问题。由于干部和群众尚不适应社会的变迁，社会问题得不到及时有效处理，也会影响干部与群众的关系。如 20 世纪 80 年代至 21 世纪初的十年，实行计划生育成为发展中的乡村社会的一个最为困难和突出的问题。由于经济、社会和历史文化等多重影响，农民群众往往对这一政策不理解或不积极响应。而干部又必须将这一基本国策加以贯彻落实，贯彻中难免出现个别强制、生硬的方式。由此也会造成干群关系的紧张。①

民主参与的扩大及政治行为的引导

在当代中国，农民上升为国家和社会的主人，将主要通过广泛参与国家和社会事务管理，使利益要求得到有效表达和保护。这种民主参与应随着经济社会发展而逐步扩大。特别是要根据乡村社会的实际情况和发展要求，不断扩大和增加农民参与政治、有效表达利益要求的渠道和机会。

在长期封建社会历史上，处于社会最下层的农民被排斥在国家政治生活之外，由于庞大的官僚机构的阻塞，农民的利益要求很难有效地传递到国家上层。新中国成立以后，农民有了参与国家政治生活、

① 参见王建军《农村干群关系：困境及出路》，《社会主义研究》1990 年第 5 期。

表达利益要求的可能。但由于历史和现实的原因，农民表达利益要求的机构尚不健全，渠道也不甚畅通。

在组织化程度较高和作为政治中心的城市，社会成员可以通过诸如工会等群众组织有效表达其意志，城市社会成员的利益要求也能够较为迅速地使领导者所了解。而在广阔分散和距政治中心较远的乡村，缺乏城市工会这样的全国性群众团体。在土地改革期间建立了农会组织。但这一组织一开始建立就具有基层政权的性质。随着政权组织的建立，农会的作用逐渐减小，以致名存实销，或名义上也不复存在，农民利益表达的主要渠道是党和政府组织系统。一般来讲，这一渠道基本上能反映和传递农民的意见和要求。而在国家、集体和个人利益发生冲突和干群关系紧张时，农民的利益要求往往得不到有效表达，甚至被忽视。在20世纪80年代的经济体制改革中，城市居民由物价上涨造成生活受到影响的状况一般能及时迅速地传递到决策层，农民由生产资料价格上涨或生产资料供应造成生产受到影响的状况往往难以及时传递和反映到国家决策层，加以有效解决，以致农民采取一些不合理的方式表达和满足利益要求。如赶着牛进城申诉困难，拦截运输化肥的车辆等。

尽管城市和乡村的经济社会状况有所不同，但如何在国家和数亿农民之间拓展相互沟通的渠道，使农民的利益得到及时有效的表达，则是当代中国政治发展必须得到较好解决的问题。

由于乡村的分散性和经济文化水平较低的限制，农民的民主参与主要表现为对乡村基层事务的管理。但在权力高度集中的经济和领导体制下，农民参与管理的渠道和形式受到相当限制。在人民公社时期，作为权力机关的社员代表大会基本上没有发挥什么作用。在现阶段中国，由于乡村的领导权主要集中在各级干部手中，农民主要是通过民主监督的方式参与基层事务管理。但民主机制的不健全，又使农民难以通过正常的方式进行民主监督，防范和制约权力的滥用。如从20世纪50年代后期起，乡村就出现了少数干部以权谋私，甚至欺压农民群众的现象。党和国家也意识到这一问题。但主要是采取数年一度的政治运动进行外科手术式的解决，而不是通过加强内在的民主监督。其结果往往犹如水中按皮球，手一松又很快浮起来，得不到有效解决。80年代以来，党和国家的工作重心转向经济建设，政治运动减少，政治运动对干部的“约束效应”急剧消退，而乡村内部的民主监督机制又不健全，以致少数干部因缺乏约束力而毫无顾忌地滥用权力，造成干群关系紧张。

所以，随着经济体制改革，特别是商品经济的活跃，扩大农民群众广泛参与对基层社会事务管理的渠道，加强基层民主选举和民主监督，成为乡村社会发展的迫切要求。

而在国家为农民提供更多的民主参与渠道和机会的同时，还必须对农民的政治行为加以积极引导，使农民得以切实有效地行使民主权利，主动和有秩序地参与政治生活。

首先，由于长期历史传统的影响和现实生活条件的限制，许多农民群众虽然在法律上享有民主权利，但实际生活中很少运用或不愿运用。如即使少数干部滥用权力，一些农民群众出于惧怕权力的传统心理，担心打击报复日后难以在当地立足，或碍于人情习俗，不愿或不敢运用民主权利加以及时制止。因此，在相当长时间里，还需通过自上而下的党和国家的力量积极支持农民群众行使当家做主的民主权利，并及时纠正和制止基层干部的违法乱纪行为，为农民积极参与政治生活创造良好的环境和提供有力的制度保证。

其次，由于历史上缺乏民主传统，加上农民文化知识水平和民主素质较低，许多农民虽然法律上享有民主权利，却不会使用，以致在参与政治生活的过程中使之扭曲变形。如在一些地方，民主选举往往流于形式，农民参与选举只是因为政府号召或从众心理。对此，一方面不能因为农民的民主能力较低而放弃民主形式；另一方面，需积极引导农民在运用民主权利的过程中逐步学会掌握民主的形式和方法。早在民主革命时期的革命根据地里，中国共产党就十分注意帮助农民运用民主权利。人民民主国家建立以后，就更有条件这样做。

最后，当代中国正处于深刻的历史转变中，转变时期的社会矛盾和社会问题特别活跃和复杂，加上社会主义民主和法制尚不健全和完善，难免会使一些矛盾和问题得不到及时有效的解决。特别是在非政治中心的乡村尤为突出，因此引发越轨行为的可能性就愈大。对此，国家除对违法行为加以制裁外，更需积极引导农民在社会主义民主和法制的轨道上，同党和政府一起寻求解决矛盾和问题的途径，避免非理性的过激行为。

现阶段政治参与的起点和重心

在社会主义社会，历史上长期处于社会最底层的农民得以翻身做主人，享有广泛参与国家和社会事务管理的民主权利。随着社会的发展，政治参与的广度和深度将不断扩大。但是，由于长期历史传统影响和乡村经济文化落后等原因，农民政治参与扩大将是一个十分漫长的历史过程，其在不同历史阶段有不同内容和特点。

在刚进入社会主义不久的现阶段，农民政治参与的起点应主要在基层社会层面。这并不是说农民对国家层面政治生活参与不重要，更不是指将广大农民排斥在国家政治生活之外。相反，在社会主义社会，应特别重视农民利益在国家政治生活中的有效表达，积极鼓励农民参与国家大事的管理。但也应该看到，现阶段广大农民的政治参与能力有所不足，乡村社会的分散性和经济文化的落后性也限制了农民对国家政治生活的关心和参与。因此，广大农民对国家层面政治生活的参与应主要在于形成及时有效表达利益要求的机制，而不是有多少农民直接参与国家事务的管理。

在现阶段条件下，农民政治参与的起点主要放在社会基层，合乎乡村实际状况和政治发展规律。首先，基层社会生活与农民的切身利益紧密相关。一般来讲，农民对基层政治生活比对国家政治生活更为关心。在县、乡、村的选举活动中，愈往上，农民的参与热情和程度愈呈递减态势。其次，广大农民通过积极参与基层政治生活，可以逐步提高其参政议政能力，为参与更高层次的国家政治生活准备主体条件。

在当代中国，农民参与政治生活的途径多种多样，最主要的是两个方面。一是通过选举各级人民代表大会代表在国家和地方政治生活中间接行使民主权利，二是通过村民委员会等组织在基层社会生活中直接行使民主权利。如果说，农民政治参与的起点应是基层社会，那么，其重点应放在基层民主自治。随着经济体制改革，农民相对独立的个人利益趋向日益活跃，基层社会生活中的具体利益关系日渐复杂，通过基层民主自治，有利于农民自主合理地调节利益关系，在日常生活中有效地表达和实现其利益要求。此外，参与国家和地方政治生活是一种间接和间断性的政治行为。农民往往只能通过数年一次的人民代表的选举活动，才能在一定程度上实现其对国家和地方政治生活的参与，对这类活动因此不太关心和热情。而基层民主自治则是一种直接的和经常性的政治参与活动。在自治组织内，农民直接选举和监督领导人，并通过经常性的村民会议等方式行使管理村民事务的民主权利。在这种政治参与活动中，农民能经常和实际感受到作为社会主人的存在和对民主权利的享有，并具有较高的热情和主动积极性。

第十二章
城市与乡村政治对当代社会发展的影响

第一节　城乡政治格局对当代社会的影响

城乡协调共进与国家的稳定发展

1949年胜利的新民主主义革命和随之进行的社会主义革命，是中国历史上前所未有的政治社会革命，引起了中国社会的深刻变化。通过革命建立了人民民主国家政权和社会主义制度。在此基础上，长期以来的城乡政治格局发生了历史性的变革。城市和乡村的政治关系不再具有阶级压迫和剥夺的性质，而是相互协调共进的关系，即城市和乡村居平等地位，并结成牢固联盟而共同进步、共同发展。这种新型的城乡格局对于当代中国的稳定发展发挥着十分重要的作用。

在中国长期历史上，阶级压迫和阶级剥夺在地域空间上的重要表现就是城市对乡村的统治和剥夺。这正是造成中国社会的周期性动乱和发展停滞的重要原因。而在当代中国，随着以工农联盟为基础的人民民主国家政权的建立和剥削阶级的消灭，城乡之间的阶级压迫和剥夺关系得以消除，由此为国家的长治久安和迅速发展提供了牢固的基础。

在当代中国，作为城市主要社会成员的工人阶级虽然是国家的领导阶级，但这种政治领导地位是以工人阶级和农民阶级的政治平等和紧密联盟为条件的。城市虽具有政治领导功能，但已不再是主要依靠剥削农民生存的政治统治性城市。随着社会发展和工业化进程，城市的经济功能日益突出，并在整个国民经济体系中居于愈来愈重要的地位。工人阶级对农民阶级的领导，城市对乡村的领导突出表现为代表农民阶级的利益和促进乡村的社会发展。为此，长期处于受压迫受剥夺的农民和乡村社会不仅能获得平等的发展条件和机会，而且能够得到与先进生产力紧密联系的工人阶级和城市社会的引导和支持，实现自身由古老传统走向现代文明的伟大历史嬗变。

而当农民的利益能够得到有效反映和代表，乡村经济社会能够得到正常发展，广大的农民和广阔的乡村社会就为整个国家稳定发展奠定着最坚实的基础。

20 世纪 50 年代国家工业化进程起步之初，工业化需要的大量资金、人力、资源主要来自乡村社会。没有广大翻身农民的积极支持和贡献，工业化和整个国民经济都不可能获得迅速发展。50 年代末到 60 年代初，由于“左”倾错误和自然灾害的影响，国民经济遭遇严重困难。但广大农民对共产党领导的坚定认同和信任，为新生的中华人民共和国度过这一困难时期提供了有力的支持。如仅 1961 年一年间，农村就接受了由于城市过度膨胀而转移下乡的 1000 万左右的城镇居民①，起到了克服困难，实现国家稳定的蓄水池作用。

60 年代到 70 年代，发生了长达十年的“文化大革命”。乡村受到的冲击和影响较小，基本生产得以维持，为中国社会从社会“大动乱”中走出提供了最基本的条件。

80 年代以来，中国的社会主义现代化建设取得了巨大成就。这一成就的取得是以乡村率先进行经济体制改革，乡村经济获得前所未有的长足发展为起点的。乡村经济有了较大发展，农民获得了较多实际

① 参见丛进《1949～1989 年的中国（2）：曲折发展的岁月》，河南人民出版社，1989，第 382 页。

利益，广大农民人心思安，广阔的乡村基本稳定，从而为国家稳定提供了有力的保证。

城乡差别及原因

在当代中国，城市和乡村的关系在本质上是平等的，而且会随着社会发展在实际生活中日益全面和充分地得到体现，以促进城乡协调共进，保证国家的稳定发展。

但是，由于历史原因，当代中国尚处于实现工业化和生产的商品化、社会化、现代化的社会主义初级阶段，乡村的传统生产方式尚未得到根本改变，城乡之间在经济文化方面的差别还较大，构成了以先进工业为基础的城市和以落后农业为基础的乡村二元并存的格局，而且这一状况在相当长时间内都难以消除。[①] 城乡差别的存在必然会使乡村因为较落后的种种条件的限制，难以与较为先进的城市一样均衡发展。

在经济方面，城市工业主要依靠国家投资，生产力水平较为先进。乡村主要靠自我积累，国家投资相对较少，生产力发展较慢，仍然以繁重的体力劳动为主。而工农业产品价格的“剪刀差”现象的存在，使乡村农民在投入同等劳动力的条件下不能获得相应的产出，生活水平提高较慢。新中国成立以后，虽然农民的生活有了明显的改善，但生活水平与城市居民始终存在一定差距。

在政治方面，国家宪法规定，中华人民共和国的公民在法律上居于平等地位。但乡村居民在实际占有政治权力资源和利益表达机制方面与城市尚有较大差别。由于自然和经济文化条件限制，乡村居民难以像城市居民一样有效充分地利用权力资源。如乡村的参选率一般低于城市。

在文化方面，城市是文化中心。由国家投资兴建的学校、图书馆、博物馆、电视台等公共文化设施主要集中于城市，城市居民在实际享有这些社会文明成果方面居于较为优越的地位。乡村的文化生活水平

---

① 参见徐勇《中国城市和乡村二元社会结构的历史特点及当代变化》，《社会主义研究》1990 年第 1 期。

与城市存在较大差距，升学率、人学率均低于城市。而且大量的乡村文化人才通过考试流向城市，造成乡村与城市在文化方面的相对差距呈扩大趋势。

在社会生活方面，国家在城市建立了较为完善的医疗卫生和劳保福利等社会保障体系。乡村的社会保障体系尚很不完善，医疗和卫生条件较差，影响乡村人口的生活质量和人口素质。如城市居民一般不必为“老有所养”所担忧，乡村居民却必须考虑。

城乡差别是现阶段社会主义城乡关系的基本特点，也是一种客观存在的社会现象。那么，应该怎样认识城乡差别呢?

首先必须肯定，当代中国的城乡关系在本质上是平等的，这种平等关系占主导地位，并随着社会的发展愈来愈广泛深刻地体现在实际生活中。这是社会主义城乡政治格局与旧社会不同的根本区别所在。现阶段社会主义存在的城乡差别不是社会主义基本制度本身造成的，相反，社会主义还必须为在实际生活中逐步消除城乡差别创造条件。

因此，现阶段尚存在的城乡发展不平衡现象主要是长期历史遗留的城乡差别造成的，而且必须经过相当长的历史过程才能逐步消除。这就是说，在一定历史时期，它是一种具有某种必然性的历史现象。

城乡一体化趋势：城乡政治格局变化及历史走向

自人类进入文明时代以后，由于社会分工的产生和扩大及私有制和阶级的出现，出现城乡分离和城乡差别，由此“把一部分人变为受局限的城市动物，把另一部分又变为受局限的乡村动物，并且每天都重新产生二者利益之间的对立”①。在科学社会主义创始人马克思、恩格斯看来，只有通过工业化、城市化和社会主义革命，消灭城乡差别和城乡对立，人类才会从历史的局限中解放出来，进入自由全面发展的未来社会主义和共产主义社会。

然而，中国是在经济文化较落后的基础上进入社会主义社会的。

① 《马克思恩格斯选集》第1卷，人民出版社，2012，第185页。

新民主主义革命和社会主义革命虽然消灭了长期历史延续下来的城乡对立，城乡政治格局发生了前所未有的历史性变化，但是，由于生产力状况还较落后，工业化程度尚较低，人们还不能不生活在有着地域和分工局限性的城市或乡村，在相当长时间里还存在城乡差别以及由此产生的某些事实不平等现象。

同时也应该看到，随着社会主义现代化建设的进行，城市和乡村之间的差别逐步缩小，城乡一体化趋势将日益凸显。一方面，工业化和城市化程度提高，愈来愈多的乡村人口将转变为城市人口；另一方面，随着乡村落后状况的改变和整个社会的进步，城乡间的有机联系愈来愈紧密，相互间的界限渐趋模糊，并融为一体。中国的社会主义现代化建设虽然起步不久，但已初步显示出这一趋势。这一趋势将使城乡政治格局发生崭新的变化。首先，长期历史原因造成的城乡差别将消除，城乡间的平等关系将日益达到本质和事实的高度统一。其次，城乡间的平等关系将上升到更高层次，即从具有局限性的城市和乡村两个不同共同体之间的平等关系上升到消除了城乡差别，整个社会高度统一的平等关系。前者的趋势已开始在现实生活中展现，后者也将会在未来社会实现。

由城乡一体化带来的城乡政治格局的崭新变化，对社会历史走向有着重要影响和深远意义。由于城乡差别的逐步消除，整个社会将更加稳定协调地发展，并为最终消灭城乡差别创造充分的前提条件。伴随这一历史进程，人类必将从进入文明时代就作为“城市动物”或“乡村动物”的局限中最终解放出来，获得全面自由发展。虽然这一进程将十分漫长，但人类社会必将向这一光辉的未来迈进！

第二节　城乡政治形态对当代社会的影响

城乡政治发展与当代社会的历史性变革

1949 年中华人民共和国成立以后，中国经历了从新民主主义向社会主义转变和进入社会主义现代化建设的历史性变革。在这一历史变革过程中，城市和乡村的政治形态也发生了历史性变化，即从帝国主义、封建主义和官僚资本主义统治体系下的城乡政治转变为人民民主权力体系下的城乡政治。这一政治形态的根本特征在于历史上受压迫和统治的工人、农民和其他劳动人民为国家和社会的主人，享有愈来愈广泛的民主权利，具有鲜明的民主性或人民性。城乡政治形态的转变和发展，既是社会历史变革的产物，同时又对当代社会的历史性变革产生积极影响。

在长期中国历史上，城市一直是统治阶级进行专制统治和压迫的堡垒，专制统治和压迫势力异常强大。正因为如此，中国共产党不得不将革命的重点转移到乡村，走出以农村包围城市这一独特的革命道路，直到民主革命胜利时期才进入长期作为专制统治堡垒的城市。中国共产党及其领导下的军队进入城市之初，面对的是由于长期战乱、经济全面崩溃，残余的敌对势力和敌对分子四处破坏的混乱局面，加上刚从乡村进入城市，从战场转向市场，缺乏治理城市的经验。但是，由于中共紧紧依靠广大工人阶级和其他劳动人民，得到了广大人民群众的积极支持，很快在城市建立起领导权威，经济和社会秩序得以迅速恢复和重建。随着城市人民政权的建立，国家又系统开展了反对封建残余势力的民主改革运动，工人阶级和劳动人民得以切实享有民主权利，积极拥护和支持中国共产党和人民政府，为实现对城市工商业的社会主义改造和推进工业化提供了牢固的基础。

长期封建主义历史是以乡村为出发点的，封建势力和封建主义影响在乡村特别强大。1949 年新中国成立后，很快面临在全国范围内广泛深入地进行土地改革，彻底推翻封建势力，巩固新生的人民政权的艰巨任务。由于中国共产党所领导的土改工作队深入乡村社会，发动历史上长期受压迫和受剥削的农民，建立起农民行使当家做主权利的组织，农民获得了前所未有的政治解放，从而为迅速顺利完成土地改革任务提供了强大的主体力量。没有广大农民的觉醒和积极性，要在广阔的乡村铲除封建势力，进行民主改革是难以想象的。土地改革后又很快开始了农业社会主义改造。这一任务更为艰巨。它不仅遭到剥削阶级的反对，许多农民也心存疑虑。但在中国共产党的启发教育和动员组织下，广大农民认识到只有改变私有制，组织起来，走集体化道路，才能从根本上消除受压迫受剥削的经济根源，为广泛行使当家做主的民主权利奠定牢固的经济基础，从而积极响应和参与，使农业社会主义改造得以顺利完成，农业经济也得到相当程度的发展。

由此可见，新中国成立后的城乡政治紧紧伴随社会历史变革而获得了前所未有的崭新发展。以民主性或人民性为基本特征的新的城乡政治形态对于新中国成立后的历史性变革产生了十分积极的影响。

现代化建设对城乡政治发展的呼唤

以民主性或人民性为本质特征的新的政治形态是随着社会主义制度的建立而逐步形成的。它与社会主义的发展也是基本相适应的。但是，任何政治形态都要随着社会的发展而发展，并使其本质特征在现实生活中日益充分地显示出来。

社会主义制度建立以后，当代中国本应迅速转向现代化建设。但指导思想的“左”倾失误，延误了这一历史转变进程。直到20世纪80年代，社会主义现代化建设才全面展开，其目标是将中国建设成为一个富强、民主和文明的社会主义现代化国家。现代化建设必然会赋予城乡政治发展以新的时代内容。一方面，它要求城乡政治发展不断适应和促进经济社会发展；另一方面，随着经济社会发展，城乡政治所具有的民主性或人民性应更充分地在现实生活中体现出来，而城乡政治发展的现实状况显然还不太适应这一更高的时代要求。

这首先在于中国历史上缺乏民主传统，相反，封建专制主义影响很深。新中国成立后，城乡政治形态发生了根本性的变化，具有鲜明的民主性或人民性的本质特征。但在新中国成立初期，城市和乡村面临的主要任务是土地改革和社会主义改造，并贯穿着农民阶级和地主阶级、工人阶级和资产阶级之间的阶级斗争。在以群众运动方式进行的疾风骤雨的阶级斗争中，广大工人、农民和其他劳动人民对民主的迫切要求是在中国共产党领导下通过推翻封建势力和限制资本主义势力，在政治、经济和社会生活中获得解放，将自己提升为国家和社会的主人。因此，在社会主义改造基本完成和社会主义制度建立之时，具有鲜明的民主性或人民性的城乡政治形态基本形成，但城乡人民通过这个基本政治形态在国家和社会生活中广泛行使民主权利的具体形式、途径、手段等还有待建立和完善，并需要随着社会主义的发展而不断赋予新的时代内容。

新中国成立，特别是社会主义制度基本建立以后，逐渐形成了以权力高度集中为特征的经济政治体制。这一体制虽然适应一定时期的经济社会的发展，但也存在许多弊端。其突出表现之一就是权力过分集中在少数甚至个别领导人手中，人民实际享有和行使民主权利方面受到限制。在城市，经济、文化和社会事业单位的事务由政府统一集中管理，缺乏相对的独立性和自主权，限制了广大职工群众对经济和社会事务的制度化参与。虽然企业首创出“两参一改三结合”的民主管理方法，但未能加以制度化，使之成为工人群众参与管理的固定渠道，而且往往在实际生活中扭曲变形，将民主管理与科学管理割裂开来和对立起来。在乡村，实行了长达20多年的“政社合一”的人民公社体制。在自上而下的高度行政化的管理体制下，广大人民群众难以通过制度化、法律化的渠道和途径参与基层社会事务管理。

由于以上原因，新中国成立后的城乡民主政治的具体形式还有待完善，人民参与政治生活的渠道、手段还很不充分，缺乏具体的民主生活实践，民主素质尚较低。20世纪80年代以来，当改革开放的大潮迅速席卷而来时，一方面其为城乡政治发展提供了有利条件，另一方面也充分显示出城乡政治的现实状况愈来愈不适应新的历史时期的需要。因此，加强城乡民主政治建设，推进整个社会的政治发展，便成为社会主义现代化建设的迫切呼唤和要求。

当代社会发展进程中的城市引导与乡村推进

新中国成立后，城市和乡村都纳入人民民主权力体系下，共同具有民主性或人民性的本质特点，在国家政治生活中的地位和受国家政治生活的影响等方面日趋一致。但是，城市和乡村毕竟是两个不同的共同体。由于不同的历史和社会条件，它们在国家政治生活中的地位和受国家政治生活的影响有所不同，具体的政治发展状况各有特点，并影响着当代社会发展进程。

城市在国家政治生活中居主导地位。而在革命胜利后的人民民主专政的国家体系里，城乡之间的政治压迫关系虽然不复存在，但城市仍然是政治中心，党和政府通过各地各级城市对乡村行使领导权，城市在国家政治生活中居主导地位，并由于受国家政治生活的影响较直接，而对包括乡村在内的整个社会发展起着引导作用。

城市对社会发展的积极引导作用在20世纪50年代表现得尤为突出。50年代的中国经历了巨大的历史变革。特别是古老的乡村在短短六七年时间进行了摧毁封建制度和农业社会主义改造这两大社会变革。这两大变革得以顺利进行，与作为人民民主政治中心的城市的积极引导作用密切相关。国家不仅依靠设在各地各级城市的民主政权支持广大农民，而且从城市派出受到先进思想教育的工作人员深入乡村发动、教育和引导农民，并在这一过程中建立起以广大农民占主导地位的乡村政治体系，有力地促进了乡村社会的变革。

当然，城市的引导作用始终与国家政治生活状况相关。在社会主义制度基本建立后，中国将由激烈的阶级斗争转向大规模的社会主义现代化建设。在这一历史转变中，作为国家政治中心和经济文化较发达的城市的积极引导作用应更为突出。

以1978年中共十一届三中全会为标志，党和国家的工作重心转向现代化建设，并开始对不适应生产力发展的经济政治体制进行改革。而在被视为“第二次革命”的改革进程中，却是以乡村为起点的，并形成了以乡村推动城市的格局。这一格局被形容为第二次“农村包围城市”。

经济文化相对落后的乡村为什么能够成为率先改革和推进整个社会变革的积极力量？除了经济等原因外，乡村的政治地位和状况也是重要原因。

首先，乡村受长期“左”的思想和路线的影响和束缚相对小一些。1978 年，安徽一些乡村地方便开始进行了自发的改革试验，并取得了明显的成效，迈开了改革的第一步。党和国家对此及时加以总结，迅速在全国推广，改革大潮由此波及全国。[①]

其次，改革是一场变革传统体制的深刻革命，牵一发而动全身，又必须在党和国家的领导下有秩序、有步骤地进行。国家首先在乡村进行改革，一是可以迅速解决基本消费品长期不足的问题，有利于国民经济的恢复和国家的稳定；二是在非政治中心的乡村进行改革试验，可以避免引起大范围的社会波动。所以，中国的改革率先在农村进行。直到农村改革取得明显成效，农业经济为整个国民经济的恢复和发展提供了较为牢固的基础后，改革的重点才由乡村转向城市。实践证明，这一改革进程既促进了经济社会的发展，又避免了社会的激烈振荡。

最后，随着农村经济体制改革收到明显成效，国家对乡村的政治体制也进行了相应的调整和改革。这一经济和政治体制相配套的改革，不仅有力地促进了经济的进一步发展，而且大大推动了乡村的政治发展，形成经济与政治的良性循环，为全社会的改革提供了强大的动力。

城乡差异与社会民主化进程及特点

建立高度民主的政治，是当代中国政治社会发展的伟大目标和必然趋势。但任何政治发展都受制于社会现实状况并以此出发。城市和乡村的差别是当代中国社会的重要特点之一，并制约着社会民主化进程，使其具有不平衡性和渐进性。

在当代中国，就基本的政治形态而言，城市和乡村具有共同的本质特征，即都具有鲜明的民主性或人民性。但是，由于历史和现实的原因，城市和乡村仍然是两个有差别的社会共同体。从政治发展的角

---

① 参见王洪模等《1949 ~ 1989 年的中国（4）：改革开放的历程》，河南人民出版社，1989，第 239 ~ 252 页。

度看，这种差别主要表现为在建设民主政治所需要的一系列经济、文化和社会条件方面，城市的条件较乡村更为充分一些。城市已基本进入现代工业文明社会，乡村则保留着不少传统因素。由于不同的经济、文化和社会条件，城市和乡村的政治发展必然有其自身的历史特点，城市有可能走在社会民主化进程的前列，乡村则相对滞后，由此使整个社会民主化进程显现出发展不平衡的特点。

城乡差异还决定了中国社会民主化进程必然是一个长期的渐进的过程。从世界文明进程看，民主化与工业化、城市化是相一致的。社会化大生产为城市提供了民主政治生长的良好条件。由于特殊的历史条件，中国不得不首先变革生产关系，然后在社会主义制度下发展生产力。在进入社会主义不久的现阶段，工业化和生产的社会化、商品化和现代化程度较低。而这又突出表现于乡村。要在广阔的乡村改变长期历史原因造成的经济文化落后状况绝非一朝一夕之事，乡村的政治民主化将是一个十分漫长的过程。这又决定了当代中国政治发展的渐进性特点。只要广大乡村的经济文化落后状况尚未得到根本性改变，整个社会的民主化进程就不可能一蹴而就，很快达到一个相当的高度。

城乡差异决定了中国政治发展的不平衡性和渐进性，同时也规定了社会民主化进程必须立足于城乡不同状况和特点，有分别有重点地进行民主政治建设。

如果说新民主主义革命选择了以农村包围城市的道路的话，那么，在人民民主政权下的当代中国，城市则应走在整个社会民主化进程的前列。首先，城市是国家或地区的政治中心，政治上居领导地位，并形成对乡村的政治辐射力。其次，城市的经济社会文化条件较发达一些，有利于民主政治的生长，并将先进的民主政治传递到乡村。最后，在现代化建设中，伴随工业化的是乡村城市化。城市作为社会变迁的方向，其政治发展在社会民主化进程中起着示范作用。首先加强城市的民主政治建设，可以带动和影响乡村的政治发展，给整个社会民主化进程以强大的牵引力。

当代中国尚处于由农业文明走向现代工业文明的初级阶段。根据乡村实际状况和发展趋势，积极推进乡村民主政治建设也十分重要。在一个农村人口占多数的国家，如果乡村政治发展不适应经济社会要求，势必影响整个国家的稳定发展和社会民主化进程。由于自然—社会—历史条件的限制，乡村的民主政治成长更为艰难一些。这就需要在整个社会民主化进程的坐标体系中给予乡村民主政治建设特别关注，通过各种有效措施积极推进乡村政治发展。

只有当先进的城市和古老的乡村在政治发展不平衡中共同走向现代民主，中国社会的民主化进程才能不断跃上新的高度！

参考文献

1. 经典著作

《马克思恩格斯选集》第1卷，人民出版社，2012。

《马克思恩格斯选集》第2卷，人民出版社，2012。

《马克思恩格斯选集》第3卷，人民出版社，2012。

《马克思恩格斯选集》第4卷，人民出版社，2012。

《马克思恩格斯全集》第1卷，人民出版社，2002。

《马克思恩格斯全集》第1卷，人民出版社，1956。

《马克思恩格斯全集》第3卷，人民出版社，2002。

《马克思恩格斯全集》第4卷，人民出版社，1958。

《马克思恩格斯全集》第25卷，人民出版社，2001。

《马克思恩格斯全集》第26卷第三册，人民出版社，1974。

《马克思恩格斯文集》第2卷，人民出版社，2009。

《马克思恩格斯文集》第4卷，人民出版社，2009。

《马克思恩格斯文集》第5卷，人民出版社，2009。

《马克思恩格斯文集》第7卷，人民出版社，2009。

《马克思恩格斯文集》第10卷，人民出版社，2009。

《马克思恩格斯通信集》第1卷，李季译，三联书店，1957。

马克思:《剩余价值学说史》第3卷,郭大力译,人民出版社,1978。

《列宁选集》第3卷,人民出版社,1995。

《列宁选集》第4卷,人民出版社,2012。

《列宁全集》第1卷,人民出版社,2013。

《列宁全集》第2卷,人民出版社,2013。

《列宁全集》第3卷,人民出版社,2013。

《列宁全集》第23卷,人民出版社,2017。

《毛泽东选集》第1卷,人民出版社,1991。

《毛泽东选集》第2卷,人民出版社,1991。

《毛泽东选集》第3卷,人民出版社,1991。

《毛泽东选集》第4卷,人民出版社,1991。

《毛泽东文集》第6卷,人民出版社,1999。

《毛泽东军事文集》第2卷,军事科学出版社、中央文献出版社,1993。

《孙中山选集》下卷,人民出版社,2011。

《周恩来选集》上卷,江苏人民出版社,1980。

《朱德选集》,人民出版社,1983。

《刘少奇选集》下卷,人民出版社,1981。

《董必武选集》,人民出版社,1985。

2. 专著

费孝通:《乡土中国》,三联书店,1985。

费孝通、吴晗编《皇权与绅权》,上海观察社,1938。

钱穆:《中国文化史导论》,上海三联书店,1988。

邹衡:《夏商周考古论文集》,文物出版社,1980。

叶骁军:《中国都城发展史》,陕西人民出版社,1988。

侯外庐:《中国思想通史》第1卷(古代思想),人民出版社,1957。

侯外庐:《中国古代社会史论》,人民出版社,1963。

傅筑夫:《中国经济史论丛》,三联书店,1980。

胡如雷:《中国封建社会形态研究》,三联书店,1979。

瞿同祖：《中国法律与中国社会》，中华书局，1981。

王亚南：《中国官僚政治研究》，中国社会科学出版社，1981。

马克垚：《西欧封建经济形态研究》，人民出版社，1985。

刘泽华等：《专制权力与中国社会》，吉林文史出版社，1988。

冯天瑜等：《从殷墟到紫禁城》，武汉出版社，1989。

周谷城：《中国社会史论》（上、下），齐鲁书社，1988。

李德芳：《民国乡村自治问题研究》，人民出版社，2001。

陈瑞云：《现代中国政府：1919～1949》，吉林文史出版社，1988。

闵琦：《中国政治文化》，云南人民出版社，1989。

林语堂：《中国人》，浙江人民出版社，1988。

徐勇编著《走向现代文明——大变革中的中国社会生活方式》，华夏出版社，1987。

张鸿雁：《春秋战国城市经济发展史论》，辽宁大学出版社，1988。

李泽厚：《美的历程》，中国社会科学出版社，1989。

赵德鑫主编《中国近代国民经济史教程》，高等教育出版社，1988。

陈荷夫：《土地与农民——中国土地革命的法律与政治》，辽宁人民出版社，1988。

陶菊隐：《孤岛见闻——抗战时期的上海》，上海人民出版社，1979。

刘惠吾、刘学照编《日本帝国主义侵华史略》，华东师范大学出版社，1984。

殷陆君编译《人的现代化》，四川人民出版社，1985。

王桧林主编《中国现代史》，高等教育出版社，1989。

梁漱溟：《乡村建设理论》，上海人民出版社，2011。

宋恩荣编《晏阳初文集》，教育科学出版社，1989。

中共中央文献研究室编《关于建国以来党的若干历史问题的决议注释本》，人民出版社，1983。

〔德〕马克斯·韦伯：《文明的历史脚步——韦伯文集》，黄宪起、张晓琳译，上海三联书店，1988。

〔美〕费正清：《美国与中国》（第四版），张理京译，马清槐校，商务印书馆，1987。

〔美〕费正清、刘广京编《剑桥中国晚清史》，中国社会科学院历史研究编译室译，中国社会科学出版社，1985。

〔美〕塞缪尔·P. 亨廷顿：《变化社会中的政治秩序》，王冠华、刘为等译，上海人民出版社，2008。

〔美〕J. 米格代尔：《农民、政治与革命——第三世界政治与社会变革的压力》，李玉琪、袁宁译，中央编译出版社，1996。

〔德〕黑格尔：《历史哲学》，王造时译，三联书店，1956。

〔美〕斯塔夫里阿诺斯：《全球通史：1500 年以前的世界》，吴象婴、梁赤民译，上海社会科学院出版社，1988。

〔美〕斯塔夫里阿诺斯：《全球分裂——第三世界的历史进程》，迟越等译，商务印书馆，1993。

〔美〕汤普逊：《中世纪经济社会史》（下册），耿淡如译，商务印书馆，1963。

〔美〕海斯、穆恩、韦兰：《世界史》（上），冰心、吴文藻、费孝通等译，三联书店，1975。

〔法〕亨利·皮雷纳：《中世纪的城市》，商务印书馆，1985。

〔美〕格尔哈斯·伦斯基：《权力与特权：社会分层的理论》，关信平等译，浙江人民出版社，1988。

〔美〕安东尼·奥罗姆：《政治社会学》，张华青、孙嘉明译，上海人民出版社，1989。

〔日〕西嶋定生：《中国经济史研究》，冯作哲译，农业出版社，1984。

〔日〕富永健一：《社会结构与社会变迁——现代化理论》，董兴华译，云南人民出版社，1988。

〔美〕巴林顿·摩尔：《民主和专制的社会起源》，拓夫、张东东等译，华夏出版社，1987。

〔美〕吉尔伯特·罗兹曼主编《中国的现代化》，国家社会科学基金“比较现代化”课题组译，江苏人民出版社，1988。

〔德〕斯宾格勒：《西方的没落》，陈晓林译，黑龙江教育出版社，1988。

〔苏〕卢森贝：《政治经济学史》第1卷，翟松年等译，三联书店，1959。

〔美〕杜赞奇：《文化、权力与国家：1900—1942年的华北农村》，王福明译，江苏人民出版社，2003。

〔德〕马克斯·韦伯：《新教伦理与资本主义精神》，李修建、张云江译，中国社会科学出版社，2009。

〔比利时〕亨利·皮雷纳：《中世纪的城市》，陈国樑译，商务印书馆，1985。

〔美〕罗兹·墨菲：《上海——现代中国的钥匙》，上海社会科学院历史研究所编译，上海人民出版社，1986。

〔美〕艾恺：《最后一个儒家——梁漱溟与现代中国的困境》，郑大华等译，湖南人民出版社，1988。

3. 论文

徐勇：《中国城市和乡村二元社会结构的历史特点及当代变化》，《社会主义研究》1990年第1期。

徐勇：《城市和乡村二元政治结构分析》，《华中师范大学学报》1990年第1期。

徐勇：《论城市社区建设中的社区居民自治》，《华中师范大学学报》2001年第3期。

徐勇：《培育自治：居民自治有效实现形式探索》，《东南学术》2014年第5期。

徐勇、黄百炼：《政治社会化与民主政治建设》，《福建论坛》1988年第4期。

朱英：《清末商会与辛亥革命》，《华中师范大学学报》（人文社会科学版）1988年第5期。

隋玠夫：《新县制基层组织中的三位一体》，《新政治》1940年第4

卷第 4 期。

庞树奇、仇立平:《我国社会现阶段阶级阶层结构研究初探》,《社会学研究》1989 年第 3 期。

何建章:《积极开展社会主义社会阶级和阶层问题的研究》,《社会学研究》1987 年第 3 期。

杨学敏:《我国农村基层人民政权建设的历史经验》,《政治学研究》1986 年第 1 期。

初版后记

完成一件作品，曾被视为当今人类生活中不可多得的快乐时光之一。在我理解，这种快乐是因为它凝聚了无数难以言表的艰辛。只有通过艰辛的劳作和创造，才能使人感受到快乐的来之不易而倍加珍惜。此书付梓之时，我心尤是如此。

置于读者面前的这部著作，不仅是作者历经数年劳作的成果，而且得到了众多机构和人士的热情关心和支持。本书是作者承担的国家教委首批青年社会科学基金项目“我国城乡基层政治发展研究”的成果。由国家教委有关部门组织的专家学者对项目的构思和设计提出了不少中肯建议。在项目研究过程中，华中师范大学科研处等部门，科学社会主义研究所的领导、政治学研究室、所办公室和资料室以及同事同行们给予了大量支持。在社会调查期间，一些实际工作部门和有关同志为我提供了不少方便和帮助。在写作过程中，我曾就书中的一些内容、观点与数位学友及我指导的研究生进行过讨论，受益匪浅。书稿基本完成以后，曾得到徐育苗、肖励锋两位教授的审阅。经他们推荐，该书得到湖北省社会科学领导小组的资助。武汉黄鹤书店的吴炯经理、中国广播电视出版社的罗林平先生、华中师大桂子山印刷厂的同志为本书的编辑、出版和印制付出了大量心血，支持甚多。我指导的研究生孙聚高帮我校核了部分书稿。最后，我的妻子、家人及所有关心我的人在日常生活中和我遇到困境时，给予了甚多帮助和鼓励。没有上述机构和人士的关心和支持，本书的问世是难以想象的。在此，作者致以最为诚挚的谢意！

由于作者学识水平有限，特别是在一个尚无多少人涉猎的领域探究，更为困难，本书的不尽如人意之处，在所难免。诚望读者诸君批评教正。

每个人想必都有自己的梦想。我人生中一个小小的梦想是：写出经过长期构思和准备的“非均衡的中国政治”系列著作（三部）。本书的面世，只是走出了第一步。我将继续艰难地跋涉。但愿那小小的梦想会变为现实！

徐　勇

1992 年 5 月于华中师范大学

修订版后记

近几年，我总结人生，经常说：青年为理想，中年为事业，老年为感情。

青年时代充满理想主义激情。在本书初版后记中的最后一句话，我说道："每个人想必都有自己的梦想。我人生中一个小小的梦想是：写出经过长期构思和准备的'非均衡的中国政治'系列著作（三部）。本书的面世，只是走出了第一步。我将继续艰难地跋涉。但愿那小小的梦想会变为现实！"当时，我设计的"非均衡的中国政治"三部系列著作，分别是：非均衡的中国政治：城市与乡村比较；非均衡的中国政治：区域比较；非均衡的中国政治：民族比较。

只是人到中年的我，后来一脚陷入了农村问题研究，未能自拔，虽然成就了一点事业，但也使自己那小小的梦想未能变为现实。人生就是如此，不是事事都能够如愿。很多时候是不由自主地进入人生的另一个通道。如今已步入为了感情的老年，希望对 30 年前开始写作的本书进行一些修订，以让更多的人能够阅读到。这是因为当时初次出版本书时，经历了太多的曲折和艰难，凝聚了太多心血与感情。

1970 年，我不到 15 岁便下乡从事劳动。1975 年进入工厂当工人。1978 年考入大学。读书岁月的失去使我倍觉读书时光的难得。当过农民、工人的经历使我深感当读书人更适合我。书读多了，便有了写书的冲动。1982 年毕业留校，开始从事教学科研辅助工作，之后在职就读硕士研究生，从此走上了学术之路。20 世纪 80 年代是理想主义激情燃烧的岁月，也正好是我学术生涯起步的阶段。当时的人生与学术融为一体。在发表一系列论文之后，便有了写书的冲动。1987 年，我出版了第一本著作《走向现代文明——大变革中的中国社会生活方式》。之后，又接连写了两本政治类的书。这两部书因为政治话题较为敏感，在 30 年前的政治风云突变之后，未能问世。有一本书在当时很有名气的贵州人民出版社搁置了数年，最后出版社稳妥起见，未将书稿付印，至今连书稿也不知在何处了。

本书是承担教育部首批青年社会科学基金项目的成果。30 年前的政治风云变化，使我们从政治理想主义激情中平息下来。当时，虽然政治空气较为紧张，但人的心境也特别纯净，有充分的时间用于完成项目，我得以在不到两年的时间里完成本书的写作。

这部书是我学术生涯中第一部学术性较强的著作。一口气写完以后，自我感觉还不错。只是当时出版，颇有难度。主要是书名标注为“政治”。在当时的政治气候下，出版社对政治两字特别敏感，避之唯恐不及。1992 年初，88 岁高龄的邓小平老人到南方视察，沉闷的政治空气得到了极大改变。但与当时的社会空气一样，出版社对经济效益有了更强烈的冲动。本书作为一部学术著作，是不可能有什么经济效益而言的。同时，我又只是一个没有什么背景的年轻学人，也无名人保荐。

万般无奈之下，我只好通过合作编书认识的武汉黄鹤书店的吴炯经理，帮助我向中国广播电视出版社求助。虽然取得出版社的认可，但从经济效益的角度，出版社不负责印制和发行。这一切得由我自己承担。于是我找到本校的印刷厂，与工厂工人一起用铅字排版。书印制好后，未能进入书店发行渠道，只是国内相关教学科研单位得知信息后购买了若干，再就是我本人赠送了一些。所以，此书发行面有限。

尽管如此，这部书出版后还是得到了好评。1993 年，本书获得教育部霍英东教育基金科研奖。之后，不断有人要求获得此书，但终因印数有限而未如愿。

转眼20多年过去了，本人到了为了感情的老年岁月。出于对第一部学术著作的深厚感情，更出于让更多人能够阅读到此书的目的，我决定对此书加以修订。

我修订时自己都感到感慨和惊讶，在35岁左右能够写出这样的书。古人曾经将立言视为一件十分神圣的事情。如今，立言早已没有了神圣的光芒，被视为“码字”。许多字甚至未能有人看，或者很快就过时了。能够“立言”的文字，一定是能够经得起历史考验的。本书是已出版27年的著作，基本观点仍然立得住。许多观点在现在的我看来，都不一定能够产生。

文字终究是给他人看的。尽管本书是一部学术著作，但没有想到，其中的文字竟然感动了不少与学术工作无关的人。本书的初版是在学校印刷厂印刷的。那时还处于铅字的年代。工人要将一个个铅字找出来进行排版，与现在的激光排版相比，速度非常慢。但也有一个好处，便是要对照原稿一个个字看。在看书的过程中，排字工人也被书中的内容感动了，他们认为书中的话就是在表达他们想说又说不出来的话。此次修订本书，要请人用电脑打印出来。本来，现在的打印是商业化操作，讲究的是速度。不料，打印人员在敲键盘的过程中，竟然也为书中的内容所打动，认为事实就是如此。

我想，一部学术著作不仅仅孤芳自赏，也不只是一种自我表达，总要能够得到一些共鸣。本书能够感动素不相识，与学术无关的工人，重要原因是改革开放后的相当一部分工人是从农村进城的，也有一定的文化，他们对城乡差别，特别是城乡二元结构的生活感受得特别深刻。只是他们没有表达的条件和能力。本书在一定程度上算是为他们代言。这也是我出版此书以后，一脚陷入农村问题研究的重要原因，也让我未能将自己那点小小的梦想变为现实。我本人从来没有想过成为农民的代言人，只是所做的学问间接起到了这一作用。我2010年在《中国社会科学》发表的论文《农民理性的扩张：“中国奇迹”的创造性主体分析》，认为农民是创造了“中国奇迹”的主体。在长期历史上，除了司马迁等极个别的人将底层大众纳入自己的视野以外，很少有知识者将底层民众作为历史主体。尽管我没有代他们表达的自觉，只是在文字上反映了他们的状况，竟然也感动了他们。

由此我也想到，一个人年轻时要做一点让自己也能让他人感动的事，以至于到了一定年龄，还能有些许念想。

如今，学术愈来愈专业化、规范化、技术化，但在我看来，社会科学的主题永远是人，是人的状况，人的命运！

城乡差别与人的状况、人的命运密切相关。当今中国的城乡差别状况正在迅速变化。30 年前写作本书时的情况如今有了很大改变。为此，本书再版时对当代中国部分做了较大篇幅的删改，同时对文献做了进一步校订。在此要特别感谢社会科学文献出版社社会政法分社社长王绯女士和本书责任编辑黄金平先生。此外，我的助理何圣国帮助我做了不少辅助工作，一并致谢！

徐　勇

2019 年 1 月 19 日

于武汉顿悟小屋

图书在版编目（CIP）数据

城乡差别的中国政治 / 徐勇著. --北京：社会科学文献出版社，2019.6（2023.6 重印）

ISBN 978-7-5201-4781-1

Ⅰ.①城… Ⅱ.①徐… Ⅲ.①政治制度-研究-中国 Ⅳ.①D621

中国版本图书馆 CIP 数据核字（2019）第 080648 号

城乡差别的中国政治

著　　者 / 徐　勇

出 版 人 / 王利民
责任编辑 / 黄金平
责任印制 / 王京美

出　　版 / 社会科学文献出版社 · 政法传媒分社（010）59367126
　　　　　地址：北京市北三环中路甲 29 号院华龙大厦　邮编：100029
　　　　　网址：www.ssap.com.cn
发　　行 / 社会科学文献出版社（010）59367028
印　　装 / 三河市东方印刷有限公司

规　　格 / 开　本：787mm × 1092mm　1/16
　　　　　印　张：29　字　数：412 千字
版　　次 / 2019 年 6 月第 1 版　2023 年 6 月第 2 次印刷
书　　号 / ISBN 978-7-5201-4781-1
定　　价 / 148.00 元

读者服务电话：4008918866